DISASTER CONCEPTS AND ISSUES

재난의 개념과 이슈

최송식 | 박병현 | 이기영 | 이성은 | 김진현 외 공역

박영사

역자서문

2004년의 인도양 쓰나미, 2005년 미국 카트리나 허리케인, 2010년 아이티대지진, 2011년의 동일본대지진과 쓰나미로 인한 원자력발전소의 파괴로 인한 핵방사능 누출사고, 2014년의 한국 세월호 참사 등의 자연재해와 사회적 재난을 겪었으며, 이 재난으로 인해 많은 인명피해와 재난후유증으로 정신건강을 해치고 삶을 복원하는데 어려움을 호소해오고 있는 사람들이 여전히 많이 존재한다. 그 이후에도 한국 사회에서는 크고 작은 화재를 포함한 사회적 재난과 자연재해가 끊임없이 일어나고 있고, 국가는 이에 대응하여 중앙집권적 재난방제체계를 구축하여 운영하고 있지만 그 성과는 아직 미지수이다.

국가는 왜 존재하는가? 우리 사회복지는 재난에서 어떤 역할을 하고 무엇을 기여할 수 있고 해야 하는가? 이런 물음에 대한 해답을 찾기 위해서 다른 나라에서는 재난이 일어나기 전에, 일어났을 때, 재난이 일어난 후에 국가·중앙정부, 지방정부, 지역사회와 주민들은 어떤 식으로 역할을 했으며, 재난에서 사회복지의 교육과 실천, 연구가 어떻게 이루어지고 있는가에 관심을 갖게 되었다. 이런 와중에 Washington University의 David F. Gillespie과 University of Minnesota의 Kofi Danso가 공동으로 편저한 『Disaster Concepts and Issues: A Guide for Social Work Education and Practice』(CSWE Press)란 책을 만난 것은 우리에게 행운이었다. 그리고 학과 교수님들과 대학원생들이 함께 팀을 이루어 공부하고 토론하고 작업하며 가다듬어 가는 동안에 많은 시간이 흘러 이제 겨우 번역을 마치게 되었다. 나름대로 노력하였으나 미흡한 부분들도 많이 있을 것이다. 원서의 훌륭함에 비해 번역하는 과정에서 부족함이나 실수가 있다면, 그 모든 허물은 역자들에게 전적인 책임이 있다. 허심탄회한 비판과 따뜻한 조언을 기대해 본다.

이 책은 특히 재난에서 사회복지가 어떤 역할을 해야 하는 가에 대해 기초적인 지식과 안목을 얻고자 하는 연구자, 실천가들, 학생들이 읽으면 사회복지연구, 교육, 실천에서 여러 가지 아이디어를 얻을 수 있는 유익한 책으로 판단하고 일독을 권하고 싶다.

이 책이 역서로 나오기까지 판권을 확보하기 위해 노력하고, 좋은 책으로 만들기 위해 애써준 많은 분들의 수고에 감사드린다. 특히 박영사의 안종만 대표님과 편집진의 노고에 깊이 감사드리고, 번역을 위해 많은 시간을 헌신해준 학과 교수님들과 대학원생들의 노고에 머리 숙여 감사드린다.

2015년 8월

부산대학교 사회관에서
역자를 대표하여 최송식이 적다

저자소개

David F. Gillespie, Ph.D.

데이비드 길레스피는 1978년 브라운대학 교수진에 합류하여 5,000명이 넘는 학생들을 배출했으며, 그의 교육, 연구, 멘토링은 많은 이들의 학문적 경력에 도움을 주었다.

그는 로스앤젤레스에서 석사학위를 취득하고 캘리포니아 주립대학에서 연구를 시작했다. 그전에는 미 해군에서 복무했다. 데이비드는 워싱턴대학에서 사회학 박사학위 과정을 수행하기 위해 시애틀로 옮겨서 대학원 및 학부 학생들의 강사로서 경험을 쌓았다.

박사과정학생으로서, 데이비드는 자신의 연구기술을 연마하고, 사회측정 및 조직이론에 대한 관심을 발전시키기 시작했다. 그는 재난을 공부하는 콜로라도대학에서 프로젝트 측정에 관여했다. 그 후 오하이오 주립대학의 재난 연구센터를 거치면서 재난의 맥락에서 조직이론 연구의 잠재력을 확인했다.

워싱턴대학에서, 데이비드는 대규모 학제 간 연구팀의 국립과학재단 프로젝트 연구원으로 활동했다. 연구조교수로서 그는 사회복지연구센터에서의 업무를 통해 자신의 능력을 더욱 개발했다.

졸업 후, 데이비드는 1978년 부교수로서 브라운대학에 오기 전에 미시간 주립대학에서 조교수로 1년을 보냈다.

자신의 저서와 연구보고서, 논문의 발표를 통해, 데이비드는 사회복지 전문직 안에서 재난 지식과 실천을 위한 영역을 확보했다. 사회복지교육협의회가 과업으로 재난 관리를 통합하기 시작할 때, 데이비드는 교육과정을 작성하고 지식의 조직기반을 구축하는데 기여했다.

브라운대학에서 데이비드는 박사 프로그램에서 활동하고 있다. 그는 사회측정 및 구조 방정식 모델링을 만들었으며, 학위 논문 위원회에서 의장을 역임했다. 이러한 역량에서 데이비드의 업적은 전 세계에 걸쳐 수많은 사회복지학생들에게 영향을 미치고 있다.

Kofi Danso

코피 댄소는 가나에 있는 캐이프코스트대학에서 사회학 학사를 취득했으며, 경제학을 부전공했다. 그는 미주리주 세인트루인스에 소재한 워싱턴대학교 조지워렌브라운대학과 미네소타대학교 험프리공공관계대학에서 사회복지학(사회, 경제개발과 연구)석사와 글로벌 공공정책 석사를 취득했으며, 현재 미네소타대학에서 사회복지 박사과정 중에 있다. 코피는 저소득가정에 대한 신용상담과 정신건강사례관리의 직접실천경험을 가지고 있다. 또한 그는 세인트루이스에 있는 워싱턴대학 사회개발센터와 사회사업위원회에서 일했다. 현재 그의 관심 연구 분야로는 사회적 자본, 이민자와 비이민자의 건강궤적, 인종과 민족 간의 건강불평등, 이웃건강영향, 빈곤과 국제사회사업 그리고 사회개발이 있다.

목 차

제3부 사회복지에서 재난 교과과정

서 론 재난과 사회복지에 대한 주요 주제

전 세계적으로 재난 발생의 빈도가 높아짐에 따라 취약계층, 재산 및 환경이 악영향을 받게 되자 사회복지 분야의 교육자, 연구자, 실천가들은 재난에 대한 식견을 넓힐 수밖에 없게 되었다. 사회복지사들이 재난대응 및 복구활동에 오랜 기간 참여했음에도 불구하고, 사회복지교육 분야에서는 재난 및 재난에서 사회복지가 하는 역할에 대한 연구를 찾기가 어렵다. 2005년 허리케인 카트리나가 발생하자 비로소 사회복지대학들이 재난관련 교과목을 신설하기 시작했다. 이는 환영할 만한 발전이다. 특히, 사회복지 전문가들에게 필수적일 뿐만 아니라 재난 현장에도 도움이 된다. 사회복지사들은 재난 발생 시 매우 중요한 역할을 수행한다(Streeter & Murty, 1996; Zakour, 2000). 따라서, 사회복지 분야의 교육자들은 사회복지의 영향력이 최대한 발휘될 수 있도록 이에 필요한 원칙과 기술을 잘 가르쳐야 한다.

예전부터 사회복지사들이 재난현장에서 재난대응 및 복구를 위해 노력해왔으나, 너무 미미하거나 늦은 감이 없지 않다. 재난으로 인한 악영향을 최소화하고 심지어 없애기 위해 재난이 일어나기 전에 할 수 있는 일이 무엇인지를 입증하는 문헌이 점점 늘어나고 있다(Weichselgartner, 2001). 그러나 이 문헌들 중에는, 심지어 여러 학문 분야에 걸친 다학제간 연구 중에는 사회복지 연구자가 개입한 비중이 지극히 한정되어 있다. 하지만 이러한 편향은 바뀌기 시작했고, 이 책에서는 특히 사회복지에 맞춰진 지침을 제공함으로써 재난에서 사회복지가 하는 역할을 다루기로 한다.

재난관련 문헌에서 사회복지에 대한 입지가 부족하기도 하지만, 이에 더해 재난 경감, 대비, 대응, 복구 측면에서 사회정의만을 전적으로 다루는 사회복지 문헌은 전혀 없다. 전 세계 모든 국가의 모든 지역공동체가 재난의 위험에 노출되어 있다는 점을 고려했을 때, 사회복지사들은 이 위험에 대해 잘 알고 있어야 하며 지역공동체를 가능한 안전한 곳으로 만들 수 있어야 한다. 즉, 취약성을 감소시키는 것이 특히 중요하다. 사회복지사들은 재난이 취약계층에 미치는 부정적인 영향을 경감시키거나 아예 없애버리기 위해 훈련을 받고 있으며, 이를 달성하기에 아주 유리한 입장에 있다. 이 책에서는 이러한 주제들을 다루게 된다.

이 책은 사회복지교육협의회의 국제사회복지교육을 위한 Katherine A. Kendall 연구소(Katherine A. Kendall Institute for International Social Work Education of the Council on Social Work Education)가 국제사회복지교육협의회(International Association of Schools of Social Work: IASSW)와 바베이도스에 위치한 북미와 카리브해 지역의 사회복지대학연합(Association of Schools of Social Work in Barbados)과 협력하여 2007년 1월에 개최한 국제세미나에서 도출된 내용들을 담은 책이다. 이 세미나에 재난에 대한 관리이론, 연구, 원칙, 기술, 지식, 실천사례 등을 탐구하기 위해 공공기관뿐만 아니라 대학, 정부, 비정부기관의 사회복지 교육자, 연구자, 종사자들이 참석하였다. 또한, UN재해감소를 위한 국제전략기구(United Nations International Strategy for Disaster Reduction, UNISDR) 및 국제적십자위원회(International Committee of the Red Cross, ICRC)의 대표들도 자리하였다.

이 책의 목표는 다음과 같다:

- 사회복지와 사회정의의 관점에서 재난 경감, 대비, 대응, 복구에 관한 문헌의 기반을 구축한다.
- 사회복지사가 되기 위해 준비하는 학습자들이 앞으로 재난 취약성의 정도를 감소시키는 업무를 할 때 안목을 지닐 수 있도록, 사회복지교육자들이 교육 및 훈련 시킬 때 필요한 이론과 주요 실천 원칙들을 참

고하고 재난관련 문헌과 연결해서 볼 수 있는 핵심 참고서로서 역할을 다한다.

- 교수진과 학생들에게 주요 개념, 주요 가정, 실용적인 틀, 일반적인 참고문헌들을 제시함으로써 사회복지의 관점에서 재난에 대한 교수와 학습이 용이하도록 한다.
- 재난 개념 및 문제들을 사회복지 커리큘럼과 실천에 통합시킬 수 있도록 한다.

이 책의 개요와 흐름

이 책은 사회복지를 전공하는 대학생, 대학원생, 학자, 실천가들에게 개념, 최근에 대두되고 있는 문제, 취약계층 지원에 관한 접근법에 대한 권위있는 지침을 제공한다. 일반적으로 재난관련 문헌은 4단계의 재난계획(disaster planning) – 경감(mitigation), 대비(preparedness), 대응(response), 그리고 복구(recovery) – 으로 구성되어 있다. 이때 경감과 대비는 재난 발생 이전의 단계인 반면, 대응과 복구는 재난 발생 이후에 실시되는 단계이다. 경감 단계는 예방단계라고도 하며 재난으로 인해 발생하는 부정적인 영향을 막거나, 무효화시키거나, 또는 감소시키는 방법을 말한다. 홍수 범람 지역에서 사람들이 거주하는 것을 제재하는 법안 통과를 경감 단계의 한 예로 들 수 있다. 대비 단계에는 재난으로 인한 부정적인 결과를 감소시키기 위한 지식과 기술이 수반된다. 예를 들어, 지진 발생 시, 책상 또는 테이블 아래로 몸을 숨기도록 가르치는 것이 대비 단계에 해당된다. 대응 단계는 재난 발생 직후 단기 후유증이 있을 때 취하는 행동을 의미한다. 재난 피해자들에게 응급처치를 시행하는 것을 대응 활동으로 볼 수 있다. 복구 단계는 재난 발생 후 장기간에 걸쳐 행해야 할 행동들을 말한다. 예를 들면, 파손된 건물을 보수하거나 재건하는 작업을 의미한다. 재난 계획의 4단계들을 보통은 "재난계획주기(disaster planning cycle)" 또는 간단하게 "재난주기(disaster cycle)"라고 부르는데, 그 이유는 시간이 흐르면서 각 단계들 간의 관계가 하나의 주기를 형성하기 때문이다(그림1 참고).

〈그림 1〉 재난주기

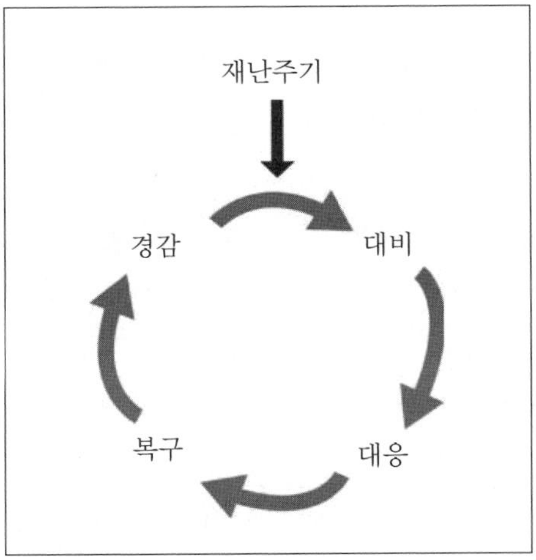

이 책은 총 세 개의 부분으로 구성되어 있다. 제1부에서는 개념, 관점, 방법, 제2부에서는 실천 과정과 예시, 마지막 제3부에서는 재난 커리큘럼과 사회복지를 다루고 있다.

제1부는 다시 다섯 개의 장으로 나눠져 있으며, 주요개념, 관점, 급부상하는 사회복지 재난연구 의제를 이끌어내는 방법, 지역공동체 또는 지역에 재난이 발생하기 전과 후, 발생 중에 제공되는 사회복지 서비스에 대해 정의를 내리고 논의한다. 이 섹션에서는 위험 대 민감성의 비율로 보는 취약성, 다시 돌아올 수 있는 능력인 복원력, 피해 또는 손상의 개연성으로 보는 위험정도, 형평성의 원칙으로 보는 사회정의, 재난 경감, 대비, 대응, 복구를 망라하는 사회발전에 대한 개념을 강조하고 있다. 이들은 사회복지의 지식과 실천이 확대될 수 있는 구조를 형성하는 다양한 패턴 속에서 서로 연관되어 있는 주요 개념과 생각이다.

제1장, David F. Gillespie의 "취약성: 재난 교과과정의 주요 개념"에서는 재난현장과 취약성 개념에 대한 역사적 개요와 일반 개요를 제공하고 있다. 이 역사는 취약성의 개념을 활용해서 현행 사회복지 재난연구의 위치가

주변적인 위치에서 중심적인 위치로 나아가야 한다고 주장하는 데 기초가 된다. 전통적인 위험성 중시사고는 우리가 재난에 대해 이해하는데 한계를 갖게 하다 보니 재난 경감, 대비, 대응 과정에서 구호활동, 장기적 복구활동을 효과적으로 관리할 수 있는 능력에도 한계가 있었다. 취약성을 강조하게 되면 사회복지가 재난작업 및 연구 분야에서 그 중심으로 들어가는데, 왜냐하면 취약계층에 대한 사회복지적 측면의 지식과 다학제적 성향이 재난연구, 교육, 실천에 자연스럽게 자리잡게 되기 때문이다. 비록 취약성이라는 주제가 표면적으로는 비교적 단순하게 보일 수 있으나, 실제로는 정확히 밝혀내기 어려운 개념이다. 그 이유는 인과적 요소들을 단순히 합쳐놓은 것이 아니라 오히려 이 요소들이 상호작용을 통해 독특한 형태로 나타나기 때문이다. Gillespie는 취약성의 수준에 원인이 되는 변화들을 추적하는 것이 중요하다고 지적한다. 사회복지사들은 주변 이웃이나 집단이 재난으로부터 스스로를 보호하거나 회복하는 데 필요한 자원에 접근할 수 있는지 여부를 누구보다도 잘 파악할 수 있는 유리한 입장에 있다. 취약성은 재난주기의 모든 단계에서 사정되어야 한다. 취약계층이 어디에 분포되어 있는가를 그려내고 시간에 따라 추적해야 한다. 이 작업은 사회복지 실천가들과 연구자들의 노력을 이어주는 가교 역할을 한다.

제2장, Michael J. Zakour의 "취약성과 위험성 사정: 지역공동체 복원력 구축"에서는 재난 발생 전과 후의 취약성을 감소시키는 방법에 대해 기술하고 있다. 그리고 취약성 이론의 다양한 측면이 취약계층 사이에서 재난 복원력을 높이는 방법을 보여주기 위해 제시되고 있다. Zakour는 역사적으로 사회복지 전문직으로부터 서비스를 받았던 사람들을 강조하고 있으며, 한 사회의 사회적, 정치적, 경제적 힘으로 인해 때론 지역공동체와 사람들 간의 위험성 및 회복력이 불공정하게 분배되고 있음을 지적한다. 재난의 가장 중요한 근본 원인 중 두 가지를 꼽자면, 사회적 주변성(marginality)과 미흡한 사회발전이다. 재난에 가장 취약한 계층은 저소득층으로, 매우 어리거나 매우 나이 많은 사람들, 유색인종, 민족집단, 소수집단, 사회적 경제적 발전이 미흡한 곳에서 살고 있는 사람들이다. 역사적으로 보면, 사회복지 서비스를

받는 클라이언트들은 바로 이러한 사람들이다. 취약성 이론을 이용하고 위험도 및 회복력에 대한 이해력을 높이면, 재난 발생의 원인이 되는 사회적 환경적 요소들을 더욱 깊이 이해할 수 있게 된다. 재난을 일으키는 사회적, 문화적, 경제적, 정치적, 환경적 원인들을 잘 이해하게 되면 취약계층과 지역공동체에 복원력을 구축할 수 있는 새로운 지역사회복지 개입방법의 토대를 만들 수 있다.

제3장, Michael J. Zakour와 David F. Gillespie의 "재난 취약성과 회복탄력성 연구에 대한 최신 동향: 이론, 설계와 방법론"에서는 지역공동체의 취약성과 재난에서의 회복탄력성에 대한 실험적 이론들을 연구하는 데 주안점을 두고 있다. 그리고 취약성과 회복탄력성을 개념적이고 조작적으로 정의하고 있다. 재난 취약성과 회복탄력성에 관한 최신 연구 내용을 설명하고, 주요 설계, 측정, 분석기법들이 확인되고 논의되고 있다. 이 방법들에는 선형적 접근법과 비선형적 접근법 둘 다 포함된다. 여기서 논의되는 선형적 방법들에는 상관분석, 회귀분석, 경로분석, 구조방정식 모형화가 있다. 비선형적 방법으로는 네트워크분석, 지리정보시스템, 그리고 시스템 동학이 있다. 이 방법들은 각각 가정, 명목상 정의와 조작적 정의, 이론적 개념, 그리고 모형들을 다루는 거시적 관점의 일부분이다. 그러나 재난 취약성 연구와 재난사회복지실천이 가능하다는 점을 명확히 보여왔다. 환경책임과 역량 평가에 중점을 두고서 사람과 지역공동체의 사회적·물리적 환경이 취약성 이론의 검증 안에 포함되고 있다. Zakour와 Gillespie는 취약성 이론을 정립하면 재난 취약성을 감소시키고 지역공동체의 장기 복원력과 지속가능성을 향상시킬 수 있는 새로운 사회복지 개입 방안을 도출해내는 데 도움이 될 것이라고 주장하고 있다.

제4장, Mark Smith, Jolyn Mikow, 그리고 Mary Houston-Vega의 "재난관련 실천의 교육: 포스트모던적 관점과 사회정의적 관점"에서는 사회복지 재난 실천에 필수적인 지식과 기술에 대해 설명하고 있다. 본 저자들은 현대 재난실천의 다양한 측면에서 사회복지학 학생들이 효과적으로 준비할 수 있도록 실천 지침을 제공하고 실제 사례를 활용하는 3차원적 접근법을

장려하고 있다. 3차원적 접근법 중 첫 번째에서는 사회정의와 강점기반의 실천 관점을 바탕으로 재난에 대한 이해가 중요하다는 점을 강조한다. 두 번째는 포스트모던적 관점과 사회정의 관점에 입각하여 재난 대응에 대한 명확한 지식과 기술을 설명한다. 세 번째는 지역공동체와 조직 차원에서 복원력과 위험 감소를 촉진한다. 사회정의는 절차상(과정)의 영역과 분배적(결과)영역, 이렇게 두 가지 영역으로 이루어져 있다. 절차상의 정의(Procedural justice)는 그 과정이 어떻게 발생했으며, 그리고 어떻게 결론이 내려졌는지에 관한 것이다. 그 결정으로 인해 영향을 받는 사람들은 계획 과정이 진행되는 동안 대변자로서 발언권을 가져야 한다. 이 과정에는 협상을 위한 공정한 규칙과 기회가 포함되어야 한다. 일반적으로 결정된 부분을 법제화할 수 있는 법적 지침도 포함되어 있다. 그리고 과정의 투명성이 중요하다. 분배적 정의(Distributive justice)에서는 부담, 이득, 자원 할당에 대한 원칙이 정립되어 있다. 형평성 있는 분배와 욕구에 대한 인식이 이것의 핵심이며, 사람들이 느끼기에 결과가 공평했고, 모두가 자원과 기회에 동등하게 접근했으며, 도움이 가장 절실한 사람들이 관심을 받아야 마땅하다. 다양한 개인적 가치, 견해, 인생의 상황마다 타당성이 있고, 이를 존중할 만한 가치가 있다는 점이 중요하다. Smith, Mikow, 그리고 Houston-Vega는 정치적 힘과 경제적 힘의 차이, 사람과 장소 간의 차이에 대한 역학관계, 재난 실천 상황에서 전문적 원조 맥락을 만드는 관점의 다양성 등을 고려하는 것이 중요하다고 강조한다.

제5장, Doreen Elliott의 "사회복지 커리큘럼에 재난계획, 관리, 대응을 추가하기 위한 사회개발모형"에서는 어떻게 하면 재난 교육을 통해 세계적인 접근법을 사회복지 커리큘럼 상의 실제에 포함시킬 수 있는지에 대해 논의하고 있다. Elliott은 재난계획과 관리에서 사회복지의 역할 확대를 요구하는 복잡한 심리사회적, 경제적, 서비스 이행 관련 쟁점들이 재난을 통해 어떻게 발생되는지를 밝히고 있다. 사회개발모형은 재난에서 사회복지가 하는 역할을 명확히 해주고, 사회복지 커리큘럼에서 배우게 될 기술들을 제시해준다. 이 모형은 구호활동과 위기 개입방법에 지배적으로 초점이 맞춰진 사

회복지의 역할을 재난주기에서 경감, 대비, 복구의 단계를 아우르는 포괄적인 역할까지 확대시킨다. Elliott은 사회복지와 사회발전의 배경을 설명하고, 사회복지가 사회발전을 통해서 어떻게 하면 재난 경감, 대비, 대응, 복구를 증진시킬 수 있을지에 대해 논의하고 있다. 이 모형이 사회발전을 포함하고 있기 때문에, 개인과 지역공동체의 강점, 역량구축, 그리고 재난주기의 전 과정을 통틀어서 인적·사회적 자본의 중요성을 강조하고 있다. 또한 사회발전모형은 재난을 다루는 사회복지 실천 접근법의 국제적인 비교요소들을 연구하여 사회복지 커리큘럼에서 실천할 수 있는 세계적인 접근법을 도입하는 하나의 방법을 제시하고 있다.

제2부는 다양한 실천 절차와 예시를 다루고 있는 여섯 개의 장으로 구성되어 있다. 예를 들면, 독립적인 기관들 간의 합의한 관계로서 조정의 실천, 재난에 강한 지역공동체를 구축하는 방법으로서 "지역사회 영향 평가"; 지역사회 내에 존재하는 무형자산 형태로서의 사회적 자본, 미국적십자사가 재난 생존자를 도울 때 사용하는 정신건강모형; 재난에 영향을 받은 아이들과 젊은이들을 위한 서비스 제공과 관련된 사회적, 정서적, 인지적인 문제들, 비정부기구(NGOs)와 사회복지전문직의 역할에 특히 관심을 보인 중국에서의 재난대응의 본질을 살펴본다.

제6장, Kofi Danso와 David F. Gillespie의 "조정: 재난에서 핵심적인 지역사회 자원"에서는 재난으로 피해를 입은 사람, 조직, 지역사회를 지원하기 위하여 서비스 전달에 필요한 재난 자원을 조정하는 것을 논의한다. 조정의 개념을 정의하고 있으며, 이렇게 정의된 개념은 사회복지사들이 효과적으로 조정할 수 있는 기회를 잘 이용할 수 있도록 해주는 최근 동향에 대해 논의할 때 유용해진다. 여기서는 비교적 간단한 것부터 복잡한 형태까지 몇 가지 조정의 종류가 제시되고, 조정을 촉진시키는 요소뿐만 아니라 수많은 방해요소들도 기술하고 있다. 이러한 형태를 이해하게 되면 사회복지사들이 지역사회의 욕구에 적절히 맞춰 조정하는 데 도움이 된다. 효과적으로 조정을 발전시키려면 조정의 과정을 저해하거나 도와주는 요소들을 제대로 파악해야 한다. Danso와 Gillespie는 지역사회 자원을 5가지 유형으

로 정의하고, 각 유형들을 재난의 각기 다른 단계에서 설명하고 있다. 조정 절차를 이끌어가려면, 사회복지사들은 어떤 부분이 조정되어야 하는지 그 본질을 알아야 하고, 그 본질이 재난의 각기 다른 단계에서 어떻게 변화하는지도 알고 있어야 한다. 재난 발생 시 효과적으로 대응하기 위해 조정을 필요로 하는 중요한 지역사회 하위체계로서 주요한 긴급서비스의 기능들이 논의되고 있다. 안전한 지역사회를 위해 조정이 중요하다는 점을 명확히 하면서, 사회서비스를 망라하고 있는 이러한 시스템에 대해 설명하고 있다. 저자들은 사회복지사라면 누구나 지위에 관계없이 조정의 향상을 위해 노력해야 한다고 주장한다. 그 이유는, 이렇게 하면 재난으로부터 생명을 구하고 손실을 줄일 수 있기 때문이다. 최근 발생한 카트리나 재난을 경험한 결과, 효과적인 조정 체계가 없어서 서비스 제공에 격차가 발생하였다는 점을 알게 되었다. 이 장에서는 재난 동안 발생하는 욕구와 자원들을 조정할 수 있도록 사회복지 전문가들에게 요구되는 교육을 맞춤형으로 실시하는 것이 중요하다는 점을 강조한다.

제7장, Robin L. Ersing의 “재난에 강한 지역공동체 구축: 사회복지지식과 기술 증진”에서는 사회복지를 공부하는 학생들에게 재난에 강한 지역공동체를 형성하기 위한 하나의 방법으로 지역사회 영향평가(Community Impact Assessment: CIA)의 기술들을 가르치는 데 초점을 두고 있다. 지역사회 영향평가(CIA) 방법은 사회복지 원칙에 아주 잘 부합한다. CIA 방법을 시행하려면 시민들이 평가 과정에 참여해야 하며, 지역사회 구성원들과 이해당사자들의 참여는 모형의 각 단계마다 통합된다. 뿐만 아니라, 공동체의 가치와 목표들을 그 계획 안에 통합시키고 옹호한다. CIA 방법은 또한 사회의 안정성과 공동체의 단결을 위협하거나 방해할 수 있는 결과를 드러낼 정도로 민감한 방법이다. CIA 방법은 5가지 단계로 구성되어 있다. 즉, 프로젝트와 연구 분야 규정하기, 지역공동체 프로필 개발하기, 영향력 분석하기, 해결법 알아보기, 조사결과 기록하기로 되어 있다. Ersing은 CIA 방법의 각 단계들이 일반주의 사회복지실천을 안착시키는데 사용된 문제해결모형과 공통의 토대를 갖고 있다고 지적한다. 몇몇 성공한 지역공동체 프로젝트

의 결과를 보면, 사회복지 맥락에서 CIA 지식과 기술을 적용한 내용이 나온다. CIA의 지식, 기술, 가치를 사회복지 교육과정에 통합시키게 되면, 전문직의 재난에 관한 전국정책강령 속에 그 조항이 들어가도록 할 수 있는 가능성과 기회를 생기게 할 것이다.

제8장, Golam M. Mathbor의 "잔존하는 재난: 지역사회의 무형 자산이 하는 역할"에서는 재난 대비와 해안가 지역을 강타하는 자연재해의 부정적 결과를 경감시킬 때 사회자본, 사회 연결망, 사회 결속력, 단결, 사회적 상호작용 등의 무형자산을 효과적으로 이용할 수 있는 범위와 전망에 대해 살펴본다. 무형자산에 중점을 두게 되면 재난에 대한 두려움과 같은 심리사회적 요소와 재난 유형 인식, 대피계획 및 경고 시스템의 존재와 같은 문화적 요소가 주목을 받게 된다. 계획수립은 서비스를 추구하는 데 있어서 심리사회적인 지지와 스티그마를 고려해야 한다. 재난 경감, 대비, 대응, 복구에서 가족들이 할 수 있는 역할을 고려해봐야 한다. 학교, 경찰서, 병원, 소방서, 적십자의 역할도 중요하다. 게다가, 소수민족 지역공동체와 종교 기관들 역시 재난 관리에서 빼놓을 수 없는 부분이다. Mathbor은 정책 지침서를 만들어내는 작업에 찬성입장을 표하고 있다. 이 정책 지침서에서는 재난 전과 후, 재난 발생 중에 효과적으로 복지서비스를 전달할 수 있는 수단으로 지역공동체의 협력, 결속력, 조정, 사회적 연결망의 활용을 강조하고 있다. 이 장에서는 지속가능한 재난 대응 및 관리를 위한 무형자산을 갖추고, 복원력이 강한 지역공동체를 구축하는데 사회복지 교육과 실천이 중요하다는 점을 강조한다.

제9장, Michael Cronin과 Diane Ryan의 "재난 작업의 실천 관점"에서는 재난으로 인해 피해를 입은 사람들에게 정신건강서비스를 일상적으로 제공하는 프로그램에 대해 설명하고 있다. 두 저자는 이 프로그램이 미국사회복지사협회(National Association of Social Workers), 미국 국립정신건강연구원(National Institute of Mental Health), 미국심리학회(American Psychological Association), 미국상담협회(American Counseling Association)와의 협력으로 어떻게 개발되었는지를 설명한다. 그리고 개인의 강점, 회복력, 대처유형을 강조하면서 미국

적십자사(American Red Cross, ARC)가 사용하는 재난정신건강 모형에서 행해지는 작업을 설명한다. 또한, 저자들은 미국적십자 프로그램이 자신들의 목표, 목적, 방법, 환경적 측면에서 전통적인 정신보건 서비스와 어떻게 다른지 설명하고 있다. Cronin과 Ryan은 그 프로그램에서 사용되는 미시적 실천 개입방법을 각각 설명한다. 즉, 여기에는 심리적 응급처치, 위기 개입방법, 평가, 사상자 지원, 옹호의 확산, 아웃리치, 직원 지원 등이 해당된다. 그리고 재난 대응 및 복구와 연관된 심리적, 정서적 단계에 대해 알리고 있으며, 이는 효과적으로 개입하려면 이러한 단계를 잘 인지하고 있어야 하기 때문이다. 살 곳을 잃은 가족들의 접수센터(reception center), 휴식센터(respite center), 재난구호 대피소(disaster shelter), 가족지원센터, 폰뱅킹, 약투여조제센터, 집합지 등에 대해 설명하면서, 대규모의 사상자 발생사건 작업의 특징들이 확인되고, 재난에서 실천세팅의 특성이 제공되고 있다. 저자들은 정신보건 전문가들의 역할에서 유연성이 중요하다고 강조한다. 거시적 및 조직차원 개입방법에 대해 논의할 때 협력을 강조한다. 이 장은 문화적 고려, 재난정신건강 계획, 문화역량을 끝으로 마무리한다. 이 장은 재난 서비스를 효과적으로 제공하려면 특별한 기술, 지식, 관점, 절차가 필요하다는 점을 명백히 밝히고 있다.

제10장, So'Nia Gilkey의 "취약성과 재난: 아동과 10대 청소년들의 발달역량이란 맥락에서의 위험과 회복력"에서는 아동과 청년의 취약성에 대한 재난의 영향력을 탐색한다. 취약한 아이들과 청소년들은 재난의 부정적인 영향으로부터 더 부적절하게 고통받을 가능성이 있기 때문에, 취약성은 만성적 조건으로 인식된다. 음주 또는 마약을 하거나, 우울증 또는 불안감과 연관된 장애로 고통을 겪고있는 청소년들은 외상후 스트레스 장애, 사회적 응력 부족, 학업성취도 저조를 겪을 가능성이 더 높다. Gilkey는 재난이 아동과 10대 청소년들에게 가하는 충격이 아동의 연령, 발달 수준, 지적 능력, 개인과 가족 지지, 동료 지지, 성격, 언론, 지역사회 대응에 의해 어떻게 영향을 받는지에 대해 설명하고 있다. 허리케인 카트리나 사건을 예로 들어, 아동들이 있는 가족과 10대 청소년들이 있는 가족의 사례를 제공하고 있으

며, 문제가 있는 행동들을 기술하고, 적절한 개입방법에 대해 논의하고 있다. 아이들을 위한 개입방법에는 상담, 아이들과 함께 하는 문제 해결과 같은 발달 기술 훈련하기, 긍정적인 활동 참여하기, 아이들에게 일어나는 일을 스스로 통제할 수 있는 힘을 기르는 전략 배우기 등이 있다. 10대 청소년들을 위한 개입방법으로는 장차의 재난으로부터 보호할 수 있는 회복탄력적인 자질을 키우기 위해서 사회적 인지와 정서적 역량을 증진시키는 긍정적인 개인 자질을 찾거나 발달시키는 것을 포함하고 있다. Gilkey는 문제점을 찾고, 그 문제로 인해 피해본 사람이 누구인지 명확히 하고, 그 문제를 해결할 수 있는 해결책을 브레인스토밍 해보고, 그 문제를 해결하기 위해 단계별로 계획을 세우는 등의 문제해결 전략을 제시하고 있다. 합리적인 목표, 명확히 부여된 과제, 진전된 정도를 점검하기 위한 방법, 성공을 평가하는 방법을 갖추고 그 계획을 단순하게 만드는 것이 중요하다. 이 장에서는 재난이 아동과 청소년의 발달능력에 미칠 수 있는 영향력에 대해 더 잘 이해하게 됨으로써, 사회복지 교육이 재난 경감, 대비, 대응, 복구에 관련된 다른 원조 학문들을 선도할 수 있는 역량을 갖게 된다고 명확히 밝히고 있다.

제11장, Terry Lum, Siying Wang, 그리고 Kofi Danso의 "2008 중국 문천(웬촨) 대지진: 재난 개입방법에서 사회복지사의 역할 반성"에서는 다양한 이해당사자들이 취한 재난 대응의 본질을 설명하기 위해 최근 중국에서 발생한 지진 사건을 다루고 있다. 아시아 지역은 전 세계에서 자연재해의 위험성이 가장 높고 취약성이 많은 지역 중 한 곳이기 때문에, 이 지진을 다루는 것은 중요한 공헌을 하게 될 것이다. 이 장에서는 500,000km^{2}가 넘는 지역을 휩쓸고 87,000명이 넘는 사망자를 낳은 쓰촨성 대지진에 대해 설명한다. 중국 정부는 이 자연재해에 신속하게 대응하였다. 즉, 지진 발생 당일에 의료 및 비상대응팀을 현지로 보냈고, 수색과 구조 작업을 위해 군대가 소집되었다. 이 하향식 접근법은 매우 효율적이었다. 다른 곳에서와 마찬가지로 중국에서는, 현지 시민들의 참여와 지역의 자원을 활용하는 것이 재난 대응에 굉장히 중요하다. 그 이유는 현지 사람들이 그 누구보다도 그 지역을 가장 잘 알고 있기 때문이다. 하지만, 쓰촨성 대지진의 사례처럼, 그 지

역의 자원만으로 욕구를 충족하는 데 충분하지 못한 경우가 종종 있다. 자원봉사자의 쇄도로 지방 정부와 생존자들이 압도당하였고, 결국 구조 노력에 방해가 되었다. 이 글을 쓴 저자들은 비정부기구(NGOs)와 사회복지 전문직의 역할에 특별히 주안점을 두고 있다. 역사적으로 볼 때, 재난 구조작업이 정부의 역할로 치부되어 왔기 때문에, 비정부기관에 맡겨진 역할은 딱히 없었다. 그런데, 쓰촨성 대지진 발생 후, 변화가 일어나고 있다. 정부가 해결하지 못하는 지역에서는 다수의 비정부기관들에게 도움의 손길을 뻗었다. 중국본토에서는 사회복지라는 전문직이 시작단계에 있다. 지진을 경험해 본 적이 있던 대만의 사회복지교육자들은 교육자를 위한 교육(Train the trainer, TTT) 워크샵을 제공했으며, 그 뒤로 중국본토 사회복지 교육자들이 자신의 학생들과 해당 도시의 사회복지사들을 대상으로 교육을 시행했다. 이러한 사회복지사들은 임시 주택단지에 사회서비스 센터를 설치했으며, 재난 현장의 생존자들과 효과적으로 일하는 데 필요한 개념과 기술을 가르쳤으며, 다른 나라의 재난관련 문서와 매뉴얼을 중국어로 번역했고, 타국에서 개발한 개념과 기술들을 중국의 사회복지 실천에 통합시켰다. Lum, Xiying과 Danso는 정부, 비정부기구, 자원봉사자 등 이해당사자로 인해 알게 된 교훈으로 마무리하고 있다. 이 장에서는 사회복지 교육과 실천에 시사점을 주는 이해당사자 간의 조정과 지역사회의 참여를 제안하고 있다. 중국 및 다른 아시아 국가들과 더 잘 알게 되고 긴밀하게 공조하게 되면 더 많은 것을 얻을 수 있다.

제3부에서는 앞의 11개 장에서 다룬 내용들을 기반으로 해서 전개된다. 제3부는 재난에 대한 내용을 사회복지 교과과정에 통합하는 것에 관한 지침서를 제시하는 3개의 장으로 구성되어 있다. 이 장들은 윤리적 고려사항, 다문화 교육, 재난 내용을 다룬다.

제12장, Hussein Soliman의 "재난에서 윤리적 배려: 사회복지 프레임워크"에서는 재난에 관련된 다양한 기관들의 차이점으로 인해 재난 후 서비스 제공 시 모순, 갈등, 조정의 결여를 생겨나게 할 가능성이 어떻게 높아지는지를 설명하고 있다. 저자는 재난 경감, 대비계획, 대응, 그리고 복구의 절

차를 분석하기 위해 기관들이 사용할 수 있는 구체적 지침을 갖춘 윤리적 체계와 모형을 제시하고 있다. 이 체계는 약 7개의 개념으로 구성되어 있다. 즉, 책무성, 책임성, 형평성, 투명성, 의사결정능력, 위험/이익 비율, 비밀보장이다. 도덕성의 원칙들이 이 개념들의 기반을 이룬다. Soliman은 주로 규범적 윤리에 초점을 두고 도덕성의 다른 분야들을 구분하고 있다. 규범윤리 내에서의 구분은 "분배적 정의"의 가치 또는 개인의 상대적인 처우를 강조함으로써 이루어진다. 이것은 사람들을 그들의 가치에 따라 대우하고, 동등하게 대우하고, 사람들을 욕구 또는 능력에 따라 대우하는 것을 포함한다. 모든 국가의 시민은 도덕적, 윤리적, 법적 권리를 통해 정부의 재난지원 및 도움을 받을 수 있어야 하는 것이 이 장의 핵심이다. 이것은 재난으로 야기된 문제들을 경험하는 사람들의 취약성 때문에 필요하다. 저자는 그 체계를 설명하기 위해 허리케인 카트리나 사건을 사례로 삼고 있다. 카트리나에 대한 대응에 윤리학의 형태가 적용된 것을 확인하고 또한 적용되지 않은 것들도 보여주고 있다. 경고, 경감, 대비, 대응, 복구를 포함하는 쟁점들을 지적하고 있으며, 이 문제들은 윤리적 원칙들과 관계가 있다. 이번 장에서는 재난 현장에서 윤리적 실천과 개입방법의 장려와 정립 필요성에 관한 필수 지식을 제공하고, 그에 맞춰 재난에서 윤리원칙이 무시되거나 위반될 경우 일어날 수 있는 다양한 부정적 결과들을 알아본다.

제13장, Martell Teasley와 James A. Moore의 "재난복구 사례 관리: 사회복지와 다문화 교육"에서는 사회복지 교육프로그램을 통해 학생들이 다민족 지역사회 내에서 재난복구 사례 관리에 대해 문화적 민감성을 지닌 실천가가 되려면 어떻게 준비해야 하는지를 설명하고 있다. 저자들은 취약성이 재난 발생 후 생기는 문제의 위험에 특정 사람들을 어떻게 놓이게 하는지 예를 들고 있다. 예를 들면, 특정 부류의 사람들 또는 지역공동체가 차별 받는다는 것은 재난에 가장 큰 영향을 받을 수 있는 사람 또는 지역공동체에 대한 정보가 부족하다는 것을 의미한다. 지각의 차이, 노인차별, 장애에 대한 편견으로 인해 발생하는 취약성을 다루는 유용한 문헌들을 이번 장에서 논의한다. 이 장은 또한 대학교들이 의미있는 재난대응 교육과 훈련

을 만들기 위해 신앙-중심단체와 민간비영리기구와 함께 어떻게 협력할 수 있을지를 보여주고 있다. 저자들은 사회복지교육과 훈련모형을 분명하게 설명하고 있으며, 이를 통해 사회복지실천가들이 재난경감, 대비계획, 대응, 복구하는 동안 다양하고 취약한 사람들과 함께 실천을 행할 수 있도록 준비할 수 있다.

제14장, Rebecca L. Thomas 그리고 Lynne M. Healy의 "대비하라: 세계화와 기후변화 시대에 맞는 재난 내용의 추가"에서는 사회복지 프로그램을 위한 자연재해 및 인재에 관한 커리큘럼 내용을 다룬다. 사회복지사들은 재난 전(경감·대비)과 재난 후(대응·복구) 모든 상황에서 중요한 자원으로 인정받고 있다. 국제사회복지에서 사회복지사들은 불가피하게 재난 작업에 연루될 수 있으며, 때론 특히 가장 취약한 사람들을 위해 재난 대응, 평가, 회복, 복구, 정책개발 측면에서 도움을 제공하게 될 것이다. 흥미롭게도 미국사회사업가협회 윤리강령(National Association of Social Workers Code of Ethics)에는 "사회복지사들은 공공 위기상황에서 적절한 전문적 서비스를 최대한 많이 제공해야 한다"라고 지적하고 있으나, 사회복지 교육은 이제 막 재난 내용을 교과과정에 포함시킨 단계에 불과하다. 더 흥미로운 사실은 정부가 재난 관리에서 사회복지사의 역할을 지시했던 상황에서 조차도 이것이 등한시 되었다는 점이다. Thomas와 Healy는 재난이 사회복지교과과정 안에 국제적 내용을 추가시키고, 확대시키고, 증진시킬 수 있는 하나의 길을 제공하고 있다고 주장한다. 본 장은 사회복지교육과정을 국제화하기 위한 오랜 노력을 기반으로 하여 재난 내용을 발전시킬 수 있는 원칙에 대해 논의한다.

참고문헌

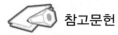

National Association of Social Workers (NASW). (1996). *Code of ethics.* Washington, DC. Author.

Streeter, C. L., & Murty, S. A. (Eds.). (1996). *Research on social work and disasters.* Binghamton, NY: Haworth Press.

Weichselgartner, J. (2001). Disaster mitigation: The concept of mitigation revisited. *Disaster Prevention and Management,* 10(2), 85–95.

Zakour, M. (Ed.). (2000). Disaster and traumatic stress research and intervention [Special issue]. *Tulane Studies in Social Welfare,* 21/22.

제1부

개념, 관점 그리고 방법

제 1 장 취약성 : 재난관련 교과과정의 중심 개념

DAVID F. GILLESPIE

취약성의 개념은 재난에 대응하는 지식을 정리하고, 효과적인 계획을 수립하는데 유용한 방법을 제공하며, 재난으로 인한 부정적인 결과를 줄이는 지속적 노력으로 나아가게 한다. 취약성의 개념은 상당히 간단하다. 예를 들어 Oliver-Smith와 Button(2005)은 취약성을 민감성에 대한 위기의 비율로 정의하였다. 취약성의 개념은 1970년대에 처음 소개되었으나 당시에는 이해되지 않았다. 최근 들어 재난으로 인한 사상자와 피해를 줄이는데 관계된 이슈와 문제의 광범위한 스펙트럼을 통합하는 유연하고 포괄적 개념으로 표면화되었다.

일부 사람들은 일상생활의 패턴으로 인해 다른 사람들에 비해 재난의 위험이 더 커질 수 있다. 그런 패턴을 이해하는 사회복지사는 부족한 자원을 훨씬 잘 관리하고 다룰 수 있다. 재난으로 사람들이 위기에 처할 수 있는 삶의 조건, 욕구, 자원에 관심이 없는 지역사회는 재난에 대비하고, 대응을 조직하고, 적합하게 회복하는 데 문제를 가질 것이다. 취약성에 대응하는 것뿐 아니라 취약성을 감소시키는 접근은 사회복지사와 다른 재난관련 종사자들에게 응급처치, 식량공급과 같은 명백한 욕구에 원조의 손길을 보낼 것과, 재난의 완화, 대비, 대응, 그리고 회복의 전체 사이클을 통해 파트너로 일할 것을 요구한다. 예를 들어, 최근에 이주해 영어를 사용하지 못하는 이민자와 접촉하기 위해 이중 언어를 구사하는 이민자와 파트너를 이루는 것은 대부분의 지역사회에서 상대적으로 잘 이루지고 있다.

취약성을 감소시키기 위한 작업은 일 년 이내 혹은 일 년이 더 걸릴 수도 있고, 재난의 4단계를 넘어설 수도 있어서 사회복지사는 취약한 개인, 집단, 주민의 특별한 욕구뿐 아니라 지역사회에 대한 지식에 따라 활동을 할 수 있다. 예를 들어 사회복지사들은 지역사회에서 가장 취약한 집단의 토지사용, 주거, 교통수단과 관련한 정책적 대안이 가지는 함의에 관하여 의사결정자에게 전문가적 증언을 제공할 수 있다. 사회복지사들은 재난에 의해 영향을 받은 사람들의 능력(capacity)과 취약성을 반영하여 회복하기 위한 옹호를 할 수 있다. 허리케인 카트리나 발생 후 New Orleans에서의 노력은 이러한 종류의 합의된 옹호가 필요하다는 것을 강조한다.

취약성의 관점으로 일하고 가르치는 것의 장점을 보여주기 위해, 미국에서의 지난 60년간의 재난 계획, 실천 그리고 연구를 20년 단위로 간단히 집고 넘어갈 것이다. 20년의 간격은 재난 분야에서 괄목할 만한 발전과 관계가 있다. 더욱이 위에서 언급했듯이 재난 분야가 4개의 단계(완화, 대비, 대응, 그리고 복구)로 조직화되었음을 이해하는데 도움이 될 것이다. 완화와 대비는 재난이 일어나기 전에 발생하고, 대응과 복구는 재난이 발생한 후 이루어진다. 모든 단계가 중요하며, 각 단계는 취약성의 관점을 통해 유용하게 이해될 수 있다.

재난 분야의 등장

초기에 재난분야는 다양한 위험들에 대응하여 출현하였다. 가령, 홍수전문가, 지진전문가, 허리케인전문가 등이 있었다. 각 분야들 간의 인식이나 상호작용은 거의 없었다. 자연적 위난과 인재 간에는 분명한 구분이 있었다. 게다가 재난은 극단적인 사건으로 묘사되었다. 이러한 성격의 조합은 지구물리학 패러다임을 산출했다. 초점은 재난의 기본으로 자연적 위난에 맞춰졌다. 이러한 작업은 우리가 빈도, 규모, 공격의 속도, 위치, 그리고 다른 서술적인 정보를 파악하는데 유용하지만 자연적 재난 자체가 문제였음을 암시하기도 하였다. 이것은 한정적인 의미에서만 사실이다. 예를 들어 아무도 살고 있지 않는 사막에서의 지진은 문제가 되지 않는다. 게다가 어떤 자연적 위난은 이익을 가져다주기도 하는데, 토양이 범람에 의해 비옥해지는 것이 그러하다.

1950년대 초반, 연방정부는 핵폭탄 위험에 대한 대응으로 2차 세계대전에 만들어진 시민 방어 시스템을 구축하기 시작하였다. 비상시 대피소와 탈출 경로를 계획하기 위하여 전문계획가들이 고용되었다. 이 작업은 군사에 초점이 맞춰져있어 자연적인 위험이 대부분 무시되었다. 그것도 정부의 작전이었지 비영리기관과 잠재적인 도움이 될 수 있는 활동가들과는 연결이 되지 않았다.

시민 방어의 확장으로 사회과학센터가 오하이오 주립대학에 세워졌다. 사회학자인 Henry Quarantelli와 Russell Dynes는 재난연구센터(Disaster Research Center)를 만들어 사례연구에 집중하였다. 연구팀의 박사 과정생들이 피해자와 대응자들의 행동을 관찰하기 위해 재난이 발생한 후 바로 파견되었다. 이 연구의 대다수는 재난의 충격 후 나타나는 즉각적인 대응단계에 맞추어졌다. 아마도 이 작업에서 많이 인용된 발견들은 재난 행동에 대한 신화일 것이다. 예를 들어, 재난의 즉각적인 여파로 사람들은 패닉에 빠질 것이라는 믿음이 일반적이었다. 그러나 재난연구센터에서는 다친 사람들을 가장 즉각적으로 돕기 시작하고, 이웃을 살피고, 파편들을 치우고, 재난에 의해 발생한 문제들을 직접적으로 다루는 사람들은 피해자와 다른 사람들이라는 것을 발견하였다. DRC은 현재 Delaware대학에 있으며, 웹사이트는 http://udel.edu/DRC/이다.

취약성 개념의 기원

1970년대 초반 연구자들은 자연적 재난의 발생건수가 변하지 않음에도 불구하고 인적·물적 손실이 증대하고 있다는 것에 주목했다. 그리고 같은 크기의 재난이라도 극단적으로 다른 결과를 낳을 수 있음에도 주목하였다. 이러한 내용은 O'Keefe, Westgate, 그리고 Wisner(1976)가 자연적 위난에서 '자연적인'을 제거하자는 것을 제안하는 것에 들어있다. 이 학자들은 재해의 발생 수가 같은데 비용과 손실이 증가한다면 사회적 체계가 원인이라고 생각했다. O'Keefe와 동료들은 가장 취약한 사람들은 재난으로부터 가장 큰 고통을 받는다는 것에도 주목하였다.

취약성이라는 개념은 재난으로 인한 손실을 줄이는 방법으로 1980년대 초반에 발의되었다. Kenneth Hewitt(1980)는 취약성에 대한 것을 첫 번째로 취합하였다; 그리고 Cuny(1983), Wijkman과 Timberlake(1984)와 다른 학자들도 취약성에 초점을 두었다. 몇몇은 취약성에 대한 개념이 개인적 책임을 경시하고 취약성을 너무 단순화시킨다는 이유로 비판한다. 예를 들어. 취약성을 단순히 범람 위험성이 높은 위험지역에 얼마나 가까이 거주하는 지로 측정한다는 것이다. 이러한 초기의 취약성 관점은 마르크스주의에서 드러나고, 냉전의 종식이 아마도 그에 대한 열망을 줄이는데 영향을 미쳤을 것이다.

재난 분야와 위기관리 전문직 토대의 확장

자연재해센터(Natural Hazards Center－NHC)는 J.Eugene Haas(사회학자)와 Gilbert White(사회지리학자)에 의해 Colorado대학에 1970년대 초반에 세워졌다. 다양한 분야의 실천가와 연구자, 그리고 정부지원기관들로 구성된 자연적 위난 연구와 지원 워크샵(The Hazards Research and Application Workshop)이라는 연례 회의를 시작한 것이 이들의 가장 중요한 업적이다. 이 워크숍에서는 다학문적인 작업을 촉진하였고, 지금까지 유지되고 있다. NHC Website, http://www.colorado.edu/hazards/는 교사, 연구자, 그리고 실천가를 위하여 많은 정보를 제공하고 있다.

1970대 후반에 포괄적 응급관리(Comprehensive Emergency Management－CEM)

체계가 형성되었다. 이 체계는 (1) 위기사정 (2) 역량사정 (3) 위기와 역량 간의 차이 감소를 지도하기 위하여 설계되었다. CEM의 실행은 "통합적 응급관리"로 알려져 있다. 가이드라인의 틀과 실행은 준비와 조치를 강조하는 새로운 전문가들에게 기초가 되었다. CEM틀과 IEM가이드라인은 연방정부에 의해 광범위하게 지원되었고, 1978년에는 정부응급관리 기관(the Federal Emergency Management Agency－FEMA)이 재난에서 제각기 기능을 하는 다양한 기관, 부서, 그리고 프로그램들을 모아서 조직되었다.

1990년대 초반 재난위기관리 전문가로서 FEMA의 수장이 된 James Lee Witt는 약속대로 대비에서 완화로 재난위기관리의 강조점을 바꾸었다. 이 변동은 재난으로 인한 피해가 지속적으로 증가하는 것에 대한 대응으로 이루어졌다. FEMA는 "Project Impact"를 만들어 "재난－저항"지역사회를 촉진하였다. 그러나 "저항"에 대한 생각은 사회적·정치적, 그리고 경제적인 상황을 적절하게 잡아내는데 실패하였다. 1990년대 후반, "복원력"의 개념은 저항에 대한 생각보다 잠재적으로 더 유용한 개념으로 떠올랐다. 지속적인 발전 혹은 "지속적인 재난 완화"도 장기적 전망을 제시하기 위해 수면으로 떠올랐다. 장기적 전망에 대해서는 환경전문가와 재난 전문가사이에 다소의 갈등이 있었다. 예를 들어, 재난전문가는 제방의 장점을 논한 반면, 환경전문가들은 범람하는 평원관리를 논했다.

정교해진 취약성 관점

2000년대 초반, 취약성 관점에 대한 중요성이 새롭게 부각되었다. McEntire(2004;2005)는 공공행정에서, Villagran De Leon(2006)은 물리학에서, Oliver Smith(2005)는 인류학에서, 그리고 처음부터 관심을 가졌던 O'Keefe, Westgate 그리고 Wisner(1976)와 같은 사회지리학자나 정치과학자, Hewitt (1983)와 같은 생태학자, Zakour(2007)와 같은 사람들이 사회복지를 위해 문헌을 정리하였다. 취약성에 관한 최근의 작업들은 마르크스적 관점과는 연결되지 않았지만, 여전히 사회복지적 가치와 실천과 연결된 체계를 변화시키는 것을 강조한다.

취약성은 여전히 많은 부분에서 자연적 위난에 노출되는 것으로 비춰진다. 노출은 건축법, 생명선 체계(상하수 체계, 전력과 통신서비스), 운송기반 등을 포함한 위치와 건축 환경에서 비롯된다. 이런 노출에 의한 취약성이 차별적인 사회적 영향을 가져온다고 알고 있다 하더라도, 대부분은 사회적 상황에 대해서라기보다는 공간적 취약성(물리적 위치와 건축환경)에 관심이 있다.

게다가 전통적으로 개인도 취약성의 원인을 제공한다고 여기고 있다. 예를 들어 아이들이나 높은 건물에 사는 휠체어를 타는 사람들의 욕구, 특별한 욕구를 가진 계층들은 장애와 같은 특별하고 개인적인 삶의 조건 때문에 불이익을 받지만, 이것 또한 차별이나 다른 사회적 조건이 될 수 있다.

취약성은 전통적으로 대응문제로 여겨져 왔다. 예를 들어 지역사회 계획가들은 아동보호센터의 영유아, 혹은 높은 건물에 사는 노인들이 어떻게 대피할 수 있는지를 검토하였다. 최근의 연구는 취약성의 관점을 더욱 확장시켜, 자연적 위난의 영향을 완화·대비·대응·복구할 수 있는 주요한 자산과 자원에 누가 접근하고 통제할 수 있는지 찾고 있다(Blaikie, Cannon, Davis, & Wisner, 1994). 취약성의 어떤 원인들은 밝혀졌다. 여기에는 정보, 지식, 기술에 대한 접근 부족이 포함된다; 정치적 대표성이나 권력이 약하거나 없는; 제한된 사회적 자본; 건물의 연식과 질; 허약하고 신체적으로 제한된 개인; 기반시설과 생명선의 종류, 질, 그리고 연도(Cutter, 2001:).

표 1.1은 취약성에 영향을 주는 몇몇의 특성 목록을 나열하였다.

〈표 1.1〉

요인들	원인의 성격
나이 위기	노인과 아이들은 스스로를 보살피는데 어려움이 있다. 매우 어린 아이와 매우 나이가 든 노인들은 돌보는데 시간과 비용이 든다.

부양 아동과 노인	부양해야 할 가족이 있는 경우, 지원하는데 훨씬 더 어려움이 있으며, 정보와 기술에 접근이 결핍된다.
실직	재난 후 실직은 지속적인 재정적 유출로 복구가 더뎌진다.
여성	여성은 임금이 낮고 특히 아동 양육과 관련한 가족부양을 하는데 드는 노력은 더 많이 한다.
재정적 결핍	재정적 결핍은 지역사회가 손실과 복구에 집중하는데 어려움을 발생시킨다. 지역사회 기반시설과 건물들은 더 노후되었고 덜 정비되었고, 보험은 없거나 불충분하고, 자본에 접근성이 거의 없다.
낡은 기반시설과 생명선	하수도, 다리, 상수, 통신 그리고 운송수단의 기반시설 난파는 잠재적인 재난 손실을 악화시킨다.
임차인	임차임들은 대개 복구하는 동안 재정적 지원에 대한 접근이 떨어진다; 셋방에 살 수 없게 되었을 때, 임차인들은 거주할 곳이 없을 수 있다.
주거 위기	고가의 주택은 복구하는데 비용이 많이 든다; 이동주거는 재해에 덜 탄력적이다.
자원추출직업	자영업자인 어부는 생산수단을 잃었을 때 고통을 받는다. 이민 온 농업노동자들과 숙련이 낮은 직업에 종사하는 사람(가정부, 육아, 그리고 정원사)들은 가처분소득이 일시적이고, 서비스에 대한 욕구는 감소한다.
지방 거주자	지방거주자들은 소득이 낮고 농업이나 어업처럼 지역에 기반한 경제에 의존하는 경향이 있다. 높은 밀도 지역은(도시) 위험한 길에서 피난을 복잡하게 만든다.
도시 거주자	피난은 인구밀도가 높은 도시지역에서 더욱 복잡하다.

취약성은 구조적이면서 상황적이다. 취약성은, 정치적, 경제적, 환경적 관리 실천, 인종과 계층관계, 성에 기반한 노동 분화 그리고 다른 요인들에 의해 형성될지도 모른다. 취약성은 시간의 흐름에 따라 다양한 형태로 나타나는 사회적 지위와 상황적 혹은 문맥적으로 특별한 삶의 조건들에 의해 형성될 수도 있다; 예를 들어, 일시적 장애, 거리에서 실재적 혹은 인지적 안전의 수준, 그리고 읽고 쓸 수 있는 능력의 기능적 정도로 나타난다. 구조

적 그리고 상황적 취약성은 종종 혼합된다. 고립된 보호구역의 표준이하의 주거지에 거주하는 북미원주민의 아이들은 그 지역에 독극물 쓰레기 오염물질에 노출될 확률이 높다는 것이다.

구조적 형태의 중요성은 자연적 위난과 재난에 대한 과학적 지식의 두 번째 접근의 결론에서 강조되었고, 거기에는 위험과 "설계에 의한 재난"에 해당하는 것이 조사되었다(Mileti, 1999). 부유하거나, 소득이 낮은 나라에 상관없이, 위험의 분류는 물리적 차이와 사람들 개인의 행동뿐 아니라 사회적 현상, 환경적 압력, 그리고 더 큰 사회의 사회적 분열을 반영한다. Bolin과 Standford(1998, p42)가 주목했듯이 "재난을 단순한 물리적 사건으로 보는 시각에서 사람들과 그들의 삶의 조건을 불안전하게 만들거나 안전하게 하는 것으로 사회 경제적 요인을 고려해보는 것으로 바꾸는 것이 필요하다." 자연적 위난에서 취약성을 이해하는데, 부서지기 쉬운 삶은 부서지기 쉬운 건물만큼 중요하다.

가장 가난하고, 아프고, 의존적이고, 고립된 거주자들은 직·간접적으로 물리적 재해와 사회·경제·정치·심리적 영향에 노출이 증가된다. 노인이나 장애인 혹은 둘 다와 같이 사는 것은 정상적 조건 하에서는 도전이지만, 표준 이하의 주거와 위험한 지역에서 노인, 장애인이 되는 것은 재난의 영향에 민감성을 증가시킨다. 2000년의 통계에 의하면, 미국 성인의 20%와, 아동의 18%는 복합적인 취약성을 지닌 고통스러운 근린지역에 사는 것으로 나타났다. 이런 곳은 빈곤, 한부모 가정, 고등학교 중단 학생 비율, 그리고 실업률이 매우 높다. 2000년에, 이러한 근린지역은 인종적으로도 독특하여 55%가 아프리카-미국인, 20%가 히스패닉이다. 그러한 근린지역은 사회복지사에게는 중심지가 되어야 한다.

사회적 연대는 재난을 맞았을 때 탄력성을 증진시킬 수 있으나, 지역사회연대를 낮추는 요인들은 취약성을 증가시킨다. 특정 부류의 사람들을 방치하는 것은 지역사회연대를 감소시킨다. 여기에는 새로운 이민자나 특정한 종교 집단, 전통적이지 않은 삶을 계획하는 남·여에 대한 반대, HIV/AIDS와 같이 확실하지 않은 두려움에 대한 편견도 포함된다. 이러한 사회적 분열은 일반적이다. 운이 좋게도, "Neighborhood Watch 프로그램"과 자발적인 근린지역 대비팀을 성공적으로 만든 긍정적 사회적 연계와 사회적 강점도 있다. 분열과 연계는 지역사회를 규정짓는 사회적 맥락의 매우 중요한 부분이다. 사회복지사는 분열을 멈추게 하기 위해 연계를 통해 일할 필요가 있다.

취약성의 복합성

취약성은 한정적 요인들의 단순한 합이 아니라 유동적인 개념이다. 반면, 다른 모든 사회적 현상처럼, 요인들 간의 상호작용으로 드러난다. 이러한 복잡함은 유사하게 비교될 만한 지역사회들이 매우 다른 결과를 가져올 때 분명히 밝혀지게 된다. 1995년 Chicago의 폭염이후, Klinenberg(2002)는 빈곤, 한부모가정, 고등학교 학업 중단, 그리고 실업과 같은 취약성을 통계측정 방법을 통해 본질적으로 비교 가능한 두 개의 지역사회를 연구하였다. 한 지역사회는 아프리카계 미국인들이, 다른 지역사회는 히스패닉계 미국인들이 주를 이루고 있었다. 두 지역사회는 비슷함에도 불구하고, 사망률에 현격한 차이가 있었는데, 아프리카계 미국인 노인들이 히스패닉계 노인들보다 사망률이 높았다. Klinenberg는 히스패닉 지역사회는 이웃들과 유대가 깊다는 것을 발견하였다. 노인들이 외출을 종종 할 수 있을 정도로 범죄율이 낮았고; 에어컨이 설치된 지역상점들이 많아 운전보다는 걷는 문화가 활발해서, 폭염에 의한 위험에 대해 배울 기회를 주었을 뿐 아니라 건강도 좋게 하는 작용을 하였다; 손자녀를 돌보는 노인들의 관습; 그리고 영향력이 있는 교회. 이것이 Klinenberg의 결론이었다.

우리는 1995년 여름에 많은 Chicago주민들을 죽음으로 몰아갈 조건을 집단적으로 창출하였다. 뿐만 아니라 이런 죽음을 간과하고 쉽게 잊어버리는 조건도 만들었다. 우리는 집단적으로 그러한 것들을 만들지 않을 수도 있지만, 그것은 우리가

관습적으로 당연하다고 여겨 외면해버린 우리의 사회적 구조의 균열을 깨달아 면밀히 조사할 수 있을 때에야 가능하다.

지역사회의 외관상의 공통점은 심각한 차이를 숨길 수 있다. 어떤 지역사회에서 아시아계 미국인들은 질 좋은 건물, 좋은 보험, 그리고 소득보장으로 인해 다소 혹은 단기간 영향을 받을지도 모른다. 그러나 상응하는 비율의 아시아계 미국인들은 상대적으로 덜 풍족하거나 저소득국가에서 최근에 이민을 왔을 수도 있다. 그들은 주거를 개선하거나, 보험에 가입할 돈이 부족하고, 언어로 인해 분리되고, 폭력에 대한 두려움을 느끼거나 사회적 연계가 아주 적을 것이다.

물리적 공통점도 중요한 차이를 엄폐할 수 있다. 만삭의 여성은 천천히 움직일 수 있지만, 가족들이 차를 가지고 있는 경우 집안일을 준비하거나, 소지품을 싸고, 대피를 하고, 청소를 하고, 그리고 집으로 다시 돌아오는데 도움을 줄 수 있다. 그러나 또 다른 만삭의 여성은 가출한 십대를 위한 집에 거주하고, 자동차도 없고, 가족과의 연락도 없고, 오로지 시설 사회복지사와 다른 거주자에게만 전적으로 도움을 구하기 위해 의지해야 한다. 노인과 장애인의 상대적 취약성에 대한 예견은 동일하게 복잡한데, 다양성과 그들의 삶의 경험의 범위 때문이다(Langer, 2004).

같은 지방자치단체나 인근의 거주민들은 유해물질 혹은 범람과 같은 위험 그리고 재난을 극복하는데 어려움을 주는 취약성 또는 사회·문화 그리고 경제적 조건에 노출되는 수준이 매우 다르다. 일부 지역사회를 다른 지역사회에 비해 덜 탄력적이게 하는 요인들은 낮은 세금 기반, 단일 산업 혹은 농업에의 의존, 학교·교회 그리고 사회 조직들과 같은 강력한 기관들의 부재, 기관들 간의 약한 협동과 조정, 비효과적인 정부와 리더십, 부적절한 경지사용계획과 시행, 소수자 분리와 차별, 그리고 일시적이거나 불안정한 인구들이다. 사회복지사들은 이러한 요인들을 구분·이해하고 부정적 결과를 완화하는데 결정적인 역할을 한다.

취약성을 증가시키는 구조적 경향

취약성의 수준에 기여하는 변화를 아는 것이 중요하다. 사회복지사들은 근린지역 혹은 집단이 재난으로부터 회복하는 동안 그들을 보호하거나 도와줄 수 있는 획득 가능한 혹은 잃을 수 있는 자원의 접근성을 알 필요가 있다. 사회복지사들은 근린지역의 안전, 건축물 상태의 수준과 거주자들이 얼마나 관계가 좋은지 모니터링 해야 한다. 이러한 조건과 취약성의 수준에 잠재적으로 영향을 주는 것들을 추적하는 것은 취약성의 수준을 감소시키는데 유용한 정보를 제공할 수 있다.

재정적 정책, 무역, 운송체계, 습지대 개발, 그리고 이민에 대한 지역사회의 결정은 위험수준에 영향을 주는데, 이런 결정들은 다른 것들에 비해 개인적인 고용과 수입, 주거에 대한 재정적 지불능력, 그리고 개량에 결정적인 설비의 가능성에 영향을 주기 때문이다. 인구증가와 경제개발의 전략은 토지사용 정책에, 특히 해안지역을 따라 압력으로 작용하며, 세계적으로 지속되는 도시화는 인간과 상업에 대한 재난 사건들에 영향을 집중시킨다.

사회적, 인구통계학적 변화는 사회적 유대를 약화시킬 수 있으며, 취약성을 증가시키는 역할을 하기도 한다. 사람들이 집 밖에서 오랜 시간 생계에 종사하는 것은 전통적 지역사회 교육 프로그램에 자원봉사할 시간 또는 에너지를 남겨놓지 않는다. 그리고 선진국에서 인구의 유동성은 여전히 높다. 보통, 미국인구의 반이 5년마다 이사를 한다(Bennefield & Bonnette, 2003). 미국에서 라틴계 인구의 증가로 국가는 더 문화적으로, 언어적으로 다양해지고, 그러한 다양성에 의해 언어와 문화 장벽과 삶의 조건에서 불균형이 다루어지지 않으면, 취약성은 증가할 수 있다(Fothergill, 1996). 주택동향도 형평성의 한 부분이다. 가난하고 열악한 환경에서 고용된 사람들이 이용할 수 있는 주택이 감소함으로써 노숙자들이 증가하게 되고, 보다 많은 사람들이 재난 이후에 보호받지 못하고 자립할 수 없게 되었다. 저소득 세입자들은 특히 고위험장소에 위치해 있는 저가의 조립식주택에 거주하는 경향이 높아지고 있다. 이러한 집단은 대중교통에 의지하는 경향이 높으며, 정규적인 소득, 저축, 보험, 그리고 의료혜택과 같은 주요한 경제적 복구자산이 부족하다.

나이, 건강상태, 성별도 부분적으로 역할을 한다. 역사 이래 더 많은 사람들이 고정된 소득으로 생계를 유지한다. 여성노인은 남성노인에 비해 완전고용, 연금 수혜 또는 사회보장이 적은 경향이 있으나, 낮은 소득으로 남성노인에 비해 오래 산다; 따라서 여성노인은 재난 취약성이 증가하고 있으며, 가장 허약한 독거 노인인구의 대다수를 형성하고 있다. 허약한 노인집단은 불균형적으로 여성이며, 더 가난해질 수 있다. 이 부분도 불균형적으로 여성 돌봄에 의존하는 경향이 있는데, 이들은 대부분 소득이 낮고, 소수인종에 속한다.

현대사회 중요한 기반의 많은 측면이 상호의존적이기 때문에 현대 삶 자체의 복잡함은 욕구가 높은 집단의 취약성을 증가시킨다. 재난으로 인한 높은 위험에 있는 사람들을 돕는 학교, 병원, 지방 기업, 정부, 그리고 사회서비스 기관들은 착빙성 폭풍우를 위한 전기 배관망의 민감성과 다른 환경적 스트레스에 의해서 영향을 받는다. 생명선 부족으로 인한 취약성은 기능적인 배관망으로 좌우되는 컴퓨터에 기반한 정보관리체계의 의존성 증가로 악화된다. 사회복지사는 지방수준의 실천에서 충분히 그러한 구조적 변화와 경향을 고려해야 한다.

취약성을 감소시키는 전략과 도구

완화에서 핵심은 취약성을 감소시키는 것으로, 지방 커뮤티니의 지식에서 출발한다. 커뮤티니에 대한 상식과 철저한 지식은 사회복지사가 자연적 위난에 대한 지방의 조건에 맞는 완화 조치를 계획하고 실행하는데 도움을 준다. 이러한 생각은 자연적 위난, 지난 재난의 경험, 지방 자원, 그리고 지방 역량에 대한 지역사회 지식을 발판으로 한다. 사람들에게 적절한 시간에 정확한 정보를 전달해 줄 효과적인 경고 메시지를 준비하는 것이 중요하다. 피난계획은 개발되고 검증을 거쳐야 한다. 쉼터의 배치문제 역시 반드시 수립되어야 한다. 통역가, 아동의 보호, 의료장비, 그리고 상담서비스의 필요성이 예견되어야 한다. 이를 위해서는 한정된 자원을 가장 잘 사용할 수 있는 다양한 시나리오를 생각해두는 것이 현실적이다.

취약성은 재난의 모든 주기에서 접근되어야 한다. 다양한 사람들의 배치가 계획되고 오랫동안 추적되어야 한다. 완화단계에서는 시, 군 그리고 근린지역에서 가장 취약한 인구집단에 대해 알아야 하고 계획과정에 직접적으로 반영되어야 한다. 이 과정에서 자연적 위난 시 더 위험한 것에 사람들을 노출시키는 여타의 구조적 유형과 위치를 구분하게 된다. 대비단계에서는 지속적인 교육과 훈련 활동이 가장 도움이 필요한 사람에게 지속적으로 이루어지도록 촉진해야 한다. 또한 응급약품과 자가 보호를 위한 다른 물품들을 구입할 보조금을 요청하고, 기부자를 찾는 것도 포함한다. 종종 교통수단과 언어적 장벽이 이 단계에서 표면화된다. 회복단계에서는 경제적·정서적인 이슈에 관한 문제들이 다루어져야 한다. 회복 과정은 매우 상이한 원인들로 인해 다양해진다. 어떤 부류의 사람들은 회복하는데 더 긴 시간을 필요로 한다. 이런 집단들과 개인은 재난 사회복지사에게는 특별한 관심대상이 된다.

측량기술의 발달은 지역을 기반으로 취약성 측정방법을 만드는 것을 가능하게 하였다. 사회복지사는 표 1.1에서 보여주듯이 물리적, 기술적 위험의 공간적 위치와 취약성 지표의 데이터를 통합해주는 지리정보시스템(GIS) 지도 소프트웨어를 사용하여 위험지도를 만들 수 있다(Cutter, 2001). 취약성과 관련된 위험과 특성을 지도화 하는 것은 완화의 노력을 인도하는데 도움이 된다. 예를 들면, 이민자 비율이 높은 지역에서, 사회복지사는 위험에 대한 소통을 다국어로 할 필요성을 느낄 것이다.

데이터를 지도화 하는 것은 빈곤, 인종, 민족 구성, 그리고 교육수준과 같은 확립된 지표들을 포함한다. 도움이 되더라도 이러한 통계는 충분하지 않아 사회복지사들은 실질적 지식을 더 필요로 한다. 어떤 경우에 통계적 분석은 근거가 부족하다. 예를 들어 일반적인 성별 비율을 사용한 젠더에 기반한 취약성에 대한 연구는 거의 도움이 되지 않는데, 그 비율이 상대적으로 일정하며, 재난 시 사람들의 역량과 활동능력을 측정하는 젠더적 개념을 포함하고 있지 않기 때문이다. 장기적 혹서 시에, 예를 들어, 젠더 관계, 연령별 친밀감, 그리고 문화적이고 신념에 기반한 가치들이 모두 역할을 하지만, 그런 것들은 최신의 통계적 측정으로 쉽게 지도화되지 않는다.

사회복지의 타당성 외에 취약성 관점을 사용해야 하는 또 다른 이유가 있다. 첫째, 자연적 위험의 영향에 우리가 할 수 있는 것은 많지 않지만, 취약성을 감소시킬 수는 있다. 둘째, 취약성은 모든 위험과 재난의 종류와 관계가 있다. 셋째, 취약성은 긍정적이고 부정적인 모습(역량과 의존)을 모두 고려한다. 넷째, 취약성은 다양한 역경을 대표하는 많은 변수들의 기능이다. 다섯째, 취약성은 지속적으로 변하고, 주기적으로 재평가되어야 한다. 여섯째, 재난의 각 단계에서 취약성을 감소시킬 수 있는 것들이 있다. 취약성 관점은 재난 분야에서 중요하게 기여할 뿌리를 세우고, 재난으로 인한 인명피해와 물질적 손실을 감소시킬 수 있는 방법을 사회복지사에게 제공한다.

결론

취약성의 관점을 실행하는 것은 다양한 인접 분야로부터의 역할의 통합을 요구한다. 사회복지사를 대상으로 한 취약한 사람들에 대한 지식과 타 학문에 대한 오리엔테이션은 재난 연구, 교육, 그리고 실천에 자연스러운 장을 제공한다. 이런 관점은 또한 공공, 민간, 그리고 비영리활동가와의 협동에 더 많은 관심을 요구한다. 지역사회개발과 지역사회사업 훈련을 받은 사회복지사에게는 특히 이러한 노력이 중요하다. 성공은 올바른 정치혼합의 이해와 취약계층에 대한 보상에서 나온다.

참고문헌

Bennefield, R., & Bonnette, R. (2003). *Structural and occupancy characteristics of housing 2000. Census 2000 brief.* Washington, DC: Census Bureau. Retrieved from http://www.census.gov/prod/2003pubs/c2kbr-32.pdf.

Bolin, R., & Stanford, L. (1998). *The Northridge earthquake: Vulnerability and disaster.* London, UK: Routledge.

Blaikie, P., Cannon, T., Davis, I., & Wisner, B. (1994). *At risk: Natural hazards, people's vulnerability and disasters.* New York, NY: Routledge.

Cuny, F. C. (1983). *Disasters and development*, New York, NY: Oxford University Press.

Cutter, L. S. (Ed.), (2001). *American Hazardscapes: The regionalization of hazards and disasters.* Washington. DC: Joseph Henry Press.

Fothergill, A. (1996). Gender, risk, and disaster. *International Journal of Mass Emergencies and Disasters*, 14(I), 33-56.

Hewitt, K. (Ed.). (1983). *Interpretations of calamity from the viewpoint of human ecology.* Boston, MA: Allen & Unwin.

Klinenberg. E. (2002). *Heat wave: A social autopsy of disaster in Chicago.* Chicago, IL: University of Chicago Press.

Langer, N. (2004). Natural disasters that reveal cracks in our social foundation. *Educational Gerontology*, 30(4), 275-285.

McEntire, D. (2004). Tenets of vulnerability: An assessment of a fundamental disaster concept. *Journal of Emergency Management*, 2(2), 23-29.

McEntire, D. (2005). Why vulnerability matters: Exploring the merit of an inclusive disaster reduction concept. *Disaster Prevention and Management*, 14(2), 206-222.

Mileti, D. S. (1999). *Disasters by design: A reassessment of natural hazards in the United States.* Washington, DC: Joseph Henry Press.

O'Keefe, P., Westgate, K., & Wisner, B. (1976, April 15). Taking the naturalness out of natural disasters. *Nature, 206*, 566-567.

Oliver−Smith, A., & Button, G. (2005). *Forced migration as an index of vulnerability in Hurricane Katrina.* Paper presented at the UNU−EHS Expert Working Group II, Measuring the Un−Measuable. Bonn, Germany.

Villagran De Leon, J. C. (2006). Vulnerability: A conceptual and methodological review. *SOURCE, 4.*

Wijkman, A., & Timberlake, L. (1984). *Natural disaster: Acts of God or acts of man?* London, UK: Earthscan.

Zakour, M. (2007, January 10−12). *Vulnerability theory and disaster social work education and practice.* Paper presented at the seminar Disaster Planning, Management and Relief: New Responsibilities for Social Work Education, St. Michael, Barbados.

제 2 장 취약성과 위험 평가 : 지역사회의 복원력을 구축하는 것

MICHAEL J. ZAKOUR

본 장에서는 취약한 인구집단의 복원력과 민감성에 관한 이해를 높이기 위해 재난 취약성에 대한 개념과 이론을 살펴본다. 취약성을 정의하기 위해서는 사회복지 전문직에 의해 역사적으로 서비스를 제공받아왔던 대상에 초점을 맞추어 재난과 사회복지에 대한 연구 문헌을 검토하기로 한다(Minahan & Pincus, 1997). 취약성 이론은 재난과 비재난의 상황에 대한 위험 및 복원력의 이해를 향상시킬 뿐만 아니라 재난 발생에 원인이 되는 사회적, 환경적 영향요인들에 대한 더 큰 이해를 약속한다(Wisner, Blaikie, Cannon, & Davis, 2004). 재난의 사회적, 문화적, 경제적, 정치적 그리고 환경적 원인에 대한 이해의 향상은 취약한 인구집단과 지역사회의 복원력을 구축하기 위한 새로운 지역사회 개입에 대한 토대를 형성할 수 있다.(Oliver-Smith, 2004).

재난의 취약성과 위험은 증가하고 있다

인류에 영향을 미치는 재난의 수가 증가하고 있으며, 재난 희생자의 수도 그러하다. 특히 재난 사망자가 세계적으로 급속히 증가한다는 측면에서 애를 먹고 있다(Mileti, 1999; Wisner et al., 2004). 재난 빈도의 증가와 함께, 지역사회에서 재난의 파괴적인 영향은 점점 더 장기간 오래 지속되고 있다. 이러한 만성적인 재난들은 "새로운 종류의 문제"라고 불려왔다(Erickson, 1994). 재난은 더 많이 그리고 더 파괴적으로 진행되어왔는데, 이는 부분적으로는 사회의 복잡성이 증가하고 세계적 수준에서 상호의존성이 증가하였기 때문이다. 세계 시스템의 상호의존과 취약성이 증가함과 동시에, 사회경제적 세계화는 전통사회에서의 문화적, 적응적 이질성을 줄여왔다(Oliver−Smith, 2004). 이런 저−개발 사회와 지역사회의 재난 취약성은 세계적 기후의 변화와 환경파괴 때문에 또 증가해왔다(International Panel on Climate Change[IPCC], 2007).

위험과 복원력의 불공평한 분배

취약성은 재난상황에서 사회나 지역사회의 복원력 수준과 관련하여 내부 위험에 노출된 정도이다(McEntire, 2004). 생계와 웰빙의 붕괴에 매우 민감한 인구집단은 재난에 더 취약하다. 이러한 지역사회는 재난 상황에서 환경과 관련된 더 큰 책임감에 직면하게 되고 그동안 광범위한 피해를 입을 확률이 더 커진다(Gillespie, 2008). 재난의 위험과 복원력, 그리고 전반적인 취약성은 각각의 사회, 지역사회, 그리고 사회 내 인구집단들 중 꽤 고르게 분포되어 있지는 않다. Oliver−Smith(2004)에 따르면, 사회적, 정치적, 그리고 경제적 영향력과 관습들이 사회 내의 재난의 위험과 복원력을 사회 내로 보내고 분포시키는데, 이것이 취약성의 본질이다.

인구학적 및 생물심리사회적 특징과 취약성

재난에 가장 취약한 인구집단은 인구학적 및 생물심리사회적 특징에 의해 규정지어진다. 나이와 가계 소득과 같은 인구학적 특징들은 또한 다양한 수준의 생물심리사회적 기능과 관련되어있는데, 이는 매우 어리고, 매우 나이가 많은 그리고 가난한 인구집단의 웰빙에 관하여 사회·심리적 환경이 부분적으로 영향을 미치기 때문이다. 사회 인구학적 특징과 관련지어 재난에 취약한 인구집단은 저소득자, 어린이와 고령자, 사회적으로 소외된 집단, 인종집단, 그리고 특히 유색인종을 포함한다(Rosenfeld, Caye, Ayalon, &

Lahad, 2005; Thomas & Soliman, 2002). 부분적으로 생물심리사회적 기능의 수준 때문에 취약한 인구집단은 심각한 질병이나 정신병을 가진 사람들, 장애를 가진 사람들, 그리고 낮은 수준의 사회 경제적 개발로 고통을 겪는 지역사회에 거주하는 사람들이다(Cutter, 2006; Sanders, Bowie, & Bowie, 2003).

사회복지에 있어서 재난 취약성 관점의 타당성

재난은 다차원적인 범위 내에 있고, 그리고 그것은 자연환경뿐만 아니라 사회 내 사회적·물리적 체계에 혼란을 주어 손상시킨다. 일반주의 접근과 사회정의를 지향하는 사회복지는 재난 현장을 이해하고 개입하는데 아주 적절하다. 재난은 미시적 수준에서 거시적 수준까지 모든 시스템에 영향을 줄 뿐만 아니라 복잡한 사회 속에서 상호 관련된 사회시스템들을 교란시킨다. 인구집단과 지역사회의 생물심리사회적 기능에 중점을 둔 중재와 더불어, 사회복지는 재난의 사회적 역동을 이해할 뿐만 아니라 그 역동에 개입할 탁월한 가능성을 유지한다. 사회복지분야에서 생태학적 시스템 관점은 어떤 시스템이 높은 수준이고 그것이 더 낮은 수준에서의 시스템에 어떤 영향을 미치는지 이해하려고 노력한다. 또한 이런 사회복지 관점들은 매크로 시스템의 한 부분에서 그 시스템과 그것의 상위시스템 전체에 어떤 변화를 불러일으키는지에 관한 방법에 초점을 둔다(Norlin & Chess, 1997).

사회복지 교육은 노인, 유색인종, 그리고 어린 아이를 둔 저소득 가정의 고조된 재난 취약성에 대응해야만 하며, 저소득 가정은 종종 어린 자녀를 둔 여성가장인 가정이다. 이러한 인구집단은 역사적으로 전문가로부터 도움을 받아왔으며(Minahan & Pincus, 1997), 그리고 부분적으로 재난 복원력에 필요한 자원의 불공평한 분배 때문에 더 취약하다. 분배정의는 지역사회 내 모든 인구집단과 사회 내 모든 지역사회들이 역경에 직면할 때 필요한 전반적인 웰빙과 복원력에 대한 자원과 역량에 공평한 접근을 할 수 있다는 것이 전제조건이다. 분배정의의 중요성을 사회복지 실천 원칙으로 고려해 볼 때, 사회복지 교육은 취약성 이론과 관련 개념들을 교육과정으로 통합함으로써 대응하여야 한다.

취약성 개념을 기반으로 이론을 만드는 것은 재난을 예방하고 재난에 대응하기 위한 새로운 지식을 창조하는데 매우 유용할 수 있다. 지역사회의 복원력을 기르는 것 또한 강점과 권한부여 접근과 관련이 있다. 지역사회의 복원력을 강화시키는 사회복지개입은 지역수준의 지식과 지역사회환경을 활용하는 기존의 지역사회의 역량을 기초로 하고 있다. 지역사회 또는 인구집단의 복원력을 증가시키려는 사회 발달의 노력들은 사람들과 지역사회에 권한을 부여하도록 한다. 기존 강점들의 능력을 크게 증가시키고 새로운 지역사회 관계 구축을 돕는 것은 결과적으로 더 큰 권한을 부여하게 되는데, 이는 지역사회를 위한 고조된 목소리를 통해서 가능하다. 지역사회 복원력을 구축하는 것은 주로 지역사회 구성원들의 기회와 문제를 규명하고, 상호수용할 수 있는 해결책에 도달하는 그들의 활발한 참여를 요구한다.

취약성 이론과 개념

McEntire(2004; 2005)은 재난 취약성에 네 가지 요소를 발견한다: 민감성, 복원력, 위험, 그리고 저항력. McEntire은 환경과 관련된 영향력은 물리적·사회적 환경에서 나온다는 이론을 제시한다. 물리적 환경은 자연적으로 만들어지거나 기술적인 환경이다. 사회적 환경은 지역사회나 사회적 조직이나 사회를 말하며, 이는 사회 조직의 심리적이고 문화적인 특징들을 강조한다. McEntire에 따르면, 물리적·사회적 환경은 재난 취약성과 관련하여 두 가지 형태의 속성을 가지는데 그것은 환경적 책임과 역량이다.

사회적 환경에서의 책임은 더 큰 재난 민감성을 이끈다. 비록 McEntire의 모델에서의 위험은 지역사회의 물리적 구조와 자산에 대한 환경과 관련된 책임에 대한 효과들만 언급할지라도, 많은 저자들은 민감성이라는 단어를 대체할 수 있도록 위험이라는 단어를 쓴다.

환경적 역량은 인구집단, 지역사회 그리고 다른 사회시스템의 복원력과 긍정적으로 관련이 있다(McEntire, 2004; 2005). 복원력은 사회, 지역사회, 집단이나 가정과 같은 사회시스템이 재난을 회복하거나 재난을 딛고 일어서기 위한 능력을 말한다. 저항력은 건물, 도로 시스템과 같은 물리적 구조가 손상 없이 재난·위난을 견디는 능력이다. 사회시스템과 개개인은 사회과정에서 오는 약간의 손상과 붕괴 없이 위험을 완전히 견딜 수 없기 때문에, 복원력 개념은 사전적 예방의 성격이 덜한 것으로 보인다. 그러나 사회시스템의 일상적인 복원력이 사회개발을 통해 발전될 수 있을 때, 보통 재난 복원력 또한 증가한다. 사회발달의 개입은 민감성과 위험을 줄일 뿐만 아니라 위험과 다른 파괴적 현상에 대한 복원력과 저항력을 기른다. 재난 민감성의 감소와 복원력 수준의 증가는 개인과 지역사회가 재난에 덜 취약하도록 이끌어 준다.

복원력이 하나의 개념으로 재난 사회복지의 이론과 실천에 기여한다면, 그 개념은 더 정확하게 정의 내려지는 것이 필요하다. 취약성 또한 위험과 민감성과 같은 관련 개념으로부터 구분되어야만 한다.

취약성은 위난에 노출된 대상이나 시스템의 내부적 특징으로 규정될지도 모른다. 취약성은 자연이나 인간이 원인이 되는 불안정한 현상으로부터 오는 시스템 손상의 물리적, 사회적, 경제적, 정치적, 또는 다른 소인이다 (Cardona, 2004). 지역사회의 취약성을 측정하기 위해서, 어느 누군가는 재난에 관해 민감성과 위험뿐만 아니라 지역사회의 복원력과 물리적 사회기반시설에 대한 저항력을 평가해야만 한다. 여러 학문적 분야의 접근방식에서 복원력은 시스템이 미래 부정적인 사건을 조절하고 그로부터 회복하는 능력을 말한다. 재난 조사 전체에 걸쳐 취약성이 포괄적인 개념이 되기 위해서는 사회문화적 붕괴(복원력)를 조절하고 관리할 수 있는 역량과 물리적 경제적 손실에 저항할 수 있는 능력 두 가지가 포함되는 것을 요구한다 (McEntire, 2004; 2005).

Cardona에 따르면(2004, p. 49), "취약성을 더 넓은 사회적 패턴들의 일부로 분석하기 위해서, 우리는 뿌리 깊고 근본적인 재난 취약성의 원인들과 이러한 원인들을 불안전한 상태로 변형시키는 메커니즘과 역동적 과정을 확인하는 것이 필요하다." 취약성에 영향을 미치는 많은 요인과 변수가 있지만 그것은 개념적으로 취약성과 구분되어져야만 한다. 이런 것들 중 하나가 빈곤이며, 이것은 취약성에 기여하는 하나의 원인이다. 또 다른 변수나 요인은 재난 상습지역에 특정 인구집단의 이주이다. 생활의 기본적 욕구에 대한 대비는 복원력을 증가시킴으로 취약성을 줄이는 요인이다. 낮은 수준의 개발로 가난한 지역의 인구집단은 자연과 인간이 원인이 되는 위난에 대응하는 자원이 부족하다. 사회 경제적 소외나 배제가 취약성의 한 원인이 되지만 재난 취약성과 같은 것은 아니다(Pulwarty, Broad, & Finan, 2004).

취약성의 근본원인들

Winster와 다른 학자들(2004)이 제안한 기본적인 인과고리는 취약성의 근본 원인과 함께 시작하는데, 특히 사회 자원의 분배와 할당에 영향을 미치는 정치－경제적 체계의 이념들이다. 사회와 자연 간의 관계는 어떤 사회의 이념적 체계의 근본적인 기둥들 중에 하나이다. 이념적 체계는 취약성의 생성과 재난의 발생에 대한 함의를 지닌다(Oliver－Smith, 2004). 지배, 억압, 그리고 가난의 사회적 관계는 자연적 그리고 인위적 환경에 깊이 새겨져 있고, 불공평한 자원의 분배를 이끌어, 궁극적으로 재난 민감성의 증가를 초래한다. 자연에 대한 시장접근법이 큰 불평등을 만들어 내고, 그리고 시장과 생산을 지지하는 사회적 관계는 사회의 물리적 환경에 반영된다(Oliver－Smith, 2004). 선진국의 이념들은 많은 비서양의 사회뿐만 아니라 자연 환경에 대한 우월을 기본으로 하고 그것을 강화시킨다(Bankoff, 2004). 현존하는 재난으로 인해 반드시 물질적 위협이 발생하는 것은 아닌데, 이는 위협에 대한 인식이 재난을 일으키는데 가장 중요한 부분이기 때문이다. 개개인은 재난의 영향에 대한 성질을 해석하고 규정하며, 재난의 결과에 대응하기 위해서 그들의 문화적 배경과 해석을 사용한다. 이러한 이념적이고 문화적인 이해는 매우 변동이 심하며, 그것들은 주로 사회 내 개개인의 사회적 위치, 신분, 그리고 권력 관계에 의해서 만들어진다.

취약성과 역동적 압력

인구성장, 급속한 도시화, 환경의 저하, 지구 온난화, 기후 변화, 그리고 권력을 둘러싼 분쟁은 뿌리 깊은 사회적 원인들을 취약성으로 변형시키는 역동적 압력이라는 메커니즘들 사이에 있다(Pulwarty et al., 2004). 문화와 생태계의 이질성을 줄이는 세계화의 영향력이 증가함으로, 재난의 성질은 변화하고 있다. 세계화는 인간과 자연 체계의 복잡성과 상호의존성을 증가시키고, 이러한 과정은 지역, 국가, 그리고 국제 수준에서 더 많은 재난을 만들어낸다. 다양한 유형의 취약성들의 연결은 현재 전 세계적 수준으로 나타나는데, 이는 현 사회의 복잡성 수준과는 차원이 다르다. 세계화는 또한 취약성의 인과고리와 과정을 이해하는 것을 더 복잡하고 어렵게 만든다. 재난들은 행성규모로 심해지고 있는 파괴적인 사회경제적 과정의 결과물이다(Oliver-Smith, 2004).

재난 취약성과 밀접하게 관련된 하나의 역동적인 압력은 사회적 개발의 속도와 성공이다. 개발이 사람들과 그들의 물리적 환경 사이에 조화를 증가시키는 하나의 과정으로 이해되어지기 시작했다. 취약성 이론에서 사회적 개발 개입의 중요성을 고려해볼 때, 사회 시스템의 재난 취약성은 환경과 관련된 상황에 적응하는 사회나 문화의 역량이 줄어든 것으로 보일 수 있다(Cardona, 2004). 저소득 가정은 더 적은 보험의 보호, 낡은 주택, 그리고 물질적 자원의 부족 때문에 회복에 더 취약하다. 재난의 원조는 종종 저금리 대출의 형태이기 때문에, 저소득자와 노인 인구집단은 보통 이러한 대출을 받을 자격을 갖출 수 없거나 그것들을 상환할 수 없다. 어린이들이 특히 취약한데, 그들은 재난기간 동안 다른 연령층보다 더 성인 보호자에게 의존적이기 때문이다. 어린이들은 생리학적으로 성장하고 있기 때문에, 그들은 또한 환경적이고 기술적인 위난에 매우 취약하다. 어린이들의 천식과 호흡기 질환, 내분비와 면역시스템 손상, 그리고 IQ의 저하는 화학물질에 노출로 인한 것이라는 기록된 혹은 의심되는 결과들이다(Rogge, 2003).

불안전한 상태와 위난들

취약성에 영향을 미치는 근본 원인들과 역동적인 압력은 취약한 인구 집단을 지배하는 불안전한 상태를 야기한다. 이러한 불안전한 상태들은 위험한 위치, 보호 장치가 없는 기반시설, 낮은 개발수준, 그리고 재난준비의 부족이 포함된다(Winster et al., 2004). 불안전한 상태는 소득이 낮은 지역사회의 취약성에 의해 분명히 나타난다. 더 낮은 소득을 가진 가족들은 유색 인종, 여성들, 그리고 5세 이하의 어린이들로 불균형적 구성을 이루는데, 이들은 자연적 위난이라는 파괴적인 힘을 견디기에 힘든 주택에 산다. 많은 저소득자와 아프리카계 미국인 가정이 거주하는 도심 빈민지역은 도로, 다리, 하수처리와 급수시설, 그리고 공공건물과 같은 오래된 기반시설을 가지고 있다. 또한, 저소득자와 노인 인구집단은 불안전한 지역에서 달갑지 않은 주민과 거주하는 경향이 있으며, 그러한 지역은 재난에 쉽게 노출되어 임대료와 주택비용이 상대적으로 낮다. 자동차의 부족은 저소득 가정에게 또 다른 심각한 문제이다(Zakour & Harrell, 2003). 개인운송수단의 부족과 더불어 특히 대중운송수단이 부족한 곳에서는 피난을 훨씬 더 어렵게 만든다. 사실상 차별과 가난의 집중 때문에, 저소득 혹은 아프리카계 미국인 가정의 가족들과 이웃들은 가난하게 사는 경향이 있다. 빈곤가구는 재난을 겪기 전이나 겪는 기간 동안 대가족, 이웃, 혹은 다른 지역사회 구성원들로부터 재정적이거나 다른 도움을 덜 받을 수 있다.

위난의 발생은 불가피하다

위난은 제어하기 힘든 힘이 있으며, 그리고 그것은 예측할 수 없는 미래로 지진, 쓰나미, 허리케인, 열대폭풍우, 토네이도, 그리고 홍수와 같은 강력한 위난을 방어하거나 심지어 통제하기는 불가능할 것이다. 세계적 기후 변화가 계속 진행하는 동안은 날씨 위난이 수적으로 특히 심각하게 증가할 것 같다(IPCC, 2007). 산업혁명의 시작 이래로 평균 해수면이 증가하는 것은 사실이며, 그리고 그러한 증가는 수십 년 혹은 수세기 동안 계속되어 대기 중에 증가된 열이 해양의 더 깊은 층으로 작동함으로써 세계 해양과 바다의 물의 부피를 크게 확장시킬 것이다. 현재 속도로는 평균 해수면이 이번 세기말까지 1미터 증가할 것이며, 쓰나미, 허리케인, 그리고 해안 홍수로부터 증가된 손상을 초래할 수 있다.

위난을 자체적으로 막을 수 없기 때문에, 인구집단과 지역사회의 복원력을 증가시키는 것은 재난 후에 때맞춰 회복을 일으키는 가장 확실한 방법이다(Gillespie, 2008). 취약성 이론은 사회적 문화적 이론뿐만 아니라 재난 인과관계와 관리에 새로운 접근법들을 실시하는 것을 테스트하기 위해 풍부한 이론적 결합을 포함한다. 취약성은 체계이론의 준거틀에 사용될 수 있는데 이는 재난의 인과관계를 이해하기 위함이며(Oliver－Smith, 2004), 그리고 취약성을 야기시키는 인과고리의 다양한 부분들에 개입하기 위한 것이다. 지역사회의 재난 민감성 수준은 취약성 모델을 사용함으로써 또한 줄일 수 있다. 그러나 복원력을 증가시키는 것은 아마도 더 실현가능한데, 이는 특히 사회복지의 강점과 권한부여의 관점들을 활용할 때 그러하다. 복원력과 복원력에 기여하는 환경적 역량을 향상시키는 것은 재난에 대한 환경적 책임과 지역사회의 민감성을 줄일 수 있을 것 같다(Winster et al., 2004).

부정적인 사건을 조절하고 관리하는 것은 복원력에 대한 하나의 정의이다. 재난에 더 탄력적이고 덜 취약한 지역사회를 만드는 몇몇 현상들은 사회적 발달, 비상 대응 시스템 내 적절한 조정과 대화, 사람들이 접근하기 쉬운 재난 서비스 프로그램, 재난 대응과 회복을 위한 시민사회의 높은 역량, 정치적 안정, 탄탄한 경제, 그리고 비공식적 지원을 위해 동원될 수 있는 사회자원의 적절한 수준이다. Cardona(2004)는 취약성이 주로 재난에 대응하기에 무능함뿐만 아니라 지역사회 자원의 접근과 동원의 한계에서 유래한다고 말한다. Cardona의 관점에서 지역사회는 충분한 자원에 적절한 접근을 가지고 위난 충격에 자원을 동원할 수 있을 때 더 탄력적이다. 재난은 온전히 자연적인 사건이라기보다 오히려 미해결된 발달 문제로 인식되어야 하는데, 재난이 자연적이고 물리적인 환경 그리고 지역사회의 사회문화적 조건들 사이의 모순되는 관계의 결과이기 때문이다(Cardona, 2004).

사회복지 복원력 이론

사회복지에서 복원력 이론은 사회시스템과 그 시스템과 연결된 시스템과 환경들 사이의 상호작용뿐만 아니라 사회 환경에서 인간행동의 관계를 더 잘 이해하도록 발달되어져 왔다. 복원력은 개인과 지역사회가 역경을 겪은 후 회복하고 성장하는 것을 가능하게 하는 지역사회의 특성이다. 복원력의 이러한 정의는 취약성 이론가들에 의해 사용된 개념적인 정의와 매우 밀접하다. 취약성 이론에서, 자연적이고 기술적인 위난은 역경에 직면한 사람들에게 극단적인 형태이며, 그리고 복원력은 재난상황에서 사회 시스템을 이해하기 위한 가장 적절한 개념이다. 저항력이 물리적 구조보다 오히려 사회 시스템에 적용되었을 때 극단적인 사건에도 불구하고 가능한 것 같지 않다. 이것은 재난 취약성과 사회복지 복원력 두 이론 모두에 의해 인식되어 진다(Queiro-Tajalli & Campbell, 2002).

복원력은 가족, 조직, 또는 지역사회에서 집단 역경에도 불구하고 높은 수준의 적응과 대처로 보통 정의된다. 역경과 관련된 스트레스 요인들이 극단적일 때, 복원력은 다소 사전대책적인 의미를 덜 가지며 대신해 성공적인 회복과 관련이 있다. 특히나 극심한 스트레스 요인들이나 위난들이 연루되어져 있다면 복원력은 인생의 전환이나 갈림길에서 가장 중요하다. 복원력은 세계적 개념으로 사람들과 지역사회가 정신적 외상을 초래할 정도의 사건을 얼마나 잘 대처하는지를 볼 수 있다(Greene & Conrad, 2002).

복원력은 개인을 묘사하는 데 국한되는 것이 아니라 보통 집단과 지역사회에 적용된다. 사회복지 복원력 이론은 급성과 만성적 두 역경 모두에 아이와 어른의 기능 둘 다를 포함하도록 확장되어져 왔다. 사회복지 복원력 이론은 사회적, 물리적 환경에서 위험과 보호요인을 가리킨다. 이러한 요인들은 적응, 조정, 그리고 심지어 성장뿐만 아니라 이후의 생물학적, 심리학적, 사회경제학적, 그리고 정신적인 대처에 대한 인과관계의 효과를 가지도록 가설이 제기되어 진다(Greenberg, Koole, & Pyszczynski, 2004).

두 명 혹은 그 이상의 사람들에게 영향을 미치는 어떤 스트레스 요인들은 사람들이 대처해야만 하는 집단의 역경을 생성시킬 수 있다. 사회복지 복원력 이론이 망라하는 부정적 효과의 형태들은 전쟁, 환경적 저하, 자연적 재해, 실직, 중요한 다른 사람의 죽음, 그리고 이혼 가정을 포함한다(Green & Livingston, 2002). 복원력 이론에서 인생발달과정은 개인, 가족, 집단, 그리고 조직의 발달과 웰빙에 영향을 미치는 문화적, 사회적, 정치적, 경제적 사건을 조사한다. 복원력 연구에서 이러한 경향은 개인과 조직, 그리고 지역사회가 생애주기 전반을 통해서 발달하고 적응할 수 있다고 가정한다.

사회복지 복원력 이론에서, 위험요인들은 취약성 이론에서의 환경적 책임과 매우 비슷하다. 두 이론 모두 집단, 조직, 그리고 지역사회뿐만 아니라 아이들과 어른들에게 더 큰 민감성을 초래한다. 사회복지 복원력 이론에서는 위험요인들이 아이들, 어른들, 그리고 지역사회에 부정적인 결과 초래할 확률이 더 크다고 제시되어져 있다. 많은 위험요인들을 가진 인구집단은 건강 혹은 정신적 건강상의 문제들과 같이 부정적인 결과들을 발생시킬 더 높은 확률을 가질 것이다. 복원력 이론가들은 단일 위험요인이 단일의 건강, 정신 건강, 또는 사회문제로 결정된다고 여기는 것보다 오히려 다양한 위험요인들이 중독되거나 누적되어 사회적 문제와 기회를 초래하는 것으로 검토하고 있다. 사회복지 복원력 이론에서 보호요인 개념은 취약성 이론의 환경과 관련된 역량과 매우 유사하다. 이러한 환경적인 맥락과 관련된 특징들은 심지어 재난, 테러행동, 가족구성원이나 친구의 죽음, 혹은 심각한 질병과 같은 극심한 역경을 겪는 동안 복원력을 촉진시킨다. 이런 역경들 모두는 미시적 혹은 거시적 수준에서 비극적인 사건으로 생각될 수 있다. 비록 개인, 집단, 또는 지역사회는 결코 역경에 대한 그들의 민감성을 전적으로 제거할 수는 없지만, 만약 그들의 복원력이 훌륭하다면, 그들은 이전 힘든 경험을 하기 전에 보여 주었던 것보다 더 높은 웰빙과 대처 수준으로 회복하고 심지어 성취할 것이다(Greene, 2002; Green et al., 2003). 재난 취약성 이론에서 이것은 "불사조 효과(phoenix effect)"로 알려져 있다(Dyer, 1999).

재난 취약성 이론가들이 취약성의 근본 원인들을 시간, 지리, 그리고 가시성 차원에서 개인과 지역사회로부터 가장 동떨어진 것으로 여기는 것과 같이, 복원력 이론가들 역시 말단과 가장 근접한 위험요인들 사이를 구별한다. 복원력 조사에서는 개인의 미시적 환경으로부터 오는 위험요인들을 더 근접한 것으로 여기는 경향이 있다. 예를 들어, 아이들로부터 행해지는 부모 학대는 일반적으로 아이들에게 근접한 위험요인으로 여겨지고 있다. 복원력 이론가들은 정치적 풍토와 같은 거시적 환경에서의 위험요인을 더 먼 쪽이라고 생각해왔다. Greene(2002)는 말단 대 근접의 위험과 책임에 관한 미시적－거시적 패턴의 이원화에 이의를 제기한다. 그녀는 거시적 요인들을 말단으로 만드는 것은 민감성에 관하여 더 넓은 사회 문화적 변수들에 대한 비교적 부족한 조사때문일지 모른다고 언급한다. 취약성 이론가들은 또한 환경과 관련된 책임과 역량 때문에 말단－근접의 차이를 사용해 왔다. 권력이나 자원에 대한 제한적인 접근과 같은 취약성의 근본원인들은 말단으로 여겨온데 반해 집단이나 지역사회의 역동적 압력과 불안전한 상태는 더 근접하다고 본다. 취약성 이론에서 위험한 지역에서 거주하거나 위치하는 것을 포함한 불안전한 상태들은 시간, 지리, 그리고 가시성에 가장 직접적이거나 근접한 것으로 여겨진다(Wisner et al., 2004).

사회복지 복원력 이론에서 스트레스는 취약성 이론가들이 사용하는 민감성이라는 개념과 비교할 수 있다. 스트레스는 부정적인 사건에 대한 개인, 집단, 또는 지역사회의 반응이며, 이러한 인구집단이나 지역사회에게 환경적인 위험요인으로 고려해볼 수 있다. 복원력 이론가들에게, 단지 누적된 위험요인으로, 부정적인 사건에 대한 민감성이라는 개념은 누적되는 스트레스 생각을 망라한다. 스트레스는 구성주의자 관점으로 표현될 수 있는데, 이는 부정적이고 매우 힘든 사건에 대한 개인의 평가와 대처 자원들이 스트레스와 복원력을 이해하는데 중요하기 때문이다. 이것은 몇몇 취약성 이론가들의 관점과 유사하다(Oliver－Smith, 2004).

몇몇 복원력 이론가들은 위험과 보호요인들은 누적됨으로써 개인의 전체적인 취약성을 결정한다고 생각한다. 이러한 관점에서 보면 보다 많은 보호요인과 적은 위험요인을 가지는 경우에 보다 많은 역경들이 개인과 집단의 생물심리사회적 기능을 회복하는 대처반응으로 전환되어 나타나게 된다. 위험과 보호요인에 대한 다른 접근은 상호작용하거나 완충하는 모델들을 포함한다. 이러한 모델들에서 보호요인은 환경에서의 위험요인에 대한 충격을 완화한다. 역경과 민감성 둘 다 높은 수준일 때, 복원력은 오직 대처나 적합한 스트레스 응답을 이끄는 데 효과적이다. 만약 위험요인들, 민감성, 그리고 역경이 낮은 수준이라면, 많은 수의 보호요인들과 높은 수준의 복원력은 결과에 대처하는 것을 결정하는 데 중요하지 않다. 사용된 접근법이 무엇이든 간에, 복원력 이론과 취약성 이론 둘 다 위험요인이나 환경적 책임사이에서 오는 역동적 관계, 보호요인이나 역량, 민감성, 복원력, 그리고 생물심리사회적인 결과를 강화한다(Greene & Conrad, 2002). 취약성 이론가들은 이러한 관련성의 복잡한 성질에 대해 분명히 해왔다. 환경에서 근본 원인은 더 말단이고 역동적인 압력과 불안전한 상태는 더 근접하다는 가정과 함께, 환경적 변수들의 인과 경로는 환경적 역량뿐만 아니라 책임을 초래하고 있으며, 그것들은 복잡한 방법들로 재난의 민감성과 복원력에 차례차례 영향을 미친다(Wisner et al., 2004).

비극적이고 일상적인 역경

사회복지 복원력 이론가들과 재난 취약성 이론가들 둘 다 극히 예외적인 사건(자연적 위난과 같은)에 대한 취약성과 사람들의 일상적 삶에서 오는 취약성은 세계적 취약성과 같은 전체론적 분석에서 한 부분이어야 한다고 언급한다(Greene & Conrad, 2002; Lavell, 2004). 재난 취약성과 관련된 손실은 극단적인 물리적, 환경적, 또는 자연적 사건에 극히 예외적인 손실이다. 일상생활 혹은 생활양식 취약성은 사람들과 지역사회의 매일매일 일어나는 상황에서의 민감성이나 위험을 말한다. 그것은 장애를 가진 사람들과 가난하거나 사회적으로 소외된 인구집단, 그리고 낮은 수준의 사회발달을 지닌 지역사회 주민들의 안전과 보안에서 만성적인 위협을 포함한다. 일상적으로 발생하는 상황들의 몇몇 예들은 허약한 건강상태, 영양실조, 실직, 광범위한 글 활용능력의 부족, 지역사회와 가정의 폭력, 그리고 높은 수준의 약물과 알코올 중독이 있다(Lavell, 2004).

재난 연구조사에서 취약성과 복원력 이론가들은 재난 취약성과 일상적인 취약성을 인구집단들의 세계적 취약성의 부분으로 여기며, 취약성 각각의 형태는 다른 하나에 영향을 미친다고 제기되어진다. 지나치게 빈곤한 수준으로 살고 있는 가난한 인구집단에서의 결핍은 재난의 장기적 상태와 유사하다. 만약 어느 한 인구집단이 절대적 빈곤 수준에 가깝다면, 심지어 낮은 규모의 위난도 사람들을 절대적 빈곤 수준의 아래로 떨어뜨리고 그들의 생존을 위협하기에 충분할 수 있다. 경제적으로 취약한 지역사회는 완화 프로젝트를 통해서 재난에 강한 지역사회로 고취시킬 자원에 대한 접근을 가질 거 같지 않으며, 그리고 그들은 재난에 탄력적일 수 있는 자원이 부족하다. 재난 취약성과 경제적 사회적으로 소외된 사람들과 관련된 일상생활의 취약성은 분리될 수가 없다. 재난 취약성의 감소는 자율적인 목표의 측면보다는 발달적 계획의 측면에서 다루어져야 한다(Lavell, 2004; Streeter, 1991; Zakour, 2008b).

보호요인들

복원력 이론에서 보호요인에 대한 개념은 재난 취약성 이론에서 환경적 역량 개념과 아주 유사하다. 보호요인과 환경적 역량은 두 이론에서 복원력과 긍정적으로 관련되어진다. 특히 아이들에 관한 복원력 조사로부터 보호요인의 몇 가지의 예들은 (1) 외부의 사회적 지지와 자원의 유용성이며, 사람을 믿는 관계를 포함하여; (2) 건강, 교육, 복지, 그리고 보안 서비스의 접근; 그리고 (3) 종교적 조직에의 소속(Greene & Conrad, 2002)이다. 보호요인의 추가적인 예들은 가족 구성원들과 친척들로부터 따뜻한 관계 및 그들의 지도에 접근, 하나 또는 그 이상의 친사회적인 조직형태의 연결, 그리고 높은 질의 교육을 포함한다(Doll & Lyon, 1998).

재난 취약성 이론가들을 위한 환경적 역량의 예들은 (a) 인구집단들의 공식적 서비스에 대한 높은 수준의 접근; (b) 즉각 대응하는 사례 관리, 사례 발굴, 사례 옹호, 원조활동(outreach), 중개(brokering), 그리고 위탁을 포함하는 클라이언트 중심의 서비스에 대한 유용성; (c) 다양한 교육을 받은 자원봉사자와 유급 재난 직원, 규칙적으로 업데이트된 재난 계획, 그리고 재난 사회서비스 수용력을 포함하는 높은 조직의 관리 능력을 가진 재난 서비스 조직의 충분한 구성원들의 존재; 그리고 (d) 높은 수준의 상호조직적인 조정 능력을 지닌 재난 예방, 대처, 그리고 구호단체(Zakour, 2008a, 2008b)이다. 다른 환경적 역량은 중앙 재난 대비 조직과 더 작고 덜 공식적인 지역사회를 기반으로 한 조직들, 그리고 지역사회와 지방에서 적절한 후송 자원들 사이의 협력관계를 포함한다.

위험요인들

복원력과 취약성 이론에서 위험요인과 환경책임 두 가지에 중요하게 관련된 것은 가난과 사회적 고립이다. 이웃, 친척, 그리고 공식적 조직으로부터 사회적 고립은 개인과 가정이 재난을 겪은 후 회복하기 위한 사회적 자본을 동원할 수 없다는 것을 의미한다. 고립된 개인은 대피 결정을 내리고 공식적 조직단체로부터 서비스를 받고 정보를 얻는데 어려움을 가질 것이다. 이러한 개인들은 원조 조직을 포함하는 친족과 이웃의 핵심적인 네트워크든 지리적으로 광범위한 네트워크든 간에 네트워크 연계와 사회적 지지의 부족으로부터 고통을 겪는다(Klinenberg, 2002). 나이 든 개개인과 오직 그들만으로 구성된 가정은 특히나 사회적으로 고립되는 경향이 있다(Sanders et. al, 2003).

개개인들의 위험요인과 환경적 책임은 지역사회와 유사하다. 가난과 사회적 고립 또한 많은 도심의 근린지역과 지역사회의 특징들이다(Klinenberg, 2002). 경제적으로 취약한 근린지역은 사회서비스 제공을 위한 비교적 적은 수의 자발적 조직단체들과 자원봉사자들을 가진다(Putnam, 2000). 이러한 근린지역들은 자원조직을 보조할 수 있는 조세, 재정, 그리고 기부가 낮은 수준이다. 또한, 낮은 소득의 인구집단은 종종 더 낮은 비율로 자원봉사하는데, 이는 자원봉사를 위한 시간과 교통비용의 부담 때문이다(Zakour & Harrell, 2003).

위험요인과 환경책임은 지역사회 수준에서 지역사회의 인구학적, 역사적, 문화적, 그리고 생태학적인 특징들에 의해 정의되어 진다. 빈곤율은 장기간 재난 발생기간 동안 지역사회의 생존과 회복에 부정적으로 영향을 미치는 인구학적인 변수이다(Sundet & Mermelstein, 2000). 지방정부의 기능적인 수준 또한 지역사회의 재난 기간 동안의 생존을 예측한다(Sherraden & Fox, 1997). 지역사회는 적은 수의 재난 사회서비스 조직을 가지고 있고 이러한 조직들과 지역사회의 프로그램이 형편없이 편성될 때 더 취약해진다.

취약성과 사회정의

인종집단이나 연령집단과 같은 사회의 한 부분은 사회적, 물리적 환경에서의 부정적인 권력을 조절할 수 없을 때 취약하다(Oliver-Smith, 2004). 취약성의 근본적인 원인들은 지역사회나 사회 내에 다양한 인구집단들 사이에서 자원의 유용성과 분배에 영향을 미치는 경제적, 인구학적, 그리고 정치적 과정에 기인한다(Cutter, 2006). 사회복지에서, 취약성에 대한 주요 개념적 토대는 사회정의와 특히 분배정의이다(Soliman & Rogge, 2002). 이런 접근방식에서, 개인과 인구집단의 시장가치는 거꾸로 자연적이고 기술적인 위난으로부터 초래된 취약성의 수준과 관련되어 있다(Rogge, 2003).

임파워먼트 접근법과 복원력

복원력을 강화시키기 위한 권한부여의 중요 전략은(Greene, 2002) 가난하거나 덜 개발된 지역사회에서 현지의 지식을 정치적, 경제적 역량강화의 원천으로 삼는 것이다. 현지의 지식은 현지 사람들이 비상사태에 대처하고 그들 자신의 역량과 자원, 그리고 사회적 네트워크를 최대한 활용하는 방법들과 관련이 있다. 만약 현지 사람들이 통일된 강한 목소리로 말한다면, 그것은 부분적으로 그들 현지 지식과 지역사회를 토대로 한 조직들을 통하는 것이다. 이러한 접근은 재난과 사회발달의 구조주의적 접근법의 일부이며, 취약성을 구조적으로 다루기 위한 참여로의 사회적 변화를 필요로 한다(Hilhorst, 2004).

강점관점과 외상후의 성장

취약성과 복원력 이론은 환경적 역량, 보호요인, 그리고 복원력을 구축하는 것에 초점을 둔다. 위난과 외상 후의 사건들은 예방하거나 조절하는데 매우 어려울 것으로 추정된다(McEntire, 2004, 2005). 취약성과 복원력 이론에 의해 암시된 실천 전략들은 복원력을 구축시키고 개인과 지역사회가 역경을 극복하도록 권한을 부여하고, 그리고 분배 정의를 증가시키는 데 중점을 둔다. 그러나 민감성과 복원력은 서로 상호작용하고 그로 인해 복원력은 높은 수준의 민감성과 역경을 완화하게 된다. 개인과 지역사회 복원력과 환경 보호요인들(역량들)의 이런 완충 효과의 가능성을 고려해볼 때, 환경적 책임, 위험요인, 그리고 민감성을 평가하는 데 주의를 기울여야 한다. 이것은 강력한 허리케인과 같은 스트레스 요인 중 한 종류에 효과적인 복원력이 가족 소득의 손실과 같은 더 극단적인 사건에 대한 복원력과 다를 수 있기 때문에 중요하다. 위험요인, 환경적 책임, 그리고 민감성뿐만 아니라 역경의 형태는 복원력을 구축하기 위한 가장 좋은 중재라는 것을 암시할 수 있으며, 그 결과 강점 관점은 개인과 사회의 민감성뿐만 아니라 환경 위험과 책임 또한 고려해야만 한다(Greene, 2003).

역경상황에서 강점에 기반을 둔 관점과 일치하는 대처는 역경 이전의 기능으로 회복뿐만 아니라 역경 이전의 상태보다 더 우수한 개인과 지역사회의 성장과 향상을 초래할 것이다(Streeter, 1991; Greene, 2002). 지역사회에서 이 같은 성장은 불사조 효과(phoenix effect)라고 불린다(Dyer, 1999). 개인의 복원력은 사랑했던 누군가의 죽음과 같은 외상의 스트레스로부터 회복한 후 종종 증가된다. 외상 후의 성장 상황은 개인이 세상에 대해 더 현실적으로 추정을 하고 그들이 사건을 통제할지도 모른다. 그들은 삶을 위한 새로운 기회와 방향을 볼 수 있으며, 그들은 미래의 역경이나 손상에서 더 강해지고 더 탄력적일 수 있다.

논의

이론적 함의

재난 취약성 이론은 연구자들이 환경과 관련된 역량과 책임, 그리고 복원력과 민감성이 몇몇 인구집단들을 재난에 더 취약하게 만드는 복잡한 과정들을 이해하는데 사용할 수 있는 체계적 준거틀이다. 사회복지에서 복원력 이론은 재난 취약성 이론과 많은 유사점을 가지지만, 복원력 이론의 연구 초점은 조직, 지역사회 그리고 문화에 대한 것이라기보다 오히려 종종 개인과 가족에 대한 것이었다. 취약성과 복원력 이론 둘 다 복원력 개념에 이론적 초점을 둔다. 취약성 이론에서 환경적 역량과 책임은 보호 및 위험요인에 대한 복원력 이론의 개념과 상당히 유사하다.

사회복지 교육에 대한 함의

취약성과 복원력 이론은 특히 복원력의 개념화에서 유사한 개념을 가진다. 두 이론은 사회 환경에서 인간행동을 이해하는데 탁월한 발판을 제공한다. 취약성 이론을 활용하는 재난 교육과 훈련의 증가는 재난에 대처함에 있어 다방면에 걸친 기술들의 사용을 용이하게 할 것이다. 관계 전문지식을 가진 사회복지사들은 재난 대응 직원, 의료진, 정신건강 전문, 그리고 지역사회 기반의 조직으로부터 자원봉사자들과 같은 여러 학문 분야에 걸친 팀들을 위한 잠재적인 집단 리더들이다. 취약성과 복원력에 대해 포괄적으로 이해하는 사회복지 교육가들과 그들의 학생들은 클라이언트들이 재난 복원력에 필요한 자원에 대해 사회적으로 공정한 할당을 받을 것이라고 보장할 수 있다. 보편적이고 재난과 관련된 취약성의 원인들을 이해하는 것을 향상시키는 것은 실천을 위한 사회복지 교육에서 새로운 접근법을 구축하는 것을 도울 것이다. 이러한 새로운 접근법들은 권한부여와 그 외에 취약한 집단과 지역사회에 증가된 복원력을 발전시키는 것을 도울 수 있다.

실천적 함의

취약성, 복원력, 그리고 민감성을 이해하는 것은 취약한 인구집단에 대한 욕구(needs)와 강점 평가를 가능하게 할 수 있다. 복원력을 고취시키기 위해서, 실천가들은 재난과 다른 종류의 비상사태와 위기에 대한 다차원성을 망라하는 다체계적인 전략을 고려해야만 한다. 복원력을 구축하는 것은 피할 수 없는 부정적인 사건이 개인과 그들의 지역사회에 직면하게 될 때, 사람들이 대처하고 회복하도록 돕는 것을 목표로 하는 예방의 한 형태이다(Greene & Livingston, 2002). 그러한 개입은 (a) 기본적인 욕구, 안전, 음식, 물, 그리고 전기를 제공하는 것; (b) 클라이언트가 자원에 접근하도록 돕는 것; (c) 클라이언트가 기회를 알아보고 강화할 수 있도록 돕는 것; (d) 강점에 초점을 둠으로써 클라이언트의 동기를 부여하고 관심을 끄는 것; (e) 문제 해결 능력을 용이하게 하는 것; (f) 정치적 경제적 사상 체계를 수정하는 것; 그리고 (g) 지역사회 발달에 관심을 가지고 지역개발과 사회행동에 포함시키는 것을 말한다.

이렇게 제안된 실천 개입은 사회 시스템 내 변화가 재난 이후에 탄력적인 지역사회에서 종종 발생한다는 것을 의미한다. 지역사회 구성원들은 조직하고, 집단의 동질감을 발달시키고, 사회행동에 주의를 끌고, 그리고 재난 후 회복을 접하고 서둘러 향상시키는 지역사회의 변화들을 발생시키도록 시도한다(Queiro-Tajalli & Campbell, 2002). 개발 프로젝트 팀들, 지역 리더들, 지역사회를 기반으로 한 조직들, 그리고 정부 조직들은 지역사회 내 사회 자본을 촉진시키기 위하여 의견일치와 상호 믿음을 구축한다. 일단 개발에 대한 의견일치와 조정이 존재하면, 지역사람들은 그들에게 가장 유익한 개발의 형태로 단일 목소리를 내어 옹호할 수 있다(Lavell, 2004). 취약성과 복원력 이론의 관점을 통해 볼 때, 재난은 사회적으로 요구된 지역사회 개발을 확인할 기회이다. 재난 이후 지역사회의 동질감 개발과 응집력 강화는 개인, 가족, 그리고 지역사회 성장을 위한 기회로 긍정적인 지역사회 변화를 발생시키는 이상적인 환경을 제공할 수 있다.

요약과 결론

본 장은 취약성에 대한 이론과 개념에 초점을 두며, 그리고 재난 취약성 이론과 사회복지에서의 복원력 이론 사이의 유사성을 보여주고 있다. 이런 생태적이고 시스템 지향적인 이론을 검증하는 것은 사회 환경에서 인간행동을 이해하기 위한 중요한 시사점을 사회이론에 제공한다. 기초 사회복지 과정에서 취약성과 복원력 개념과 조사를 사용하는 것은 인간행동과 사회 환경 과정의 내용을 잠재적으로 개선시키고 더 잘 조직할 수 있다. 마지막으로 개발, 통합, 그리고 취약성 및 복원력 이론의 추가실험과 조사는 개인과 지역사회에 복원력을 구축하는 데 효과적인 개입 전략을 제공할 것이다.

참고문헌

Bankoff, G. (2004). The historical geography of disaster. "Vulnerability" and "local knowledge." In G. Bankoff, G. Frerks, & D. Hilhorst(Eds.), *Mapping vulnerability: Disasters, Development and people* (pp.25–36). London, UK: Earthscan.

Cardona, O. D. (2004). The need for rethinking the concepts of vulnerability and risk from a holistic perspective: A necessary review and criticism for effective risk management. In G. Bankoff, G. Frerks, & D. Hilhorst(Eds.), *Mapping vulnerability: Disasters, development and people*(pp.37–51). London, UK: Earthscan.

Cutter, S. L. (2006). *Hazards, vulnerability, and social justice*. London, UK: Earthscan.

Doll, B., & Lyon, M. (1998). Risk and resilience: Implications for the delivery of educational and mental health services in schools. *School Psychology Review, 27*, 348–363.

Dyer, C. L.(1999). The phoenix effect in post-disaster recovery: An analysis of the Economic Development Administration's culture of response after Hurricane Andrew. In A. Oliver-Smith & S. M. Hoffman (Eds.), *The angry earth: Disaster in anthropological perspective*(pp.278-300). New York, NY: Routledge.

Erickson, K. (1994). *A new species of trouble*. New York, NY: Norton.

Gillespie, D. F. (2008, March). Theories of vulnerability: Key to reducing losses from disasters. In A. H. Reda (Ed.), *Proceedings of the 21st International Scientific Conference of Social Work, Social Work & Human Welfare in a Changeable Community*(pp.15-26). Cairo, Egypt: Helwan University.

Greenberg, J., Koole, S. L., & Pyszczynski, T. (Eds). (2004). *Handbook of experimental existential psychology*. New York, NY: Guilford.

Greene, R. R. (Ed.). (2002). Resiliency: An integrated approach to practice, policy, and research. Washington, DC: NASW Press.

Greene, R. R., & Conrad, A. P. (2002). Basic assumptions and terms. In R. R. Greene, (Ed.), *Resiliency: An integrated approach to practice, policy, and research* (pp.29-62). Washington, DC: NASW Press.

Greene, R. R., Galambos, C., & Lee, Y. (2003). Resilience theory: Theoretical and professional conceptualizations. *Journal of Human Behavior in the Social Environment*, 8(4). 75-91.

Greene R. R., & Livingston, N. C. (2002). A social construct. In R. R. Greene, (Ed.), *Resiliency: An integrated approach to practice policy, and research*(pp.63-94). Washington, DC: NASW Press.

Hilhorst, D. (2004). Complexity and diversity: Unlocking social domains of disaster response. In G. Bankoff, G. Frerks, & D. Hilhorst (Eds.) *Mapping vulnerability: Disasters, development and people* (pp.52-66). London, UK: Earthscan.

International Panel on Climate Change. (2007, November). *Summary for policy-makers of the synthesis report of the IPCC fourth assessment report*. Retrieved from http://www.ipcc.ch/IPCC Nov17 ar4_syr_spm.pdf.

Klinenberg, E. (2002). *Heat wave: A social autopsy of disaster in Chicago.* Chicago, IL: University of Chicago Press.

Lavell, A. (2004). The Lower Lempa River Valley, El Salvador. Risk reduction and development project. In G. Bankoff, G. Frerks, & D. Hilhorst (Eds.), *Mapping vulnerability: Disasters, development and people* (pp.67–82). London, UK: Eartgscan.

McEntire, D. A. (2004, June). *The status of emergency management theory: Issues, barriers, and recommendations for improved scholarship.* Paper presented at the FEMA Higher Education Conference, Emmitsburg, MD.

McEntire, D. A. (2005). Why vulnerability matters: Exploring the merit of an inclusive disaster reduction concept. *Disaster Prevention and Management, 14(2).* 206–222.

Mileti, D. S. (1999). *Disasters by design: A reassessment of natural hazards in the United States.* Washington, DC: Joseph Henry Press.

Minahan, A., & Pincus, A. (1977). Conceptual framework for social work practice. *Social Work, 22(5),* 347–352.

Norlin, J. M., & Chess, W. A. (1997). *Human behavior and the social environment: Social systems theory*(3rd ed.). Boston, MA: Allyn & Bacon.

Oliver–Smith, A. (2004). Theorizing vulnerability in a globalized world: A political ecological perspective. In G. Bankoff, G. Frerks, & D. Hilhost (Eds.), *Mapping vulnerability: Disasters, development and people (pp.10–24).* London, UK: Earthscan.

Pulwarty, R. Broad, K., & Finan, T. (2004). El Niño events, forecasts and decision–making. In G. Bankoff, G. Frerks, & D. Hilhorst (Eds.), *Mapping vulnerability: Disasters, development and people* (pp83–98). London, UK: Earthscan.

Putnam, R. D. (2000). *Bowling alone: The collapse and revival of American community.* New York, NY: Simon & Schuster.

Queiro–Tajalli, I., & Campbell, C. (2002). Resilience and violence at the macro Level. In R. R. Greene, (Ed.), *Resiliency: An integrated approach to prac–*

tice, policy, and research (pp.217 – 240). Washington, DC: NASW Press.

Rogge, M. E. (2003). The future is now: Social work, disaster management, and traumatic stress in the 21st century. *Journal of Social Service Research, 30(2)*. 1 – 6.

Rosenfeld, L. B., Caye, J. S., Ayalon, O., & Lahad, M. (2005). *When their world falls apart: Helping families and children manage the effects of disasters.* Washington, DC: NASW Press.

Sabders, S., Bowie, S., & Bowie, Y.D. (2003). Lessons learned on forced relocation of older adults: The impact of Hurricane Adrew on health, mental health, and social support of public housing residents. J*ournal of Gerontological Social Work, 40(4)*, 23 – 35.

Sherraden, M. S., & Fox, E. (1997). The great flood of 1993: Response and recovery in five communities. *Journal of Community Practice, 4(3)*, 23 – 45.

Soliman, H. H., & Rogge, M. E. (2002). Ethical considerations in disaster services: A social work Perspective. *Electronic Journal of Social Work, 1(I)*, 1 – 23.

Streeter, C. L. (1991). Disasters and development: Disaster preparedness and mitigation as an essential component of development planning. *Social Development Issues, 13(3)*, 100 – 110.

Sundet, P. A., & Mermelstein, J. (2000). Sustainability of rural communities: Lessons from natural disaster. *Tulane Studies in Social Welfare, 21/22, 25 – 40.*

Thomas, N. D., & Soliman, H. H. (2002). Preventable tragedies: Heat disaster and the elderly. *Journal of Gerontological Social Works, 38(4)*, 53 – 66.

Wisner, B., Blaikie, P., Cannon, T., & Davis, I. (2004). *At risk: Natural hazards, people's vulnerability and disasters* (2nd ed.). New York, NY: Routledge.

Zakour, M. J. (2008a). Social capital and increased organizational capacity for evacuation in natural disasters. S*ocial Development Issues, 30(I)*, 13 – 28.

Zakour, M. J. (2008b, March 11 – 13). Vulnerability to climate change in the Nile Delta: Social policy and community development interventions. In A. H.

Reda (Ed.), *Proceedings of the 21st International Scientific Conference of Social Work, Social Work & Human Welfare in a Changeable Community (pp.15–26)*. Cairo. Egypt: Helwan University.

Zakour, M. J., & Gillespie, D. F. (1998). Effects of organizational type and localism on volunteerism and resource sharing during disasters. *Nonprofit and Voluntary Sector Quarterly, 27(1)*, 49–65.

Zakour, M. J., & Harrell, E. B. (2003). Access to disaster services: Social work interventions for vulnerable populations. *Journal of Social Service Research, 30(2)*, 27–54.

제 3 장 재난 취약성과 복원력 조사연구의 최근 경향들 : 이론, 연구설계, 방법론

MICHAEL J. ZAKOUR AND DAVID F. GILLESPIE

이 장은 재난연구에 있어 취약성(vulnerability)과 복원력(resilience)에 대한 이론들을 검증하기 위한 연구문제의 진술과 연구방법의 선택을 고찰한다. 이 장은 개념적으로 그리고 조작적으로 취약성과 복원력의 개념을 정의한다. 또 재난 취약성과 복원력 조사연구를 위하여 최근에 사용되었거나, 장래성 있는 조사연구방법들에 대해 간단하게 설명한다. 이러한 연구방법들은 측정, 연구설계, 그리고 분석방법을 포함한다. 특정한 조사연구방법에 대한 선택은 가장 알맞은 이론으로부터 도출된 연구질문과 관련이 있다 (Gillespie & Streeter, 1004; Benight, McFarlane, & Norris, 2006).

논의된 조사연구방법들은 (a) 선형적 접근(linear approaches), (b) 비선형적인 기술적 접근, 그리고 (c) 시스템 다이내믹스(system dynamics)를 포함한다. 먼저 선형적 방법들에는 상관관계분석, 회귀분석, 경로분석, 그리고 구조방정식 모델이 논의되었다. 그 다음 논의된 비선형적인 기술적 방법들에는 네트워크 및 사회적 자본, 그리고 지리정보시스템이 있다. 마지막으로 비선형적인 설명적 접근으로 시스템 다이내믹스가 논의되었다. 이러한 각각의 방법들은 그것들 자체의 논리적 가정의 설정, 개념적 및 조작적 정의, 이론적인 아이디어, 그리고 연구모형을 포함하는 더 넓은 관점의 일부이다. 각각의 방법들이 지향하는 방향은 재난취약성에 관한 연구와 재난과 관련된 사회복지실천을 위한 전망을 보여준다(Zakour, 2007).

이론적 기반

재난은 건강, 웰빙(well-being), 그리고 생존에 필요한 사회적, 경제적, 그리고 환경적 조건들을 파괴한다(Streeter, 1991). 재난은 위험으로부터 영향을 받는 즉시 가장 최악의 상태를 겪게 되는 종합적인 스트레스 상황이다(Gillespie, 2008a). 재난에 대한 대응과 복구노력은 모든 수준에서의 파괴를 감소하도록 시도한다(Zakour, 2010, chapter 2).

취약성 이론

취약성 이론(Vulnerability theory)은 환경에 대한 부정적인 측면(난점)과 긍정적인 측면(역량)을 평가하기 위해 모든 주민과 지역사회의 사회적 및 물리적 환경을 조사한다(Gillespie, 2008b; Zakour, 2008). 취약성 이론에서 말하는 환경적인 난점과 역량은 재난 민감성과 복원력에 대한 상대적인 수준에 영향을 미친다. 민감성(susceptibility)은 얼마나 많은 피해가 일어날 개연성이 있는지와 재난 후 발생하는 피해 가능성이 얼마나 되는지를 설명하기 위해 사용한 개념이다. 취약성은 지역사회 혹은 모든 주민의 복원력에 대한 민감성의 비율에 의해 결정되어진다. 복원력은 재난 발생 후 복구를 위한 지역사회의 능력이며, 복원능력의 개발과정이다. 복원력 이론은 복원력이 개인 및 가족의 전생애발달(life-span development)에 관한 연구에서 더 자주 사용되고 있지만, 취약성 이론과 아주 밀접한 관련이 있다. 재난정신건강의 이론정립은 스트레스 틀을 사용하여 취약성과 복원력 이론들을 거의 통합적으로 접근하게 한다(Norris, Galea, Friedman, & Watson, 2006).

취약성 이론의 전제

취약성 이론과 조사연구를 위한 기반으로서 역할을 하는 몇 가지 전제들이 있다. 취약성 이론의 첫 번째 전제는 취약성이 지역사회의 모든 구성원들에게 공평하게 분포하지 않는다는 것이다. 취약성의 불공평한 분포로 이어지는 사회적, 정치적, 경제적, 환경적, 그리고 다른 근본적인 원인들이 있다(Oliver-Smith, 2004). 두 번째 전제는 지역사회 혹은 국가의 사회·문화적인 측면에 기반을 둔 근본적인 요인들이 재난의 궁극적인 원인이라는 것이다. 재난은 근본적으로 지구의 기후변화와 같은 역동적인 원인들이 사회적, 경제적, 그리고 정치적 불평등과 같은 근본적인 원인들과 상호작용할 때 구조화될 수 있다. 권력(power)에 대한 제한된 접근성, 사회적 구조, 그리고 자원들은 숨겨져 있지만, 그것들은 위험에 부딪혔을 때 뚜렷하게 도드라져 드러난다(Wisner, Blaikic, Cannon, & Davis, 2004).

취약성 이론의 세 번째 전제는 취약성, 사회적 민감성, 그리고 지역사회 복원력이 대게 환경적인 요소와 원인들의 결과라는 것이다. 환경은 지역사회와 모든 주민들의 자연적, 물리적, 건설, 사회적, 그리고 기술-경제적 맥락이다(Zakour, 2008). 이 이론적 전제는 인구학적 구성 혹은 개인의 발달적 상태와 같은 내부적 지역사회의 특성들보다는 지역사회 환경에서의 요소들을 강조한다. 이 전제는 사회복지의 생태학적 접근과 강점관점과 일치한다. 재난 피해자들(victims)의 특성 혹은 행위들은 재난의 충격으로 인한 심각성에 대해서 가장 중요한 원인들을 고려하지 않는다.

취약성 이론에서 나온 가설들

취약성 이론은 재난사회복지를 향상시키기 위해 매우 유용할 수 있다. 그 이유는 취약성 이론에서 다양하게 검증할 수 있는 가설들을 얻는 것이 어느 정도 가능하기 때문이다. 만약 가설이 검증되면, 그 검증으로부터 나온 근거는 가설을 지지한다. 그 다음 이 새로운 지식은 재난과 다른 종합적인 스트레스 상황에서 사회복지실천을 개선시키는데 이용될 수 있다. 검증될 수 있는 한 가지 중요한 가설은 "지역사회들 간의 재난발생 이전의 협력네트워크연계는 홍수와 같은 자연재해의 발생 이후 지역사회의 복원능력을 향상시킨다"는 것이다. 또 검증할 수 있는 다른 가설은 지역사회의 사회적 자원수준과 관련이 있다: "재난 발생 후 이웃과 친구들로부터 높은 수준의 이용 가능한 구체적인 지원은 모든 주민들과 지역사회의 복원력을 증가시킨다." 세 번째 가설은 취약성에 관한 경제적 발달의 결과에 초점을 두고 있다: "경제적으로 빈곤한 많은 가구들이 속해 있는 지역사회들은 재난에 더 영향을 받기 쉽다." 위에서 언급한 것과 같은 가설들에 대한 경험적 검증들은 복원력을 증가시킬 뿐만 아니라 지역사회의 취약성을 평가하여 감소시키는데 도움을 주는 잠재력을 가지고 있다.

연구질문, 연구설계, 그리고 분석

연구질문

취약성에 관한 연구질문들은 취약성 이론에서 도출되었거나 영감을 얻는다. 상관관계 및 회귀분석은 경로분석, 구조방정식모형, 그리고 위계적 선형모델을 위한 기본이다(Tabachnik & Fidell, 1996). 이런 방법들은 사회과학과 관련된 전문직에 광범위하게 이용된다. 사회복지에서 대부분의 연구질문들은 이런 선형적 방법들을 근거로 한다. 그러나 체계적 접근들은 또 취약성 이론을 위한 기본이 되며, 취약성에 관한 중요한 인류학적, 그리고 사회학적 이론화 및 조사연구를 위한 근거를 형성한다(Hoffman & Oliver-Smith, 2002; Wallace, 1956, 1957). 사회학, 정책, 그리고 관련된 학문분야들은 사회적 네트워크와 사회적 자본의 관점으로부터 취약성과 복원력에 대한 이슈들을 접근해 왔다(Zakour, 2007). 지리학자들은 지리학적 정보시스템과 인구통계학적 분석을 사용하여 취약성을 연구해 왔다(Cutter, 2006).

연구설계와 분석기법들

취약성 연구는 주로 이유를 밝히는 혹은 설명하기 위한 것이다. 궁극적으로 전문성을 위한 중요한 가치는 개입의 효과성을 입증하기 위한 연구를 설계하고 평가하기 위한 능력에 두는 것이다. 취약성 연구의 이론정립은 지역사회의 재난 민감성과 복원력, 건물 혹은 물리적 환경의 위험 및 지속성과 같은 취약성에 영향을 미치는 요소들에 대한 일반화를 포함한다.

취약성 이론은 또한 취약성에 관한 일반화와 이론적 모델들이 재난상황에서의 긴급재난관리 및 사회복지실천으로 옮겨질 수 있기 때문에 실천적일 필요가 있다. 이론적 모델, 사회적 네트워크 및 사회적 자본 방법론, 지리학적 분석, 그리고 시스템 다이내믹스 각각은 재난 취약성과 복원력에 대한 설명적 목적을 발전시킬 강한 잠재력을 가지고 있다. 이런 연구방법론은 사례연구(case-study), 자연주의적 혹은 실험적, 그리고 유사 실험적 연구설계와 함께 사용되어질 수 있다. 사회적 네트워크와 사회적 자본 방법론은 지역사회의 취약성에 영향을 미치는 사회적 네트워크에 포함된 자원들에 접근하는 방법을 설명하기 위해 상관적인 변수와 속성적인 변수들을 결합시킬 수 있다(Lin, Cook, & Burt, 2001). 지리학적 분석들은 특정지역에 대한 취약성의 분포와 증가 혹은 감소를 설명하기 위하여 귀인적, 상관적, 그리고 공간적인 변수들을 포함할 수 있다. 구조방정식 모형은 측정에 대한 정밀성과 이론검증을 동시에 향상시키기 위하여 측정된 변수 및 잠재변수들을 결합시킨다. 시스템 다이내믹스는 복잡한 변수설정에 대한 조사를 가능하게 한다.

연구질문, 측정, 연구설계, 그리고 분석 간의 관계

다양한 재난 연구자들로부터 도출된 연구질문들은 설명, 예측, 개입 효과성, 재난정신건강질환의 분류, 혹은 재난의 영향으로 지역사회 혹은 모든 주민들의 피해율에 대한 서술과 같은 다양한 목표들을 반영할 수 있다(North & Norris, 2006). 연구질문 혹은 연구목적에 대한 각각의 다양한 형태들은 적절한 측정도구들, 연구설계 시 고려사항들, 그리고 자료분석방법론과 일치해야 한다. 예를 들면, 재난 발생 후 주로 지역사회를 서술하는 것에 관심을 가지고 있는 연구질문들은 실험적 연구설계, 그리고 내용분석과 같은 분석기법들보다는 민족지학, 질적인 측정기법들, 자연주의적 연구설계와 같은 질적연구방법론이 가장 적절하게 사용되어질 수 있을 것이다.

취약성과 복원력 조사연구에 대한 연구질문들은 일반적으로 이유를 밝히거나 설명을 하기 위한 것이다. 취약성 조사연구에서, 연구질문들의 초점은 대게 실증적인 인과사슬(casual chains)의 변수들뿐만 아니라 매개변수와 통제변수들에 있다. 이 취약성과 복원력에 대한 더 복잡하고 실질적인 개념화는 재난에 노출된 개인, 모든 주민들, 그리고 지역사회들에 대한 결과를 설명하는데 유의미함을 입증해야 한다. 취약성에 관한 설명적 연구에서 방법론적 필수조건은 타당성 및 신뢰성 측정과 그것들의 상관관계, 충분한 표본의 대표성을 포함하는 방법, 변수들의 정확한 개념화와 그것들의 상관관계, 그리고 다변량 통계분석의 접근들을 포함한다. 개념화, 측정, 연구설계, 그리고 분석방법이 서로 일관되지 않을 때 연구질문을 묻게 되면 연구에 대한 설명적 유의성은 제한된다(Norris et al., 2006).

취약성 조사연구를 위한 선형적 방법론들

상관관계 및 회귀분석

상관관계 기법들은 양분되거나 연속적일 수 있는 두 개의 변수들 간의 관계에 대한 조사를 가능하게 한다. 최근의 몇몇 연구들은 장애인들의 회복탄력성 및 심리사회적 기능을 유지하기 위한 방법들을 조사하기 위하여 상관관계분석을 사용하였다. McGuire, Ford, and Okoro(2007)는 the New Orleans Metropolitan 혹은 Micropolitan Statistical Areas(MMSA)에서 재난 발생으로 인하여 대피하는 동안 보조적인 장비가 필요한 장애인들의 수를 추정하기 위해 the Behavioral Risk Factor Surveillance System(BRFSS)으로부터 2003−2004년 자료를 활용하였다. 이 연구의 초점은 자가 장비를 가지고 있는 장애인들을 대피시킬 필요성에 대해 긴급구호 계획자들을 위한 정보를 제공하는 것뿐만 아니라 사회·인구학적 변수들에 의해 대피시키는 동안 보조장비의 필요성을 추정하는 것이었다. 이 연구의 조사표본은 장애를 가진 65세 이상 노인 47,840명으로 구성되었다. 이 중에서 24,938명은 특별한 보조장비의 사용을 필요로 했다. 조사자들은 보조장비의 필요성이 여성이면서 미혼이며, 그리고 백인인 경우 정(+)적으로 관련이 있는 것으로 나타났으며, 자기보고용 건강상태('좋지 못함'에서 '아주 좋음'까지)와는 부(–)적으로 관련이 있음을 발견하였다.

회귀분석은 상관관계분석에 기초하지만, 그것은 독립변수의 집합과 연속적인 종속변수들 간의 관계에 대한 조사를 가능하게 한다. 회귀분석에 대한 R^2은 독립변수들의 일차결합에 의해 설명되어지는 종속변수의 분산이다. 경로분석, 위계적 선형모델, 그리고 구조방정식모형과 같은 이론적 모형 방법론은 회귀분석의 형태를 사용한다. Norris, Baker, Murphy, and Kaniasty(2005)는 멕시코의 두 도시에 영향을 미쳤던 큰 홍수와 산사태 재난이 발생한지 6개월 만에 두 도시에서 지각된 원조와 사회적 배태성을 설명하기 위해 일련의 회귀분석을 사용했다. 그들은 교육, 여성, 전후사정 맥락(멕시코 Teziultan의 거주지), 그리고 여성에 대해 Teziultan의 상호작용 항이 인식된 사회적 지원과 사회적 배태성 모두가 중요하게 관련이 있었음($p<.05$)을 발견하였다. 교육을 제외한 이들 독립변수들 모두는 사회적 지원과 부(–)적으로 관련이 있는 것으로 나타났다.

위계적 회귀분석

하나의 분석수준에서의 변수들이 다른 분석수준의 변수들에 영향을 미치는지를 설명하기 위하여 회귀분석을 사용한 연구방법론은 사회적 네트워크와 사회적 자본 조사연구에 유용하다. 위계적 회귀분석 방법론은 다른 추출 수준에서 변수들 간 관계를 조사하는 회귀분석에 대한 오차계수로서 하나의 분석수준에서 얻은 회귀계수를 사용한다(Wellman & Frank, 2001). 이 분석기법은 재난이 다차원적이고 모든 수준에서 시스템에 영향을 미친다는 생각에 일관성을 가진다(Soliman, 1996; Zakour, 2008). 네트워크와 다양한 시스템 수준에서 사회적 자본에 대한 접근성은 지역사회와 구성원들의 취약성에 관해 두드러진 영향을 미친다. 위계적 회귀모델은 사회적 네트워크 혹은 시스템에 있는 변수들의 동시적인 검증과 더 큰 네트워크 혹은 시스템들에 있는 변수들의 영향을 분석 가능하게 한다.

위계적 회귀분석은 최근의 모델을 사용하여 사회적 자원들의 공급, 즉 재난 피해에 대한 복원력에 초점을 맞추는 변수들을 설명하기 위해 가장 명확하게 서술되어질 수 있다(Wellman & Frank, 2001). 이 연구에서 데이터는 네트워크와 사회적 자본 변수들을 포함한다. 만약 연구자가 사회적 자본의 이동성이라는 사회적 지원의 공급을 조사하기를 원한다면, 연구자는 자아(egos), 타자, 즉 행위자(alters), 자아와 행위자 간의 연결, 그리고 전체 자아네트워크(networks)의 구조적인 상태에 대한 특성들을 포함하는 다양한 자아네트워크의 수에 관해 초점을 둘 수 있다.

이러한 연구에서 두 가지 분석수준이 있으며, 이것들은 (1) 자아네트워크와 그 자아의 특징들과 (2) 자아와 행위자들 간의 연결, 그리고 그 행위자들의 특징들이 있다. 자아네트워크는 중심성과 심도의 다양한 정도를 가지고 있을 것이고, 자아는 성별, 나이, 그리고 교육과 같은 특징들을 가지고 있을 것이다. 왜냐하면 하나의 자아와 그것의 자아네트워크는 똑같은 분석수준에 있기 때문에, 그것은 네트워크 중심성과 심도로, 그리고 자아의 성별, 연령, 그리고 교육으로 자아네트워크와 그것의 자아를 특징지을 수 있다. 또한 연계의 내용, 다양성(multiplicity), 호혜성(reciprocity)으로, 그리고 행위자의 성별, 연령, 그리고 교육에 의해 행위자들과 행위자들 그 자체에 대한 연계를 특정 지을 수 있다.

그런 위계적 분석은 사회적 지원에 대한 공급 간의 상관관계 검증, 그리고 (a) 사회적 지원을 받는 자의 자아에 대한 특징들, (b) 자아네트워크의 특성들, (c) 자아네트워크의 행위자들, 그리고 (d) 자아와 행위자들을 연결하는 연계의 특성들에 대한 검증을 가능하게 한다. 자아네트워크와 행위자의 특징들 연계에 대한 상호작용 효과는 또한 위계적 모델에서 검증되어진다. 이 다 수준 접근방법은 다른 두 가지 형태의 변수들을 통제하는 동안, 다른 개인(자아와 행위자), 연계수준, 그리고 네트워크 변수들의 효과검증을 가능하게 한다. 이것은 연계수준 그리고/혹은 개인의 특징들에 대한 효과가 자주 사회적 지원의 자아네트워크 효과를 고려하지 못하기 때문에 유용하다. 위계적 분석에서, 이러한 세 가지 형태의 변수들에 대한 각각의 효과는 서로 구별되어질 수 있으며, 심지어 사회적 지원의 중요성 혹은 설명된 변화에 의해 비교되어질 수 있다(Wellman & Frank, 2001).

위의 예를 사용하여, 연구자는 사회적 지원의 양을 예측하는데 행위자/연계수준에서 가장 선형적인 변수들의 결합을 검증할 수 있다. 첫 번째 회귀모형은 행위자/연계수준에서 독립변수들을 포함한다. 따라서 이 모델은 모형 1(a level-one model)이다. 종속변수는 자아로부터 받는 사회적 지원의 양이다. 회귀의 왼쪽은 사회적 지원을 설명하는데 작용하는 변수들의 선형적 결합의 모든 부분에서 절편(intercept) 및 몇 개의 행위자/연계수준 변수들을 포함할 것이다. 이 예에서, 이러한 행위자/연계수준 변수들은 행위자의 성별, 행위자와 자아 간의 개개의 연계에 대한 접근성 정도, 그리고 그 연계가 부모/자녀 연계인지를 나타내는 이분변인이다. 두 가지 수준의 모형에서, 로짓회귀가 사용될 때 자아의 성별에 대한 유일한 계수는 첫 번째 방정식에서 y-절편에 정해지거나 다시 놓이게 된다. 선형회귀에서, 회귀 계수는 일반적으로 행위자/연계수준 변수들로부터 계수가 우선한다. 이 계수는 자아를 행위자들로부터 받는 사회적 지원의 수준에 관해 성별과 같은 자아의 특성들에 대한 효과들이다. 두 번째 방정식에서, 사회적 지원 수준은 주어진 연계수준으로부터 받는 자아가 종속변수라는 것이다. 회귀와 유사하게, 자아의 성별에 대한 회귀계수, 그리고 오차항의 절편이 있다. 이 방정식은 모형 2(a level-two model)로 불린다. 이것은 자아/네트워크 수준에서이다. 두 번째 방정식은 각각의 연계정도로부터 자아의 사회적 수준을 계산한 후에, 이 종속변수는 회귀계수가 되고 이것이 회귀모델의 첫 번째 단계로 들어가 변수가 되는 로짓회귀의 첫 번째 방정식의 절편에 놓인다(Wellman & Frank, 2001).

다 수준 또는 위계적 모델은 자아/네트워크 내에서 처리된 행위자/연계수준의 사례연구설계를 수집한다. 첫 번째 수준에서는 사회적 지원에 관해 행위자/연계수준의 효과를 관찰할 수 있으며, 그리고 두 번째 수준에서는 자아/네트워크의 효과를 관찰할 수 있다. 예들 들면, 사회적 지원에 대한 접근성의 범위는 사회적 지원에 대한 접근성의 정도에 의해 특징지어지는 각각의 연결정도와 함께 연계수준에서 측정될 수 있다. 사회적 지원에 대한 접근성 범위는 또한 자아수준에서 측정될 수 있을 것이다. 그래서 자아는 행위자에 대해 자아가 연결하는 각각의 연계수준에 대한 접근성 점수들을 누계하는 것에 의해 사회적 지원에 대한 전체 범위로 특징지워진다. 이 상호작용 효과는 사회적 지원의 자아의 수준에 관해 사회적 지원에 대한 연계수준과 자아 접근성의 상호작용효과 모델에 의해 검증될 수 있다. 그 다음이 두 번째 모델에서 종속변수는 행위자/연계수준 변수들로부터 사회적 지원을 평가하는 로짓회귀의 절편에 대체된다(Wellman & Frank, 2001).

경로분석

경로분석(Path Analysis)은 회귀방법론을 기초로 하는 이론적 모델의 검증을 가능하게 한다. 그러나 회귀모형이 독립변수들의 선형적 결합에 의해 종속변수의 변화를 설명하는데 우수하지만, 경로분석은 각각의 변수들 간의 간접적 그리고 직접적인 관계들을 결정하는데 있어 회귀분석보다 한 단계 더 뛰어나다. 경로모델은 회귀분석에서 독립변수인지 종속변수인지에 크게 상관없이 모든 변수들 사이의 관계에 있어 더 완전한 설명을 얻기 위해 발달되어왔다. 경로모델은 인과관계에서 변수들 간의 직접적 그리고 간접적인 관계들을 조사하기 위해 사용되었다. 이론적 모델에서 다양한 관계들은 종속변수의 변화에 대해 각각의 독립변수들의 기여를 넘어 독립변수와 종속변수 간의 인과관계를 더 정확하게 기술할 것이다(Zakour, 1996).

경로모델의 변수들은 일반적으로 명령을 받으며, 경로는 단일방향으로 나타난다. 경로계수들은 실제로 일련의 회귀로부터 나온 회귀계수들(표준화된 베타들)이다. 경로모델의 적합도는 카이제곱분포(chi-square distribution)를 사용하여 평가된다. 경로모델에 대한 적합도를 평가하는 다른 측정은 경로모델에서 각각의 대응 변수들 간의 경로계수에 대한 직접적, 간접적, 그리고 제3의 관계들을 계산하여 산출된 상관관계 메트릭스에 대해 변수들 간의 0으로 설정된 상관관계 계수(the zero-order correlations)를 비교하는 것이다(Blalock, 1964, 1969).

경로분석의 첫 번째 단계는 모델에 포함되기 위한 변수들에 대해 원인이 되는 순서를 결정하는 것이다. 변수들을 순서화하는 과정은 변수들 간의 관계의 특성에 관한 이론과 조사연구를 근거로 해야 한다. 이론은 변수들이 다른 변수들의 원인이 되거나 변수들 간의 상관관계는 있지만 인과관계는 아닌 경우, 그리고 변수들이 다른 변수들의 결과인 경우를 기술할 수 있다. 변수들의 인과관계 사슬이 상정되어야 할 뿐만 아니라 인과사슬의 가지들은 모델에서 어떤 다른 변수에 대해 일반적으로 우선하지 않는 종속변수로 이어지는 인과관계 사슬에서 발생할 것이다. 서로 가장 높은 상관관계를 가지고 있는 변수들은 경로모델에서 서로 밀접하게 가까우며 직접적으로 다른 변수들과 상관이 있을 것이다. 가장 낮은 상관관계를 가지고 있는 변수들은 서로에 대해 하나 혹은 더 많은 개입 검증변수들을 통하여 간접적으로 상관이 있을 것이다(Pedhazur, 1982).

경로모델 다이어그램들은 변수들 간의 단일방향의 화살표와 함께 관련된 변수들의 집합을 나타낸다. 관례상, 한 방향의 화살표는 두 변수들 사이에 있으며 그것들은 다이어그램의 오른 편의 지점 혹은 직접적인 하향방향일 수 있다. 모든 변수들은 다이어그램의 가장 낮은 오른 편을 향해 위치한 단일변수에 대해 직접적인 혹은 간접적인 상관관계를 가질 것이다. 한 방향의 화살표는 하나의 변수에서 다른 변수까지 원인(causality)의 방향을 나타내며 그 외생변수(들)는 경로 다이어그램의 왼쪽 상단부분에 있다. 각각의 화살표 혹은 경로는 그것과 관련된 경로계수를 가지고 있고 이 경로계수는 표준화된 회귀계수로서 계산된다. 각각의 변수 또한 그것과 관련된 오차항을 가지고 있고 이것은 종속변수에 대한 직접적인 효과를 가지고 있는 독립변수들에 의해 설명되어지지 않는 변화이다(Zakour, 1996).

각각의 경로 다이어그램에 따라, 분석표는 모델의 적합도를 돕기 위해 구조되어진다. 그것에 대한 모든 다른 변수들에 관해 각각의 변수에 대한 효과를 나누는 이 분석표는 독립변수 혹은 원인변수로서 역할을 한다. *DE*로 나타내는 직접적인 효과들은 중재변수에 의존하지 않는 다른 변수에 대해 하나의 변수에 대한 효과들이다. 경로 다이어그램에서 이러한 효과들은 두 변수 간의 직접적인 연결인 하나의 화살표로 나타낸다. 간접적인 효과들

(*IE*)은 적어도 하나의 중재변수를 포함하는 인과관계 사슬에 의존하는 다른 변수에 대해 한 개 변수의 효과들이다. 마지막으로 두 변수 간의 0으로 설정된 상관관계의 거짓 구성은 두 변수와 관련이 있는 세 번째 변수의 두 변수에 대한 효과의 결과이다. 각각의 대응변수들 간의 관계에 대한 직접적, 간접적, 그리고 거짓 구성들은 상관관계 메트릭스를 재산출하기 위해 계산된다(Pedhazur, 1982).

데이터를 가지고 있는 경로분석을 위한 적합도는 독립변수들에 의해 설명되어지는 전체 변량으로 나눈 모델로 설명되는 변량의 몫인, Q에 의해 측정된다. 전체 변량은 모델(외생변수)의 첫 번째 변수를 종속변수로 하고 나머지 변수들을 사용하는 일련의 회귀분석으로부터 나온 일반화된(표준화된)변량이다. 모델에 의해 설명되는 변량은 e_n과 같이 각각의 변수에 대한 경로 다이어그램에서 나타난 모델의 오차항의 곱으로 나타낸다. 표준화된 변량은 변수들 간의 모든 가능한 관계의 방향을 포함하는 순환적 인과관계 모델의 오차항의 곱으로 나타난다. 순환적 인과관계 모델에서, 각각의 변수들은 인과관계 사슬에 따라 모든 다른 변수들에 대해 직접적인 효과를 가진다. Q 범위의 값은 모델 간의 접합도가 전혀 없음을 의미하는 *O*와 데이터, 그리고 완전한 적합도를 나타내는 *I* 에 걸쳐져 있다. Q 적합도 측정은 카이제곱분포를 사용하여 추가적인 평가가 이루어질 수 있다(Zakour, 1996).

Zakour(1996)는 공식적으로 구성된 재난-대응 네트워크에서 재난관련 서비스 조직과 이들 조직들 간의 협력적인 연계(link) 수 사이의 지리적 거리 간의 관계에 관해 정교한 경로모델을 발전시켰다. 이론적 모델의 결과에서, 인식의 수준은 조직에서의 자원봉사자들에게 나타났고, 그리고 한 조직이 서비스를 제공한 집수지역(catchment area)의 지리학적 규모가 지리학적 거리와 협력적인 연계 가능성 간의 관계를 부(-)적으로 설명하는 것으로 나타났다($r=-.26$, $p<.05$). 지리적 거리와 협력적인 연계 간의 부(-)적인 관계의 절반 이상이 지리적 서비스 범위와 자원봉사자들에게 나타난 인식의 수준에 의해 설명되어졌다.

구조방정식모형

구조방정식모형(SEM)은 회귀분석이 실행하는 것처럼 변수들 간의 원인 관계를 조사하는 통계적인 기법이다. 하지만 SEM에서는 한 개 혹은 더 많은 독립변수들과 한 개 혹은 더 많은 종속변수들이 있다.

독립변수들과 종속변수들은 명목 혹은 연속변수일 수 있다. 또한 SEM의 변수들은 관측변수들 혹은 잠재 요인들일 수 있다. SEM은 측정된 변수들의 집합으로부터 요인들을 추정하기 위하여 확인적 요인분석을 사용한다(Ullman, 1996). 경로분석처럼, SEM은 연구문제에 대한 외생변수, 개입변수, 그리고 산출변수들 간의 원인관계를 회귀분석의 수준을 넘어서서 조사가 가능하다.

SEM은 요인분석과 회귀분석의 결합이다. 경로모델과 경로분석은 잠재변수들이 없는 모델로, SEM의 특별한 사례를 나타낸다. SEM은 독립변수와 종속변수의 집합들 간의 관계에 대해 더 복잡한 모델들을 조사하기 위하여 이 장에서 다른 모든 선형적 방법론을 결합한다. SEM은 또한 측정되어진 잠재 구조의 신뢰성과 타당성에 대한 조사를 가능하게 한다. SEM은 많은 변수들을 가지고 있는 복잡한 모델들을 동시에 분석하고, 측정 오차를 잠재 변수 혹은 요인들의 생성을 통하여 최소화한다는 측면에서 이 장에서 제시된 다른 선형적인 기법들보다 단연 우수하다(Ullman, 1996).

경로모델은 잠재 및 관측변수들의 표시를 통하여 구조방정식 모형을 도표화하는 것을 가능하게 한다. 관측변수 혹은 지표라고 불리는 측정된 변수들은 사각형 혹은 직사각형으로 나타낸다. 요인들은 원으로 나타내고 요인들에 대해 측정된 변수들은 요인에서 관측변수까지 화살표로 나타내는 것을 기본으로 한다. 요인들은 또한 잠재변수, 구조, 혹은 관찰되지 않은 변수들이라고 부르게 된다. 두 변수들 간의 선의 부재는 직접적인 관계가 없음을 나타내는 반면, 한 줄 또는 두 줄의 화살표는 몇몇 종류의 관계를 나타낸다. 만약 선이 한 쪽 끝에서 유일하게 한 개의 화살표를 가지고 있다면, 이것은 직접적인 관계를 나타내며, 그리고 화살표가 가리키는 변수는 종속변수인 것이다. 양쪽 끝에 화살표가 각각 표시되어 있는 경우는 두 변수들 간의 공분산을 나타낸다. 회귀분석처럼, SEM의 평가는 불완전하다. 회귀분석에서, 오차는 잔차라 불리는 반면, SEM에서 사용한 경로모델에서 잔차는 종속변수들로서 사용한 측정된 변수들, 그리고 요인들에 대한 잔차에 대한 오차로 나타낸다.

실험적 데이터와 연구설계 또한 SEM을 가능하게 한다. 실험적 설계에서 독립변수 혹은 처치변수는 회귀분석의 명목적 독립변수에 대해 사용한 더미변수들과 똑같은 한 개 혹은 더 많은 더미변수들로 변환된다. 실험설계의 경로모델에서 종속변수 혹은 산출변수를 가리키는 선은 실험설계의 중요성 혹은 직접적인 효과를 나타낸다. 실험설계에서 독립변수와 종속변수 간의 관계에 대한 복잡성은 독립변수와 종속변수 간의 매개변수를 포함하여 더 많이 조사될 수 있다. 매개변수는 매개변수를 향해 가리키는 화살표와 함께 독립변수로부터 나온 선을 가질 것이다. 또한 매개변수로부터 나온 선과 실험에서 산출변수를 향해 가리키는 선이 있을 것이다. 이러한 두 선들은 매개변수를 통하여 산출변수에 대해 처지변수의 간접적인 효과를 나타낸다.

SEM을 사용하는 주된 장점은 SEM이 종속변수와 독립변수 간의 완벽하고 동시적인 검증을 가능케 한다는 점이다. 종속변수와 독립변수는 요인들과 관측변수 둘 다가 될 수 있다. SEM을 사용하는 두 번째 장점은 측정오차가 줄어들 수 있다는 점이다. 요인들 간의 관계가 조사될 때, 측정오차는 이미 제거되었기 때문에 요인들 간에 남게 되는 분산은 공분산뿐이다. 요인들 간의 측정오차를 측정하고 제거하는 것을 통해, 측정의 신뢰성이 증대된다.

SEM은 추정된 공분산행렬을 샘플에서의 실제 공분산행렬과 비교할 수 있게 한다. 경쟁이론들에 대응하는 일부 구조방정식모델 또한 실제 공분산행렬을 샘플자료에 비교하는데 사용될 수 있다. 이로써 어떤 이론적 모델이 샘플 데이터에 가장 잘 맞는지를 결정할 수 있다. 구조방정식모델의 적합도는 카이제곱 분포표와 다수의 적합통계치(fit statistics)를 사용하여 결정된다. SEM은 연구자로 하여금 얼마만큼의 종속변수(잠재변수와 관측변수 모두 포함) 분산이 독립변수에 의해 설명되는지를 결정하도록 도와준다. SEM은 또한 각 경로의 회귀계수를 비교함으로써 어떠한 경로가 모델에서 가장 중요한지를 연구자가 결정하는 것에도 도움을 준다. 또한 매개변수의 직접적, 간접적 효과를 조사하는 데에도 아주 유용하다. 마지막으로 SEM은 관측변수의 신뢰도와 변수들 간의 관계를 동시에 조사하도록 도와준다.

Norris, Murphy, Kaniasty, Perilla, Ortis(2001)는 마이애미의 허리케인 Andrew의 히스패닉 계열과 비히스패닉 계열 생존자들과 멕시코의 허리케인 Pauline의 희생자들과 비희생자들(N=1,854)이 받은 사회적 지원의 정도를 실험했다. 마이애미, 플로리다와 멕시코의 Acapulco의 히스패닉 계열 비교는 사회적 지원과 자원을 받고 있는 인근지역의 문화적 양상의 차이가 미치는 영향을 통제하기 위해 시도되었다. 1997년, 허리케인 Pauline은 Acapulco만 주변 빈곤지역에 크나큰 손실을 안겼다. 1992년 허리케인 Andrew가 마이애미를 덮쳤을 때 히스패닉계열의 빈곤한 지역사회에 비슷한 피해를 입혔다. 사회적 지원의 3가지 요인 모델은 전체 표본과 4가지 하위 표본에 적합한 것으로 밝혀졌다. 이 3가지 요인들은 정서적 지원, 정보 지원, 물질적 지원이다. 전체 표본에 있어서, 정보 지원과 다른 두 가지 유형의 지원 간의 경로계수가 .8을 초과했고, 정서적 지원과 물질적 지원의 경로계수가 가장 낮았다(.78). 세 가지 사회적 지원 요인간의 높은 관계수치에도 불구하고, 단일 요인 모형은 전체 표본뿐 아니라 다른 네 가지 하위 표본에도 적합하지 않다.

이 연구의 저자들(Norris 외, 2001)은 정서적 지원, 정보 지원, 물질적 지원에서 허리케인 Andrew의 생존자에 비해 멕시코의 허리케인 Pauline의 생존자들이 더 낮은 수준의 사회적 지원을 받았다는 것을 발견했다. 각각의 사회적 지원 유형을 비교했을 때 양측 지역에서 사회적 지원의 양상은 비슷했는데, 정서적 지원은 가장 높은 단계를, 물질적 지원은 가장 낮은 단계를 보여주었다. 가족, 친구와 외부인들로부터의 사회적 지원을 비교했을 때, 양측 지역의 양상이 동일했는데, 가족들의 지원이 가장 높았고, 외부인이나 단체들로부터의 지원이 가장 낮았다. 그러나 멕시코의 허리케인 Pauline의 생존자들은 허리케인 Andrew의 생존자들에 비해 사회적 지원을 훨씬 적게 받았다. 이러한 차이는 각각의 지원유형과 각각의 지원 자원에 기인하는데, 허리케인 Andrew의 히스패닉 계열 생존자가 지속적으로 더 높은 수준의 지원을 받았던 것으로 나타났다. 저자들은 지원을 받는 것은 사회적 여유 자본의 맥락과 수준에 영향을 받는다고 결론내렸다. 양측의 모든 생존자들이 똑같이 높은 수준의 지원을 필요로 하였지만, 허리케인 Andrew 생존자들 쪽의 사회적 여유 자본이 훨씬 더 풍부하였다.

비선형적 기술 방법: 사회연결망과 사회자본

사회연결망과 사회자본 연구

복원력에 관한 재난 연구의 두 번째 흐름은 사회연결망과 사회적 지원을 이해하는데 집중한다. 재난대비 기구의 조정력 결여와 같은 불안전상태에 대한 사회적 대처는 사회연결망과 사회적 자본에 대한 접근을 통해 가장 잘 연구된다. 취약성 이론에 따르면, 사회연결망에 내포된 자원에 대한 접근성 증대나 저하와 재난 시 자원의 재분배를 위한 사회연결망의 강점과 약점은 역동적이고 불안정하다. 민감성과 복원력에 영향을 미치는 불공평한 자원분배가 재난 취약성의 본질이라는 점에서 사회연결망과 사회적 자본은 취약성에 밀접하게 연관되어 있다(Oliver-smith, 2004).

사람들 간, 조직들 간의 연결망 조직은 재난 이후에 발생하는 사회적 집단과 지역사회의 취약성에서 중요한 의미를 가진다. 이러한 사회적 지원 제공 조직은 복원에 필요한 자원을 교환하는데 도움이 될 뿐만 아니라, 개인들 간·조직들 간의 상호작용효과로 인해 재난 이후의 다른 성공적인 회복결과를 모델로 삼아 모방하게 된다(Benight et al., 2006). 리스크 관리 영역은 취약성과 복원력 연구의 중요한 부분을 차지하며, 재난 경고에 대한 각 가정과 개인들의 대응뿐만 아니라 대피 행동도 포함한다(Benight et al., 2006). 각 가정의 경고에 대한 대응과 대피 행동을 결정하는 핵심 요인은 위험 인지, 사회적 영향, 자원에 대한 접근 등이다(Gladwin, Gladwin & Peacock,

2001). 이 세 가지 요인들은 사회연결망과 사회적 자본 접근법과 방법을 통해 이해할 수 있다.

연결망과 사회적 자본 측정 접근법

연결망과 사회적 자본 접근법은 설문지와 면접 측정도구에 의존하고, 이 두 가지 접근법은 공통된 일련의 변수와 수단을 공유한다. 연결망 분석은 개인행위자의 자아 중심 연결망에서부터 전체 연결망의 구조적 특성까지를 망라한 전체 사회시스템에 관련된 특성을 측정한다. 자아 중심 연결망은 개인 행위자, 자아에 연결된 다른 행위자들, 자아 연결망에 속한 모든 행위자들의 관계로 구성된다. 전체 연결망은 일련의 행위자와 이들 행위자들 간의 관계로 구성된다. 연결망 변수는 중심성 척도와 밀도 척도로 분류할 수 있다. 전체 연결망 레벨의 중심성 척도는 그 연결망이 얼마나 중심화되어 있는지를 측정한다. 가장 중심화가 된 연결망은 중심에 단일의 행위자를 가지고, 다른 모든 행위자들은 오직 이 중심의 행위자에만 연결되어 있다. 가장 중심화가 안 된 연결망에서는, 각각의 행위자는 다른 연결망 멤버와 정확히 같은 숫자의 직간접적인 링크를 가지게 된다. 재난 대응 활동의 조정에는 보다 중심화된 연결망이 필요하다. 밀도는 연결망의 관계나 링크의 숫자를 의미하며, 가능한 최대의 고유의 링크 숫자와 관련이 있다. 연결망의 밀도가 상승할수록, 전체 연결망은 시스템의 특성을 띠게 된다. 중간수준의 밀도에서는, 연결망의 중심성이 고도로 높아진다. 아주 낮거나 높은 수준의 밀도에서는, 연결망의 중심성이 낮다.

연결망의 사회적 자본을 연구하기 위해 행위자나 행위자 집단에 있는 자원들의 수준과 질을 측정한다. 이 자원들은 유형일수도 있고 무형일수도 있다(Gillespie, Colignon, Banerjee, Murty & Rogge, 1993). 연결망 관점에서의 사회적 자본 측정의 몇 가지 예는 행위자가 접근할 수 있는 자원의 범위, 자원의 질과 다양성, 그리고 자원의 구성요소(연결망에서 행위자가 가지는 평균수준의 자원) 등이다. 개별 행위자들의 자원의 수준, 권한 수준, 직업적인 역할이나 다른 역할을 평가하기 위하여 그들 간의 접촉이 사용된다. 연결가교나 연결가교에 대한 접근과 같은 연결망 위치와 친밀감 · 강함 · 상호작용 · 호혜성을 포함한 관계의 강도 또한 연결망에서 자산으로써의 사회적 자본을 이해하기 위해 측정해야 할 중요한 변수이다(Lin,2001; Lin, et al., 2001).

연결망과 사회적 자본 조사설계

이 조사는 개인, 조직, 정부의 연결망에 접근하기 위해 주로 횡단면 연구 디자인과 설문지, 인터뷰 측정 도구를 사용한다. 그러나 종단적 연구 디자인들은 시간에 따른 연결망과 그 내부에 포함된 자원들의 변화를 측정가능하게 한다. 특히 사회연결망을 대응기간과 회복 기간을 포함해서 재난 전후로 비교하는 것을 가능하게 한다(Streeter & Gillespie, 1992). 연결망을 시험하는데 있어서 경계 문제는 굉장히 중요한데, 이는 연결망의 경계가 어떻게 개념화 되는지에 따라 연결망의 사이즈나 다른 특성들이 서로 각기 달라질 수 있기 때문이다. 연결망의 현실적이고 완벽한 상황을 파악하기 위해서는 연결망의 모든 멤버들과 그들과 다른 행위자들과의 관계를 포함시키는 것 또한 매우 중요하다.

사회연결망과 사회적 자본에 대한 분석 접근법

연결망 분석은 취약성에 관한 이런 유형의 재난 연구에 탁월하다. 사회적 자본 조사방법은 개인 · 주민 · 지역공동체가 재난을 복원하기 위해 자원에 접근하고 동원할 수 있는 능력을 이해하고 재난과 관련된 자원의 분포를 이해하는데 사용된다. 사회연결망과 사회적 자본 조사의 한 중요한 하위연구에서 사회적 자본의 지리적 분포가 관찰되었다(Putnam, 2000). 사회연결망에 내포된 자원에 대한 접근은 지리적 상황 변수에 영향을 받는다. 지역에서의 사회연결망, 특히 조직 간의 연결망은 지리적 근접성 · 거리의 장벽, 대도시 지역에서의 사법권 입지와 계층화와 같은 지리적 변수에 영향을 받는다(Zakour,1996). 지역사회들은 조직 간의 연결망에서 각기 다른 수준의 조정력을 지니고 있어, 위난으로 인한 혼란을 회피하거나 위난 발생 이후 회복하는데 있어서 사회적 자본의 수준 차이가 발생한다. 전체 연결망 수준에서 연결망 변수와 특징들은 개념상 본질적으로 상관관계가 있으며, 지역사회의 재난 복원력을 증가시킬 수 있는 사회적 자원의 수준과 질에 있어서 속성변수가 설명하는 것보다 더 많은 분산을 설명하는 경향이 있다.

비선형 기술 방법: 지리적 분석

지리적 분석 연구

취약성·리스크·복원력에 관한 재난연구에서 또 다른 형태의 비선형 기술방법은 취약성의 지리적 분포를 지도화하는 것을 포함한다. 이 연구는 지리적 지역의 취약성을 예측하기 위하여 지리적 변수와 사회인구학적 변수를 사용하는 회귀모형을 포함하고 있다. 이 형태의 취약성 연구의 기본 전제는 재난의 근본적인 사회적 원인과 재난에 가장 취약한 사회적·문화적 그룹이 지리학적으로 분포되어 있으며, 이것이 취약성의 분포를 반영한다는 것이다. 한 사회가 불균등하게 취약성을 배분하게 되는 사회적·정치적·경제적·인구학적 힘은 물리적 환경과 지리학적 환경에 의해 반영되고 결정된다.

불안전한 상태와 물리적 위난의 교차점

취약한 지역사회나 주민이 위험한 장소에서 처해진 불안전한 상황과 허리케인이나 화학적 유출과 같은 물리적 위험을 동시에 겪을 때, 재난이 발생한다(Wisner et al, 2004). 이 같은 취약성이론의 이론적 접근법은 특정한 지역의 불안전한 상황의 원인에 관한 조사 질문을 하기 위한 기초이다. 이와 같은 재난 취약성에 관한 이해를 함으로써 국가나 지역의 불안정한 상황의 발견과 분포에 관한 연구뿐만 아니라, 특정 지역의 사회적 환경과 물리적 환경에 관한 연구를 할 수 있다(Cutter. 2006).

지리적 측정 접근법

지리학자들이 조사한 취약성에 영향을 미치는 세 가지 요인은 지리적 위치에서의 사회적 취약성, 건축 환경의 취약성, 물리적 위난의 빈도와 심각성이다(Cutter, Boruff & Shirley, 2003). 사회적 취약성은 지리학적 정보 시스템에 쉽게 통합되는 인구 조사 자료를 이용해 측정할 수 있다. 가구 재산, 빈곤선 아래 가구 수, 5세 미만·65세 이상 인구 같은 가장 유용하고 정확한 인구 조사 변수는 자치구 같은 지리적 지역에 영향을 미치는 물리적 위난의 형태에 따라 달라진다. 건축 환경에 관련된 변수는 집과 다른 빌딩들의 평균 연식, 위난을 견디기 위해 건축되거나 재건축된 빌딩의 비율 또는 집의 평균 가격 등을 포함한다. 건축 환경의 취약성은 빌딩과 물리적 사회기반시설의 위험과 저항력을 측정함으로써 바로 평가할 수 있을지라도, 사회사업 연구자들과 실험자들은 건축 환경이 지역사회, 주민, 가구의 취약성에 끼친 영향의 취약성에 가장 관심이 많다.

지리적 연구 계획

재난에 이르게 되는 근본적인 사회적 역학과 불안전한 영역의 규명과 연구는 지리학적 원칙과 분석을 이용하면 가능하다. 재난 취약성에 관한 지리학에서의 한 가지 주요한 원칙은 위난이 발생할 가능성이 있는 곳으로부터의 거리가 그 지역 주민의 취약성에 영향을 끼친다는 것이다. 전반적으로 매일의 불행한 사건에 취약한 주민은 대개 높은 빈도의 재난 발생 지역에 집중되어 있다는 점 또한 널리 알려져 있다. 취약성 이론과 마찬가지로, 가장 취약한 주민은 복원력에 필요한 자원이 낮은 환경에 지리적으로 집중되어 있다(Cutter, 2006).

사회적·인구학적·환경적인 시계열 데이터를 통해 지역의 취약성을 증가시키거나 감소시키는 일련의 역동적인 압력이 관측될 수 있다. 지역의 취약성의 증가나 감소를 이해함으로써 다양한 지리적 지역들에 미래의 물리적 위난이 얼마나 피해를 입힐지에 대한 예측을 할 수 있다. 미래 재난에 관한 평가에 근거하면 재해경감활동은 취약성이 급속히 상승하는 지역을 목표로 할 수 있다(Cutter, 2006). 특정 지리적 지역의 경감활동의 성격은 그 지역에 가장 일어날 가능성이 높은 물리적 위난과 그 지역이 가장 취약한 재난 유형을 평가함으로써 결정될 수 있다. 이러한 특정 위난의 경감을 위해서는, 취약성을 측정하기 위한 다양한 지표가 개발되고, 각각이 사회적 혹은 문화적 맥락에서 나타내는 특정 위난을 반영하여야 한다(Zakour& Harrell, 2003). 한 지역사회에 내포된 사회적 혹은 문화적 맥락은 일련의 사회적 변수와 연관되어 있을 가능성이 크다. 이러한 변수들은 취약성에서 어떤 변수들이 분산을 가장 많이 설명하는지에 따라 각각 고유의 가중치를 가진다.

지리적 자료 분석

취약성에 대한 지리적 연구에 가장 유용한 분석유형은 아마도 회귀모델과 시계열모델일 것이다. 시계열모델은 횡단적 변수와 시간적 변수를 혼합하여 조사하는 것이다. 회귀모델은 간혹 사회인구학적 변수와 기술적·자연적 위난에 대한 지리적 영역에서의 위험 간의 복잡한 관계를 나타내는 데 사용될 수 있다(Rogge. 1996,1998). 시간적 분석이나 종단적 분석은 특정 지역에서의 취약성과 재난 후에 발생할 수 있는 취약성의 시간적 진행 경향을 더 잘 이해하는데 도움이 된다(Cutter, 2006: Norris et al., 2006).

비선형 설명: 시스템역학

재난취약성연구에서 마지막으로 중요한 유형은 시스템역학 모델이다. 이 연구방법은 역동적 압력과 마찬가지로 환경부담과 환경기능이 시간에 따라 지역사회의 민감성과 탄력성 수준에 어떻게 영향을 미치는지를 깊이 이해하도록 도와준다. 체계이론은 사회복지사에게 익숙하긴 하지만 시스템역학 모델은 그렇지 않다. 시스템역학 모델은 재해대비와 같이 시간에 따라 영향을 미치는 복잡한 상황을 이해하도록 돕는다(Gillespie, Robards, & Cho. 2004). 이렇게 할 수 있는 주된 근거는 변화에 필요한 잠재적인 영향력을 구분할 수 있는 시스템역학 모델의 힘에 의해서이다. 또한 시스템역학 모델은 위기관리자나 지역사회 사회복지사들이 실제 결과를 감수하지 않고도 다른 선택들의 결과들을 실험해 볼 수 있는 시뮬레이션 개발에 필요한 준비작업도 가능하게 한다. 시스템역학 모델은 이해력을 강화시키고 실제를 가장할 수 있는 능력을 통하여, 우리의 재난 복원력 능력을 증대시키고 사회복지사들의 또 다른 관심문제에 대해서도 사용될 수 있는 중요한 도구이다.

이 절에서는 체계이론과 모델링의 개관을 살펴보았다. 시스템역학 모델의 사용이 어떻게 지역사회 취약성을 감축시키고 복원력을 회복하는데 도움이 되는지를 기술하였다. 시스템역학 모델이 개인, 기관, 지역사회가 재난 완화와 재난 대비를 증대시키고 사회복지사가 목표로 하는 많은 문제들에 관한 이론을 사회복지연구가들이 구축할 수 있도록 도와주는 학습 도구라는 데는 이견이 없다(Robards & Gillespie, 2000).

시스템이론

체계이론은 복잡한 사건과 과정의 이해에 유용하다. 그것은 "전체를 보는 규율"로(Senge, 1990, p68), 외관상 독립적인 부분 간 기저형태의 관계에 초점을 둔다(O'Conner & McDermott,1997). 체계 접근법의 핵심은 분석보다는 통합을 통하여(Ackoff, 1994), 복잡한 상황을 간명화시키는 것이다(Weinberg, 1975). 즉 상황을 이해하기 위해 문제를 독립된 부분으로 분리하여 나누는 것이 아니고 전체를 관찰한다. 통합에 집중하는 것은 독립된 부분들 그 자체보다는 부분들 간의 관계를 이해한다는 근본적 가정을 반영하여, 복잡한 상황에 가장 유용한 모습을 제공하게 된다. 전체적으로 체계는 다양한 속성을 가지는데, 소위 출현 속성은 체계 내의 관계에서 출현하는 것으로, 개별 부분을 관찰해서는 발견되지 않는다. 따라서 체계수준에서 이해하는 것은 분석수준에서 이해하는 것과 같지는 않다.

또한 체계이론은 역학-즉 발생하고 시간에 따라 변해가는-에도 초점을 둔다. 역동적이고 복잡한 상황에서 전통적인 사회과학 예측목표는 현실적이지 않다. 체계이론 작업의 핵심 목표는 특정 문제와 잠재적 개입에서 도출될 수 있는 결과들을 더 잘 이해할 수 있게 하는 것이다. 그러나 문제의 이해가 예측능력을 높일 수는 있으나 이것이 주된 목적은 아니다.

모든 문제들이 체계 접근법을 요구하는 것은 아니다. 지속적 문제는 그 문제가 체계적 분석의 이점을 누릴 수 있다는 신호이다. 체계 접근법에 적정한 문제의 다른 특징들은 (a) 그들이 순환고리를 형성하는 상호밀접한 변수를 가지며 (b) 역동적 복합성을 내포하고 (c) 행동과 결과 사이에 심각한 시간 지연이 발생한다는 것이다(Senge, 1990).

시스템이론의 핵심요소

체계이론을 이해하고 다른 이론들과 구분하는데 특히 중요한 네 가지 개념들은 상호연결됨, 피드백, 역동적 복합성, 시간 지연 등이다. 상호연결됨은 아마도 체계의 질을 결정하는 가장 본질적인 것이다. 체계를 이해하는 핵심은 사건이나 일들 그 자체가 아닌 사건이나 일들의 관계를 관찰하는 것이다. 대부분의 복잡한 상황의 기저에는 기본적인 형태의 관계들이 있다(Senge, 1990). 역동적이고 지속적인 문제를 창출하고 유지시키는 것은 대개는 개별 특성이나 요인이 아니라, 이러한 상황의 구조(형태)이다(Sterman, 1994).

다른 필수 체계 원칙은 피드백 – "영향력의 흐름" – 이다(Senge, 1990. p75). 체계적 사고의 주요한 공헌은 피드백이 여러 방향 – 일정 방향뿐 아니라 다시 뒤로 갈 수도 있는 – 으로 흐를 수 있다고 인식한 것이다. 체계이론은 비선형의 순환고리로 불리는 원형의 관점에서 사고하는 중요성을 일깨워주었다. 체계이론은 또한 "모든 영향은 원인과 결과이다"(Senge, 190, p75)라는 것을 알게 해준다. 지속적 문제는 가끔 요인(순환고리)들 간의 원형의 관계에서 발견되지 않아서 발생하기도 한다.

역동적 복합성도 체계이론에서 또 다른 핵심 개념이다. 상황에서의 복합성은 두 가지 형태가 있다: 세부적 복합성은 요인들과 변수들은 많지만 변수들 간의 관계를 파악하기가 꽤 단순한 상황을 말한다. 역동적 복합성은 원인과 결과의 관계가 명확하지 않고 시간적으로도 밀접한 연관이 되지 않는 상황을 말한다. 역동적으로 복잡한 상황에서는 원인과 결과나 변수들 간의 관계를 구분하기가 어렵다. 이로 인해 실제 상황이 어떤지, 적절한 개입방법은 무엇인지를 이해하는 것이 어려워진다.

마지막으로 시간, 특히 시간 지연은 체계이론을 이해하는 핵심요소이다. 역동적 문제들은 시간에 따라 변하는 특징을 가지므로(Richardson & Pdugh, 1981), 장기적 관점이 요구된다. 원인과 결과에서의 지연 혹은 지체는 체계에서 가장 중요하고 잠재적으로 혼동된 영향력 중의 하나이다. 행동과 반동 사이의 시간 지체는 쉽게 간과되며 예측하기가 어렵다(Senge, 1990): 간혹 시간 지연에 대한 인간의 인지 불능이나 간과가 시스템 문제의 근간이 되기도 한다. 지체에 대한 이해와 확인 실패로 재난을 초래할 수 있다. 예를 들면, 변화가 아주 빨리 일어나면 성공적이라 느끼기 쉽고 시간이 지남에 따라 개선이 악화됨을 인지하지 못하게 된다. 이와는 달리 인지되는데 오랜 시간이 걸린 변화는 기대된 효과가 나타나더라도 실패로 여겨져 버려지게 된다.

체계이론은 전체성, 상호관련성, 순환고리, 역동적 복잡성과 시간 지연과 같은 개념의 중요성을 인지함으로써 새로운 이론적 통찰력을 제공해준다. 이러한 개념들은 많은 사회복지사들에게 익숙하다. 체계적 접근법은 정신건강(Smyer & Qualls, 1999)과 학교사회복지(Wassenich, 1972), 장애아동 인구(Seligman &Darling, 1989), 노인과 가족(Andreae, 1996; Becvar Becvar,1996; Hepworth, Rooney, & Larsen 1996; Volser, 1996)을 포함한 이슈에 적용된다. 그러나 사회복지학은 주로 이러한 관점을 민감화 개념으로 사용하였다(Bloomer, 1973). Wakefield(1996a, 1996b)는 생태체계 관점이 특정 상황에서의 정확한 요인이나 연결을 기술하는데 실패했다고 비판하였다. 여기서의 문제는 체계이론 자체에 있는 것이 아니고 사회복지학이 체계 모델을 발전시켜 다음의 논리적 단계로 나가는데 실패했다는 사실에 있다.

이론 구축을 위한 변수 측정

취약성 모델을 개발하고 시험하기 위해 측정될 수 있는 변수의 범위는 거대하다. 수많은 변수들이 그들의 직접적·간접적·부가적·상호작용 효과를 통해 혐오적이고 파괴적인 사건에 대한 주민의 취약성을 결정한다.

Barton(1969)은 집단스트레스를 특징짓고 이타적 지역사회와 지역사회 복원력의 개발에 영향을 미치는 변수 범위의 초기 지표를 제시하였다. 위험과 취약성 연구자들은 변수들을 시간, 공간, 가시성 면에서 재난 사건에 거리가 있는지 근접한지로 변수를 분류하고 개념화하였다. 권력, 사회연결망, 사회적 자본에 대한 접근은 정치경제적 이념과 마찬가지로 재난 발생의 근본 원인과는 거리가 멀다. 중간정도의 거리인 역동적 압박은 빠른 인구증가와 도시화, 물리적 환경변화와 마찬가지로 지리적 영역의 인간적·사회적·문화적·물리적 자본의 유용성과 질을 포함한다. 불안전한 상황들은 근본 원인과 역동적 압박의 결과이고 물리적·자연적 환경의 안전, 지역경제의 견고성, 사회적 주변인의 계층화, 재난 완화와 대응기관과 연결망의 유용성 등을 포함한다. 재난은 위난이 불안전한 상황과 상호작용할 때 발생하며 불안전한 상황은 취약성 진행단계에서 가장 근접한 변수이다(Wisner et al., 2004).

디자인과 분석

시스템역학 접근법은 재난이 발생한 후 재난을 방지하기 위해 지역사회 복원력이 어떻게 증대되는지를 이해하고 복원력이 어떻게 약화되지 않고 증대되는지를 이해하는데("불사조효과") 많은 잠재력을 갖고 있다. 환경적 책임과 역량을 이해하는 수준 이상으로 개발되고 검증된 모델들은 새로운 수준의 사회집단의 민감성과 복원력, 그리고 그들의 재난에 대한 취약성을 유도한다. 불안전한 상황과 재난으로 유도하는 근본 원인과 역동적 압박은 실증적 인과 경로로 시각화된다. 변수들은 자연적으로 수집된 자료에서 높은 수준의 지원을 받아 이론적 모델을 개발하고 평가하기 위해 연구된다. 복잡한 순환고리에서는 통제조건과 개입조건을 통해 변수를 조작화하기보다는 통계적 통제를 통해 직접·중개·선행 변수를 조사한다. 기존에 모델을 개발하기 위해 사용되는 것들과는 다른 새로운 맥락과 자료가 이론적 모델을 지원하는지를 조사함으로써 모델이 검증된다.

요약과 결론

이번 장에서 논의된, 특히 이론적인 모델을 구축하고 시험하는 연구 방법은 재난 취약성, 민감성, 회복력에서 새로운 일반론들을 발견하는데 강점을 가지고 있다. 취약성 이론을 구축하고 시험하는 것은 재난 취약성을 경감시키고 지역사회의 장기적인 복원력과 지속력을 증가시키는 새로운 사회복지 개입 창출에 도움이 된다. 취약성 이론과 연구는 재난 피해에 관한 이해와 재난에서의 피해를 감소시키는데 돌파구를 제공한다(Gillespie, 2008b; Zakour, 2008). 취약성 이론과 밀접한 관련이 있는 복원력 이론들은 사회복지와 사회복지 실천 발전, 특히 재난 과정에서와 다른 유형의 집단스트레스 상황들에서 중요한 이론적 진전이다(Green, 2002).

미래의 취약성 연구와 방법

재난 취약성과 복원력 연구는 다문화적이고 현세적 문제에 집중하는 것이 아주 필요하다(Benight et al., 2006). 현세적 문제는 다음과 같은 모델을 시험하는 것을 포함한다. (a) 자원의 보존 대 자원의 고갈과 한 지역사회 전체와 외부인으로부터의 사회적 지원에 대한 인식들 (b) 자기 효능감 인지에 대한 시간적 상호작용 효과와 재난 회복이 시간이 지남에 따라 전개되는 방식 (C) 재난에 대한 개인과 집단의 부적응적 반응과 모방의 반응을 포함한 회복의 과정 등이다. 재난 이후, 개인 · 집단 · 조직 · 지역사회에서 일상에서 즐기는 자원들은 증가할 수도 악화될 수도, 보존될 수도 있다. 자원에 대한 접근에서 장기적 관점을 채택하여 다양한 궤적을 살피는 연구가 부족하다. 회복에 관련된 자원의 수준, 질, 접근성은 취약성의 종단 분포에 강한 영향을 미칠 수 있다(Norris e al., 2005).

재난으로부터 발생하는 2차 피해는 재난 이후 오랫동안 상당한 괴로움을 발생시킬 수 있다. 전개되는 2차 피해의 양식은 최초의 재해나 재난 발생 이후 개인, 그룹, 지역사회들이 얼마나 민감한지, 얼마나 회복할 수 있는

가를 결정하는데 도움을 준다. 회복 자원의 보존, 감축이나 증가는 2차 피해와 상호작용을 하여 잠재적으로는 매우 다른 양식의 복원력을 유발한다. 어떤 개인이나 지역사회는 초기에는 거의 피해나 괴로움을 느낄 수 없지만, 시간이 지날수록 피해가 증대될 것이다. 또 다른 경우, 개인적으로나 집단적으로 재난 발생 직후에 높은 정도의 스트레스를 경험하지만, 이것은 시간이 지날수록 감소하고, 회복력의 증가를 나타낸다.

검증되어야 할 중요한 다문화에 관한 이슈는 다음과 같다. (a) 각기 다른 문화에서 재난 민감성과 회복력에 기여하는 각기 다른 정치적 · 경제적 · 사회적 · 환경적 요인을 이해하는 것 (b) 다양한 인구학적 · 사회적 변수(나이 같은)의 상이한 역할을 이해하는 것과 환경책임과 능력을 포함한 위험과 보호요인을 이해하는 것 (c) 우울 장애나 외상후 스트레스 장애(PTSD)와 같은 복합개념을 명확하게 측정하는 것, 그리고 다른 문화적 맥락에서의 민감성과 회복력에 관련된 요인들을 평가하는 것 등이다(Benight et al., 2006). 두 개의 다른 문화적 맥락에서 두 지역사회가 비슷한 수준의 민감성과 회복력을 경험하여도 그들의 취약성 수준에 기여하는 환경적 · 사회경제적 · 정치적 변수는 아주 다를 수 있다. 어떤 사회에서 고령화는 위험요인으로 작용하고 더 큰 민감성으로 이어질 수 있는 반면, 다른 사회에서 고령화는 보호요인으로써 재난에 대한 복원력의 근원이 될 수도 있다.

우울 장애나 PTSD와 같은 복합개념은 상이한 문화적 환경에서는 그들의 구성 요소에 차이가 있을 수 있다. 북미 원주민이나 아프리카 부족 문화 같은 토착 문화들에서 환각증세는 PTSD와 우울증세의 진단을 구분하는데 그다지 도움이 되지 못하지만, 반면 서구 사회에서 환각 증세는 PTSD의 중요한 구성 성분이다. 몇몇 토착 문화들에서 환각 증세는 예지력으로 이해되고, 규범적인 것으로 간주된다. 그리고 (오래전에 죽은 조상의 고통을 덜어주는) 전위와 같은 환각 경험의 내용은 토착민들에게는 PTSD의 구성요소일 수 있다(Brave Heart, 2000).

요약

취약성과 회복력 접근법은 개인 · 그룹 · 조직 · 지역사회의 웰빙을 이해하는 돌파구를 제공한다. 왜냐하면 재난은 체계에 각 단계별로 영향을 미치고, 광범위한 영향력을 지니고 있어, 취약성 이론과 연구는 재난, 복원력, 민감성에 관해 새로운 이해를 창출해낼 커다란 잠재력을 지니고 있기 때문이다. 취약성 이론은 매일 일어나는 일반적인 취약성을 설명하는데 까지 확장될 수 있다. 또한 재난의 취약성과 매일의 삶 사이에는 상당한 유사성이 존재한다. 재난 취약성과 복원력 이론은 재난 사회복지에 대한 우리의 이해와 실천을 진보시킨다. 취약성은 사회복지사들이 당면하고 있는 수많은 문제와 도전을 포함하기 때문에, 취약성 연구는 우리가 사회복지를 이해하고 실천하는데 돌파구를 만들어 줄 것이다.

참고문헌

Ackoff, R. L. (1994). Systems thinking and thinking systems. *System Dynamics Review, 10(2-3)*, 175-188.

Andreae, D. (1996). Systems theory and social work treatment. In F. J. Turner (Ed.), *Social work treatment: Interlocking theoretical approaches* (pp. 601-616). New York, NY: Free Press.

Barton, A. (1969). *Communities in disaster. A sociological analysis of collective stress situations*. Garden City, NY: Doubleday.

Becvar, D. S., & Becvar, R. J. (1996). *Family therapy: A systemic intergration.* Boston, MA: Allyn & Bacon.

Benight, C. C., McFarlane, A. C., & Norris, F. H. (2006). Formulating questions about postdisaster mental health. In F. H. Norris, S. Galea, M. J. Friedman, & P. J. Watson (Eds.), *Methods of disaster mental health research* (pp.62-77). New York, NY: Guilford Press.

Blalock, H. M. (1964). *Causal inferences in nonexperimental research.* Chapel

Hill, NC: University of North Carolina Press.

Blalock, H. M. (1964). *Theory construction. From verbal to mathematical formulations*. Englewood Cliffs, NJ: Prentice Hall.

Bloomer, H. (1973). *Symbolic interaction*. Englewood Cliffs, NJ: Prentice Hall.

Brave Heart, M. Y. H. (2000). *Wakiksuyapi*: Carrying the historical trauma of the Lakota. In M. J. Zakour (Ed.), *Disaster and traumatics stress research and intervention*. Tulane studies in social welfare: Vol. 22 (pp.245–266). New Orleans, LA: Tulane University, School of Social Work.

Cutter, S. L. (2006). *Hazards, vulnerability, and environmental justice. Sterling*, VA: Earthscan.

Cutter, S. L., Boruff, B. J., & Shirley, W. L. (2003). Social vulnerability to environmental hazards. *Social Science Quarterly*, 84(1), 242–261.

Gillespie, D. F. (2008a). Disasters. *Encyclopedia of Social Work* (20th ed.). New York, NY: Oxford University Press.

Gillespie, D. F. (2008b). Theories of vulnerability: Key to reducing losses from disasters. *Proceedings of the 21st International Conference of Social Work. Social work and human welfare in a changeable community* (pp.15–26). Cairo, Egypt: Helwan University.

Gillespie, D. F., Colignon, R. A., Banerjee, M. M., Murty, S. A., & Rogge, M. (1993). *Partnerships for community preparedness* (Program on Environment and Behavior Monograph No. 54). Boulder, CO: University of Colorado, Institute of Behavioral Science.

Gillespie, D. F., & Murty, S. A. (1994). Cracks in a post–disaster service delivery network. *American Journal of community Psychology, 22(5)*, 639–660.

Gillespie, D. F., Robards, K. J., & Cho, S. (2004). Designing safe systems: using system dynamics to understand disasters. *Natural Hazards Review*, 5(May), 82–88.

Gillespie, D. F., & Streeter, C. L. (1994). Fitting regression models to research questions for analyzing change in non–experimental research. *Social Work Research, 18(4)*, 344–354.

Gladwin, C. H., Gladwin, H., & Peacock, W. G. (2001). Modeling hurricane evacuation decisions with ethnographic methods. *International Journal of Mass Emergencies and Disasters, 19(2)*, 117−143.

Greene, R. R. (Ed). (2002). *Resiliency: An integrated approach to practice, policy, and research.* Washington, DC: NASW Press.

Hepworth, D. H., Rooney, R. H., & Larsen, J. A. (1996). *Direct social work practice: Theory and skills* (5th ed.). Pacific Grove, CA: Brooks/Cole.

Hoffman, S. M., & Oliver−Smith, A. (Eds.). (2002). *Catastrophe and culture. The anthropology of disaster.* Santa Fe, NM: School of American Research.

Lin, N. (2001). Building network theory of social capital. In N. Lin, K. Cook, & R. S. Burt (Eds). *Social capital: Theory and research* (pp.3−29). New York, NY: Aldine de Gruyter.

Lin, N., Cook, K., & Burt, R. S., (Eds.). (2001). *Social capital: Theory and research.* New York, NY: Aldine de Gruyter.

McGuire, L. C., Ford, E. S, & Okoro, C. A. (2007). Natural disasters and older U.S. adults with disabilities: Implications for Evacuation. *Disasters, 31(1)*, 49−56.

Norris, F. H., Baker, C. K., Murphy, A. D., & Kaniasty, K. (2005). Social support mobilization and deterioration after Mexico's 1999 flood: Effects of context, gender, and time. *American Journal of Community Psychology, 36(1/2)*, 15−28.

Norris, F. H., Galea, S., Friedman, M. J., & Watson, P. J. (Eds.). (2006). *Methods for disaster mental health research.* New York, NY: Guilford Press.

Norris, F. H., Murphy. A. Kaniasty, K., Perilla, J., & Ortis, D. C. (2001). Postdisaster social support in the U.S. and Mexico: Conceptual and contextual considerations. *Hispanic Journal of Behavioral Scienes, 23*, 469−497.

North, C. S., & Norris, F. H. (2006). Choosing research methods to match research goals in studies of disaster or terrorism. In F. H. Norris, S. Galea, M. J. Friedman, & P. J. Watson (Eds.), *Methods for disaster mental health research* (pp.45 – 61). New York, NY: Guilford Press.

O'Connor, J., & McDermott, I. (1997). *The art of systems thinking: Essential skills for creativity and problem solving*. London, UK: Thorsons.

Oliver – Smith, A. (2004). Theorizing vulnerability in a globalized world: A political ecological perspective. In G. Bankoff, G. Frerks, & D. Hilhorst (Eds.), *Mapping vulnerability: Disasters, development and people* (pp.10 – 24). London, UK: Earthscan.

Pedhazur, E. J. (1982). *Multiple regression in behavioral research. Explanation and prediction* (2nd ed.). New York, NY: Holt, Rinehart and Winston.

Putnam, R. D. (2000). *Bowling alone: The collapse and revival of American community*. New York, NY: Simon & Shuster.

Richardson, G. P., & Pugh, A. L., III. (1981). *Introduction to systems dynamics modeling with DYNAMO*. Cambridge, MA: MIT Press.

Robards, K. J., & Gillespie, D. F. (2000). Revolutionizing the social work curriculum: Adding modeling to the systems paradigm. *Journal of Social Work Education, 36*, 561 – 572.

Rogge, M. E. (1996). Social vulnerability to toxic risk. In C. L. Streeter & S. A. Murty (Eds.). *Research on social work and disasters* (pp.109 – 129). New York, NY: Haworth.

Rogge, M. E. (1998). Toxic risk, community resilience, and social justice in Chattanooga, Tennessee. In M. D. Hoff (Ed.), *Sustainable community development: Studies in economic, environmental, and cultural revitalization* (pp.105 – 121). Boston, MA: Lewis.

Seligman, M., & Darling, R. B. (1989). *Ordinary families, special children: A systems approach to childhood disability*. New York, NY: Guilford Press.

Senge, Peter M. (1990). *The fifth discipline: The art and practice of learning organization*. New York, NY: Doubleday.

Smyer, M. A., & Qualls, S. H. (1999). *Aging and mental health, Malden*, MA: Blackwell.

Soliman, H. H. (1996). Community reponses to chronic technological disaster.

The case of the Pigeon River. In C. L. Streeter & S. A. Murty (Eds.), *Research on Social Work and Disasters* (pp.89−107). New York, NY: Haworth Press.

Sterman, J. D.(1994). Learning in and about complex systems. *System dynamics Review, 10(2−3)*, 291−330.

Streeter, C. L. (1991). Disasters and development: Disaster preparedness and mitigation as an essential component of development planning. *Social Development Issues, 13(3)*, 100−110.

Streeter, C. L., & Gillespie, D. F. (1992). Social network analysis. *Journal of Social Service Research, 16(1/2)*, 201−222.

Tabachnik, B. G., & Fidell, L. S. (1996). *Using multivariate statistics* (3rd ed.). New York, NY: HarperCollins College Publishers.

Ulman, J. B. (1996). Structural equation modeling. In B. G. Tabachnik, & L. S. Fidell, *Using multivariate statistics* (3rd ed., pp.709−811). New York, NY: HarperCollins College Publishers.

Vosler, N. (1996). *New approaches to family practice: Confronting economics stress*. Thousand Oaks, CA: Sage.

Wakefield, J. C. (1996a). Does social work need the eco−systems perspective? Part 1: Is the perspective clinically useful? *Social Service Review*, 70(1), 1−32.

Wakefield, J. C. (1996b). Dose social work need the eco−systems perspective? Part 2: Dose the perspective save social work from incoherence? *Social Service Review, 70(2)*, 183−213.

Wallac, A. F. C. (1956). *Tornado in Wooster. An exploratory study of individual and community behavior in extreme situations* (National Research Council Publication No. 392). Washington, DC: National Academy of Sciences.

Wallace, A. F. C. (1957). Mazeway disintegration: The individual's perception of socio−cultural disorganization. *Human Organization, 16(2)*, 23−27.

Wassenich, L. P. (1972). Systems analysis applied to school social work. In R. C. Sarri & F. F. Maple (Eds.). *The school in the community* (pp.196−210).

Washington, DC: National Association of Social Workers.

Weinberg, G. M. (1975). *An introduction to general systems thinking*. New York, NY: John Wiley & Sons.

Wellman, B., & Frank, K. A. (2001). Network capital a multilevel world: Getting support from personal communities. In N. Lin, K. Cook, & R. S. Burt (Eds.). *Social capital: Theory and research* (pp.233–273). New York, NY: Aldine de Gruyter.

Wisner, B., Blaikie, P., Cannon, T., & Davis, I. (2004). *At risk. Natural hazards, people's vulnerability and disasters* (2nd ed.). New York, NY: Routledge.

Zakour, M. J. (1996). Geographic and social distance during emergencies: A path model of interorganizational links. *Social Works Research, 20(1)*, 19–29.

Zakour, M. J. (2007). Social work and disasters. In D. A. McEntire(Ed.). *Disciplines, disasters and emergency management. The convergence and divergence of concepts, issues and trends from the research literature* (pp.124–141). Springfield, IL: C. C. Thomas.

Zakour, M. J. (2008). Vulnerability to climate change in the Nile Delta: Social policy and community development interventions. *Proceedings of the 21st International Conference of Social Work. Social work and human welfare in a changeable community* (pp.425–451). Cairo. Egypt: Helwan University.

Zakour, M. J. (2010). Vulnerability and risk assessment: Building community resilience. In D. F. Gillespie & K. Danso (Eds.), *Disaster concepts and issues: A guide for social work education and practice*. Alexandria, VA: CSWE Press.

Zakour, M. J., & Harrell, E. B. (2003). Access to disaster services: Social work interventions for vulnerable populations. *Journal of Social Service Research, 30(2)*, 27–54.

제 4 장 재난과 관련된 실천 교육: 포스트모던과 사회정의 관점에서

MARK SMITH, JOLYN MIKOW, AND
MARY KAY HOUSTON-VEGA

9.11 테러공격, 허리케인 앤드류 그리고 카트리나, 2004년 인도양 쓰나미, 그리고 최근 중국 중심부인 사천성 지방에서 발생한 지진과 같은 최근 재난들은 세계적, 국제적 그리고 지역적 수준에서 우리의 사회적이고 정치적인 현실에 계속적으로 영향을 미친다.

비록 이해하는 과정이 충격적이긴 하지만, 이러한 재난에 대한 집단적 경험은 사회사업가들에게 재난과 관련된 실천에 대한 이해를 발전시키는 데에 풍부한 경험을 제공한다; 특별히 취약성, 사회정의, 문화적 공감능력, 그리고 세계화가 합의된 실천분야에서 구조화된 개념들로 중요한 역할을 한다는 것이다. 재난의 유형과 발생장소에 상관없이 취약한 인구(집단)는 응급대처, 지역 재건 시 자원에 대한 접근성, 그리고 기본적인 경감 노력에 있어 많은 불평등을 경험할 가능성이 있다(Jackson, 2005; Soilman & Rogge, 2002). 자연재해와 인재 모두, 재난에서 빈곤과 취약성이 연결되는 것은 부인할 수 없고, 대처계획, 대응과 복구 노력, 그리고 지역 정치와 경제에 영향을 미치는 주요 요인으로 세계화를 인식하는 것과 재해경감을 위한 중앙조직을 이해함에 있어 사회정의 관점이 중요함을 보여준다. 이 장에서는 사회복지사가 재해 관련 형태을 형성하고, 재해관련 실천(업무)에 필요한 지식과 기술을 얻을 수 있도록 돕기 위하여, 더불어 특별한 주의를 요하는 정치적이고 경제적인 힘의 격차에 대한 방법, 그 차이의 역학 그리고 전문적 원조의 맥락에서 관점의 다양성에 대한 개념적 틀을 제공한다.

초창기부터 우리 전문직은, 위기의 시대에 반응해 왔다. 우리의 핵심 전문적 가치는 차별된 방식으로 서비스를 제공하는 것, 필요한 사회 프로그램을 마련하고 삶의 질을 강화하거나 향상시킬 수 있는 서비스로 취약하거나 위험한 집단의 결합을 촉진시키는 것이다.

사회복지사로서 우리는 사회적·경제적으로 불이익에 대한 위험이 가장 높은 취약집단을 구별하여 돕는 노력에 집중하는 것에 전념해 왔다. 미국 사회사업가 협회(National Association of Social Workers, NASW)에는 재난과 대규모의 비극에 의한 영향과(Zakour & Harrell, 2003) 사회적·물리적 환경에서 자연재해 또는 인재의 위험에 노출되어 있기 때문에 취약해진 것들을 포함한다(Rogge, 2003)고 분명히 명시되어 있다. NASW 윤리강령(1999)에는 응급시에 전문적 대응을 의무화하고 있다. 2003년 이후, 재해 정책 성명에서 NASW는 우리가 전문 역할을 수행하는 방법에 대한 지침에서 역량강화, 정상화 그리고 강점관점을 강조한다(NASW, 2003).

역사적으로, 사회복지사는 재해와 관련하여 좀 더 일반적인 사회복지 문제 보다 개인의 정신건강을 강조하고 정신적 외상과 상실의 심리적 휴우증에 초점을 맞추어 관여했다.

예를 들면, 광범위한 재난에 따르는 정신건강서비스의 효능에 대한 강력한 비판에 부딪히게 되었음에도 불구하고 위기개입, critical incident debriefing(결정적 사건 보고) 그리고 트라우마 감소 기술이 사회복지 업무에서 지배적이었다(Kenardy, 2003). 전문직의 핵심 가치는, 특히 실천을 위한 근거가 되는 사회정의에 두고, 적어도 전반적인 시스템 수준에서 실천하는 것에 같은 관심을 기울여야 한다(Webster, 2003). NASW(2003)의 재난 정책 성명에서 사회복지사들은 폭넓은 보호와 재건의 기능에 참여해야 한다고 언급 했음에도 불구하고, 구체적인 실천 지침을 명료화하는 것과 교육 표준안(지식, 가치, 기술) 혹은 교육이나 훈련 상황을 보장하기 위한 조직적 책임을 필요로 하는 것을 도외시 하였다.

이 장에서는 포스트모던과 사회정의 그리고 강점/탄력성 관점에 기반한 재난관련 실천의 필수적인 지식과 기술에 대한 틀을 보여준다. 복합적인 영역을 망라하는 능력 있는 사회복지사가 되는 것을 돕기 위한 실천 지침을 포함한 3차원의 틀을 사용한다. 첫 번째 차원은 사회정의, 포스트모던 그리고 강점/탄력성 관점에 기반한 재난에 대한 비판적 이해를 강조한다. 두 번째 차원은 포스트모던, 사회정의와 강점/탄력성 관점에 기반한 개인과 가족을 고려한 필수적인 지식, 구체적 실천 접근 그리고 재난대책의 포괄적인 기술을 확인한다. 세 번째 차원은, 지역사회와 조직수준에 있어 탄력성 홍보와 리스크 예방 기술을 강조한다.

포스트 모더니즘, 사회정의 그리고 강점/탄력성 관점

첫 번째 차원은, 사회적 정의, 포스트 모더니즘, 그리고 강점/탄력성 실천 관점에 기반하여 실무자들이 개발한 재난의 비판적 이해와 재난대응에 대한 개념적 기초를 분명히 표현한다.

비판적 담론에 참여를 통해, 실무자들은 지역 및 세계적 수준의 재해의 사회적, 정치적 역사적 맥락을 검토하는 것에 능숙해진다.

포스트 모더니즘과 재난에 대한 사회복지실천

포스트 모더니즘은 사회복지실천의 대부분의 측면을 포함하여 현대 생활의 많은 부분에 지대한 영향을 미친 철학적이고 인식론적 운동이다. 포스트 모더니즘의 핵심 사상은, 진정한 객관성은 불가능하다는 깨달음을 포함한 경험적 상대주의이다. 그리고 그것은 개인적이고 사회적인 맥락으로부터 독립적인 외적 현실을 증명할 수 없다는 것이다. 지식은 사실의 축적으로 볼 것이 아니라, 경험과 인식의 집합이고, 개인적이고 사회적인 맥락에 의해 중재되어진 구성이다. 다른 비판적 관점과 마찬가지로, 무엇이 일반적으로 진실로 받아들여지는지에 대한 기준을 세우는 중요한 역할에 초점이 맞추어 진다. 포스트 모더니즘에 따르면 현상과 경험의 모든 이해는 잠재적으로 결함이 있다. 왜냐하면 어떠한 해석도 문화적, 개인적인 경험, 그리고 개인의 해석의 지배적인 영향을 받지 않을 수 없기 때문이다.

사회복지사는 포스트 모더니즘 관점에 의해 알려진 개인, 가족, 집단 그리고 지역사회 실천과 함께 재난과 관련된 실천에 참여했다. 비록 그들이 포스트모던 사회사업을 구성하는 것에 대한 합의를 이루지는 못했지만 다음과 같은 원칙은 가이드 역할을 한다. 첫째, 객관성이 불가능하기 때문에, 그리고 '사실'은 역사적, 사회적, 문화적, 경제적 그리고 정치적 상황에 의한 군집형태이기 때문에, 사람들 스스로가 삶의 최고의 전문가라 여길 수 있다. 둘째, 비록 경험에 의한 상태 혹은 외부요인을 공유할 지라도 그들은 다양한 이야기 혹은 각기 다른 사람들의 경험을 이야기로 기술한다. 다양한 이야기들에 대한 존중은 사회복지사들이 특정하게 선호되거나 규칙에 맞는 해석에 초점을 두어서 대안적 관점을 병리적으로 두거나 예속시키려는 경향을 피하게 한다. 셋째, 사람들의 "현실"은 사회적이고 정치적으로 구성된다. "의미"를 부여하거나 재난경험에 대한 개별적 적절성을 이해하는 것은 단순히 개인적 관점으로 이해될 수 없고, 사회환경의 구체적 맥락에서 다양한 사회적 상호작용의 결과로 이해되어져야 한다. 자기 자신과 개인의 상호작용을 구성하는 다양한 상황적 맥락의 교차지점에서 개인의 경험을 정립하는 것은 사회적 환경에서 자신에 대해 선호되는 의미와 표현에 대한 지속적인 결정을 내리는 것을 포함한다. "정체성"과 자아의 다른 사회적 표현과 같은 개념은 더 이상 정적 조건이라고 간주하지 않지만 경험의 접근성과 교차성의 변화 요인을 포함하는 과정으로 보여 진다. 넷째, 재난과 트라우마라는 용어는 문화적이고 사회·정치적인 그리고 맥락에 부합되게 다중의미로 이해해야 한다. 현재 서구사회에 외상에 대해 내재된 가치전제는 기쁘고, 근심이 없는 삶이 아닌 어떠한 것이 전문적 영역에서 관심의 대상이 되거나 혹은 결과적으로 삶을 위협하는 외상으로 된다고 믿는 것이다. 이 관점은 그들의 삶의 여정의 일부로 어려움을 볼 가능성이 높은 비서구 국가 안에 있는 많은 문화에는 이질적이며 직면하거나 극복했을 때, 개인적 발전과 향상된 탄력성과 역량이 강화의 원인이 된다.

포스트 모더니스트에 의해 개발된 통합적 견해에서 재해관련 실천과 관련된 사회복지사들이 지식과 권력의 관계, 그리고 전문화된 지식이 어떻게 정치적으로 권력을 빼앗는지를 인식할 수 있다(Allen, 1993; Foucault & Gordon, 1980). 포스트모던 실천은 비계층적 관계와 사회복지사와 클라이언트(개인, 가족, 소집단 혹은 지역사회)가 클라이언트의 삶 속에 있는 문제의 영향력을 중재하며 새로운 이야기를 함께 만들어가는 과정 내에서 함께 일할 것을 강조하는 약속을 기반으로 한다.

포스트모던 관점에 의해 실천하는 재난 사회복지사는 재난대응 서비스는 다양한 원조형태와 서비스와 혜택에 접근하기 위한 다양한 수단을 포함하여야 한다고 주장한다. 이것은 "원조"에 관한 개인의 "욕구"와 아이디어가 다문화주의 사회에서 서로 다른 집단들에 의해 다르게 정의될 수 있음을 의미한다(Green, 1997). 더불어, 재난에 대한 개입이 피해를 당한 개인, 이웃, 지역사회를 구속하고 방해하는 결점, 병리학 혹은 외상후 스트레스 장애모델의 형태로 이루어져서는 안 된다. 대신, 개입은 고유의 강점과 자연적으로 발생할 수 있는 속성과 규범에 근거하여 추가적인 피해를 막아야 한다. 포스트모던 실천가들은 "정상"이란 무엇이고 보이기에 "정상" 기능으로 회복되는 것이 무엇인지에 대해 의문을 가지고 도전을 할 것이다.

사회정의와 재난과 관련된 사회복지

비록 사회정의가 사회복지실천의 잘 정립된 핵심가치이지만 그것의 정의에 대한 합의는 부족하다. 지난 몇 년 동안 사회정의의 의미를 해석해왔던 생각들을 추적한 Reisch(2002)는 다음과 같은 주제를 확인한다; 사회적 평등의 고취와 동시에 개인의 자유와 권리 보호 사이의 균형을 위해 노력하는 것, 하지만 단순히 사회구성원들이 평등하게 대우받는 것을 보장하는 것이 사회정의를 성취하는 것은 아니다. Rawls(1971)는 "모든 개인을 평등하게 대하고, 기회의 평등을 순수하게 제공하기 위해서 사회는 불리한 사회적 위치에서 태어나고, 기본적인 자산이 적은 소수의 사람들에게 더 많은 주의를 기울여야만 한다고 지적하였다." 비록 이러한 입장이 사회복지사업에서 일반적으로 확인되는 주요 가치와 원칙이지만, "부족한 자산"과 "낮은 사회적 지위"와 우리의 정치경제체계와 문화에 깊게 자리잡고 있는 인종차별, 성차별, 자민족중심주의 사이의 관계를 인정하려는 자세는 여전히 부족하다. 사회정의 그리고 다문화주의와 인종차별에 관한 논쟁은 불가피하게 연결되어 있다(Caputo, 2000). 그것은 허리케인 카트리나(Hurricane Katrina)의 영향과 그 후유증의 언론 보도에 의해 적나라하게 드러났다. 유사하게, 9/11 테러 이후 우리 모두는 세계적으로 상호연결 되어있다는 것과 "집합적 경험"은 다양하고 정반대의 의미를 가질 수 있다는 것에 동의하는 것이 명확해졌다. 9/11 테러의 여파로 그들은 즉각적이고 강렬하게 항의하였다. 처음에는 사람들의 간접적인 경험은 각기 달라 보였지만, 그들은 엄청나게 일률적으로 감정적 반응을 보였다. 그러나 곧, 다양한 다른 목소리가 출현하기 시작했다. 그것은 전쟁을 불러올 것이라는 공포 의식의 확대와 사람들의 두려움을 이용한 정부에 의해 홍보되어진 지배적인 이야기였다. 그것은 굉장한 의혹과 혐오감을 받은 사회에서 갑작스럽게 희생양이 된 아랍계 미국인들의 목소리였다. 그들의 목소리는 정부의 과실에 대한 그들의 정치적 견해가 환영받지 못하는 것처럼 강력하게 침묵당했다. 하지만 특권층에 대한 압박이 틀림없었다.

사회정의의 두 가지 주요 영역이 있는데 그것은 분배적 정의(산출) 그리고 절차상 정의(과정)를 포함한다. 분배적 정의는 규정된 자원의 부담과 이익의 할당 원칙이고 반면 절차상 정의는 공정하고 공평한 의사결정과정과 절차에 대한 원칙이 강조된다. 분배적 정의는 공정하고 평등한 분배와 필요의 인식이 중요하다. 예를 들면, 관련된 사람들은 모든 자원과 기회에 동등하게 접근했고, 필요로 하는 사람들에게 우선적으로 주어지는 공정한 결과를 경험했나? 절차적 정의는 의사가 결정되는 방법과 과정에서 발생하는 것과 관련이 있다(Buttram, Folger, & Sheppard, 1995). 의사 결정에 의해 직접적으로 영향을 받는 사람들은 계획 과정 동안 발언권을 가지고 그 의견이 잘 반영되어야 한다. 이 과정은 공정한 규칙이나, 협업, 중재, 협상, 법적 절차를 확인해야 한다; 결정의 합법화; 그리고 조직구성원들의 지위를 확인한다(Maiese, 2004; Nelson, 1980). 예를 들어 만일의 사태와 선거구민이 현실적으로 고려되었나? 권력을 가지고 있지 않은 사람들의 다양한 관점과 의견들이 고려되었는가? 주어지는 서비스는 민감하게 처리되었나? 다양한 개인의 가치와 견해 그리고 삶의 태도가 정당하게 존중받았는가? 그 과정이 투명하고 공개되어 있는가? 혹은 비밀스럽거나 속이고 있는가?

포스트모던 이론가들은 몇 가지 중요한 분야에서 사회정의를 재정의하게 되었다. 아마도 가장 중요한 것은 (a) 지속적으로 권력과 특권 그리고 다양한 억압에 대해 끊임없이 도전하는 것 (b) 역사적으로 배제되어온 그룹의 개념에 따르는 지배적인 거대담론에 도전하는 것이다(Leonard, 1995).

Reisch(2002)는 사회정의 실천에서 현재의 사회복지실천을 분리할 수 없다고 주장한다. 특히 대부분의 실천현장은 사회복지사가 기본적인 인간의 욕구와 삶에 대한 통제감을 줄이는 것, 그리고 유한한 자원을 개인의 욕구로부터 돌리게 하는 정책의 제거를 위해 노력할 것을 필요로 한다. 사회정의와 관련된 재난 실천에 관여하는 사회복지사는 기관의 억압적인 관행을 제거하는 클라이언트 중심과 클라이언트 역량 강화 프로그램을 개발하고, 사회정의 원리에 대한 관련 분야의 구성원을 교육하기 위해 책임을 맡고 있다(Swenson, 1998).

강점에 기반한 실천과 탄력성에 대한 초점

탄력성은 높은 스트레스와 역경을 경험한 후 정상적인 기능으로 회복하고 성공적인 대처와 적응이 가능함을 나타낸다(Masten, 2001). Fasten과 Richman(1999)은 다시 회복하는 것, 성장 가능한 것 혹은 어려움이나 많은 스트레스를 극복한 결과 점점 더 강하게 될 수 있는 능력으로 탄력성을 정의한다. Wlash(2007)는 탄력성을 "역경으로부터 되살아나는 수용력, 강화되어지고 더욱 지략 있는 것으로 정의내린다. 그것은 파괴적인 삶의 시련으로부터 되살아나고 대처하는 능력"이라고 정의한다(p.4). 재난을 경험한 후 따르는 장기적인 심리적 장애의 필연성에 대한 대중적 믿음에도 불구하고, 탄력성은 실제로 놀라울 정도로 공통적이고 일반적인 결과로 밝혀졌다. 그것은 생존자들의 예외성이라기 보다는 공통적 원리이다(Ressiman Klomp, Kent

& Pfefferbaum, 2006; Shalev, 2006). 게다가 탄력성은 학습할 수 있고, 탄력적 능력은 의도적으로 향상시킬 수 있다(Layne, Warren, Watson, & Shalev, 2007).

탄력적 능력은 세 가지 일반적인 cluster로 나뉜다: (1) 스트레스 상황이 발생할 수 있는 잠재적인 손상으로부터 완충작용을 하거나 보호하는 외부환경의 특성과 관련되어 있다(지역사회, 이웃, 제도들). (2) 유익하고 보호기능과 관련된 사회적 상호작용(가족, 친구, 멘토, 선생님, 상담가와의 지지관계) 그리고 (3) 내부적 특성, 성향, 기질, 성격, 능력, 용기(Bernard, 2004; Rutter, 1999). 탄력성의 이 세 가지 측면은 (1) 지역사회와 환경적 완충작용 (2) 보호하는 대인관계 그리고 (3) 개인적 용기로 범주화할 수 있다.

Breton(2002)과 Gitterman(2001)은 지지의 중요성과 지역사회 포용에 유의했다. 그들은 또한 역경의 해로운 영향에 맞서 완충하는 중요한 환경적 요인으로서 지역사회가 제공하는 자원에 유의한다. Bernard(2004), Fraster와 Richman(1999), Gitterman(2001) 그리고 Maddi(1999) 이 모두는 역경으로부터 도약하는 개인적 기회를 증가시키는 보호요인으로 인간관계의 중요성에 대해 강조한다. 이러한 인간관계 보호는 항상 묘사되었다. 힘을 보태고 감정을 전달하는 배우자, 가족관계, 가족들 그리고 동료들 내에 개방적 의사소통 유형, 그리고 신념, 일차적 애착(attachment), 재난으로부터 회복하거나 저항하는 개인적 능력뿐만 아니라 조직과 지역사회는 또한 탄력적인 특성을 나타낼 수 있다(Breton, 2002; Reissman et al., 2007).

두 번째 차원

이러한 포스트모던, 사회정의, 그리고 강점/탄력성을 지향하는 틀(framework)의 두 번째 차원은 포스트모던과 사회정의의 관점에서 합의된 개인과 가족들의 재난 후 반응들에 대한 지식과 기술을 정교화한다. 비록 재해에 대한 일차적 대응은 생명을 구하는데 있지만 다른 즉각적인 노력은 복원에 필수적인 서비스와 기본적 욕구를 제공하는 것에 초점을 둔다.

개인기관의 재건과, 통제, 그리고 지역 권력은 생존자를 위해 회복과 탄력성을 개발하는 사회복지사를 위한 주요 통로가 된다. 이 작업을 수행하려면 위기대응, 지역사회 재개발, 그리고 기본적인 경감 노력면에서 취약계층이 일상에서 경험하는 사회적이고 정치적 불평등에 포스트모던과 사회정의 관점으로 조명하는 것이 요구된다(Jackson, 2005).

포스트 모더니즘은 결과뿐만 아니라 과정으로서 정의도 규정한다(Leonard, 1995; Reisch, 2002). 개인과 가족의 재난 후 대응에 대한 지식과 기술을 개발하는 과정은 실천 및 탄력성과 함께 시작하고, 지위와 권력에 대한 심사숙고가 필요하다. 실천방식은 의미와 해석에 대해 내포하고 있는 가정, 그리고 확장된 연구범위를 받아들이는 것을 포함한다. 이 확장된 범위는 클라이언트와 그들이 참여하는 사회집단에 권한을 부여한다. 생존자들에게 그들과 지역사회에서 발생할 수 있는 무언가에 대해 우선적으로 결정할 수 있도록 그들의 주장을 표현할 권리에 초점을 맞추어야 한다. 예를 들면 외부기관, 전문가, 언론보도가 지역의 의미를 구성하는 것을 대체하지 않도록 재난 대응에 관여하는 사회복지사들은 그들의 이야기를 말하는 방법으로 지역사회를 지원할 수 있다. 이러한 집합적 지식(비판적 의식)의 성장은 차후의 집합적 지역사회 활동 혹은 상호 지원을 위한 기반을 제공할 수 있다(Breton, 2001).

외상후 스트레스 연구에서 대부분의 개인은 즉시 극도의 외상을 경험한 후 즉각적인 스트레스가 발생할 것으로 나타났다; 그러나 대부분은 몇 개월 이내에 대처와 적응, 도약에 회복력이 있다(Litz, 2004; McFarlane & Yahuda, 1996). 많은 연구들은 고통과 고투가 회복되는 것이 종종 놀라운 변화와 성장을 산출해 내는 것을 발견한다(Walsh, 2007).

우리는 경험한 무언가에 대하여 인지적으로 의미를 구성하는 방식과 경험에 의해 변화한다. 현재 경험하거나 인내하고 있는 것은 다음에 나타나게 될 현실 혹은 새로운 발견에 대한 단순한 선례가 된다. 많은 사실적 경험과 설명들이 있지만 재난 혹은 정신적 외상의 경험에 대한 최종적인 "해결방법" 혹은 만족스러운 설명은 없다. 이 해석학적 실천기반 과정은 사회복지사, 개인, 가족, 지역사회 안에서 관찰되고 경험되어진 것을 이해한다. 탄력성은 재해의 결과로 나타난 것의 의미와 일관성, 이해의 감각을 얻음으로 개인과 가족을 돕는 사회복지사로 발전시켰다. 그 활용방식은 사회복지사가 사례에서 원인에 초점을 맞추는 행동과 반영의 순환적 과정이다. 다시 말해, 미시적 실천에 거시적 실천 수준으로의 유연한 이동과 반복을 의미한다. 그 활용방식의 초점은 개인과 사회의 탄력성을 촉진하는 것에 개입함으로 즉각적인 트라우마에 대한 대응을 개선하는 사회복지사의 노력들이 균형을 이룰 수 있도록 돕는 것이다. 의미는 의미를 찾는 과정보다는 만들어지는 과정 속에서 지속적으로 재구조화되고 재편된다. 재난과 관련해서 의미를 부여하거나 이해하는 것은 개인적인 과정으로 이해되기보다는 사회적 상호작용의 결과로 인식되어져야 한다. 그래서, 관계들, 특히 가족과 지역사회가 새로운 이야기들을 만들어가는 것들은 사회복지사가 이해하고 기반으로 인식하기 위해 매우 중요하다.

해방과 역량강화의 수단으로 교육에 대한 Freire의 견해는 사회복지의 실천가들이 지식이란, 집합적이고 지역적인 지식기초를 구축하기 위해 사람들의 개인적 경험과 다른 이들과의 이야기를 연결시키는 것이라는 것을 인식하는 것에서 출발해야 한다는 것이다. 사람들은 제각기 자신의 삶의 전문가이다. 그러므로 사회복지 실천가들은 '비전문가적' 태도를 취할 것이 권고된다. 이를 통해 "보편적인 이론"이나 환원주의자의 "공식적"인 가정이 아닌, "각자의 눈을 통한 사람들의 이야기를 이해할 수 있게 도와준다. 또한 효과적인 개입을 위한 기반으로서 지역적인 지식을 활용할 수 있게 길을 터준다.

"모른다"는 태도를 취하거나(Anderson & Goolishian, 1992) "알 수 있는 많은 방법들"이 있다는 인식(Hartman, 1994)은 전문적인 사회복지가치들에 속하지만, 많은 경우에 실행하기 어렵다. 클라이언트가 선생님이 되게 하는 훈련과 전문지식의 균형 사이에서 고군분투하는 것은 많은 원조 전문가들을 괴롭힌다. 이상적으로, 그것은 현실적이기 보다는 좋게 꾸민 말에 더 가까운데(Dewees, 2004), 특히 재난 발생 이후 거의 대부분이 소실되고 쫓겨나게 된 상황에서는 더욱 그렇다. “개선”에 대한 압박은 재난희생자들의 경험에 대해 지식을 갖고, 그들의 이야기를 진심으로 경청해야 하는 책임감을 없애버린다. 왜냐하면 고도의 스트레스는 재난희생자와 그 가족들이 어떻게 자신의 욕구에 부합할 수 있는지에 대한 것과 연결되며, 그들의 경험을 통한 의미를 탐색하는 것이 중요하다. 민속지학방법과 이야기치료는 사회복지사들이 자신들이 경험한 스트레스와 환경적 결핍을 효과적으로 설명하고 이해할 수 있게 도와준다(Krauss & Jacobs, 1990).

Tuval-Mashiach와 그의 동료들은(2004) 트라우마 사건 발생 직후가 생존자들의 이야기를 듣기 위해 중요한 시간임을 밝혀냈다. 이야기가 잘 구성되면, 일관성과 중요성을 가지며 긍정적인 자기이미지를 갖게 도와주며, 외상후 장애수준을 낮춰준다. 이처럼 의미 만들기와 개인적인 담화를 재구축하는 것은 치유에 있어서 중요한 과정임을 시사한다(Nadeau, 2001). 그러한 핵심적 신념들은 사람들이 다른 사람들을 믿을 만하며, 지역사회는 안전하고, 예측할 수 있는 미래가 있으며, 아이들은 노인들보다 오래 살 것이며, 신은 존재한다는 현실감과 삶의 목적 및 이유를 갖게 하는 토대가 된다(Walsh, 2007). 이야기 치료는 우리 모두가 지속적인 우리 삶의 이야기 구조에 속해있다는 것에 기초한다. 이것은 세상에서 우리 스스로와 우리의 위치를 이해하는 것을 결정짓는 개인적인 이야기이며, 우리를 둘러싼 다른 중요한 사람들의 이야기와 함께 구조화된다(Walsh, 2006). 비록 이 치료에 대한 완전한 설명은 이 논의의 범위를 벗어날지라도, 재난희생자들을 위해 일하는 것에 대한 포스트모던 및 사회정의관점에 기반한 특수한 기술들은 흥미로울 것이다.

이러한 관점을 활용했을 때, 사회복지사의 역할은 학습자, 학생이 되는 것으로 재난희생자들이 희생자가 아닌 자신의 이야기의 주인공이 될 수 있도록 격려하며, 그들의 개인적인 이야기의 의미를 이해하는 과정에 참여하게 하는 것이다. 이와 같은 이해를 위해 활용할 수 있는 여러 가지 유용한 기법들 중에서 극복이라는 숨겨진 용어와 포괄적인 질문들을 이해하는 것이 있다(Green, 1997). 숨겨진 용어는 재난희생자들에게 상당한 중요성을 갖는 것으로 보이는 단어들이며, 사회복지사들은 그것이 가진 구체적인 의미를 이해하기 위해 세부사항을 탐구하고 강조한다(Dewees, 2004). 예를 들어, 뉴올리언스에 거주하는 30세, 도날드 씨는 허리케인 카트리나가 도시를 강타했을 때 그의 이웃에 의해 가장 마지막으로 구조된 사람이다. 모두가 떠났고, 그가 남았을 때를 "강당의 혼란을 들었다면, 왜 거길 가고 싶겠습니까? 나에겐 집이 더 안전했습니다"로 설명했다. 반면 그의 이야기를 하면서 반복적으로 "버리다"라는 용어를 사용해서 그의 구조와 생존을 설명했다. "마지막 보트가 왔을 때, 나는 그곳을 버리고 그들과 함께 갔다". 사회복지사는 이 숨겨준 용어의 의미를 탐구하면서 그의 경험을 설명하기 위해 "생존자" 라는 용어를 사용했다. 도날드는 발끈했다. 왜 그가 그토록 오래 자신의 집에 머물렀는지를 설명하면서, 목이 메이거나 다시 설명하길 반복했다. 그가 더 이야기 하려 할수록, 그는 더 목이 메었다. 침묵의 시간이 지나고, 그는 "나는 내가 머무른다면 모든 것을 잃지 않을 것이라고 생각했습니다. 내가 사랑한 것들을 잃지 않을 것이라고. 사람들은 절망했고 자신들의 물건을 뒤로 한 채, 마치 다시는 돌아오지 않을 것처럼, 더 이상은 그것을 원하지 않는 것처럼 떠나버렸습니다. 다른 누군가가 차지하게 된다면, 그것은 이제 그들의 것이 됩니다. 다시는 당신의 것이 아닙니다. 그것은 결코 같을 수 없습니다. 내 도시, 뉴올리언스, 나는 다시 가질 수 없을 것이며, 예전과 같을 수 없으며, 내가 기억하던 그것이 아닙니다." 이처럼, 숨겨진 용어의 의미는 명쾌해졌다; 사회복지사는 그들이 갖고 있는 중요한 것에 더 잘 맞춰줄 수 있게 되었고 재난 희생자들의 이야기의 의미를 만드는 것을 도왔다.

이야기 치료에서 중요한 원칙은 개인이 문제의 중심이 아니라는 것이다; 문제는 그들 외부에 있다. 이것은 클라이언트가 희생자로 자신을 분류하는 것을 막도록 도와준다(Walsh, 2006). 비록 외부화가 "문제를" 재난에 처한 사람으로부터 분리해서 볼 수 있도록 도와주는 유용한 목적이 있지만, 많은(전부가 아니더라도) 외부 및 환경적 지지체계는 심각한 영향을 받고, 문제가 사람들이 통제할 수 없는 외부적인 것으로 인식될 수 있다. 이러한 관점을 활용한 사회복지사들은 문제를 외부화하는 것에 조심해야 하는데 그것은 원하는 결과와 반대되는 것을 강화시킬 위험 때문이다. 즉, 극적인 시스템 붕괴와 파괴를 경험한 재난 이후 환경에서 문제를 외부화하는 것은 재난 희생자들의 무력감과 희생자 의식을 강화시킬 수도 있다.

이야기 치료에서 무엇보다 중요한 목적은, 재난 생존자는 그 혹은 그녀의 문제중심의 이야기를 새롭게 재구성된 이야기로 교체할 수 있도록 돕는 것이다. 이 새로운 이야기를 위한 기본원칙은 현재의 이야기를 포화시키고 행동과 신념을 검토하고 삶에서 가장 중요한 것이 무엇인지 의문을 제기하는 것에 의해 완료되는 가치와 편견의 탐구 안에서 발견한다.

사회복지 실천가는 재난 생존자를 위해 물리적 환경의 대대적인 파괴에 초점을 둔 것에서 가족과 친구 관계망, 옹호 및 생존자 지원 단체를 포함하는 관계적 환경의 초점으로 변화하는 것을 필요로 한다. 이러한 변화는 주요 재난 후에 복구되는 속도가 느릴 외부 요인 및 시스템보다 스스로에게 더욱 진실 되는 것에 가치를 둔 새로운 이야기의 구성을 촉진한다. 이러한 변화는 재난 대응 및 취약 인구에 영향을 미칠 사회정의문제의 현실을 부정하지 않지만, 재난 생존자들이 희생자 관점이 아닌 자신들의 역량을 강화하는 방향으로 자신들의 이야기를 재구성하도록 동기 부여한다.

재난 생존자들의 이야기를 수용하고 그들이 그들 삶의 전문가라는 점을 지지하기 위해서는 원조가의 위치를 고려하지 않고서는 불가능하다. 이는 사회복지 대응자의 위치가 재해 영향을 받은 지역사회를 조사하는 것과 관련이 있다. 많은 경우, 그 위치는 권한과 특권 중 하나가 된다. 이러한 위치들을 인정하지 못하면 재난 생존자들의 복원력을 촉진하지 못하는 규칙과 정책들을 시행하는 위험한 대리인으로 만든다. 사회복지사는 재난 지역사회의 그들과의 삶의 관계에서 제공하게 되는 자신의 자리를 아는 것에 주의해야 한다(Ungar, 2004). 그것은 재난 생존자가 가지고 있는 제약과 강점에 대한 이해를 촉진한다; 열등, 무능, 무력으로 그들이 사회에서의 소외를 제한한다: 그리고 사회정의 불평등을 다루어 촉진한다.

재난 지역사회와 가까이에 있는 사회복지사들은 재난 경험에 대한 다양한 반응들을 존중해야 하며 병리적이거나 예속된 대안적 반응들을 요구하는 하나의 선호되는 반응이나 "옳은" 반응들에 특권을 두는 경향을 피해야만 한다. 사회복지사들은 개방적이고 다각적인 관계들 가령, 가정 방문, 점포 사무실, 지역사회 단체들의 목소리를 듣고, 사회복지사와 재난생존자들과 그들의 가족들 사이의 위치와 힘의 역동적인 관심을 촉진한다(Ungar, 2004). 위치 배치를 위한 실천 전략에는 사회복지사 자신의 성찰을 다룰 수 있는지에 대한 질문도 포함한다. 어떤 지역사회 생활의 측면에서 내가 이 개인들과 공유해야 하는가? 우리는 어떤 공통의 문화, 사회, 정치, 민족 특성을 가지고 있는가? 나는 우리의 차이점과 유사점을 편안하게 느끼는가? 나는 외부인 또는 이 지역사회의 관계 삶의 일부로서 자신을 위치하고 있는가? 나는 지역사회의 삶에 들어가 있는 외부인 또는 내부인으로 볼 것인가? 어떠한 지식과 경험이 지역사회에 속한 개인에 의해 가치를 부여받는가? 내가 그것을 인식하고 지지하는가 혹은 평가절하하고 약화시키는가? 어디에서 서비스를 제공하고 어디에서 돕는 과정이 실제로 발생하는가? 이 두 장소는 같은 장소 인가 또는 다른 장소에 위치해 있는가? 장소의 변경이 더 많은 복원과 회복을 촉구하는가? 각각의 질문들은 문제를 가치, 전문적 방향과 문화적 기대의 이슈의 가치들에 대해 문제를 제기하고, 이러한 질문 중 어느 것도 쉽게 해결되지 않는다. 그러나 그것들은 재난 생존자와 그 가족의 위치에 영향을 돕는 과정과 관계를 구축하는 것에 명확한 이해를 촉진한다.

교육에 대해 Freire(1971)의 생각을 바탕으로, 사회복지사들은 재난관련 실천에 대해 학습을 해야 하는데, 재난관련 실천은 하나의 인식으로 시작되어지는데, 이 인식은 주어진 일련의 사실에 대해 얻어지는 것이 아니라 지역집단의 지식기반을 만들기 위해 다른 사람들(클라이언트)과 함께한 개인의 경험이나 이야기들로부터 얻어진다. 이 비판적 의식의 이해는 그룹 구성원의 삶을 형성하거나 힘에 대한 집단적 지식의 개발이다. 그것은 사회적, 경제적, 정치적 모순에 의문을 제기하는 것과, 사회적 불평등에 불리한 집단적 행동을 가지는 것을 이해하는 것을 포함한다. 집단적 지식(비판적 의식)의 개발은 이후의 집단적 행동 또는 상호원조를 위한 토대를 제공한다(Barton,

2004). 이 방안은 사회복지사가 다양한 실천의 차원에서 원활하게 움직일 수 있게 한다; 정책에 대한 실천에서부터 지역사회, 조직, 가족, 집단 및 개인과 함께 실천에까지, 다양한 상황에서, 다양한 재난서비스를 포함한다. 즉 회복에서 경감으로 그리고 예방, 계획, 준비, 구조, 회복, 재건에서 지속가능한 것으로 전환을 의미한다.

대응 패턴을 식별하는 것은 재난 사건과 절차상의 근시안적인 것과 정책 실패로 돌아가는 것을 추적하여 사회복지사에게 방향과 옹호 노력에 집중하도록 제공한다. 집단의 이야기들을 통한 집합적 의미의 촉진을 도움으로써, 실천은 또한 개개인들이 집합적 행동을 취하도록 이끌고 생존자들을 조직하여 그들 스스로의 이익－분기하는 "행위들" 혹은 견해들의 포함을 촉진함으로써 고유한 이야기들을 "흡수"하거나 개인적 행위자들을 격려하는－을 위하여 집합적인 행동을 취하도록 이끈다.

사회정의에 근거한 재난 실천의 한 예는 생존자들과 그들의 지역사회에 일어나는 일을 결정하는데 있어 그들의 목소리가 우선권을 가질 권리가 있음을 보장하는 것이다(Allen, 1993). 아마도 사회복지사의 강점과 역량이 지역의 이야기들을 통해 생존자들의 결핍 및 병리의 설명에 대하여 도움이 될 것이다(Kaniasty & Norris, 1995). 실천가들은 전문적인 또는 공식적인 용어에 대한 지도를 통해 힘의 자원과 함께 생존자 그룹의 협상을 도울지도 모른다(Puig & Glynn, 2003). 실천가들은 지역사회 생존자들인 그들의 우려와 호소의 힘에 대응할 가능성이 많도록 효과적으로 돕기 위한 전략을 고안 할 수 있다.

주요 재난 발생을 자주 경험하고, 또 그것의 영향을 많이 받는 사람들이 가장 취약하다; 특히 유색 인종, 제한된 수단을 가지거나, 노인, 심각한 신체적, 정신적 건강에 문제가 있는 사람들이 그러하다(Walsh, 2007). 포스트모던, 사회정의의 관점은 재난 생존자들과 그 사회복지 실천가들의 관계를 보는 것으로부터 새로운 하나의 렌즈인 관점을 제공한다. 그것은 각각의 생존자를 탄력적이고 중요하며 적극적인 개인으로 인식한다. 외상적 상실들(Traumatic losses)은 가족들과 지역사회 사이로 퍼져나가며, 이에 대한 반응이 어떻게 형성되는가는 복구를 도울 수도, 방해할 수도 있으며, 이는 우리로 하여금 삶에서 진정으로 중요한 것이 무엇인지 일깨워주고, 우리의 정체성들을 다시금 정의하도록 하며, 우선순위들을 다시금 세우도록 하며, 타인들을 돕는 것을 솔선하도록 한다(Walsh, 2007). 이러한 변화들은 청자들과 경험자들이 재난 생존자와 그/그녀의 가족들과의 관련성을 세우고 그들을 인정함으로써 상호작용의 역동적인 과정을 통해 발생하는 여정과 같다(Williams, 2006). 이 인식은 그들과 그들의 지역사회의 어떤 주요한 것을 결정하도록 그들의 목소리를 가지고서 재난 생존자 권리 보장에 강조하기를 촉진하고 있다. 사회복지사로의 실천가들은 생존자들의 목소리로 알려야 하는데, 복원력에 목표를 두어 촉진시키고, 강점을 구축하고, 리스크를 줄이는 것을 목표로 지역사회 지원의 사회정의 실천에 참여해야 한다.

세 번째 차원: 조직, 지역사회 및 정책 실천

세 번째 관점은 재난에 중점을 둔 지역사회와 조직의 실천으로 포스트모던과 사회정의의 관점이 반영된다. 이러한 중간/거시적 차원에서 구체적인 재난관련 실천들은 사람들과 지역사회가 어떻게 위험요소들에 취약하게 되는지에 대한 정밀한 이해를 필요로 한다. 이 비판적 이해는 실천가들에게 필요한데, 그것은 재난 완화, 대비 계획, 대응, 그리고 복구 노력에 대해 분명하게 식별하고 부당함을 해결하는 것에 효과적으로 대응하기 위함이다. 이 절에서 설명하는 현대 포스트모던과 사회정의 재난 실천은 내재되어 있는 복원력의 역량을 강화하고, 지역사회와 조직을 돕고 미래의 재난 위협에 더 잘 대비하도록 지역사회와/조직의 취약성 평가에 초점을 두고 있다. 특별히 강조하는 것은 미래의 위난요소에 대한 복구, 예방, 완화의 계획들은 취약한 주민들을 우선시해야 한다는 것을 보장할 수 있어야 하며, 재개발 전략들과 계획들은 더욱 지속 가능하고 재난－저항적인 지역사회와 조직들을 고양해야 한다는 것을 보장할 수 있어야 한다.

지역사회의 취약성과 역량 평가

이 책의 장 하나에 상세히 설명된 것처럼, 취약성과 역량의 분석은 재난 평가와 개입의 중심요소가 된다.

재난에 대한 유엔 사무총장의 보고서는 다음에 초점을 맞춘다: "자연적 위난요소들과 관련된 재난의 리스크와 가능성은 주로 재난을 예방하고, 완화시키고, 대비하기 위해 취해진 조치들의 유효성과 취약성의 차원에 의해 형성된다"(2005, p.1). 비록 재난 리스크를 이해하는 것에 지역사회 취약성의 견해를 갖게 되지만, 집단적/지역사회 복원력의 중요성에 대한 인식은 개인, 가족 및 지역사회 안에서 생존자의 생존력 평가에서 중요한 요소로 인식된다(Regehr & Hill, 2000). 재난에 대한 지역사회의 취약성은 위난의 노출에 의한 위협을 의미한다. 이 위협은 지역사회의 리스크 행동을 악화시키거나 완화시키게 하는 지역 환경의 특별한 요소 가령, 사회, 경제, 정치, 기술, 생물 물리학, 인구 통계학적 조건의 연계 지점에서 발생한다(Manyena, 2006; Sundet & Mermelstein, 1996, 2000). 지역사회의 취약성은 높은 빈곤율일 때, 정부가 제대로 기능하지 못할 때, 소수이거나 또는 재난 사회서비스 조직이 제대로 협력하지 못할 때에 취약성이 증가하고 역량이 감소한다. 빈곤한 사람들은 취약성이 증가하고 역량이 감소하는데 왜냐하면 그들은 리스크/위협을 완화시킬 수 있는 자원과 기회를 적게 가지기 때문이다. 취약성의 기초요소를 이해하는 것은 지속가능한 생계와 지역사회의 토착문화를 강화함에 있어서 중요하다(Buckle, 2000; Cannon, Twigg & Rowell, 2003; Twigg, 2007).

지역사회 취약성 평가와 관련지어서는 공동으로 지역사회 역량을 만들 필요가 있다. 역량이란 용어는 재난실천에서 취약성 용어가 가지는 비난의 의미 때문에 더 선호된다. "취약한" 대상으로 묘사되는 사람들은 그들이 생존하고 위기에 대처할 수 있는 능력을 과소평가하고 단순히 수동적인 희생자로 인식한다. 앞에서 언급한 특성은 문맹, 열악한 건강 상태, 빈곤, 열악한 주택을 포함한다. 역량은, 다른 한편으로는, 그룹 또는 사회단체의 특성에 의존하는 것과 더 많이 관련되어져 있다(Cannon et al., 2003; Sundet & Mermelstein, 2000).

지역사회의 평가는 재난에-저항력이 강한 역량의 물리적 및 물적 자원의 목록을 만드는 것으로 시작한다; 예를 들어, 그것의 정도는 지역사회의 이용 가능한 현금, 토지, 도구, 음식, 일자리, 에너지 자원, 신용, 운송체계 등등이다. 사회 및 조직의 역량은 또한 지역사회의 자산의 일부분이다. 지역사회는 밀접하게 조직되고 서로 도움을 줄 때 생존할 가능성이 많은데, 이러한 지역사회는 전문화된 재난-관련 기술을 가지고, "포퓰리스트" 또는 풀뿌리 기반의 리더십을 가지고, 어려운 시기에 대비하여 물리적인 자원을 공유하며 사용하는 멤버로 구성되어야 한다(Zakour & Harrell, 2003). 커뮤니티의 복원력과 역량의 또 다른 지표는 생존을 향상시키는 경향이 있는 독특한 기술들과 태도의 유무이다; 예를 들어, 건축의 특별한 기술, 조직 능력, 지역 환경의 지식, 교육, 그리고 문제해결 방향이다. 이러한 역량과 자원들이 내재되어 있지 않으면 지역사회는 반드시 외부로부터의 도움을 받아야 한다.

사람들이 자신의 통제력을 벗어난 외부사건으로 피해자가 된다고 느끼거나 외부의 지지자원에 의존하게 될 때 그들 스스로 회복태도에 대한 능력을 적게 가지게 된다(Bolin, 1986). 최근의 연구에서 확인된 다른 중요한 요소들은 (a) 지역사회 취약성과 역량 평가를 수행할 때, 서비스 조직과 네트워크의 생존 역량을 평가하는 것의 중요성(Gillespie & Murty, 1994; Zakour & Harrell, 2003), (b) 불리한 사건의 예상치 못한 혜택(McMillen, 1999), (c) 평가 및 내재되어 있는 지역사회 역량을 완충하는 것의 원동력(Zakour, 2008), 그리고 (d) 집단 회복력의 역동성을 포함한다(Regehr & Hill, 2000).

지역사회 복원력과 재난-저항 역량의 강화

재난은 가족 체계, 주택, 공공, 교육, 운송체계, 일과 또는 고용, 그리고 그 밖의 근본적인 지역사회 과정에서의 파괴와 분열이다. 이 분열의 결과는 극심한 지역사회 분열, 갈등과 불안성이다. 재난과 그로 인한 외상의 넓은 효과는 지원을 제공하기 위한 더 큰 시스템이 응답하지 않은 경우에 더 악화된다(Landau & Saul, 2004). 이것은 "두 번째 재난"을 만들 수 있는데 재난 자체보다 혼란, 비효율적, 그리고 불충분한 대응 노력들이 생존자들에게 더 부정적으로 작용할 때 발생한다(Quarantelli, 2004, 2005). 일반적으로, "두 번째 재난"에 의한 영향을 받을 가능성이 있는 그들은 낮은 사회경제적 지위를 가지고 재난 이전의 사회에서 소외당한 사람들이다. 사람들의 삶을 가장 쇠약하게 하는 재난의 효과 중 하나는 개인적 힘과 능력의 상실인데, 이는 생존자들이 그들의 회복능력에 접근하는 것을 방해하며, 그들이 구성된 지원망으로부터 고립되도록 하는 경향을 보인다. 토착민과 지역사회 지지 네트워크들은 재난과 외상 회복에 필수적인 자원으로 볼 수 있다. 만약 지방 자원으로 커다란 외부 체계(즉, 주, 연방, 및 국가 구조 단체)의 "침략"을 피할 수 있으면 그 예상 결과는 그 지역사회 네트워크들, 지역사회, 그리고 각각의 개인들이 많이 고용되어지고, 활동적이고, 그리고 권한이 부여되며, 이러한 것들의 치료 및/또는 복구가 빨리되는 것이다. 따라서, 지방 지역사회와 그 구성원들은 장기적으로 심리적인 사회적 반향으로부터 더 보호되어지고, 미래에 재난의 영향으로 부터 위험을 예방하게 된다(Walsh, 2007; Landau & Saul, 2004; Landau, 1982).

재난에 대한 연구의 최근 비평에서 사회 네트워크, 심리사회적 지원, 그리고 지역사회 자원의 중요한 역할은 재난 생존자들의 회복탄력성과 정신건강을 촉진하는 것이라고 말한다(Norris, 2005; Norris, Friedman, & Watson, 2002; Norris, Friedman, Watson, Byrne, et al., 2002). 광범위한 손실 및 집단 외상의 충격에 반하여 이를 완충하는 사회적 지지의 역할은 명확하게 가족, 주민, 지역사회, 그리고 지방 단체와 기관에 있다.

마찬가지로, 재난 및 외상 개입의 가장 효과적인 형태는 지역사회의 회복탄력성 접근을 활용하는 것을 포함한다(Padgett, 2002). 카트리나 이후, 더 강조된 것은 균일성 및 효율성을 목표로 하는 중앙의 명령과 제어하는 대응 시스템(NIMS)을 만드는 것에 주어졌다. 이것은 지역에서 방법을 알아내는 것보다 전문화된 "응급 관리자"의 언어와 지식에 잠재적인 특권이 부여될 수 있다. 그것은 이미 소외된 그룹을 배제시키거나 불평등, 자격상실, 그리고 억압 등에 관심을 덜 가지는 형태를 보인다.

지역사회 속에서 포스트모던과 사회정의에 초점을 둔 지역사회사업실천

포스트모던과 사회정의의 관점은 지속적인 과정뿐만 아니라 지역사회와 그 구성원들에게 영향을 미쳐 역량을 증가시키는 연속적인 활동 둘 다를 포괄한다. 바람직한 재난 개입은 지역 주민의 적극적인 참여를 포함하고 구성원, 조직 및 지역사회 자체의 역량과 강점을 토대로 다체계 지역사회에 기반을 둔 접근 방식의 활용을 포함한다(Ungar, 2004).

포스트모던과 사회정의의 관점 내에서, 복원력 및 취약성이란 용어는 사회적으로 정치적으로 구성된 기원에서 유래되고 결과와 과정에서 둘 다 언급되며 다양한 정의로 이해된다. 어떤 정책 입안자 또는 응급 실천가는 사회 통제를 유지하고 순응을 강화하기 위한 인식차원에서 복원력과 취약성을 정의할지도 모른다. 그러므로, 다른 경우에 긍정적인 함축을 가질 수도 있었던 말들은 불평등과 차별의 실천들로 번역될 수 있다. 포스트 모더니즘적 관점들에 의해 알려진 공동체 재난 실천 의미의 단계들은, 어떠한 공동체에서 유효한 다양한 견해들, 그리고 차이가 나는 다른 그룹들에 침묵을 강요하고 주변화하는 지배적인 담론들의 경향들을 경청하는 것과 함께 시작된다. 이것의 의미는 사회복지사는 지역사회 구성원들의 다양성의 존재를 인식하는 것뿐만 아니라 의사결정과정에서의 다양한 목소리들과 관점의 포함을 보장해야 한다. 이것은 무지와 편견의 영역에서의 자기인식을 개발하는 것으로 시작된다. 특별하게 중요한 것은 워커는 지역사회 구성원들에게 공식사이트와 미디어 자원들에게 단순화된 설명과 정부활동에 대한 비판적 검증에 참여하도록 용기를 북돋아주어야 할 필요가 있다. 중간/거시적 재난 실천 기본은(조직, 지역사회, 그리고 사회정책 문제에 초점을 둔) 초기의 사회, 정치, 그리고 경제적 모순과/또는 불평등의 내재된 것을 인식할 수 있는 능력이다. 일단 이러한 불평등들과 모순들이 확인되면, 실천 노력은 공동체의 현재의 상황과 재난의 영향에 대한 취약성을 형성해 온 정치적, 사회경제적, 이데올로기적 힘들을 설명하는 사회적 행위의 구성에 초점을 맞춘 사회복지사들의 기술들을 포함한다(Fothergill, Maestas, & Darlington, 1999; Peacock & Ragsdale, 1997).

포스트모던과 사회정의의 기본적인 재난 실천은 (a) 프로그램, 정책, 및 그들의 삶을 통제하는 사람들의 감각을 감소하는 사회과정을 제거하는 것: (b) 가장 취약한 기초적 필요들을 다루는데 실패한 한정적인 자원들을 모두 소모하는 것들을 수정하는 것; 그리고 (C) 개인의 자유와 참여의 수준을 행사하는 능력 있는 사람들을 확장해야 하는 것을 포함한다. 사회복지사, 이해 관계자의 영향 그룹, 및 클라이언트는 특권과 힘의 차이, 억압, 차별, 및 사회적인 정의 활동과 외상, 손실, 리스크, 부정적 결과, 그리고 재난으로 그들에게 영향을 미치는 취약성을 악화시키는 것에 대해 다양한 방법으로 특별한 비판적 의식을 개발해야 한다. 사회복지사들은 미래의 위험과 현재 손실들의 사전과 사후재난 평가에서 지역사회 구성원들과 함께 행동을 해야 하는데, 활동에 지역사회를 참여하도록 해야 하며; 토착민들을 위해 지도력과 전문화된 훈련을 권해야 하고; 그리고 모든 시스템을 협력하여 효과적인 예방/관리 맥락을 만드는 것을 도와야 한다(Landau & Saul, 2004; Peek, 2008; Mitchell, Haynes, Hall, Choong, & Oven, 2008; United Nations International Strategy for Disaster Reduction, 2007a, 2007b, 2008a, 2008b). 그런 비판적 의식은 재난 완화 계획의 모니터링과 대응에 필수적이며 부당한 재난 정책과 실천은 증진되지 않도록 하여야 한다. 그렇지 않으면, 이러한 부당한 정책과 실천은 제도화되어지고 새로운 것이 나타나며 재난생존자들에게 희생, 배제, 및 손해의 형태로 나타나게 될 가능성이 있다.

지역사회와 커다란 시스템에서 중요한 포스트모던 실천원칙 중 하나는 지역 지식을 사용, 수정, 그리고 구축하는 것이다. Manyena(2006)의 진술과 같이, 지역의 지식을 세우고 현존하는 역량의 증대가 중요할 때 재난 회복력은 체계, 공동체, 혹은 사회의 고유한 능력, 즉 필수적이지 않은 부수물들을 변화시킴으로써 적응하고 살아남기 위한 능력으로 보일 수 있다(p.446). 재난 복원력의 정의는 사람들의 영향과 협력적인 지역사회 활동 기반의 직접적인 참여를 촉진한다. 재난-복원력 지역사회는 사회적, 정치적으로 관여하고, 주어진 환경에서 자신의 삶의 방향에 영향을 미칠 수 있는 선택을 할 수 있는 사람들로 구성된다.

지역적으로 참여되고 관리된 재난 완화 노력들은 단순한 지역사회 위험도 사정 수준을 넘어서고, 미래 재난에 대해서 지역적 회복력과 역량을 키우는데 있어 제약사항을 발견하는 수준을 넘어선다. 개인의 역량과 지역 통제는 복구 및 예방의 중심에서 토착 지식과 리더십을 활용하여 증진될 수 있다.

훈련과 교육을 통해 대응자, 경감자, 기획자 등의 역할을 맡도록 지역사회 구성원을 준비시키고 이를 돕는 것이 중요하다(Walsh, 2007). Landau와 Saul(2004)은 "가장 단순한 차원에서, 우리는 공동체 회복력을 주로 자원, 능력, 연줄의 증대를 통해 주된 외상 손실에 저항하고, 역경을 극복하며 이겨내는 공동체의 능력, 희망, 그리고 믿음으로 정의한다"고 진술한다(p.2). 이 제안은 재난 복원력을 지역사회 차원에서 촉진하는데 필수적인 가치들의 약화와 실천들의 비용으로는 리스크를 줄일 수 없지만 아마도 미개발된 토착 지역사회 특성과 자원은 사용할 수 있다.

재난 복구 토착민의 지역사회 리더십의 이점의 예로써 2004년 인도양 쓰나미가 알려져 있다(United Nations International Strategy for Disaster Reduction, 2008a). 남성 또는 어린이보다 더 많은 여성이 Adaman과 Nicobar 제도인 성차별과 불평등 때문에 사망했다. 예를 들어, 여성의 옷이 파편에 의해 찢겨질 때, 벌거벗은 수치심을 경험하는 것 때문에 집에 남게 되거나 그로 인해 사망하였다. 생존한 여성들에 의하면 그들은 가계자산과 아이들을 위해 자신의 생존을 희생해야 했다. 게다가, 여성은 가정의 외부와 적은 연관을 가지는데, 이로 인해 재난지원에 접근성도 제한되었다. 이러한 성차별은 국제적인 비정부기구를 상호원조 집단으로부터 자신의 경험을 공유하게 기회를 주고, 인식을 얻고 기술을 훈련받는 프로그램을 개발하는 것을 촉진시키는 계기가 되었다. 계속 진행 중인 취약성의 분석을 통해, 여성들이 수영을 할 수 없었기에 죽었음을 발견했다. 종합적으로, 그들은 수영을 학습하는 것이 지역사회의 재개발 계획의 우선순위로 배치되어야 하는 것을 느꼈다. 수영 계획뿐만 아니라, 여성은 안전한 주거지를 찾고 재난-대응 팀을 형성하기 위한 지역사회 대응 계획을 개발했다. 홍수, 가뭄, 토지 염류화의 리스크에 대응하여, 연못과 우물을 구축하고 새로운 제방 시스템을 구축했다. 결국, 여성들은 단체로 물고기와 어업 자격증을 배웠다. 이것은 재난으로 어업이 파괴되었을 때 정부지원을 위해 자격을 얻어 그들이 이용할 수 있게 하기 위함이다. 여성은 재무기록과 "저축"의 유형을 분류하는 훈련을 받았다. 여성들은 재난-리스크 감소와 지속 가능한 생계에 적극적으로 참여했는데 이를 통해 그들의 취약성의 근본원인이 해결되었다. 이 프로젝트는 지역사회의 경제 발전과 그 지역의 재난 리스크 감소에서 여성의 참여를 증가시켰다.

사회복지사는 실천의 과정에 참여함으로 자연과 계획 집단 및 지역사회 모두의 사람들과 함께 시스템으로 개입한다. 사회복지사는 그들 자신의 복구를 해결하는데 참여하도록 영향을 미치게 하는 지역사회와 조직 단체의 창출을 돕는다. 사회정의 기반의 재난 실천은 그들 자신을 대신하는 것과 그들의 상황을 해결하기 위해 다른 사람과 결합하는 데에 생존자들이 행동하도록 돕는다.

집단으로서, 지역사회 구성원들은 사실, 상황, 관료적 모호성을 명확히 하고, 재난과 손실에서의 그들의 "현실"을 공유하는 경험을 할 수 있다. 지역사회 구성원들은 상호간에 도와줄 수 있는 네트워크를 만드는데 그 네트워크는 관계를 재편성하고 역할과 기능을 재할당함으로써 그들의 지역사회 배경 안에서 그들 가족을 재구성하는데 도움을 준다. 그들은 자신들의 삶, 계획, 그리고 꿈을 함께 다시 세우고 개정하며, 그들의 상실들로부터 새로운 목표와 의미를 발견하며, 관계를 새로 세우고, 그들의 지역사회와 그들 스스로의 삶을 강화하기 시작한다(Landau & Saul, 2004; Walsh, 2006).

Landau와 Saul(2004)은 큰 심리적인 외상의 후유증에 대해 지역사회 회복력이 나타나는 네 가지 주제를 보고한다. 먼저, 지역사회의 연합과 사회지원 체계를 강화하기 위해 함께 일함을 통해, 그리고 지역사회의 자원과 정보의 공유를 통해 복구의 기초가 설립되고 사회적 유대감이 촉진된다. 두 번째로, 이러한 협력 속에서 구성원들이 생존과 공유된 행동의 이야기들의 집단적인 서술과 재서술에 참여함으로써, 특히 그러한 이야기가 다양한 관점들과 경험들을 광범위하게 포용할 때, 자연적인 치유와 복구가 일어난다. 지역사회 안에서 이것은 의례, 공식적으로 조직화된 헌사와 구전문화를 통해 발생할 수 있다. 이 과정은 구성원들의 외상적인 반응을 입증하고, 인정하고, 정상화시킨다. 세 번째로, 집단적으로 일함으로써 복원력이 있는 지역사회들은 매일의 일과와 매 삶의 지역사회 "리듬"의 재건이 가능하다. 마지막으로 희망은 지역사회 구성원들의 미래에 대한 낙관적인 관점의 집단적 개발에 의해 회복된다(Landau & Saul, 2004).

사후재난 환경에서의 지역사회 실천가는 지역사회의 회복성과 취약성 지표의 흔적을 찾는다. 지역사회가 재난의 영향으로부터 살아나고 있다는 증거는 다음과 같은 징후들을 포함한다: (주택 단위들이 계속 유지되고, 혁신되고 돌보아지는 것과 같은) 희망의 징후들, (사람들이 모이고, 자랑하고, 방문자들에게 뽐낼 수 있는 장소들과 이벤트들의 회복과 창조-이러한 것들은 축제, 조각품, 정원이나 건물들을 포함할 수 있는데-와 같은) "공동체 정체성"의 징후들, "좋은 이웃들", "영웅들", 그리고 생존자들에 관해 집단적으로 공유된 이야기들이나 성공한 "지역의 아들과 딸들"에 관한 전설들의 서술, 그리고 세대간의 관계와 참여이다(Breton, 2002). 지역사회의 취약성 지표들은 기관들이 클라이언트를 사회적 지위와 치료 가능성으로 분류하고, 불필요한 요식 및 배제 정책들을 만들 때 분명해진다. 조직들이 기금의 제한된 자원들과 함께 너무 전문화되었기 때문에 부족한 자원들을 위한 단체들의 경쟁은 종종 접근하기 어렵고, 구매하기 어렵고, 부적절하고 종합적이지 않은 서비스를 야기한다(Landau & Saul, 2004).

큰 시스템 차원에서 실천은, 포스트모던과 사회정의의 관점으로부터 사회복지사 개입이 이루어질 지도 모르는데 그 행동의 경우 (a) 재난-대응 노력은 취약성 인구의 다양한 욕구와 문화를 느끼게 하는 것을 보장하는 것, (b) 지역사회에 내재된 강점을 기반으로 조직과 지역사회 대응을 촉진하는 것, (c) 추가 희생을 피하게 하고 자연적으로 발생하여 그들에게 영향을 줬던 지금까지의 리더십, 전문지식, 지식과 기술들에 용기를 북돋아주는 행동을 발전시키는 것이다. 포스트 모더니즘과 사회정의의 관점에 의해 지향되는 것은 사회복지사는 개인, 지역사회, 그리고 지역 복원력 조직 중심으로 보다 문화적으로 민감하게 원조를 조직화할 필요가 있다. 다음 세대를 위한 문화의 지속가능성을 촉진하기 위해 전통의 지식과 토착 방법을 사용하는 것이 중요하다. 국제 재난에 관련된 문헌과 연구는 예를 들어 범위가 위난과 리스크 평가에 참여하는 아이들부터 재난 계획과 경고, 멘토가 되는 노인, 재난 계획가, 그리고 지역사회 지도자에 이르기까지 풍부하다(Mitchell et al., 2008; Peek, 2008).

결론

이 장은 포스트모던, 사회정의 그리고 강점/탄력성을 지향하는 실천 관점을 기반으로 하여 재난과 관련된 실천에서 사회복지사를 돕기 위한 개념적 틀을 형성하는 것을 목적으로 하였다. 효과적인 재난관련 실천을 위해 필요한 필수적인 지식과 기술의 영역을 제안하는 것을 넘어 이 장은 재난과 관련된 실천에서 정치적이고 경제적인 힘의 격차에 주의를 기울이고 전문적인 원조 맥락을 형성하는 관점의 다양성을 강조하였다. 세 가지 차원의 틀을 사용하는 것은, 현대 재난실천의 다양한 영역과 실제적으로 교차되는 사회복지사를 원조하기 위한 실천 지침과 연계된다.

첫 번째 차원은, 사회정의, 포스트모던 그리고 강점- 그리고 탄력성에 집중한 실천 관점에 기반한 재난의 비판적 이해를 강조했다. 두 번째 차원은, 필수적인 지식과 세부적인 실천 접근, 그리고 포스트모던, 사회정의, 그리고 강점/탄력성에 초점을 둔 실천 관점에 기반하여 개인과 가족에 의한 포괄적인 재난 대응의 기술들을 확인하였다. 세 번째 차원은, 지역사회와 조직 수준의 취약성과 수용력을 사정하기 위한 기술을 포함하여 포스트모던, 사회정의의 관점에 의해 알려진 조직 및 지역사회 기반의 재해 실천을 설명하였다.

포스트모던, 사회정의 관점은 재난 생존자와 그들의 지역사회 그리고 그들에게 사회복지 서비스를 제공하는 사람들에게 새로운 관점을 제공한다. 이 새로운 관점을 사용함으로써, 재난과 관련된 실천현장에서 각각은 탄력적이고 중요하며 적극적인 개체로서 인식될 수 있다.

참고문헌

Allen, R. (1993). Organizing mental health services following a disaster. A community systems perspective. *Journal of Social Behavior and Personality, 8(5)*, 179－188.

Anderson, H., & Goolishian, H. (1992). The client is the expert: A not－knowing approach to therapy. In S. McNamee, & K. J. Gergen (Eds.), *Therapy as social construction* (pp.25－39). Newbury Park, CA: Sage.

Barton, A. H. (2004). Disaster and collective stress. *Contemporary Disaster Review, 2(I)*, 19－24.

Benard, B. (2004). *Resiliency: What we have learned*. San Francisco, CA: WestEd.

Bolin, R. (1986). Impact and recovery: A comparison of Black and White disaster victims, *Mass Emergencies and Disasters, 4*, 35－50.

Berton, M. (2001). Neighborhood resiliency. *Journal of Community Practice*, 9(I), 21－36.

Buckle, P. (2000. Winter). New approaches to assessing vulnerability and resilience. *Australian Journal of Emergency Management*, 8－13.

Buttram, R., Folger, R., & Sheppard, B. (1995). Equity, equality and need: Three faces of social justice. In B. B. Bunker & M. Deutsch, (Eds.), *Conflict, cooperation, and justice: Essays inspired by the work of Morton Deutsch* (pp.272－275.) San Francisco, CA: Jossey－Bass.

Cannon, T., Twigg, J., & Rowell, J. (2003). *Social vulnerability, sustainable livelihoods and disasters*. Report to DFID Conflict and Humanitarian Assistance Department (CHAD) and Sustainable Livelihoods Support Office.

London, UK.

Caputo, B. L. (2000). Multiculturalism and Social justice in the United States: An attempt to reconcile the irreconcilable within a pragmatic liberal framework. *Race, Gender, and Class, 7(4)*, 161–182.

Dewees, M. (2004). Postmodern social work in interdisciplinary contexts: Making space on both sides of the table. *Social Work in Health Care, 39(3/4)*, 343–360.

Fothergill, A., Maestas, E., & Darlington, J. (1999). Race, ethnicity and disaster in the United States: A review of the literature. *Disasters, 23(2)*, 156–164.

Foucault, M., & Gordon, C. (1980). Power/knowledge: Selected interviews and other writings, 1972–1977. New York, NY: Pantheon Books.

Fraser, M. W., & Richman, J. M. (1999). Risk, protection, and resilience: Toward a conceptual framework for social work practice. *Social Work Research, 23(3)*, 121–144.

Freire, P. (1971). *Pedagogy of the oppressed.* New York, NY: Seabury Press.

Gillespie, D. F., & Murty, S. A. (1994). Cracks in a post disaster service delivery network. *American Journal of Community Psychology, 22*, 639–660.

Gitterman, A. (Ed.). (2001). *Handbook of social work practice with vulnerable and resilient populations* (2nd ed.). New York, NY: Columbia University Press.

Green, J. W. (1997). *Cultural awareness in the human services: A multi–ethnic approach.* Boston, MA: Allyn & Bacon.

Hartman, A. (1994). In search of subjugated knowledge. In A. Hartman (Ed.), *Reflection and controversy: Essays on social work* (pp.23–28). Washington, DC: NASW Press.

Jackson, S. (2005). Un/natural disasters, here and there. *Social Science Research Counsel.* Retrieved from http://understandingkatrina.ssrc.org/Jackson/pf/.

Kaniasty, K., & Norris, F. (1995). In search of altruistic community: Patterns of social support mobilization following Hurricane Hugo. *American Journal of Community Psychology, 23*, 447–477.

Kenardy, J. A. (2003). The current status of psychological debriefing. *British Medical Journal, 321*, 1032–1033.

Kobass, S. C, Maddi, S., & Kahn, R. (1982). Hardiness and health: A prospective study. *Journal of Personality and Social Psychology, 42(1)*, 168–177.

Landau, J. (1982). Therapy with families in cultural transition. In M. McGoldrick, J. K. Pearce, & J. Giordano (Eds.), *Ethnicity and family therapy* (pp. 552–572). New York: Guilford Press.

Landau, J., & Saul, J. (2004). Family and community resilience in response to major disaster. In F. Walsh & M. McGoldrick (Eds.), *Living beyond loss: Death in the family* (2nd ed., pp.285–309). New York, NY: Norton.

Layne, C. M., Warren, J. S., Watson, P. & Shalev, A., (2007). Risk, vulnerability, resistance, and resilience: Towards an integrative model of posttraumatic adaptation. In M. J. Friedman, T. M. Kean, & P. A. Resick, (Eds.) *Handbook of PTSD: Science and practice*. New York, NY: Guilford Press.

Leonard, P. (1995). Postmodernism, socialism and social welfare. *Journal of Progressive Human Services, 6(2)*, 3–19.

Litz, B. (2004). *Early intervention for trauma and traumatic loss*. New York, NY: Guilford Press.

Maddi, S. R. (1999). The personality construct of hardiness: Effects on experi–encing, coping, and strain. *Consulting Psychology Journal: Practice and Research, 51(2)*, 83–94.

Maiese, M. (2004). Procedural justice. In G. Burgess and H. Burgess (Eds.), *Beyond intractability*. Boulder: Conflict Research Consortium, University of Colorado. Retrieved from http://www.beyondinatractability.org/essay/procedural_justice.

Manyena, S. (2006). The concept of resilience revisited. *Disaster, 30*, 433–450.

Masten, A. S. (2001). *Ordinary magic: Resilience processes in development. America Psycologist, 56(3)*, 227–238.

McFarlane, A., & Yahuda, R. (1996). Resilience, vulnerability, and the course of posttraumatic reactions. In B. van der Kolk, A. McFarlane, & L. Weisaeth

(Eds.), *Traumatic stress: The effects of overwhelming stress on mind, body, and society* (pp.155−181). New York, NY: Guilford Press.

McMillen, J.(1999). Better for it: How people benefit from adversity. *Social work, 44*, 455−468.

Mileti, D. S. (1999). *Disasters by design: A reassessment of natural hazards in the United States*. Washington, DC: Joseph Henry Press.

Mitchell, T., Hyanes, K., Hall, N., Choong, W., & Oven, K. (2008). The role of children and youth in communicating disaster risk. *Children, Youth and Environments, 18(1)*, 254−279.

Nadeau, J. W. (2001). Family construction of meaning. In R. Neimeyer (Ed.), *Meaning reconstruction and the experience of loss* (pp.95−111). Washington, DC: American Psychological Association.

National Association of Social Workers. (1999). *Code of ethics*. Washington, DC: Author.

National Association of Social Workers. (2003). *Social work speaks* (6th ed.). Washington, DC: Author.

Nelson, W. (1980). *The very idea of pure procedural justice. Ethics, 90(4)*, 502−511.

Norris, F. (2005). *Range, magnitude, and duration of the effects of disasters on mental health: Review update 2005*. Retrieved from http://www.redmh.org/research/general/effects.html.

Norris, F., Friedman, M., Watson, P., Byrne, C., Diaz, E., & Kaniasty, K. (2002). 60,000 disaster victims speak, Part I: An empirical review of the empirical literature, 1981−2001. *Psychiatry*, 65, 207−239.

Norris, F., Friedman, M., & Watson, P. (2002). 60,000 disaster victims speak, Part Ⅱ: Summary and implications of the disaster mental health research. *Psychiatry*, 65, 240−260.

Padgett, D. (2002). Social work research on disasters in the aftermath of the September II tragedy: Reflections from New York City. *Social Work Research, 23*, 42−53.

Peacock, W. G., & Ragsdale, A. K. (1997). Social systems, ecological networks and disasters: Toward a socio-political ecology of disasters. In W. G. Peacock, B. H. Morrow, & H. Gladwin (Eds.), *Hurricane Andrew: Ethnicity, gender, and the sociology of disasters* (pp.20-35). New York, NY: Routledge.

Peek, L. (2008). Children and disasters: Understanding vulnerability, developing capacities, and promoting resilience-An introduction. *Children, Youth and Environments 18(1)*, 1-29.

Puig, M. E., & Glynn, J. B. (2003). Disaster responders: A cross-cultural approach to recovery and relief work. *Journal of Social Service Research 30(2)*, 55-66.

Quarantelli, E. L. (2004). Urban vulnerability to disasters in developing societies: The need for new strategies and for better applications of valid planning and managing principles. *Contemporary Disaster Review, 1(2)*, 43-197.

Quarantelli, E. L. (2005). Catastrophes are different from disasters: Some implication for crisis planning and managing drawn from Katrina. *Social Science Research Counsel*. Retrieved from http://understandingkatrina.ssrc.org/Quarantelli/pf/.

Rawls, J. (1971). *A theory of justice*. Cambridge, MA: Harvard University Press.

Regehr, C., & Hill, J. (2000). Evaluating the efficacy of crisis debriefing groups. *Social Work with Groups, 23*, 69-79.

Reish, M. (2002). Defining social justice in a socially unjust world. *Families in Society, 83*, 343-354.

Reissman, D. B., Klomp, R. W., Kent, A. T., & Pfefferbaum, B. (2006). Exploring psychological resilience in the face of terrorism. *Psychiatric Annals, 34*, 627-632.

Rogge, M. E. (2003). The future is now: Social work, disaster management, and traumatic stress in the 21st century. *Journal of Social Service Research 30*, 1-6.

Rutter, M. (1999). Resilience concepts and findings: Implications for family therapy. *Journal of Family Therapy, 21*, 19–144.

Shalev, A. Y. (2006). Resilience after disaster is the default: How not to miss it (Webcast presentation). *Early psychological intervention following mass trauma: The present and future directions.* Accessed from http://www.nymc.edu/trauma/program.asp.

Shapiro, J., & Ross, V. (2002). Applications of narrative theory and therapy to the practice of family medicine. *Family Medicine, 34(2)*, 96–100.

Soliman, H. H., & Rogge, M. E. (2002). Ethical considerations in disaster services: A social work perspective. *Electronic Journal of Social Work 1(1)*, 1–23.

Sundet, P. A., & Mermelstein, J. (1996). Predictors of rural community survival after natural disaster: Implications for social work practice. *Journal of Social Service Research, 22(1/2)*, 57–70.

Sundet, P. A., & Mermelstein, J., (2000). Sustainability of rural communities: Lessons from natural disaster. *Tulane Studies in Social Welfare 21/22*, 25–40.

Swenson, C. R. (1998). Clinical social work's contribution to a social justice perspective. *Social Work, 43*, 527–537.

Tuval–Mashiach, R., Freedman, S., Bargai, N., Boker, R., Hadar, H., & Shalev, A. (2004). Coping with trauma: Narrative and cognitive perspectives. *Psychiatry 67(3)*, 280–293.

Twigg. J. (2007). *Characteristics of a disaster–resilient community: A guidance note*. Benfield, New Zealand: Hazard Research Center. Retrieved from http://www.benfieldhrc.org/disaster_studies/projects/communitydrrindicators/communitydrr_indicators_index.htm.

Ungar, M. (2004). Surviving as a postmodern social worker: Two P's and three R's of direct practice. *Social Work, 49*, 488–496.

United Nations International Strategy for Disaster Reduction (2007a). *Building disaster resilient communities: Good practices and lessons learned.* Retrieved from http://www.unisdr.org/eng/about_isdr/isdr–publications/06–ngos–good

−practices /ngos−good−practices.pdf

United Nations International Strategy for Disaster Reduction. (2007b). *Global review: Disaster risk reduction*. Retrieved from http://www.preventionweb.net/files/ 1130_GlobalReview2007.pdf.

United Nations International Strategy for Disaster Reduction. (2008a). *Gender perspectives: Integrating disaster risk reduction into climate change adaption good practices and lessons learned*. Retrieved from http://www.unisdr.org/eng/risk−reduction/climate−change/climate−change.html.

United Nations International Strategy for Disaster Reduction. (2008b). *Indigenous knowledge for disaster risk reduction: Good practices and lessons learned from experiences in the Asia−Pacific Region*. Retrieved from http://www.unisdr.org/eng/about_isdr/isdr−publications/19−Indigenous_Knowledge−DRR/Indigenous_Knowledge−DRR.pdf.

United Nations Secretary General. (2005). International cooperation on humanitarian assistance in the field of natural disasters, from relief to development. *Report of the Secretary−General Sixtieth Session*. Retrieved from http://www.un.org/waterforlifedecade/pdf/sg_report.pdf.

Walsh, F. (2007). Traumatic loss and major disasters: Strengthening family and community resilience. *Family Process, 46(2)*, 207−277.

Walsh, J. (2006). *Theories for direct social work practice*. Belmont, CA: Thomson Brooks/Cole.

Webster, S. (2003). Disasters. In R. Lewis and J. Hopps, (Eds.), *Encyclopedia of social work* (19th ed., pp.761−771.). Washington, DC: NASW Press.

Williams, W. (2006). Complex trauma: Approaches to theory and treatment. *Journal of Loss and Trauma 11*, 321−335.

Zakour, M. (2008). Social capital and increased organizational capacity for evacuation in natural disasters. *Social Development Issues, 30(1)*, 13−27.

Zakour, M., & Harrell, E. (2003). Access to disaster services: Social work inter−ventions for vulnerable populations. *Journal of Social Service Research, 30(2)*, 27−54.

제 5 장 사회복지 교육과정에서 재난계획관리와 대응을 접목시키기 위한 사회개발모델

DOREEN ELLIOTT

재난은 복잡한 심리사회적, 경제적, 서비스전달의 이슈를 일으킨다. 이 장은 현재 사회복지가 만드는 기여적 측면과 재난 계획과 경영에서 확장된 역할을 제시한다. 이 장은 재난사회복지의 역할에 대한 사회복지 교육과 전략 및 기술 노동자들을 위한 교육과정 모델을 제시한다. 이 장은 계획, 복구 그리고 재난개입의 개발단계를 포함한 위기개입과 대응단계 이상으로 확장된 사회복지역할을 하는 사회개발모델을 제시한다. 사회복지와 사회개발은 재난대비, 계획, 이후 위기 복원과 개발에 대한 적용가능성 논의에 따른다. 왜냐하면 논의된 모델은 사회개발을 기반으로 하고 있으며, 모델은 개인적 지역사회적 강점과 임파워먼트, 역량강화 그리고 재난의 모든 단계에서 사회적 자산과 인간의 역할을 강조한다.

이 모델은 또한 재난접근방식에 대한 국제비교연구를 통해 사회복지 교육과정의 실천에서 국제적인 접근방식을 제시한다. 재난 연구는 교과과정에 포함된 통합적 국제사회복지의 참여적 관점을 제안한다. 이 연구는 대부분의 사회재난경험으로 인한, 기술적 정보전달과 재난분야의 전문지식간의 상호모델을 소개하고 있다.

미국사회사업가협회(The National Association of Social Workers : NASW, 2009)는 사회복지사들이 미국 정신건강서비스의 주요제공자라고 보고하고 있다. 이러한 관점에서부터 재난대응에 대한 사회복지의 주요역할은 전통적으로 위기개입, 외상후 스트레스 장애(post－traumatic stress disorder : PTSD),

슬픔(grief) 및 사별 카운슬링(bereavement counseling) 혹은 다른 정신건강분야였다. 이것은 중요하고 결정적이다. 하지만 전문지식과 전문기술의 다양성은 위기대응단계에서 뿐만 아니라 사전 사후 충격 단계에서 사회복지가 더 많이 제공되어졌다. 위기개입의 특성 때문에, 이것들은 좀 더 "잔여적(residual)"－즉, 단기간－위기적이며 최소주의일 가능성이 많다. 개인의 병리학적 접근과 대부분의 위기개입의 단기적 특성은 효과성에 한계를 보인다.

이것을 시작할 때부터, 사회복지는 서비스 제공자들의 실천경험으로부터 추론되어진 이론적 개념들의 서비스 전달 시스템으로서 발달되었다. 이 실존적이고 두드러지게 잔여적이며 임상적인 모델은 현재 재난개입의 사회복지적 접근에서 쉽게 찾아볼 수 있다. 그러나 아무리 다양한 전문적 특성을 가지고 미시적이며 거시적 실천에 이용할 수 있는 다양한 기술이 많다 할지라도, 만약 전후 위기단계에서 사회복지의 역할이 확장된다면, 모든 재난단계에서 전문적(the profession) 효과성은 증가할 것이다. 전후 위기단계에서 사회복지 역할의 확장은 모든 위기단계에서 효과성이 증가될 것이다.

사회복지에서의 사회개발 관점은 사회경제 개발과의 관련성을 강조한 Midgley(1994, 1995, 1997)에 의해 설명된다. Midgley(1995)는 사회개발을 "계획된 사회적 변화과정은 전반적으로 복지인구가 경제개발의 역동적인 과정과의 결합을 촉진시키도록 고안되어 있다"고 정의한다(p.25). 그는 현재 사용되는 복지 시스템이 "왜곡된 개발"(distorted development/ p.90 21째 줄)을 유발하기 때문에, 새로운 접근이 요구되어져야 한다고 주장한다(p.4). 즉, 경제개발과 번영은 모든 시민들에게 관심을 보이는 사회가 아니고 부호들과 극빈자들이 함께 공존하는 사회에서 이루어져야 한다. 더 나아가 개입주의 접근과 사회개발은 소외된 그룹의 사람들이 주류 경제에 참여할 수 있도록 한 사회정책과 관련이 있다(Midgley, 1995). 잘 알려진 바와 같이, 사회서비스전달의 고전적인 분석은 1985년에 Wilensky와 Lebeaux에 의해 처음으로 소개되어졌다. 그것은 잔여적 복지(욕구집단에 일시적으로 지원하는 현재정책으로 대표되는 단기위기모델)와 제도적 복지(모든 사람에게 적용되는 사회보장제도로 대표되는 보편적 서비스)로 구별된다.

<표 5-1>은 잔여적 접근과 개발적 사회정책 접근을 비교한 개요이다. 이 요약에서 보여진 것처럼, 사회개발은 제도적 접근을 넘어서 사회정의에 초점을 둔 임파워먼트로 특징지어진다. 사회개발은 자산과 투자에 기반한 접근으로 예방을 목적으로 한다. 따라서 사회정책의 점진적 모델이다. 그러나 점진적 모델의 본질임에도 불구하고 그것은 정치적 영역(: 사회정의와 임파워먼트에 초점을 둔 자유당과 자조와 투자에 초점을 둔 보수당)에 대항하여 호소한다.

〈표 5-1〉 사회복지에서 사회개발에 관한 새로운 점은 무엇일까?

OLD(주로 잔여적 정책)	NEW(개발 정책)
문제중심	강점중심
복지	사회적 투자
지지	성장
낙인, 피해자 책임전가	인권
적절한 결핍	잠재적 실현
의존	진취성과 임파워먼트
최저생활	자산구축
소비	사회적 인적 자본구축
반응적	주도적
박애/자선에 기초	사회정의
최후수단으로 제공된 원조	계획된 예방과 개발
제한비용 강조	투자 강조
순응	가능성의 실현
선택적 이익	보편적 이익
최소한의 프로그램	최선의 프로그램
일시적, 단기간	오랜 기간 원조 욕구를 모면하기 위한 사회적 구조에서 변화를 창조
분열된 서비스 전달 시스템	계획적 다중시스템, 학제간 서비스
안전망/Band-aid 접근	사회복지사가 사회변화를 옹호, 중개
대부분 개인과 가족에 초점을 두고 변화	사회복지사가 사회변화를 옹호, 중개

사회개발과 사회복지

사회개발은 미시적, 거시적 실천대응이 모두 포함된 재난사회복지의 광범위한 역할을 제시하는 관점이나 패러다임이다. 사회개발은 주로 경제정책계획에 대한 "거시적" 접근으로 나타난다. 그러나 사회개발모델을 선택함에 있어서 미시적, 거시적 실천과 관련된 통합체계를 개발하기 위한 사회복지는 상당히 잠재적이다. 이러한 접근은 문서로 잘 기록되어져 있다(Billup, 1994; Billups, Meinert, & Midgley, 1994; Elliott, 1993; Elliott & Mayadas, 1996, 2000; Esters, 1994; Hollister, 1997; Loew, 1995; Mayadas % Elliott, 1997, 2001; Meinert & Kohn, 1987; Midgley, 1994, 1995, 1997; Sanders, 1982; Spergal, 1977; Stein, 1976; Sullivan, 1994; UNDP/UNDDSMS, 1997).

사회복지의 사회개발 접근은 <그림 5-1>에서와 같이 최근의(최신의) 이론적 접근들로 알려져 있다. 강점관점은 사회개발 접근의 가치와 일치한다. 그것은 자산의 확인과 향상, 강점, 복원력과 클라이언트 체계의 자원에 맞추어져 있다. 그것은 임파워먼트와의 공통작업, 그리고 Carl Rogers가 말한 것과 같은 인간실현의 신념을 강조한다(Rogers, 1961; Saleebey, 2008).

〈그림 5-1〉 사회개발과 사회복지 : 이론적 영향

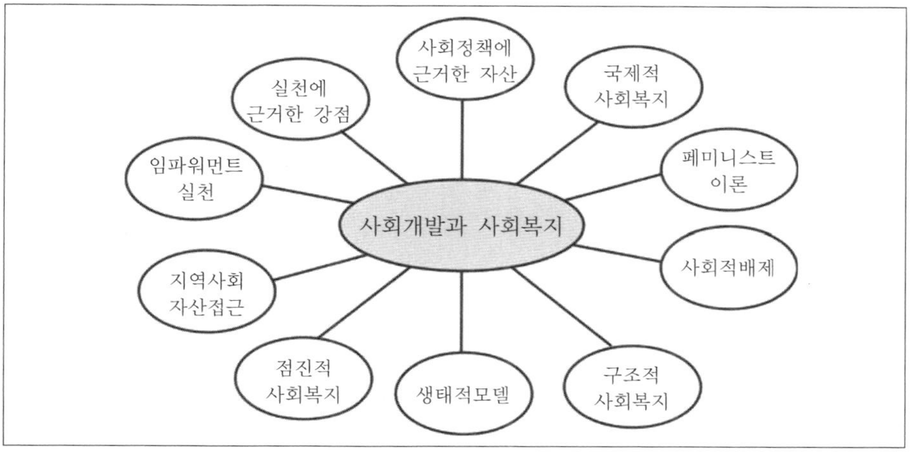

Sherraden(1991)의 자산기반정책에 대한 접근은 현재 복지시스템의 소비에 근거한다고 주장한다. 반면에, 부는 저축과 투자 및 오랫동안 유지 가능한 가족경제를 위한 자산 축적에 근거한다. 투자적 접근과 오랫동안 유지 가능한 미시적 가족경제의 목적은 사회개발관점에서 가장 중요하다. 사회민주화, 구조적 권력관계, 사회변화 또한 사회개발에 중요하다. 그리고 이러한 점에 있어서, 페미니스트 사회복지와 매우 관련이 많다. 페미니스트 사회복지는 자유민주적 페미니스트로부터 급진적 페미니스트까지의 이론적 입장에 초점을 둔다. 불평등하게도, 비록 여성사회화 및 권력차이점과 상관관계가 있는 분석연구일지라도, 개인은 정치적이며, 사회변화의 목적은 이러한 접근으로 모두 대표된다는 개념에 근거를 두고있다(Saulnier, 2000).

사회적배제는 수십 년 동안 유럽의 사회적 정책에 의해 주도된 패러다임이다. 전달된 사회서비스와 관련된 원리는 장애나 문화, 종교, 성적선호도와 같은 소수집단을 통하거나 성별이나 계층, 민족, 빈곤을 통해 사회에서 소외되고 박탈되거나 불이익을 당하는 전후사정을 고려한다(O'Brien & Penna, 2008). 사실, 사회적배제는 사회적배제를 감소시키도록 하려는 점에서 사회개발의 동전의 양면적 측면으로 여겨질 수도 있다. 그러나 초점은 사회개발에서와 같이 긍정적인 것보다는 부정적인 것에 초점을 두고 있다.

Moreau(1979, 1990)과 Mullaly(1997)에 의해 제안된 구조적 사회복지는 사회문제가 개인의 실패 때문에 나타나는 것이 아니라 사회경제적 사회기관의 역동성으로부터 나타난다는 관점을 강조한다. 억압은 사회계층, 성별, 인종의 기원, 성적성향을 통해 나타나고 불평등상태는 이러한 관점을 지지한다. Weil(2000)은 미시적 수준과 거시적 수준 둘 다 사회복지 실천에 대한 구조적 임파워먼트 관점과 유사하게 적용하였다. 이러한 접근들은 공평성과 인권이 중요한 개념이다라는 사회개발과 일치한다.

생태적 모델(The ecological model)이나 사회복지실천의 생활모델은 개인과 그들의 환경 간 적합성의 중요함을 강조한다. Germain과 Gitterman(1980)은 사회복지의 주된 목적은 "인간의 적응력을 강화하는 것과 그들의 환경에 영향을 끼치는 처리과정이 좀 더 적응될 수 있도록 하는 것"이다(p.10). 사회개발은 심지어 그 이상의 관점을 가져다주고 경제 환경과 사회적 이슈와 그들 간의 관련성을 강조한다. <표 5-1>에서 정리된 바와 같이 사회개발과 그 개념이 일치됨을 알 수 있다. 점진적 사회복지의 비전은 빈곤, 실직, 폭력과 같은 사회문제를 경감시키고: 기관의 변화촉진, 사회정책, 시민권과 인권 그리고 공평한 경제실천을 통해 공정한 사회개발을 발전시키는 것이다(Bombyk, 1995).

자산기반 지역사회실천은 지역사회에서 찾은 강점과 자산에 근거한다. 자산기반 지역사회실천은 병리학적 문제에 기초한 욕구사정 접근으로부터 출발하여 자산지도(asset mapping)를 대체한다(Kretsman & McNight 1993; Kretsman & McNight & Puntenney, 1996). Lee(1994)와 Miley, O'Melia와 DuBois(2001)는 임파워먼트 접근과 행동에 집중된 사회복지 실천모델을 개발하였다. 자산기반 접근과 임파워먼트 접근 둘 다 사회개발 접근의 가치와 일치한다.

이러한 영향력뿐만 아니라, 사회개발은 국제적 모델이다. 국제적 모델은 세계의 덜 개발된 지역에 참여한 사회복지사에 의해 알려졌다. 그리고 이러한 이유로 더 많은 부와 아이디어 교환, 기술이전과 문화와 민족성 게다가 세계적이고 지역적이며 사회적이고 경제적인 이슈들 간의 관계가 중요하다라고 인정한 상호모델을 야기한다. 비록 그들 자신의 분야가 대체로 비이론적이라 할지라도 국제적 사회복지는 확립된 사회복지가 실천되어진 환경으로 설명된다. 국제적 사회복지의 정의는 이러한 유형을 따른다:

국제적 사회복지는 국제적 전문활동과 사회복지전문가와 그 구성원들에 의한 국제적 활동능력으로 규정된다. 국제적 활동은 국제적으로 관련된 국내실천과 옹호, 전문적 변화, 국제적 실천과 국제적 정책개발과 옹호의 4개 범위를 가진다(Healy, 2001, p.7).

국제적 사회복지는 세계적, 사회적, 경제적 정의와 전 세계인의 임파워먼트와 웰빙, 인간다양성, 인권을 증진시키는 프로그램과 정책의 개발, 관리, 성취, 연구조사와 평가-세계적 사회 기관과 조직을 통한-와 관련이 있다. 포스트모던 시대에 국제적 사회복지는 인간경험의 다양성과 차이점을 중요하게 생각하고, 세계적인 사회경제적 문제의 고유해결책을 만드는 사람들과 적응하고 배우며 관계를 맺는다. 국제적 사회복지는 이러한 목적들을 지지하는 이데올로기, 가치 시스템, 그리고 이론적 접근을 지지한다(Elliott & Segal, 2008, p.346).

국제적 사회복지실천과 관련된 이론적 체계에서, 사회개발은 거의 항상 특정 유형으로 언급된다. Asamoah, Healy와 Mayadas(1997)는 인권, 사회개발, 횡단적 문화역량과 같은 영향력 있는 개념을 제시한다. Healy(2001)는 국제적 사회복지에 관련된 이론적 접근으로 사회적 배제와 다문화주의인권과 사회개발을 포함시킨다. Cox와 Pawar(2006; p.25)는 인권과 생태적이고 사회개발관점을 포함한 국제적 사회복지를 위한 이론적 체계인 "통합적 관점"을 제시하였다. Midgley(1994, 1995, 1997)는 사회복지의 맥락적 관점에서 사회개발을 설명하였다. 그리고 그것은 사회개발과 사회복지에 관련된 대부분의 문헌에 사용되어진 모델에 적용되었고 개념화되었다. 확실히, 사회개발은 국제적 사회복지실천과 사회정책에서 중요한 개념이다. 그리고 이 장은 완화, 재난대비, 대응과 복구단계에서 사회복지의 역할을 보여줄 수 있는 이론적인 맥락을 제시한다.

사회개발관점이 적용된 사회복지 실천의 이론적 영향력에 있어서, 사회개발관점에 근거한 사회복지개입의 사회복지실천모델은 사회투자, 경제적 참여, 정치적 임파워먼트 그리고 인력투자의 4가지 서비스전달 시스템으로 이루어진다. 이 모델은 인력투자나 능력배양과 같은 새로운 사회복지용어를 사용한다. 전통적인 개입이나 역할, 사회복지의 기술들을 사용하면서 이 모델은 새로운 것을 개발한다. 핵심적 특징은 그것이 미시적이고 거시적 사회복지실천에서 전통적인 이분법을 적용하지 않는다는 것이다(Specht & Courtney, 1994; Wakefield, 1998a, 1998b).

사회투자 카테고리에서의 개입은 '빈곤과 사회적 배제가 중요한 사회적 비용이다'라는 인식과 모든 기능, 기회 및 포괄을 최대한 활용하도록 고안된 사회기반시설 설립에 초점을 두고 있으며, 소외된 주민들을 위한 삶의 질을 개선하는 데에도 초점을 두고 있다. 예를 들면, 사회투자접근은 정책이 노동시장합류를 승인한다면 복지수혜자의 보육욕구를 가져온다. 게다가 보육공급은 국제정책을 만들어내고 결국 비용하락을 가져온다. 사회투자는 또한 사회기반시설 설립과 수송시스템, 주택공급, 환경유지, 의료, 교육과 같은 역량강화에 초점을 둔다.

빈곤자의 공통점 중의 하나가 그것이 기술적이든 산업적이든 혹은 지역경제적이든 간에 그들은 중요한 경제활동에 전면적으로 참여하지 않는다는 것이다. 선진경제에서 그들은 고정자산과 신용획득이 제외되었고 지역경제에서는 토지소유가 제외되었다. 어떤 경제의 형식에서든 재산권은 제외되었다. 소액금융은 빈곤자들 중에서도 가장 빈곤한 자를 도와주기 위해 개발된 강력한 개입도구이다. 그리고 그것은 비즈니스 직업의 범위 밖에서 주로 발달한다(Coumts, 1996). 직업으로서 사회복지는 빈곤개입처럼 경제개발에 초점을 두지 않는다. 자산습득과 토지소유권과 재산권, 교육혜택, 참여에 맞추어 조정된 지역경제의 소규모 기업체, 소액대출과 재형저축접근 개입에 근거한 자선과 복지로부터 멀어진 사회복지를 나타낸다(Livermore, 1996; Sherraden, 1994).

<그림 5-2>에서 보는 것처럼 개입의 세 번째 영역은 정치참여와 사회경제적 배제나 소외된 집단사회복지에 초점을 둔다. 그들 스스로 차이점을 두지 않기 때문에 정치적 과정에 참여하지 않고 소외감을 느끼며 불평한다. 그들의 세계관은 치안, 출입국관리, 교육시스템과 건강 및 정신건강시스템과 같은 많은 사회적 경험차이에 의해 나타난다. 임파워먼트, 의식화운동, 옹호를 통해 소외된 자들이 그들의 권리를 더 많이 알려주고, 배제되고 억압된 서비스 구조를 변화시키도록 서비스제공자를 의식화할 수 있도록 하는 전략이다. 사회정의와 인권은 이러한 서비스 전달시스템에서 중요한 개념이다.

〈그림 5-2〉 사회복지 교육과정에서 재난계획, 경영, 대응을 접목시킨 사회개발모델

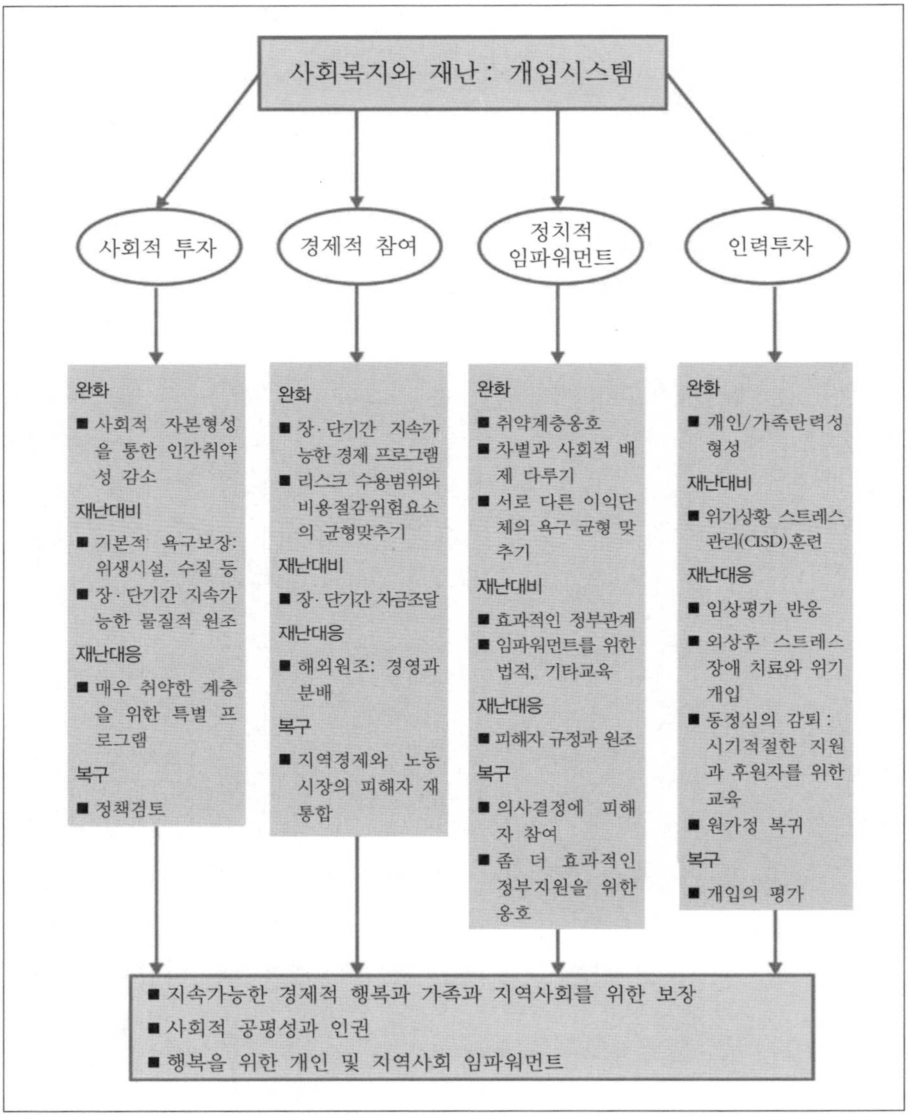

네 번째 서비스전달시스템인 인력투자는 사회복지와 심리사회적, 정신건강적으로 매우 밀접하게 관련이 있는 모델이다. 주된 요점은 전통적 사회

복지는 의학모델에 기반을 둔 결손과 관련이 있다라는 사실이다. 사회개발은 강점관점과 개입에 근거한 임파워먼트에서, 직접적 사회복지실천의 현재 경향과 일치하는 인력투자라고 보여진다. 강점관점으로서, 이 모델은 권력 불균형이 심한 비대칭적 사회복지사-클라이언트 관계-로부터의 초점의 이동을 시도한다. 반면에 사회복지사는 "인간관계 전문가"로서 반응하고 주목된다(Goldstein, 2002). 사회복지사의 역할은 사회경제적 변화와 심리사회적 변화를 위한 사회복지사와 클라이언트 간의 융합과 대화 및 호혜를 강조하며 참여한다. 예를 들면, 사회복지사는 조정자, 보육자, 조력자 역할을 맡을 뿐만 아니라 조정자, 사회시스템에서 권력평등자, 공통활동가의 역할도 한다.

사회개발, 사회복지, 그리고 재난

<그림 5-2>는 이 장의 처음부분에서 재난을 적용한 것처럼 사회개발모델 개요를 보여준다. 원형도표에서 나타난 4가지 서비스전달 시스템-사회적 투자, 경제참여, 정치적 임파워먼트, 인력투자-은 재난개입에 적용된 중요한 전략과 관련이 있다. 그 모델은 자연적 재난이나 인간이 만들어낸 재난에 적용될 수 있다.

재난경영의 4단계-완화, 대비, 대응과 위기경영 그리고 복구-는 각 시스템을 대표한다(Coppola, 2007). 완화단계는 비록 첫 번째 단계에서 나타나지만 사실은 대비와 복구단계에 중첩되어 나타난다. 이와 유사하게 대비단계와 복구단계는 서로 중첩되고, 대응단계와 복구단계가 서로 중첩되어 나타난다. 재난 후 완화단계는 복구단계가 완화단계와 중첩되어 자주 나타난다. 대부분 모델들과 같이 이 재난과정모델은 서로 관련이 있으며, 서로 계획하고 구분되어진 복합 활동들을 조직화하는 방법이다. 4단계는 다음과 같이 간단히 언급되어져 있다.

완화단계는 예방과 위험을 개선시키고 구조적이며 비구조적인 완화단계를 포함한다. 2005년 허리케인 이후 뉴올리언주의 제방보강이나 1989년 로마프리타지진 이후 캘리포니아 베이 지역에서의 건축법 강화는 구조적 완화의 예이다. 연방재해경감활동 2000(PL 106~39)과 같은 공공정책은 비구조적 위험완화의 예이다. 연방긴급사태관리청(The Federal Emergency Management Agency : FEMA)은 완화를 "특정한 지속적 행동으로 인해 위난으로부터의 자산과 삶에 대한 장기적 리스크가 감소되거나 제거하는 것"이라고 정의한다(FEMA, 2000). 위험완화는 지속가능한 지역사회의 설립에 목적을 가지고 있다(Paton & Jhonston, 2006). 이것은 사회자본의 축적을 위해 상당한 사회적 투자를 요구하고, 이 장의 앞에서 언급된 바와 같이 사회복지 사회개발 접근과 일치한다. 완화는 재난 전 단계에서 대비단계와 연관이 있고 재난 후 단계에서는 복구와 연관이 있기 때문에 재난 전과 재난 후 요소를 모두 가지고 있다고 할 수 있다. 대비단계는 재난경영에서 완화보다 오랜 역사를 가지고 있다. 그리고 서양 선진국에서는 1950년대부터 민방위대와 관련되어져 왔다. 대비단계는 재난경영의 기능적이고 응용적인 측면을 다룬다. 대비단계는 리더십, 훈련, 준비 그리고 지역사회의 원조와 같은 재정의 여러 가지 것들을 포함한다(Haddow, Bullok & Coppola, 2008). 재난경영의 대응단계의 첫 번째 목표－보호소, 조사와 구조, 심각한 피해, 인명손실과 빈곤피해를 제한하기 위한 시도－는 즉각적인 생명구조반응과 같은 것이다. 이러한 과정에서 의사소통, 수송, 공익사업, 수질, 전기와 식품배분과 같은 주요 기반시설의 복구는 중요하다(Coppola, 2007). 복구단계는 좀 더 지속적으로 유지되고 안전한 지역을 만들도록 하는 재설립, 빈곤보수, 지역경제재개, 회복전략계획을 포함한다. 복구단계는 종종 몇 달에서 몇 년까지 오랜 기간이 소요되며, 미래 리스크를 감소시키는 더 강하고 좋은 지역사회를 만들기 때문에 완화기능과 겹쳐진다.

다음 부분에서는 이러한 4가지 시스템의 각 단계에서 사회복지 기능의 예를 제시한다. 여기에 나타난 것은 지역상태와 재난의 형태에 따라 조정될 수 있는 일반적인 원리의 예이다.

사회적 투자

재난에 적용되는 본 체계는 그림 5.2에서 살펴볼 수 있다. 여기에서는 중요한 사회기반시설 및 사회적 자본을 수립하는데 중점을 두고 있으며, 사회복지가 재난과 관련하여 아주 최소한으로 관여했던 영역을 보여준다. 재난과정모델의 각 측면은 잘 나타난 반면에, 사회투자는 특히 재난관리의 경감측면에서 특히 관련성이 있다. 그림 5.2에 나타난 사회투자에 기반한 경감기능의 한 예로는 사회적 자본을 형성함으로써 인적취약성을 경감하는 것이다. Mathbor(2007)는 사회적 자본이 지역사회 스트레스를 경감시킬 수 있다고 제안했으며, Putnam(2000)의 결속다지기(bonding), 집단 간의 연결다리놓기(bridging), 연계하기(linking) 개념을 활용하여 지역사회의 사회적 자본을 형성하는 방법을 논의하였다. Mathbor는 개발을 활용한 경감의 좋은 예시인 방글라데시의 조기경고시스템을 언급하였다.

사회적 자본을 수립하고 기본적인 욕구와 물질적 지원을 보장하는 것과 관련된 준비프로그램의 한 예로는 텍사스 남부의 1994년 대홍수 이후의 SNAP 프로그램이 있다. 중학생들은 응급상황 발생 시 노인, 장애인, 정신적, 신체적으로 어려움이 있는 사람들을 위한 신호를 보내자는 의견을 제시했다. 프로그램의 참여자들이 명확해짐에 따라, 학생들은 지역재난대비기관 및 전문가, 자원봉사자 집단에 프로그램에 대해서 공지하였다. 이를 통해 새로운 네트워크가 생겨났으며, 정부기관이나 비정부기관(NGO) 등에 의해 시행되었기 보다는, 프로그램을 개발한 청년들로 구성되는 일반적인 사람들이 프로그램의 소유권을 가지는 프로그램에 대한 소유권을 가진 개발접근법을 보여준다. 텍사스프로그램은 다른 주와 국가들의 관심을 일으켰으며, 청년들을 대상으로 하는 지역사회 세팅에서 일하는 사회복지사들을 위한 모델로 여겨진다(Haddow et al., 2008, p.212).

사회투자의 응급대응단계에 있어서, 사회복지사들은 문화적 유능성에 대한 전문가로서의 특별한 기여를 하는 역할을 갖고 있다. 일부 소수집단들은 다양한 이유로 응급구호품에 대해서 동등한 접근을 하지 못할 것이다. 응급서비스에 의해 제공되는 식사는 문화적인 이슈를 고려하지 않을 것이다. 유대교이거나 채식주의용 음식은 선택사항에 없으며, 일부 종교에서는 금기하는 음식인 돼지고기가 일부 음식들에 포함될 것이다. 공중화장실과 위생방식은 일부 문화집단들에게는 어려움이 있을 것이며, 비상의류는 문화에 적절해야 한다. 비자상태를 아는 것도 중요한데, 불법체류자들은 고소나 추방을 두려워하여 도움을 받기 위해 등록하는 것을 꺼릴 것이기 때문이다.

국제적으로, 왜 사람들이 같은 양수기를 사용할 수 없는지에 대하여, 카스트제도나 성별과 같은 이유들이 있을 것이다(Coppola, 2007). 사회복지사들은 이러한 그룹들을 명료화하고 서비스를 제공하는데 도움을 줄 수 있다. 사회투자관점에서 자원봉사자들을 훈련시키는 것은 재난이 발생했을 때와 그 이후 모두에 있어서 다양한 지역사회 이익을 가진다. 문화적 유능성을 보장하기 위해 응급대응단계에서 중요한 인프라서비스를 제공하는 사람들을 훈련시키는데 유익하다. 그러한 훈련들은 의식, 사회적 결속력 및 강화된 네트워크 및 사회적 자본을 형성한다.

회복측면의 한 부분으로서 서비스 효과성과 정책계획, 정책들의 검토에 대한 분석 및 토론의 사례들은 Gillespie(1991), GiIllespie and Murty(1994), Gillespie et al.(1993), Robards, Gillespie, and Murty(2000)의 연구에 제시되어 있다. 이러한 논문들에서는 서비스전달에서의 편차, 위험에 빠지기 쉬운 사람들, 편차를 줄이기 위한 서비스조정에 대해 논의하고 있다. 이러한 작업들은 회복과 완화사이의 연결고리로서의 예시가 된다.

경제적 참여

사회개발을 위한 핵심개념 중 하나는 사회 및 경제적인 부분의 연결이다. 이 부분을 적절하게 정의한 것은 다음과 같다: 사회개발은 모두를 위한 사회 및 경제영역에서의 완전한 참여를 만들고 강화하기 위한 연결다리를 놓는 것과 궤적을 만드는 것에 대한 것이다. 이것은 재난상황이 아니더라도 어려운 일이며, 재난의 결과에 따른 경제구조를 포함하는 기반시설에 대한 도전이며, 연결다리를 만드는데 추가적인 장애물로 존재한다. 경제적 참여를 만드는 문맥상에서 완화라는 것은 재난이 발생했거나 여파를 겪는 상황을 겪기 전에 다음번의 더 나은 개입을 위한 관점에서, 미시 및 거시경제체계, 기관들, 지역사회들을 강화시키는 것을 포함한다. 여기에는 만약 집단들이 경제에 관여하고 있고 고용되었거나 생산적일 때, 지역사회 내의 정치적 참여와의 연계는 더 강하게 나타난다는 것과 연결다리가 만들어졌다는 것을 확신하는 것이 포함된다. 재난관련 자본환경은 점차 복잡해지고 있다. Auerswald, Branscomb, La Porte, Michael-Kerjan(2006)은 중요한 기반시설과 관련된 완화를 논의함에 있어서 쇼핑몰, 사무실 빌딩들, 영화관, 공장들, 에너지공장들, 항공사들이 취약성을 갖고 있음을 지적하면서, 이러한 중요 기반시설의 80%가 사적소유물이다(p.4). 개인사업자들은 비용을 절감하고 이익을 향상시키려고 하며 경제적 이익에 반하는 위기를 분석한다. 발생하지 않을 수도 있는 재난에 대한 완화비용은 예산에서 제외되기 쉽다. 그러므로 완화는 정치적인 항목으로서 사적 및 공적 영역사이의 협력뿐만 아니라 지출을 위한 합의가 요구된다. 지난 20년간, 기반시설에 대한 개념은 더 복잡해졌다. 1983년 미국연방정부는 7가지 주요 기반시설로 고속도로, 대중교통체계, 오수처리시스템, 수자원, 항공교통관제, 공항 및 상수도를 발표했다. 2002년까지 이러한 7영역은 13개로 늘어났다(Auerswald et al., 2006, p.11). 준비측면에서 자본 환경은 고려되어야 할 중요한 요인임이 분명하며, 재난 이전에 그러한 자원들이 이용 가능해야 한다. 위험예측에서 위험이 높다고 판단될 때 필요한 장비를 구비하기 위해 활용될 수 있는 자금 확보를 위한 노력들이 투입될 것이다.

대응과 회복은 밀접히 연결되어 있다. 회복측면은 필요한 물품공급과 지역경제가 다시 활성화되기 위해 사업을 재개하는 측면을 포함한다. 대응개입들은 효율적이어야 하는데, 왜냐하면 예를 들어 만약 외국음식의 배분이 효율적이지 않다면, 그때는 생활필수품을 위해 줄서있는 사람들이 충분하게 배급받아 회복기간으로 진입해서 사업이 진행될 수 있는 것이 불가능할 것이기 때문이다. 미국의 통계를 살펴보면, 25%의 소규모 사업이 재난으로 인해 문을 닫았으며, 40~60%가 재난 발생 이후 2년 내에 문을 닫았다(Coppola, 2007). 그러나 재난 이전에 사업이 잘 되었을수록, 재난 발생 이후

살아남을 가능성이 높았으며, 이를 통해 사회투자와 지속가능한 지역사회들을 수립하는 것의 중요성을 되돌아볼 수 있다. 마이크로크레딧 프로그램들은 재난 발생 이후 작은 규모의 사업들을 지원하고, 새로운 사업이 시작되는데 효과가 있는 것으로 알려져 왔다(Coppola, 2007). 이러한 측면에서, 사회개발과 사회복지는 이러한 프로그램들을 수립하기 위해 도움을 주는 것에 매우 적절할 수 있을 것이다.

정치적 임파워먼트

그림 5.2에 나와 있는 것처럼, 사회개발은 자선/잔여적/자선적인 서비스 모델에 반대되는 임파워먼트에 초점을 둔다. 완화의 핵심은 사회복지에서의 발전적 실천의 한 부분으로서 취약집단에게 목소리를 실어주는 일반사람들의 주도권을 개발하는 것이다. 지속가능한 완화의 원칙 중 하나는 정책 결정에 있어서 가능하면 모든 이해관계자들이 함께 하며 합의를 갖는 것이다. 이것은 가능한 한 많은 지역사회의 안건으로서 지속가능성을 설정함으로써 이루어질 수 있다(Paton&Johnston, 2006). 사회복지사들은 정책과 의사결정에서 제외되는 취약집단을 옹호하고 명료화하기 위해 배치되어 있다. 사회복지사들은 또한 완화와 합의를 도출하기 위한 기술을 갖고 있어야 한다.

많은 연구들에서는 재난으로 인해 벼랑 끝에 몰린 집단의 특수한 취약성에 대해 보고한다. 75세 이상의 노인, 아프리카계 미국인들, 아이가 있는 단일가구주, 신체 및 인지적으로 문제가 있는 사람들, 이동이 어렵거나 대피가 힘든 사람들을 포함한다(Zakour&Harrell, 2003). 유사하게, 빈곤한 사람들은 재난으로 인한 위기나 회복기간 중에 자원에 대한 접근이나 선택권이 더 부족하다. 그들은 기술에 대한 접근성도 떨어지기 때문에 재난에 대한 경고에도 접근성이 낮다. 이로 인해 더 많은 착취와 재난에 노출되며, 의료 및 다른 서비스에 대한 접근성이 낮게 된다. 미국의 빈곤과 재난에 대한 문헌고찰에서는 많은 기존연구들이 가난한 사람들은 재난의 모든 단계에서 더 취약하다는 결과를 제시한다고 보고한다. 거주지의 위치, 건물의 품질, 빈곤으로 인한 고립효과 등 이 모든 것들이 빈곤한 사람들의 취약성에 기여한다(Fothergill&Peek, 2004). 이것은 미국뿐 아니라 국제적인 경향이다. 인구밀도가 높은 국가들에서는 가난과 취약성은 근처의 화산, 경사지, 범람원, 쓰레기처리장과 같은 재난 발생이 쉬운 재역의 판자촌으로 밀려난다(Pampel, 2007).

완화라는 것은 지구 남쪽 지역, 즉 이것이 럭셔리하고 가난한 지역사회들을 위한 지속가능성을 향상시킨다는 것에 노력을 기울이지 않는 곳에서는 우선순위에서 밀려난다.

허리케인 카트리나에 대한 대응이 늦어졌던 문제 중의 하나는 지역, 주, 연방정부의 관계가 열악했기 때문이다. 대비와 정치적 임파워먼트는 세계적, 국가적, 지역적, 자원봉사서비스 차원 사이에서 좋은 관계를 맺고, 효과적인 대응을 위해 필수적이다. 지역수준에서 폭넓은 참여는 법적이슈에 대한 지식과 책임감의 경계와 함께 대응과 공적교육프로그램의 한 부분이어야만 한다. 통신, 운송수단, 전기, 물, 음식, 피난처와 같은 중요한 기반시설 서비스들은 응급방재계획의 필수적인 부분이다(Coppola,2007).

원조를 받을 희생자를 정의내리는 것은 대응측면에서 직면하는 많은 문제 중의 하나이다. Childers(1995)는 1995년 뉴올리언스에 허리케인 카트리나가 발생하기 전 홍수가 일어났을 때, 가구에 대한 연구를 발표했다. 노인, 독신, 여성가구는 저소득가구의 일반적인 집단들에 비해 2~2.5배 가량 많은 수를 차지한다. 그들은 또한 연방긴급사태관리청의 대출프로그램에 비교적 더 많이 신청하는 것으로 나타났다. 그러나 일반적인 집단에 비해 대출승인을 받는 비율은 낮았다. 이 연구에서는 특히 정부지원을 위한 효과적인 옹호에 대한 욕구와 개발중심 사회복지실천과 임파워먼트에 부합하는 역할을 기술하였다.

Sphere 프로젝트(2004)는 국제적인 NGO 단체들과 적십자 및 적신월에 의해 조직되었다. 이것은 원조를 제공하는 사람들이 물질적 원조를 위한 최소한의 기준을 제공해야 하고, 행동에 있어서 윤리적 관례에 따라 행동해야 하며, 재난피해자들이 받는 고통을 경감시키기 위해 도움을 받을 수 있는 권리에 대한 책임감에 근거하고 있다. Sphere 프로젝트는 재난의 피해를 입은 사람들이 재난구호과정의 모든 측면에서 포함되어야 한다는 최초의 최소기준으로 여겨진다. 여기에서는 사정, 디자인, 수행, 모니터링, 평가를 포함한다(Spere Project, 2004; p.28). 회복측면에서 지역사회 집단들과 지도자들을 동원하는 것은 Sphere 프로젝트에 의해 지정된 기준과 훌륭한 개발적 사회복지실천과 연결된다.

인적자원투자

이 체계는 사회복지분야에서 전통적으로 주요한 구성요소이다: 정신건강분야에서 위기 개입의 심리사회학적 개입, 사회적 투자 체계가 중점을 두는 것처럼, 이 경우 능력배양은 개인과 가족의 회복탄력성에 중점을 둔다(Bernard, 2006; Halpern & Tramontin, 2007; Paton & Johnson, 2006; Rosenfield, Caye, Ayalon, & Lahad, 2005). 그러나 앞에서 언급했듯이 사회개발모델은 강점과 임파워먼트 관점에서 작동되어, 완화단계에서 개입의 초점은 지속가능하고 가족과 지역사회의 건강을 위한 회복탄력성과 사회적 자본을 구축하는데 있다. Buckle(2006)은 개인의 회복탄력성을 지원하는 특성을 확인하였다: 정보, 권고, 자원, 개인적 그리고 지역사회 지원, 그리고 역량관리의 유효성과 접근 등 참여하거나 다른 사람을 도울 시간과 능력을 의미한다. Buckle은 다른 사람과 연결되어 있다는 의미의 관여(involvement)라 불리는 개인의 회복탄력성을 강조하는 부분을 포함시켰다. 사회개발 관점에서, 이것은 사회자본이다(p.96). 대비단계는 사회복지사들이 재난상황에서 위기개입에 대한 훈련을 포함한다. 지난 10년간 세계 곳곳에서 일어난 테러와 널리 알려진 재난의 영향으로, 재난에 대한 연구는 전 세계의 대학에서 사회복지 교육 의제의 중심이 되어 왔다. 문화적 다양성의 역량에 대한 교육은 그림 5.2에서와 같이 4단계의 전달체계 모두에서 필수적이며, 사회적 자본을 형성하는 기능의 중요한 역할을 한다. 예를 들어, 대응단계에는 사고 스트레스에 대한 비판적 보고, 혹은 외상성 사건에 대한 보고가 사회복지사의 교육에 포함된다(Bell, 1995; Miller, 2003). 응급 관련한 다른 전문가를 돕는 것은 동정심의 감퇴를 관리하는 것도 포함될지 모른다(Figley, 2002). 복구 평가는 모든 사회복지 실천에서 필수적이다. 이 문맥에서 평가는 대응단계를 지속하는 것을 이끌거나 재난 후 완화와 연결한 개입의 변화를 의미한다.

다음은 재난에 대한 사회개발의 사회복지접근방법의 유용성을 요약한 것이다.

- Band-age, 자선, 잔여적 접근이 아니라, 역량강화, 참여, 자산 중심, 강점관점 중심의 접근이다. 이것이 근대 재난 관리 실천에서 일관된 가치이자 표준이다.
- 완화와 일치하는 구조적 변화와 개발을 위한 가능성을 제시한다. 사회적 개발은 다학제적으로 연결되어 있고, 재난관리와 일치한다.
- 재난계획의 모든 단계와 관리를 포괄하며, 관련이 있다: 완화, 대비, 대응, 회복
- 사회복지사들이 인적자원 투자, 사회적 자본, 미시경제에 참여할 수 있는 새로운 접근법을 권한다.
- 실천과 자원의 국제적 응용프로그램으로 국제적 교류를 장려한다. 재난시에 종종 국제적 지원이 이루어진다-때로는 기본적인 필요물품이 부족하고, 특별한 장비를 갖춘 팀을 찾는 것과 같은 특화된 자원이 필요하기 때문이다.
- 사회복지의 미시적·거시적·지역적, 그리고 세계적인 최근 이론적 접근을 모으는 통합적 개념이다.
- 다음과 같은 최근 사회복지 이론의 적용을 권장하고, 영향을 받고, 일치한다; 역량강화 실천, 지역사회 자산 접근, 진보적인 사회복지, 생태적 모델, 구조주의적 사회복지, 사회적 배제, 페미니스트 치료, 자산기반 정책, 그리고 강점기반실천.
- 그 모델은 각 체계수준에서 재난 과정모델을 혼합한다: 완화, 대비, 대응, 그리고 복구.

그러나 이 모델에도 고려되어야 할 제한점은 있다.

- 모델은 이론적 모델이며 검증되지 않은 것이다.
- 사회복지 전문 가치와 일치하는 가치/이데올로기적 체계의 부가는

모델 개발에서 다음 단계가 되어야만 한다.

- 문화와 민족성의 중요성에 대한 중요성이 더욱 부각되어야 한다.
- 사회개발은 미국에서 사회복지실천에 중심적인 이론은 아니다. 임상 사회복지사들이 모두 알고 있는 이론은 아니지만, 임상적 세팅의 실천에서 꽤 타당성이 있다(Elliott & Mayadas, 1996: Mayadas & Elliot, 2001).
- 세계적 실천에 타당한 모델로 보이지만, 세계적인 것이 지역적이고, 지역적인 것이 세계적이라고 인식되고 있지는 않다.

교과과정 모델로서 사회개발과 사회복지

이 장에서 제안된 모델은 많은 클라이언트 집단과 사회복지실천세팅에 적합하다. 그래서 수업시간의 훈련과 커리큘럼과 결합할 수 있는 자격을 제공한다. 예를 들어 일단 학급에 개념이 소개되면, 모델은 분석되고, 토론되고, 비판되어, 집단 훈련이 실현될 수 있다. 집단은 네 개의 시스템 각각에서 만들어질 수 있고, 각 단계에서 좀 더 특별하게 설명될 것이다. 여기에 설명된 모델은 공간적 제한으로 각 부분에서 예를 들었다.

또 다른 접근은 다른 실천 상황에 모델을 확장하는 것이다; 한 집단에는 난민에게 모델을 적용하고, 다른 집단에는 HIV/AIDS 환자를 위해 일하는 사람들, 그리고 정신과적으로 이중 진단이 있고, 약물남용을 하는 사람들과 일하는 사람에게 적용하는 것이다. 모델은 지구적 그리고 지역적 수준의 의료보호와 빈곤 이슈에도 적용할 수 있는 유연한 일반적 모델이다. 마찬가지로, 지구적 관점이 아동의 권리에 관한 유엔 협약의 고려를 통해 소개된 아동복지 현장에서도 적용될 수 있는 것이 한 예이다. 이 모든 예시들은 지구적이고 지역적인 차원을 나타내어, 학생들은 지구적이고 지역적인 요소들을 구분하는 훈련의 일부로 질문을 받을 수 있다. 그리고 좀 더 확장시키면, 새로운 모델을 창조하고, 기본으로 선택할 새로운 이론을 사용할 것이 요청될 수 있다. 혹은 사회개발의 대표할 다른 모델을 창조하여 집단으로 논문을 쓰거나 비판적 분석과 토론을 위해 학급에서 그들의 모델을 제시할 수 있다.

그 모델은 학급에서 체계에 대한 생각을 학생들에게 소개하고, 어떻게 서비스 전달에 적용할지를 도울 수 있다. 사회개발 모델과 일치하는 이론적 관점을 연구하고 탐색하는 것을 자극한다. 모델의 강점과 약점을 논의하는데, 비판적 사고 연습을 돕는데 사용할 수 있으며, 다른 이론적 모델을 선택하여 같은 비판적 사고기술을 적용할 수 있다. 커리큘럼에 지구적 차원을 소개하는 장치로 국제 사회복지가 무엇인지, 지구적 그리고 지역적인 것과 어떻게 연결이 되는지를 첨가하는 것을 고려할 수 있다. 이 모델을 사회복지실천의 커리큘럼 모델로 그리고 일반적(포괄적) 이론적 모델로 적용할 응용프로그램이 있다. "사회적"인 것을 사회복지의 배경으로 하고 새로운 경제적 차원을 추가하는 것이다.

참고문헌

Asamoah, Y. Healy, L. M., & Mayadas, N. S. (1997). Ending the international domestic dichotomy: New approaches to a global curriculum for the millennium. *Journal of Social Work Education, 33*, 389-401.

Auerswald, P. E., Branscomb, M. L., La Porte, M. T., & Michel-Kerjan, O. E. (2006). *Seeds of disaster roots of response. How private action can reduce public vulnerability*. New York, NY: Cambridge University Press.

Bell, J. (1995). Traumatic event debriefing: Service delivery designs and the role of social work. *Social Work, 40(1)*, 36-43.

Bernard, M. S. (2006). The concept of resilience revisited. *Disasters, 30*, 434-450.

Billups, J. O. (1994). The social development model as an organizing framework for social work practice. In R. G. Meinert, J. T. Pardeck, & W. P. Sullivan

(Eds.), *Issues in social work: A critical analysis.* Westport, CT: Auburn House.

Buillups, J., Meinert, R. G., & Midgley, J. (1994). Redefining social development: Diverse conceptualizations and new approaches. *Social Development Issues, 16(3)*, 1-19.

Bombyk, M. (1995). Progressive social work. In R. L. Edwards, J. G. Hopps, et al. (Eds.), *Encyclopedia of social work* (19th ed., pp.1933-1942). Washington, DC: NASW Press.

Buckle, P. (2006). Assessing social resilience. In D. Paton, & D. Johnston (Eds.), *Disaster resilience: An integrated approach*. Springfield, IL: Charles C. Thomas.

Childers, C. D. (1995). Elderly female headed households in the disaster loan process. *International Journal of Mass Emergencies, 17(1)*, 99-110.

Counts, A. (1996). *Give us credit.* New York, NY: Random House.

Coppola, D. P. (2007). *Introduction to international disaster management.* New York, NY: Elsevier.

Cox. D., & Pawar, M. (2006). *International social work: Issues strategies, and programs.* Thousand Oaks, CA: Sage.

Disaster Mitigation Act, Pub. L. No. 106-39, 114 Stat. 1552(2000). Retrieved from http://www.fema.gov/library/viewRecord.do?id=1935.

Elliott, D. (1993). Social work and social development: Towards an integrative model for social work practice. *International Social Work, 36*, 21-36.

Elliott, D., & Mayadas, N. S. (1996). Social development and clinical practice in social work. *Journal of Applied Social Sciences, 21(1)*, 61-68.

Elliott, D., & Mayadas N. S. (2000). International perspectives on social work practice. In P. Allen-Meares & C. Garvin (Eds.), *The handbook of social work direct practice* (pp.633-647). Thousand Oaks, CA: Sage.

Elliott, D., & Segal, U. A. (2008). International social work. In B. W. White (Ed.), *Comprehensive handbook of social work and social welfare: Vol. 1, The profession of social work.* Hoboken, NJ: John Wiley & Sons.

Estes, R. (1994). Education for social development: Curricular issues and models. *Social Development Issues, 16*, 69－89.

Federal Emergency Management Agency (FEMA). (2009). *Multi－hazard mitigation planning.* Retrieved from http://www.fema.gov/plan/mitplan－ning/index.shtm#1.

Figley, C. R. (2002). *Treating compassion fatigue.* New York, NY: Brunner－Routledge.

Fothergill, A., & Peek, A. L. (2004). Poverty and disaster in the United States: A review of recent sociological findings. *Natural Hazards, 31(1)*, 89－110.

Germain, C., & Gitterman, A. (1980). *The life model of social work practice.* New York, NY: Columbia University Press.

Gillespie, D. F. (1991). Coordinating community resources. In T. E. Drabek & G. J. Hoetmer (Eds.), *Emergency management: Principles and practice for local government.* Washington, DC: International City Management Association.

Gillespie, D. F., Colignon, R. A., Banerjee, M. M., Murty, S. A., & Rogge, M. (1993). *Partnerships for community preparedness.* Boulder, CO: University of Colorado Institute of Behavioral Science.

Gillespie, D. F., & Murty, S. F. (1994). Cracks in a post disaster service delivery network. *American Journal of Community Psychology, 22*, 639－660.

Goldstein, W. (2002). The literary and moral foundations of the strengths perspective. In D. Saleebey (Ed.), *The strengths perspective in social work practice* (3rd ed., pp.23－47). Boston, MA: Allyn & Bacon.

Haddow, G. D., Bullock, J., & Coppola, D. P. (2008). *Emergency management* (3rd ed.). New York, NY: Elsevier.

Halpern, J., & Tramontin, M. (2007). *Disaster mental health: Theory and practice.* Belmont, CA: Brooks/Cole.

Healy, L. M. (2001). *International social work.* New York, NY: Oxford University Press.

Hollister, D. C. (1977). Social work skills for social development. *Social*

Development Issues, 1, 9–19.

Kretzman, J. P., & McKnight, J. (1993). *Building communities from the inside out: A path toward finding and mobilizing a community's assets.* Evanston, IL: ACTA Publications.

Kretzman, J. P., McKnight, J., & Puntenney. D. (1996). *A guide to mapping and mobilizing the economic capacities of local residents: A community building workbook.* Evanston, IL. ACTA Publications.

Lee, J. A. B. (1994). *The empowerment approach to social work practice.* New York, NY: Columbia University Press.

Livermore, M. (1996). Social work, social development and micro–enterprises: Techniques and issues for implementation. *Journal of Applied Social Sciences, 21*, 37–44.

Lowe, G. R. (1995). Social development. In R. L. Edwards & J. G. Hopps (Eds.), *Encyclopedia of social work* (Vol. 3, 19th ed., pp.2168–2173). Washington, DC: NASW Press.

Mathbor, G. M. (2007). Enhancement of community preparedness for natural disasters. The role of social work in building social capital for sustainable disaster relief and management. *International Social Work, 50*, 357–369.

Mayadas, N. S., & Elliott, D. (1997). Lessons from international social work: Policies and practices. In M. Reisch & E. Gambrill (Eds.), *Social work in the 21st century.* Thousand Oaks, CA: Pine Forge Press.

Mayadas, N. S., & Elliott, D. (2001). Psychosocial approaches, social work and social development. *Social Development Issues, 23(1)*, 5–13.

Meinert, R., & Kohn, E. (1987). Towards operationalization of social develop–ment concepts. *Social Development Issues, 10*, 4–18.

Midgley, J. (1994). Defining social development: Historical trends and conceptual formulations. *Social Development Issues, 16(3)*, 3–19.

Midgley, J. (1995). *Social development: The developmental perspective in social welfare.* Thousand Oaks, CA: Sage.

Midgley, J. (1997). *Social welfare in global context.* Thousand Oaks, CA: Sage.

Miley, K. K., O'Melia, M. & DuBois, B. L. (2001). *Generalist social work practice.* An empowering approach. Needham Heights, MA: Allyn & Bacon.

Miller, J. (2003). Critical incident debriefing and social work: Expanding the frame. *Journal of Service Research, 30(2)*, 7–25.

Moreau, M. J. (1979). A structural approach to social work practice. *Canadian Journal of Social Work Education, 5(I)*, 78–94.

Moreau, M. J. (1990). Empowerment through advocacy and consciousness–raising: Implications of a structural approach to social work. *Journal of Sociology and Social Welfare, 17(2)*, 53–68.

Mullay, B. (1997). *Structural social work: Ideology, theory, practice*. Toronto, Canada: Oxford University Press.

National Association of Social Workers (NASW). (2009). *History of social work research in mental health.* Retrieved from http://www.socialworkers.org/research/naswResearch/0204mHealth/default.asp.

O'Brien, M., & Penna, S. (2008). *Social exclusion in Europe, some conceptual issues*. International Journal of Social Welfare, 17(8), 84–92.

Pampel, F. C. (2007). *Disaster response.* New York, NY: Facts on File.

Paton, D., & Johnston, D. (2006). *Disaster resilience: An integrated approach. Springfield.* IL: Charles. C. Thomas.

Putnam, R. (2000). *Bowling alone: The collapse and revival of American community*. New York, NY: Simon & Schuster.

Robards, K. J., Gillespie, F. D., & Murty, S. F. (2000). Clarifying coordination for disaster planning. *Tulane Studies in Social Welfare, 21/22*. 41–60.

Rogers, R. C. (1961). *On becoming a person.* Boston, MA: Houghton Mifflin.

Rosenfeld, L. B., Caye, J. S., Ayalon, O., & Lahad, M. (2005). *When their world falls apart: Helping families and children manage the effects of disasters.* Washington, DC: NASW Press.

Saleebey, D. (Ed.). (2008). *The strengths perspective in social work practice* (5th ed.). Boston, MA: Allyn & Bacon.

Sanders, D. (1982). *The developmental perspective in social work*. Manoa, HI:

University of Hawaii Press.

Saulnier, C. F. (2000). Incorporating feminist theory into social work practice: Group work examples. *Social Work with Groups, 23(1)*, 5–29.

Sherraden, M. (1991). *Assets and the poor: A new American welfare policy*. New York, NY: M. E. Sharpe.

Specht, H., & Courtney, M. (1994). *Unfaithful angels: How social work has abandoned its mission*. New York, NY: Free Press.

Spergal, I. A. (1997). Social development and social work. *Administration in Social Work, 1(3)*, 221–233.

Sphere Project, The. (2004). *Humanitarian charter and minimum standards in disaster response*. Geneva, Switzerland: Oxfam Publishing and Sphere Project.

Stein, H. D. (1976). Social Work's developmental and change functions: Their roots in practice. *Social Service Review, 50(1)*, 1–10.

Sullivan, W. P. (1994). The tie that binds: A strengths/empowerment model for social development. *Social Development Issues, 16*. 101–111.

UNDP/UNDDSMS (United Nations Development Program & United Nations Department for Development Support and Management Services). (1997). *Preventing and eradicating poverty: Main elements of a strategy to eradicate poverty in the Arab states*. New York, NY: United Nations Development Program (UNDP), Regional Bureau for Arab States.

Wakefield, J. C. (1988a). Psychotherapy, distributive justice and social work: Part Ⅰ. Distributive justice as a conceptual framework for social work. *Social Service Review, 62*, 187–210.

Wakefield, J. C. (1988b). Psychotherapy, distributive justice and social work: Part Ⅱ. Psychotherapy and the pursuit of justice. *Social Service Review, 62*, 354–382.

Weil, M. (2000). Social work in the social environment: Integrated practice– An empowerment/structural approach. In. P. Allen–Meares & C. Garvin (Eds.), *The handbook of social work direct practice* (pp.373–410). Thousand

Oaks, CA: Sage.

Wilensky, H. L., & Lebeaux, C. N. (1958). *Industrial society and social welfare.* New York, NY: Free Press.

Zakour, M. J., & Harrell, E. B. (2003). Access to disaster services: Social work interventions for vulnerable populations. *Journal of Social Service Research, 30(2)*, 27–54.

제2부

실천 절차와 실례들

제 6 장 조정(Coordination) : 재난에서의 주요 지역사회 자원

KOFI DANSO AND DAVID F. GILLESPIE

조정이란 위험 완화(hazard mitigation)와 재난 대비와 대응을 위한 독립된 조직들과 복구 사이의 합의된 관계를 의미한다. 조정은 재난의 각 단계 마다 중요하다. 위험 완화는 위험 취약성의 평가에 있어 지역사회 차원의 참여를 통해 강화된다. 재난 대비는 상호협력적인 동의와 여러 형태의 광범위한 지역간 계획을 통해 강화된다. 재난 대응 작업은 조직들이 서로 협력할 때 보다 효과적으로 이루어진다. 그리고 복구는 가능한 최대한 광범위한 자원들을 통해 과업과 책임들이 배분될 때 좀 더 부드럽고 빠르게 이루어진다.

국가 또는 국제 단체들 사이의 관계는 항상 자원을 포함한다. 정보는 지역사회가 공유하는 가장 일반적인 자원이며 조직들 간의 모든 접촉은 정보의 공유 또는 교환을 내포한다. 또한 조직들은 사람, 돈, 물리적 공간(건물과 토지), 장비들을 서로 교환한다. 이러한 자원들 각각은 다소 복잡해질 수 있다. 조정은 지역사회의 전반적 이익을 위한 공통된 목표에 기반해 특정한 자원을 안내하는 역할을 한다. 지역사회가 복잡할수록, 조정의 중요성은 더욱 커진다. 조정은 모든 지역사회의 사회복지사에게 중요하며 재난이 발생하는 동안뿐 아니라 발생 후에는 더욱 중요해진다.

본 장은 다음과 같이 5개의 주요 섹션으로 구분된다. 첫째, 조정의 개념을 소개하고 사회복지사들이 조정을 촉진하는 기회들을 활용하는 한편 몇몇 문제들을 방지하는 것을 돕는 동향에 대한 논의를 통해 조정의 중요성을 설명한다.

둘째, 지역사회 자원의 5가지 기본 유형을 정의하고 재난의 각 단계에서 이러한 자원들의 예시를 제공한다. 조정 과정을 관리하기 위해서는 사회복지사는 조정되는 자원의 속성과 재난의 각 단계마다 그 속성이 어떻게 변하는지 알아야 한다.

셋째, 조정의 개념을 정의하고 다양한 형태의 조정의 유형과 조정을 촉진 또는 방해하는 요인들에 대해 논의한다. 조정을 촉진하는 능력은 그 과정을 방해하거나 또는 돕는 요인들에 대한 이해를 요구한다.

넷째, 재난 발생시 효과적으로 대응하기 위해 조정을 필요로 하는 필수적인 지역사회의 하위체계로써 주요 응급 서비스의 기능에 대해 논의한다.

마지막으로 비교적 간단한 형태에서 복잡한 형태에 이르는 여러 가지 유형의 조정에 대해 소개한다. 이러한 유형들에 관한 이해는 사회복지사들이 지역사회가 필요로 하는 적합한 형태의 협력을 촉진하도록 돕는다.

이 장을 읽은 후 모든 사회복지사는 조정이 생명을 구하고 재난으로부터의 손실을 감소시키므로 조정을 향상시키는데 노력해야 한다는 점이 보다 명백해질 것이다.

지역사회 자원 조정의 중요성

지역사회, 국가 그리고 국제적 자원 조정의 중요성에 대한 강조는 세계적인 경향이다. 이러한 동향 중 하나는 인구의 정착 패턴이 더 집중화되고 있다는 점이다. 이는 재난에 영향을 받는 사람들이 증가하는데 영향을 미친다. 신문기사에서 볼 수 있듯이 많은 사람들이 범람원, 진흙과 산사태에 취약한 경사지대, 지진발생 지역에서 안전하지 않은 주택, 댐의 방수로 옆, 그리고 다른 여러 형태의 자연재해의 잠재적인 피해자가 될 가능성이 높은 장소에서 살고 있음을 알 수 있다. 정착 패턴은 또한 노인, 청년 및 장애인들을 위한 응급대책을 고안함에 있어 특별한 문제들을 야기한다.

기술의 발달 또한 위험을 증가시킨다. 지역사회 자원 협력의 중요성을 강조하는 두 번째 동향은 한 장소에서 다른 장소로 이동하는 위험물질의 수와 다양성이 증가하고 있다는 점이다. 가솔린, 핵폐기물 그리고 액체 천연가스와 같은 많은 양의 위험물질은 트럭과 철도에 의해 인구밀집 지역을 통과하여 이동한다. 기술진보로 인한 재난 위험은 또한 인구밀집 지역 가까이 정유 회사, 원자력 발전소와 같은 위험 시설들이 위치함으로써 발생한다. 위험 물질의 파악 및 취급은 위기관리의 특화된 영역이라 할 수 있다. 자연재해 발생시 유해물질로 인한 복합성으로 인해 일반적인 위기관리와 위험물질 전문가 사이의 협력은 필수적이게 된다.

재난의 복합성의 증가는 재난의 모든 측면과 단계에 대한 더 많은 지식을 필요로 한다. 이는 재난 발생시 사회복지의 가치를 더욱 증가시키며 이것이 지역사회 자원의 조정의 증가에 기여하는 세 번째 경향으로 간주될 수 있다. 사회사업교육협회(The Council on Social Work Education)는 교육 프로그램 및 훈련 자료를 개발하기 위해 사회복지 영역에서 재난 연구자들을 양산하고 있다.

또한 주립 비상 관리 기관들은 재난관련 정보를 준비하고 배부하며 사회복지사, 지방 비상 관리 관계자, 그 외 재난관련 관계자들에게 재난관련 교육 과정 및 훈련을 제공하고 자원으로서 기능한다.

어떤 비영리 단체들은 거의 모든 지역사회와 국제 현장에서 재난 네트워크의 중심적 역할을 수행한다. 아마도 미국적십자사(American Red Cross)가 가장 널리 알려진 단체일 것이다. ARC는 재난 서비스를 제공하고 시민들의 건강과 안전을 도모하도록 미국 의회로부터 권한을 위임받았다. ARC는 공교육, 위험 및 기능평가 그리고 지역사회 조정에 관여한다. 다양한 종교단체들도 재난 대응 노력에 참여하고 있다. 전국의 재난에 관한 자원봉사 조직은 26개에 이르며 대부분 교회들뿐만 아니라 미국 보이스카우트 연맹, 일부 아마추어 라디오 그룹들도 포함된다. Rischard(2002)는 단일 조직으로써는 자연적 위난과 같은 오늘날의 국제적 문제를 성공적으로 처리할 수 없다고 주장한다. 그러므로 각국에서 운영하는 수많은 국제적 비정부 기관들이 있으며 이들은 재난 발생 후 복구를 지원한다. 이러한 단체들은 또한 개발지향적임에 주목해야 한다. 개발도상국에게 개발 및 인도적 지원을 한다고 알려져 있지만(Anheier, 2005), 이러한 단체들은 재난 발생 후 선진국에도 상당한 기여를 한다. INGSOs의 예로 유엔 난민 문제 고등 판무관(United Nations High Commissioner for Refugees), 옥스팜(옥스퍼드에서 설립된 빈민 구제를 위한 국제 자선 단체, Oxfam), 국제구조위원회(International Rescue Committee), International Crescent와 적십자(Red Cross), 국제 적십자연맹(International Federation of the Red Cross), 세계 교회 서비스(Church World Service), 기아대책(Food for the Hungry)과 루터교 세계 서비스(Lutheran World Service) 등이 있다. 이러한 INGSOs는 아프리카, 아시아, 라틴아메리카, 그리고 카리브해와 같은 취약한 인구와 지역사회가 있는 나라에 완화, 대비, 대응 그리고 회복과 같은 재난에 있어 중요한 역할을 한다. 그럼에도 불구하고 이들은 전세계 선진국 또는 개발도상국 정부로부터의 기여라고 할 수 있다.

이러한 단체들은 취약성을 감소시키는 것과 장단기 회복을 제공하는 것을 목표로 한다(Tierney, Lindell, & Perry, 2001). 이들은 재난 대응 노력을 조정하기 위해 국가 및 지역조직과 함께 일한다.

이러한 국가적, 국제적 경향은 대부분의 지역사회에서 조정의 중요성을 강조하며 이는 사회복지사들에게 조정이 중요한 문제로 대두되게끔 하고 있다.

사회복지사는 조정의 다양한 형태뿐 아니라 무엇이 조정되고 있는지, 그리고 무엇이 조정되어야 하는지 이해해야 한다. 재난의 복잡성은 사회복지사들이 조정의 방해물뿐 아니라 방해물을 극복하는 방법에 대해 민감할 것을 요구한다. 다시 말해, 조정의 과정을 촉진하고 유지하는 방법을 아는 사회복지사들은 지역사회가 효과적으로 재난관리 시스템을 달성할 수 있도록 지역사회를 도울 수 있다.

지역사회 자원

모든 조직적 관계는 특정 자원을 포함한다. 여기서 우리는 조정의 기초를 명확히 이해하기 위해 다섯가지의 다른 형태의 자원에 대해 논의하고자 한다. 정보, 사람, 돈, 물리적 공간과 장비 모두 효과적인 재난 완화, 대비, 대응과 복구를 위해 조정될 필요가 있기 때문에 특정 자원이 조정의 형태에 어떻게 영향을 미치는지 보여주고자 한다. 또한, 교환되는 자원의 속성은 재난의 단계에 따라 부분적으로 달라진다. 네 개의 주요 단계에서 교환의 특성에 차이가 있지만, 다음의 논의는 주로 재난 발생 전(완화 및 준비)과 재난 발생 후(대응 및 복구) 유형의 자원으로 구분한다.

정보

정보는 조정에 사용되는 자원의 가장 일반적 유형이다. 모든 관계나 협력은 효과적인 대응을 위한 최소한의 정보와 지식을 포함한다(Comfort, Ko, & Zagorecko, 2004; International Committe of the Red Cross, 2006). 많은 관계들이 정보와 여러 유형의 자원을 포함한다. 정보의 일반적, 보편적 속성은 자원을 정확하게 설명하기 어렵게 한다. 그럼에도 조정에 사용되는 서로 다른 종류의 정보들을 제시할 수 있다. 예를 들어, 재난 발생 전 단계에서 조정은 위험 평가, 계획, 교육 프로그램 및 연습, 재난 완화와 관련된 지식 또는 의견, 대비, 대응 또는 회복의 가능성에 기반을 둔다.

재난 발생 후 조정에서 교환되는 정보는 비상 통신, 손해 평가 그리고 위기 상담이 포함된다. 재난은 종종 정보의 흐름을 방해하며 문제를 발생시킨다. 예를 들어, 통신라인이 손상되거나 과부하 상태가 될 수 있다. 그렇지만 효과적인 재난 대응은 정확하고 시기적절한 정보의 이동에 달려 있다. 응급 통신은 어느 정도 사전에 계획된 가이드라인을 따르지만 재난에 관여했을 경우는 특정 상황에 따라 임기응변적으로 이루어지기도 한다.

재난 발생 전 정보를 공유하는 것은 효과적으로 대응하기 위한 능력을 증강시킨다.

이러한 재난 정보 공유는 지역사회, 국가 그리고 국제적 수준과 관련이 있으며, 정보가 사용되는 문화적 상황에 따라 다르다. 그러므로 문화적 환경을 이해하는 것이 정보가 왜곡되는 것을 방지하는데 결정적인 것이다 (Smallman & Weir, 1999). 이 단계 동안, 정보를 통해 완화 및 준비가 확립되고, 다듬어지며, 유지된다. 반면에 재난 발생 후 단계에서는 정보는 행동을 안내한다. 대응기간 동안에는 특정한 정보에 대한 긴급성과 정보를 얻고 전달함에 있어 시간의 부족으로 인해 재난 발생 전과는 다른 정보를 필요로 한다.

사람들

조직간에 인력을 제공하고 교환하는 것은 조정의 유용한 형태이다. 정상적인 기간에는 숙련된 직원들이나 특별한 전문 지식을 가진 개인들은 지역사회 전체에 걸쳐 준비성을 강화하기 위한 작업과 책임을 명시한다. 사회복지사들과 다른 주요 자원으로서의 사람들은 협력적 완화와 준비 노력을 증진시키고 배우기 위한 여러 단체들의 이사회에서 일한다. 위험 평가 전문가 및 기획자들은 평가를 공유하고 차질과 갈등을 파악하기 위해 동원전략을 논의한다.

자원봉사자들과 직접 서비스를 제공하는 사람들의 협력은 특히 재난 이후 즉각적 대응 기간 동안 중요하게 된다. 사람들의 재난에 대한 관심과 돕고자 하는 열망으로 인해 종종 재난지역에 사람들이 동시에 집중적으로 모여드는 결과가 초래된다. 이로 인해 매우 다양한 사람들과 재능이 나타나게 된다. 재난지역에 모여드는 사람들의 강한 이타주의에도 불구하고, 이러한 집중적 모여듬은 도움보다는 더 많은 문제를 일으키기도 한다. 이러한 사람들의 집중현상은 단순히 대응해야 할 문제가 아닌 재난에 있어 예견되고, 계획되어야 하는 특별한 문제이다.

이러한 계획은 지역사회 구성원들과 자원봉사자들의 좀 더 나은 관리 및 교육, 재난 관리에 대한 지역사회 기반 접근의 촉진을 고려해야 한다 (Maskery, 1989). 이러한 노력들은 지속가능한 발전을 위해 지역사회의 기능을 강화시킬 것이고(McEntire, Fuller, Johnston, & Weber, 2002; Mileti, 1999), 미래의 재난 발생시 필요한 회복탄력성을 생성할 것이다. 사람들을 제대로 관리하지 못하면 재난 발생 시 매우 큰 손해가 된다.

재난 발생 전과 복구 단계에서 인력들은 자신의 교육, 과거 경험, 훈련과 관련지어 전문적인 역할을 채우려는 경향이 있다. 이러한 기간 동안 중요한 점은 무엇이 발생할 것이며 무엇이 이미 발생했는가이다. 그러나 재난이 발생하면 활동이 가능한 피해자들과 가까이 있는 사람들은 즉각적 실행을 위해 동원된다. 그들은 당장 명확히 드러난 문제를 해결하기 위해 어떠한 지식과 경험이든 사용한다. 그들의 초점은 즉각적이고, 현실적이다. 숙련된 인력들이 동원될 때는, 이미 진행 중인 즉각적 대응 노력과 협력하는 것이 매우 중요하다.

자금(돈)

모든 자원의 교환에는 비용이 수반된다. 교환의 공통 매체인 돈은 특정 형태의 교환에 부여된 가치를 반영한다. 돈의 직접적 교환을 통해 많은 것을 배울 수 있다. 재난 발생 전 상황에서는 이는 보조금과 행위별 수가의 교환을 포함한다. 정부 내 보조금은 보통 연방정부에서 주정부로, 주정부에서 지방정부로와 같이 상위 수준에서 하위 수준으로 부여된다. 행위별 수가는 위험평가, 교육, 훈련 혹은 긴급 관리 시스템의 거의 모든 기능을 포함한다.

보험 지급과 재난 대출은 재난 발생 후 중요한 돈의 직접적 교환이다. 정부, 재단 혹은 후원자 단체들 또한 보조금 혹은 재정지원을 국제적으로 재난 복구와 복원 일을 지원하는 비영리와 INGOs 단체들에게 제공한다. 일반적으로 이러한 지출이 이루어지기까지는 최소 몇 주가 소요된다. 즉각적인 대응기간 동안, 지역사회의 이타주의와 생존자에 대한 관심은 직접적인 돈의 교환을 대신한다. 회사들과 가게들은 종종 복구 노력을 지원하기 위해 문을 열고 음식, 도구, 즉시 제공할 수 있는 무엇이든지 나누어준다.

재난으로부터 엄청난 재정적 비용이 발생하지만 재난 대응 동안에 강조해야 할 것은 일이 분명하게 수행되어야 한다는 것이다. 재정 회계와 책임성의 문제는 복구기간 동안 다시 드러나게 된다. 재난 발생 전 단계 및 복구는 주로 효율성 또는 비용 지침서를 기준으로 작업을 수행하는 것과 관련된 관심에 의해 영향을 받는다. 재난 발생 후 대응 기간 동안에는 주로 효과성 또는 비용이 얼마나 소요되든지 간에 효과적으로 작업을 수행하는 것과 관련된 관심에 의해 본질적으로 영향을 받는다.

물리적 공간

정상적인 기간 동안 재난관리 기능을 수행하기 위해 사용되는 건물과 토지의 공간은 지역사회의 조직들 간에 확립된 관계의 유형에 영향을 미친다. 예를 들어, 서로 가까이 위치해 있는 조직들은 서로 자원을 공유할 가능성이 높다는 증거가 있다. 만약 이것이 일반적인 사실이라면 건물 점유의 유형은 재난을 대비하고 완화하기 위한 비상상황 관리 노력에 있어 자원의 교환에 영향을 미친다.

재난이 발생한 후 빌딩 혹은 토지들은 주로 피해자들의 대피소로 사용된다. 연방 및 주 정부의 프로그램은 재난으로 인해 주거가 파괴된 피해자들을 위해 집을 제공한다. 미국에서는, 연방 비상관리기관(Federal Emergency Management Agency)이 피해자들의 집을 수리하거나 대안적인 주거를 찾을 때까지 이동주택을 제공한다. 그렇지만, 사회복지사들은 이러한 이동주택을 사유지에 위치시키는 것과 관련된 문제들과 이동주택이 어느 정도의 기간 동안 점유할 수 있는지에 관해 잘 알아야 한다.

재난 발생 전 단계에서 토지 부지들과 건물들은 대피소, 비상 작업 및 그 외 다른 기능들을 위해 사용이 가능한지 확인한다. 특정 건물과 토지를 사용하는 것에 대한 합의가 이루어질 때 지역사회의 대비력은 증가된다. 잠재적으로 사용할 수 있는 지역이 클수록 지역사회는 더 준비되어 있다고 할 수 있다. 지역적 취약성을 평가하기 위한 노력과 위험에 대한 건물들의 저항력은 재난 완화에 기여한다. 재난 발생 후, 제한된 수의 지역들은 비상작전 센터, 의료 서비스 그리고 대피소를 위해 선택된다. 재난지역 전체에 걸쳐 피해 평가가 광범위하게 시행된다.

도구/장비

일반적인 시간 동안, 교육 도구, 재난 훈련 및 위험 평가를 수행하는데 필요한 장비와 같은 도구들은 공유되어야 한다. 인력과 같은 도구는 많은 다른 그룹들과 단체들이 되풀이해서 교환할 수 있는 자원의 형태이다.

재난 발생 후 도구 교환은 생명을 구하고 서비스를 제공하는데 중요하다. 특별한 통신도구들은 종종 인근 지역사회로부터 재난지역으로 옮겨온다. 또한 중장비들은 재난으로 인한 잔해들을 제거하는데 필요하다. 또한 운송체계 차량도 사용된다. 지역사회가 침수되는 경우 사회복지사들은 4륜구동 차량 또는 보트를 빌릴 수 있다. 건물 및 토지와 함께 현장의 중요한 종류의 도구들은 지역사회 대비를 보강하도록 재난 발생 전 기간에 확인하고, 목록화해야 한다. 이는 자원 용량을 구축한다. 위험 평가 도구들과 교육 훈련 장치들은 재난 발생 전 기간 동안 사용 및 재사용한다. 반대로, 비상대응 기간 동안에는, 트럭, 버스, 보트, 대형 기계 및 통신 장비와 같은 도구들이 보다 구체적이고 집중적으로 사용된다.

요약하면 보통 다양한 종류의 자원들이 독립된 관계에서 혼합되어 있기 때문에 교환의 형태를 이해하는 것은 복잡하다. 예를 들어, 장비와 인력들은 종종 함께 간다. 장비의 특정 부분을 작동하기 위해서는 훈련과 경험이 필요하다. 인력과 장비는 여러 단체들에게 여러번 대여되거나 교환된다. 돈도 이동될 수 있지만 인력이나 장비와는 달리 재사용되는 것으로 생각되지는 않는다. 위에서 언급한 바와 같이, 모든 자원은 정보를 포함한다. 또한 모든 자원의 교환에는 비용이 발생한다. 그러나 우리는 종종 교환되는 정보에만 관심이 있거나 또는 다른 시기에는 비용에만 관심이 있다. 재난관리에 있어 주요한 작업은 조정의 체계 안에서 이러한 부분들을 유연하게 통합하는 것이다.

조정

조정은 분열, 서비스 전달에서의 간극, 서비스의 불필요한 중복을 제거하기 위한 독립된 단위들 간의 협력이다(Gillespie, 1991). 조정 시스템 안에서는 독립적 개체들이 공통의 목적을 위해 일한다. 조정의 반대는 각각의 개체들이 다른 개체들과 상관없이 자신의 목표들만을 추구하는 무정부 상태이다.

재난과 관련하여 각각 다른 다양한 조직, 일하는 사람들, 역할로부터 발생할 수 있는 잠재적인 갈등 때문에 조정을 도모하는 것은 필수적이다.

조정은 자발적이거나 의무적이다. 자발적인 조정은 보통 상호간의 필요에 대한 반응으로 나타난다. 예를 들어 인접해 위치해 있는 두 개의 지역사회 혹은 나라가 재난에 대응하는 경찰이나 인력들과 같은 자원을 끌어옴으로써 혜택을 누릴 것이라고 믿는다면 서로 협력을 한다. 이런 종류의 자발적 조정은 재난 관리와 지역복지에 중요한 기여를 한다. 두 번째 조정의 형태는 상부 기관으로부터의 명령을 따르는 의무적인 형태이다. 예를 들어 미국에서는 해당 주의 모든 지역은 특정한 정보를 주정부에 제출해야 하는 응급관리자를 지정할 것을 의무로 하고 있다. 의무적 조정은 다양한 관할 경계를 넘어 통합된 시스템을 구축하는데 도움을 줄 수 있다.

조정은 개인, 그룹, 조직의 활동들을 규제하는 관계를 의미한다. Davidson(1976)은 조정이란 계획과 서비스 전달의 두 과정 모두에서 있어야 한다고 지적하였다. 조정된 서비스 전달이 서비스 제공에 있어서의 협력을 의미한다면 조정된 계획은 의사결정을 함께 하는 조직들을 의미한다.

조정된 서비스 전달은 한 단체의 직원이 그들의 서비스 요청이 받아들여질 것이라는 기대를 가지고 다른 조직의 직원에게 직접 연락을 취할 때 일어난다. 이러한 직접적 서비스 연계는 특정 클라이언트 혹은 피해자에 대한 서비스를 연결시킨다. 사회복지사들에게는 이러한 연계들은 대부분 재난 대응 기간 동안 작동한다. 직접 서비스 연계는 수색 및 구조, 피해 평가, 비상 통신, 대피, 의뢰 등을 포함한다. 직접 서비스 연계는 피해자들의 특정 요구를 다룬다.

반면 관리 연계는 서비스 관리를 연결 또는 통합한다. 이러한 연계는 특정한 피해자의 요구보다는 전체 클라이언트 또는 피해자의 요구를 충족시키기 위한 시스템을 관리한다. 관리 연계는 재정 연계(공동 예산, 공동 자금, 자금 이체 및 서비스 구매), 인사 업무(통합 인사 관리, 직원 이동, 직원 공유, 직원 공동 장소), 계획 및 프로그램(공동 기획으로 구성된 프로그램, 공동 평가 및 정보교환), 관리 지원 서비스(공동 기록 관리, 보조금 관리, 중앙지원 서비스)로 구성된다.

직접 서비스 연계와 대조적으로 관리 연계는 서비스 전달 체계에 영향을 미친다. 일반적으로, 관리 연계는 더 많은 자원의 투자, 특히 인력의 시간, 그리고 특정 조직의 의사 결정에 대한 위협으로 간주될 수 있기 때문에 설정하기가 더욱 어렵다. 더욱이 관리 연계로 인한 이득은 미래의 어느 시점까지는 보통 잘 드러나지 않는다. 이러한 단점에도 불구하고 장기적으로 보면 관리 연계는 서비스 전달에 있어 큰 영향력을 가진다.

조정의 장애물

다음의 7개의 장애물은 지역사회 비상 관리 시스템이 협력하기 위한 노력을 방해한다.

1. 자율성을 추구하는 조직의 경향
2. 전문성의 이념과 업무의 자율성에 대한 직원의 헌신
3. 조직의 기술과 자원 요구의 차이
4. 그룹과 조직의 정체성을 잃게 된다고 믿는 신념
5. 희소 자원이 새롭게 조정되는 것에 대한 우려
6. 다양한 정치적 관할지역에 걸쳐 단체, 이익 단체 및 자원 조정자의 급증
7. 조정과 관련된 차등적 비용

이러한 요소들은 일상적인 기간동안 잠재적 장애물로 존재한다. 즉각적

으로 대응하는 동안에는 추가적인 제약요소들이 나타난다. 이러한 장애물들은 복구뿐 아니라 완화 및 준비를 위해 협력된 지역사회 시스템의 개발을 하는 사회복지사들의 역량도 방해한다.

어떤 종류의 조정은 조직의 자율성을 위협하기 때문에 개발하는 것이 좀 더 어렵다. 공동 예산과 직원 이동은 서비스, 정보 및 직원 교육의 구매와 관련된 것보다 더 많은 노력이 필요하다. 이러한 특정 유형의 자원 교환은 또한 정체성의 상실과 희소한 자원의 재조정과 관련된 우려를 강조한다. 예를 들어, St. Louis(세인트 루이스) 미주리, 도시의 사회복지사는 그들이 속한 지방 정부가 재난 대응에 대한 수도권 전반의 책임을 가정하는 프로포절(Proposal)을 제안했을 때 명시적으로 이러한 우려를 제기했다. 전문적 신념과 관행의 차이도 조정을 위한 노력을 복잡하게 한다. 기술과 자원 요구의 차이는 조직 간의 관계를 방해한다. 예를 들어, 새로운 커뮤니케이션 시스템의 채택은 이를 채택한 특정 부분의 속도나 효율성을 증강시킬 수 있지만 그 새로운 시스템을 감당할 수 없는 다른 지역에서는 그 영역이 중단될 수 있다.

조정의 촉진 요인들

다음의 다섯 가지 요인은 조정을 촉진하는 요인이다.

1. 조직이 하거나 하지 않을 것에 관해 공유된 목표와 기대
2. 공유된 지도자나 위원회 회원
3. 역할과 관심사의 다양성
4. 유사한 기술 및 자원 요구
5. 빠른 속도의 환경적 변화

공동의 클라이언트, 서비스 및 활동을 하는 단체는 다른 분야에서 작동하는 단체들보다 더 자주 상호작용을 한다. 어떤 이들은 자원의 교환 수준이 매우 유사하거나 또는 매우 다른 목적을 가진 조직들 사이에서 가장 낮으며 중간정도의 수준에서 가장 안정적이라고 주장한다.

조정에 관한 다른 사람들의 의견으로는 조직들이 중복된 목표와 이데올로기를 가졌을 때 최고가 된다고 말한다. 또한 조직적 환경이 양립할 수 있는 보상 구조, 시간 지향성 및 기대를 가지고 있을 때 조정이 증강된다고 말해지기도 한다.

리더가 조정에 대해 우호적인 경향을 가질 때 협력적 관계가 발전된다. 리더들이 유사한 관심을 가지고 있는지 그리고 조직의 목표 달성을 위해 어떤 유형의 상호작용이 필요한지 인식하는 것이 중요하다. 리더는 또한 다른 조직의 정당성과 서로를 위해 필요하다는 것에 대해 동의해야만 한다. 조정은 능숙한 리더에 의해 관리되고 가이드될 때 더욱 성공적이다.

역할과 기술의 내부적 다양성은 커뮤니케이션과 혁신을 자극시킨다. 이러한 다양성은 다른 단체들과 그 활동을 협력하고자 하는 조직의 필요성을 증가시킨다. 최근 연구는 조직, 직원, 예산의 규모가 클수록 서비스의 수와 다양성도 커지며 다른 조직들과의 상호작용에 대한 욕구도 커지는 것으로 밝히고 있다. 수행되는 작업이 좀 더 집중되고 안정적이고 유사할 때 조직 간의 상호작용은 증가한다. 더욱이, 관계를 지지하기 위한 커뮤니티의 역량이 클수록, 조정이 발생할 가능성은 크다. 조직은 환경의 급격한 변화와 불확실성을 극복하는 수단으로 다른 조직과의 관계를 추구한다.

조정의 잠재적인 이점

조정의 잠재적인 이점은 다음과 같다;

1. 재정적 안정
2. 인력의 창의력 증진
3. 공공의 지지 또는 합법화
4. 넓은 지리적 대표성
5. 명망(prestige)
6. 서비스 분절의 감소
7. 서비스의 연속성
8. 서비스 중복의 감소

모든 경우의 조정에는 잠재적인 이득이 있다. 이러한 편익의 평가는 공식적 또는 비공식적, 양적 또는 질적일 수 있으며, 효율성과 효과성의 기준을 구분할 수도 있고 하지 않을 수도 있다. 그러나 어떻게든 판단은 조직간 관계의 편익에 있어 이득이 비용을 능가하는지에 관한 것이다.

그러나 조정의 이점은 긴급 서비스 체계의 다양한 수준에 걸쳐 고르게 분포되지 않는다. 예를 들어, 현장직원(line staff)은 지역사회, 주 또는 연방 수준에서 관리자보다 조직의 효율성에 대해 다른 의견을 가지고 있다. 조정의 결과를 평가하기 위한 시스템의 다른 수준의 각각의 인력들에 의해 서로 다른 평가의 기준이 사용된다.

Rogers와 Mulford(1982)는 조정된 서비스 체계에서 네 가지 주요한 이해집단(interest groups)을 파악했다. 이는 지원 집단(support groups), 협력 집단(coordinating groups), 행정 집단(administrative groups), 그리고 요구 집단(demand groups)이다. 지원 집단은 정책과 재정적 책임에 관심이 있으며 자금의 확보와 분배 또는 기금에 대한 회계에 책임을 지고 있다. 지원 집단은 일반적으로 주 및 연방정부의 입법자들과 수행 방법보다 수행된 결과물을 보여주는데 보다 관심이 있는 기관의 관리자를 포함한다.

협력 그룹은 전문 인력 및 협력 체계 구성원에 의해 고용된 관리자를 포함한다. 이 그룹은 전체 전달 체계를 위해 어느 정도의 지시를 제공할 책임이 있다. 이들의 주요 관심사는 전체 체계의 효율 및 작동이다. 그들의 노력의 대부분은 구성원 조직들 간의 갈등을 조정하며 체계 내에서 조직들의 단독적 행동을 최소화하는데 집중되어 있다.

행정집단은 행정가와 개인 혹은 조직의 관리자로 구성되어 있다. 이 그룹은 전체 체계 보다는 특정 조직에 대해 조정이 어떤 영향을 미치는지에 보다 관심을 가진다. 조직적 행정가는 그들의 조직을 관리할 책임이 있고, 목표달성과 관련해 조직의 성공에 의해 평가받는다. 따라서, 이 그룹의 주요 초점은 공공의 지지를 유지하기 위해 생산성을 보여주는 것에 있다. 이 그룹의 주요 평가 기준은 조정 노력에 의해 요구되는 투자의 정도에 있다. 투자는 조직의 자율성 또는 조직의 자원이든, 또는 자원과 자율성 두 가지 모두를 포함한다.

요구 집단은 조직의 클라이언트와 일반대중을 포함한다. 이 그룹은 효율성에 크게 관심을 두지 않는다. 이들은 주로 전달되는 서비스의 효과성과 필요한 서비스에 대한 접근의 용이성에 관심이 있다. 요구 집단은 궁극적인 결과와 서비스 가용성과 접근에 영향을 미치는 의사 결정 참여에 대한 평가에 초점을 맞춘다. 이러한 이해 집단의 우선순위의 차이는 조정을 다른 방식으로 평가하도록 한다. Rogers와 Mulford(1982)는 지원 집단과 협력 집단은 공식화되고 권한에 의해 정렬된 전략을 선호한다고 제시한다. 왜냐하면 이는 협력하는 체계에 보다 큰 힘과 통제를 주기 때문이다. 반면에 행정 집단은 적은 자원 투자를 요구하고, 그들 자신의 활동에 대한 더 많은 자율성과 통제를 유지하도록 하는 전략을 선호한다. 요구 집단이 어떤 전략을 다른 전략보다 선호한다는 증거는 거의 없다. 요구 집단의 관심은 서비스 전달과 의사결정 과정의 참여에 있으며 이 목적을 가장 충족시키는 전략을 선호한다.

조정된 연합은 동일한 수준의 자금으로 더 많은 서비스를 제공하는 것으로 밝혀졌다. 기관들 간의 아이디어 교환의 증가는 창의성을 향상시키고, 지역사회의 융통성 없고 획일적인 공적 서비스 구조의 발달을 감소시킬 수 있다. 중앙계획은 단일 조직의 한정된 목표 대신에 광범위한 지역사회 목표를 촉진시킨다. 조정된 체계에 대한 높은 수준의 공적 지원은 시민 위원회(citizen boards)의 사용과 관련된다. 개별 조직은 지역사회로부터 충분한 자원을 얻기 위해 충분한 권력 기반을 가지고 있지 않다. 중앙 조정 체계는 단일 단위로서 그들의 필요를 제시함으로써 자원을 획득한다.

중요한 지역사회 부문

다음의 여섯 가지 지역사회 부문은 재난 관리에 있어서 매우 중요하다. 여섯 가지 부문은 의료(medical care), 사회서비스(social service), 공공 사업(public works), 민간 기업(private business), 규제된 공익사업(regulated utilities),

언론(media)을 포함한다. 이들 부문들 각각은 효과적인 재난 대응에 중요한 자원을 통제한다. 효과적인 재난 대응을 위해 지역사회 내부와 지역사회 사이에서 이 시스템들을 조정하는 것은 어렵고, 시간이 소모되고, 불완전하고, 그리고 끝나지 않는다. 그러나 조정을 설정하고 지속적으로 개선하는 작업은 생명을 구하고 재난으로부터의 손실을 감소시키는 것이라 믿는다.

조정을 확립하고 유지하기 위해서는 이들 부문에 대한 이해가 필수적이다. 여기서 초점은 즉각적인 대응 기간인데 왜냐하면 이 기간은 모든 재난 관리 조정 노력의 주요 관심 기간이기 때문이다. 일반적으로 이 부문들의 자원은 갈등, 분절, 서비스 간격, 불필요한 중복의 가능성을 감소시키는 방식으로 서로 맞물리도록 해야 한다.

다음의 논의는 각 부문에 대한 간략한 설명을 제공하며 재난 대응에서 관찰된 문제와 조정이 어떻게 이러한 문제를 감소시키도록 도울 수 있는지에 대한 생각들을 제시한다.

응급의료

응급의료 서비스는 현장에서 응급의료기사(medical technicians)에 의해 제공되는 응급 처치에서 병원에서 간호사와 의사에 의해 제공되는 기본적인 생명 지원까지 다양하다. 응급의료 체계는 광범위한 서비스와 자원을 포함한다. 미국의 모든 주는 응급의료 서비스의 운영을 관리하는 법률과 규정을 가지고 있다. 사회, 경제, 문화적 전통은 각 지역의 의료 서비스의 특정 체계에 영향을 미친다. 현장 지원은 소방서, 경찰서, 민간 기업, 혹은 자원봉사 단체의 원조로 작동될 수 있다. 그러나 원조에 관계없이 일반적으로 지정된 거점 병원에 응급의료 결정에 책임이 있는 의사가 존재한다.

심각한 재난은 의료 분야에 광범위하고 예기치 않은 요구를 야기한다. 많은 수의 환자, 훈련된 직원의 부족, 손상된 시설과 장비가 있을 수 있다. 비록 훈련된 직원이 부족할 수는 있지만, 도움을 제공하기 원하는 사람들이 집중적으로 모여들 가능성이 높다. 훈련된 전문인력이 아닌 이타적인 도움 제공자들을 다루는 방법이 문제가 될 수 있다. 사소한 부상이 있는 사람들이 병원에 처음 도착할 것이다. 병원에서 일반적인 의사소통 방법은 전화이다. 종종 전화는 재난의 즉각적인 대응기간 동안 작동 불능 또는 과부하가 된다. 동시에, 정보에 대한 대중의 요구는 매우 높다. 지역 주민에 의한 이타적인 행동은 다른 곳에 있었으면 적절하게 서비스를 받았을 사람들을 데려옴으로써 병원 행정의 통제를 복잡하게 만든다. 따라서, 의료 관리의 많은 문제는 조직과 조직 상호간 요인에 기인한다.

심각한 재난에 따라오는 의료 문제 중 일부는 조정을 통해 감소될 수 있다. 환자의 흐름은 선별 및 절차를 미리 계획함으로써 통제될 수 있다. 이를 위해 사회복지사는 의료시설과 지역에 사는 의료 기사, 간호사, 의사를 포함한 인력의 목록을 만든다. 교대 근무와 특정 시간에 근무하는 인원의 수에 대한 정보는 사회복지사가 효과적으로 조정하는데 도움이 된다. 또한, 의료 용품은 목록화되어야 한다. 의약품 제조업체, 유통 업체, 의료 용품을 운반하는 소매점이 포함된다. 사회복지사는 부상에 대한 정보를 얻고, 병원으로 오는 피해자의 흐름을 관리하는 실용적인 방법을 개발한다.

사회서비스와 정신건강

음식과 의류, 긴급 대량 대피, 위기 개입, 그리고 상실 및 애도에 관한 서비스를 제공하는 것은 재난 대응 기간 동안 사회서비스와 정신건강 전문에 의해 충족되는 중요한 서비스이다. ARC, 구세군, 많은 지역 단체는 이러한 서비스를 제공하고, 미국의 모든 주와 많은 국가는 공적 혹은 사적 정신병원을 갖추고 있다. 1960년대 중반 이후 400개 이상의 지역사회 정신건강센터가 미국 전역에 설립되었다. 또한, 개인 병원과 핫라인이 있다. 그러나 노인, 장애인, 그리고 어린이에게 서비스를 전달하기 위해 특별한 노력이 필요하다.

대피 계획은 종종 불완전하고 다양한 조직들 사이에서 분열된다. 비록 ARC가 오랜 시간 동안 대피소 운영에 참여하였고, 대피에 대한 책임을 상정하기 위해 미국 의회의 지시가 있었지만, 이것이 언제나, 특히 농촌 지역에서 지역사회 지도자에 의해 이해되지는 않는다.

대피소를 제공할 사람과 누구를 위한 것인가에 관한 지역사회의 광범위한 동의는 드문 일이다. 정신건강 증상은 특히 정신질환에 대한 수용과 이해의 정도가 낮은 나라에서는 대응 기간 동안 받아들여지지 않고 폄하된다. 심지어 정신질환이 장기간 받아들여진 국가에서 조차 이 분야에 대한 연구는 최근에서야 발전되었다. 일부 연구는 장기간의 정신건강 영향을 보고한다. 다른 연구는 일시적인 효과를 보여준다. 부정적인 정신건강 영향은 계획을 통해 감소될 수 있다. 사회복지사는 스스로를 돕기 위한 사람들의 잠재력에 대한 현실적인 관점에 기반해 계획을 수립해야 한다. 개발된 모든 계획은 특정 재난 상황에서 무엇이 일어나는지 배우고 무엇을 해야하는지 알도록 돕는 것이어야 한다. 계획은 지역 내 네트워크와 주민 혹은 이타적인 집단의 긴급 네트워크뿐만 아니라 지명된 관계자와 전문가를 고려해야 한다. 적극적인 봉사활동(outreach)이 필요하다. 지역사회 재난 계획은 약점의 신화보다는 지역사회 강점에 기초해야 한다.

공공 기관

미국의 경우, 지방 정부의 경찰서, 소방서, 상하수도 부서, 때때로 군대는 심각한 재난의 초기 대응에 중심적 역할을 한다. 경찰서는 생명과 재산, 수색 및 구조, 통신, 피난, 대규모 공공 통제 및 유해 물질 사고의 관리를 보장하기 위해 법률과 법규를 강행하는 것을 돕는다. 소방서는 화재 통제, 수색 및 구조, 응급의료, 유해 물질의 관리를 제공한다. 상하수도 부서는 물 공급 수준을 복원하거나 유지하고, 오염을 방지하고, 댐 및 홍수 통제 시설을 관리하는 것을 돕는다. 군대의 광대한 자원과 준비된 상태는 경고, 수색과 구조, 대량 공급 및 대피소 운영, 의료, 최소한의 지역사회서비스의 복원, 그리고 법과 질서 유지에 도움을 준다(Anderson, 1970). 다른 국가에서도 유사한 역할이 지방 정부의 경찰서, 소방서, 상하수도 부서 그리고 때때로 군대에 의해 수행된다.

국가에 관계없이 재난은 경찰, 소방관 그리고 공공 기관 직원들이 전통적으로 받은 표준 응급 훈련을 넘어서는 요구를 초래하는 예상하지 못한 상황을 접하게 한다. 훈련과 오리엔테이션은 각 현장 관할구역에서 예상되는 비상사태 예를 들어, 화재, 교통사고, 범람원 안에서의 홍수, 항공 교통 영역에서의 충돌 등의 방향으로 구성되어 있다. 이 초점은 종종 부적절하거나 잘못된 시민 행동에 대한 기대의 원인이 된다. 한정된 초점은 많은 국가에서 국가의 능력을 초과하는 재난으로부터의 요구에 적절히 대응하는데 언제든지 군대를 특별히 중요한 지원 자원으로 만든다.

그러나 군대는 미국 사회에서 이례적인 상황에 작동된다. 미국 군대의 권력과 구조는 보안을 위해 필요한 것으로 간주되지만, 민주적 가치에 비추어 볼 때는 의문스럽다. 미국 군대(군대와 주방위군 모두)는 가장 중요한 기간 동안만 지원하고, 일반적으로 중요한 기간이 경과되면 빠르게 철수한다. 미국에서는 군대 지원은 요청하지 않는 한 거의 대부분 제공되지 않으며 민간 당국의 지휘 아래에 있다. 이는 군사적 통제의 차후의 요구를 방지하는데 도움을 준다.

재해와 관련된 혼란과 불확실성은 피드백에 의한 유연한 조정을 요구한다. 치명적인 재난에 대비해야 할 필요성에 대해 합의가 필요하다. 사회복지사는 운명론적인 사고와 시스템의 무력감을 적극적이고 예방적인 준거틀로 대체하도록 노력해야 한다. 특정한 재난의 요구 및 제약 조건에 따라 차별적 패턴을 취할 수 있는 미리 계획되고 유연한 재난대응 시스템이 필요하다. 이러한 구조의 좋은 예는 미국에서 국가 차원에서 채택된 사고현장 지휘체계(Incident Command System)이다.

민간 부문

민간 부문은 건설 산업, 화학 산업, 자원봉사자 및 자원봉사 단체를 포함한다. 건설 산업에서 사용되는 중장비가 도로를 치우거나 파편을 제거하는 필수적인 요인일 수 있다. 유해 물질 대응 팀은 화학 전문 지식을 가진 사람에 크게 의존한다. 미국에서 화학 제조업체는 국가정보센터와 핫라인뿐만 아니라 유해 물질 대응 팀의 네트워크를 구축했다. 긴급 대피소, 대규모 보호, 식품 그리고 의류의 분배를 위한 ARC와 자원봉사 단체의 역할은 사회서비스 논의에서 주목받게 되었다. 그러나 자원봉사 단체들은 재난현장에서 광범위하게 참여하고 있다. 많은 사회복지사들은 자원봉사자이다. 소규모 지역사회에서 사회복지사는 자원봉사자에 더욱 가깝다. 재난관리뿐 아니라 자원봉사자들은 요구 사정, 통신, 교통, 이물질 제거, 수색 및 구조, 공공 정보를 돕는다. 심각한 재난은 어느 특정 지역 수준에서 산발적이고 드물게 발생하기 때문에 모든 역량을 동원한 재난 대비가 지역사회 예산의 항목이 될 가능성은 높지 않다. 이러한 이유로 현장에서 자원봉사자와 자원봉사 단체는 필수적이다.

대형 장비를 작동할 수 있는 능력은 훈련과 연습이 필요하다. 다양한 화학 물질 및 화합물 물질과 관련된 위험에 대한 이해는 기술 교육을 필요로 하며, 긴급 관리 분야에서 이러한 교육은 매우 최근에 도입되었다. 새로운 화학 물질과 위험은 매주 발견되고 있다.

자원봉사자에 대한 연구는 비공식적 대량 공격에 공식적 조직 활동을 통합하는 것과 관련된 대량 융합 대응과 문제를 강조하고 있다. Gillespie와 Perry(1976)는 자원봉사 단체는 설립된 조직이 그들의 효과성을 증대시키는 것을 통해서 자원으로써 인정되어지는 대신 종종 "문제의 일부"로 인식된다는 것을 보고했다. 재난 통신 책임은 다양한 조직 전체에 걸쳐 분산되었고 흩어져 있다.

지역 통제, 광범위한 개입 그리고 유연성은 재난에 따라오는 대응의 신속하고 효과적인 동원에 핵심적 요소로 보인다. ARC는 자원봉사 대응에 대한 계획을 개발함에 있어 훌륭한 일을 수행했지만, 특히 단체 전체에 걸쳐 협력하는 관계성에 관해서는 기본적 지식이 거의 없다. Drabek, Brodie와 Munson(1979)은 시민 밴드와 아마추어 무선 능력이 있는 자원봉사자 통신 그룹의 중요성을 밝혔다. 재난은 도움에 대해서 놀랄만한 지역사회의 이타주의를 고취시킨다. 그러나 지역사회 대비 및 완화에 대한 동기 부여는 빠르게 소멸된다. 따라서 사회복지사는 모집, 교육, 업데이트 그리고 완화 및 준비 노력에 헌신을 일으키는 것에 지속적으로 관심을 가져야 한다.

규제 부문

규제 부문은 민간이지만 정부 규제에 의해 강하게 통제된 조직을 포함한다. 이는 전력 회사, 대중 교통, 전화 회사를 포함한다. 전력 회사는 전력 및 조명, 난방, 중요한 기기의 동작을 위한 천연 가스를 설정하고, 유지하고, 분배한다. 대중교통 회사는 교량과 도로를 유지한다. 전화 회사는 전화통신에 대한 책임이 있다.

경찰 및 소방 인력과 같이 전력 회사 직원은 파선 또는 발전기를 수리하는 것과 같이 구체적으로 목표가 된 비상사태를 처리하도록 훈련된다. 비상 전력 장애를 처리하기 위해 전문적인 기술, 특수 장비, 그리고 경험이 요구된다. 전력원(power sources)은 생명을 구하고 재산을 보호하기 위해 매우 중요하다. 이러한 이유로 다른 단체들과의 조정은 모든 활동보다 우선시된다. 최소 비용은 장비의 목록을 개발하고, 숙련된 인력을 식별하고, 상호협력 협정을 수립하고, 조직간 그리고 지역간 재난 계획의 과정을 유지하는 것을 포함한다. 저비용 노력은 중요한 특정 예비 부품을 비축하고, 비상 대피 준비를 설정하고, 지진 보호 장치를 설치하고, 부식 통제 절차를 도입하고, 전략적인 감원조치를 촉진하도록 확장된다. 사회복지사는 고비용의 장비 교체 이상으로 이러한 주의사항의 장점을 주장한다.

언론

라디오와 텔레비전 방송국이 대부분의 국가에서 정부에 의해 규제되지만, 그들 모두 재난 상황에서 제공하는 공통적인 기능 때문에 자주 규제가 적은 뉴스와 특수 이익집단과 함께 논의된다. 연구들은 언론 기관을 하나의 유형으로 접근하는 경향이 있다. 언론 기관은 종종 위험 경고, 안전 지침, 공식 발표, 대피 절차, 의료 및 대량 의료 시설의 위치 안내, 중요한 생명선의 현황보고서, 그리고 피해 평가 정보를 제공하기 위해 대중과 의사소통한다. 이러한 조직은 비상 통신 장비의 관리와 시험을 위해 요구된다. 예를 들어, 미국의 비상 방송 시스템(Emergency Broadcast System)은 연방통신위원회(Federal Communications Commission)에 의해 좌우된다. 사회복지사는 비영어권 사람들과 시각 및 청각 장애를 가진 사람들을 위해 비상 정보를 번역함에 있어 특별한 문제를 해결한다.

언론은 재난 보고서를 선정적으로 다루고, 최악의 경우의 그림을 묘사하고, 특히 극적인 에피소드를 선택하고, 재난 행동에 관한 신화를 펼치는 것으로 밝혀졌다. 예를 들어, 1985년 멕시코시티 지진 이후에 St. Louis Post-Dispatch는 제목을 "멕시코는 극심한 공포를 평정하려고 노력한다"(Mexico Tries to Quell Panic)라고 서술하였다. 사실은, TV 화면에서 보여준 것처럼, 다양한 자원봉사 노력은 단호하고 질서 있는 방식으로 진행되었다.

많은 사회복지사와 일반 대중은 언론 보도의 유효성에 의문을 보인다. 언론 기관은 즉각적인 재난 이후 대응 기간에 매우 높은 강도의 주의를 기울인다. 완화, 대비 및 복구에 대한 뉴스 보도는 재난 후 첫 72시간을 다루는 것보다 훨씬 덜 자주 그리고 낮은 관심으로 다루어진다. Scanlon(1981)은 언론이 재난에 어떻게 대응하는지 경험적 기반의 순차적 모델을 개발했다. 재난이 공습할 때 정확하고 시기적절한 정보의 보고는 생명을 구하고, 재산을 보호하는데 있어서 매우 중요하다. 미국에서 비상운전센터(Emergency Operations Center)와 다른 공식적인 통신 시스템과의 조정은 루머의 통제, 보고서 유효성의 평가, 그리고 지역, 카운티, 주, 연방 정부의 정보 관리에 크게 기여한다.

자원 확대

중요한 자원들의 통제관(controller)으로서 독립적인 기관들이 대규모 재난을 예방하고 대응하기 위해 지역사회의 능력을 지속적으로 개선하는 방향으로 협력할 때 지역사회의 자원 기반은 확장된다. 재난에 대한 지역사회 자원의 조정을 추구하는 사회복지사를 위한 여러 가지 방법이 있다. 예를 들어 공동의 데이터 뱅크는 공유할 수 있고, 상호 지원 협정은 긴급 사태 교환 또는 서비스 계약을 제공할 수 있고, 이사회 이사들은 공유하거나 순환할 수 있고, 협력 자문위원회가 개발될 수 있고, 공동 기획과 프로그램을 수행할 수 있다.

다음은 간단한 형식부터 가장 복잡한 형식까지 조정의 각 유형에 대해 설명한다.

공동의 데이터 뱅크

공동의 데이터 뱅크를 공유하는 것은 위험 취약성 평가 및 능력 평가의 자연스러운 확장이다. 위험 취약성 목록들은 다음과 같은 정보를 수집한다.

1. 커뮤니티에서 특정한 위험의 발생 빈도
2. 부상, 사망, 재산 피해로 나타나는 위험의 심각성
3. 각 위험의 추측된 재발 확률
4. 특정 위험의 심각성을 증가시키는 지리적, 경제적, 문화적, 혹은 기타 조건

능력 평가는 대응 노력을 동원하는데 사용할 수 있는 자원과 조정의 종류를 조사하는 것이다. 위험 취약점에 대한 인식의 증가는 조정 협정 촉진을 돕는다. 그리고 관리되고, 업데이트되고, 공유되는 자원의 목록들은 재난에 효과적으로 대응하기 위한 지역사회의 능력을 증가시킨다.

상호지원 협정

상호지원 협정은 법률에 의해 강제되거나 협상된 법적 계약이다. 상호지원 협정에는 두 가지 종류가 있다. 첫째, 조직은 필요에 따라 서로 돕기 위해 협정을 만들 수 있다. 만약 재난 영향이 하나의 지역사회에 미치고, 다른 지역사회에 미치지 않는다면, 그때 한 지역사회는 다른 지역사회를 도울 것이고, 반대 경우에도 마찬가지이다. 둘째, 조직은 긴급 서비스 제공 업체, 공급 업체 및 하청 업체 사이의 조건부 인수 협정을 체결할 수 있다. 많은 지역사회들은 이러한 두 번째 유형의 협정을 체결하는데 예를 들어, ARC와 피해 평가를 처리하고, 대규모의 대피 시설을 설치하기 위해 협정을 체결하는 것이다.

이사회 이사

조직 이사회는 모금 또는 관리 목적을 위해 선택되는 경향이 있다. 공유하거나 교환되는 이사회 이사는 특히 이사회가 행정적인 문제를 처리할 때 조정을 촉진하기 위한 유용한 방법을 제공한다. 이사회는 그들이 조직의 원칙적인 자원을 통제할 때, 조직의 기술이 기술적이지 않을 때, 이사회의 이사가 지역사회에서 높은 지위를 보유할 때, 조직이 주요한 위기에 놓일 때 조정을 촉진하기 위해 가장 중요한 중심을 대표한다.

협력 자문위원회

협력 자문위원회는 정보 교환을 위한 강력한 토론의 장이다. 자문위원회는 지역사회 수준의 목표와 기준에 광범위하게 초점을 맞추고 있다. 지역사회의 참여가 광범위할수록 자문위원회의 합법성은 증가된다. 자문위원회는 거의 모든 규모의 지역사회 혹은 지역을 대표하기 위해 개발될 수 있다. 기독교세계봉사회(Church World Service)는 지역사회 대비 및 재난 대응 능력을 개발함에 있어 지역의 교회 단체에게 훈련, 종자돈(seed money), 지원을 제공하기 위해 정부의 연계를 통해 활동하는 국가적 위원회이다. 세인트 루이스 재난 자원 위원회(St. Louis Disaster Resource Council)는 대도시에서 조직적이고 정치적인 경계를 넘어서 재난 완화와 대비를 촉진하기 위해 도시재난관리청(City Emergency Management Office)과 카운티 시민 대책 사무소(County Civil Preparedness Office)의 지휘 하에 움직이는 기관이다. 위원회 회원은 정부 기관 및 민간 영리 및 민간 비영리 조직을 포함한다.

공동 기획과 프로그램

공동 기획 및 프로그램은 조정의 진보된 형태를 나타내지만 촉진을 위한 실행에는 어려움이 있다. 공동 계획은 특정 제안과 관련된 비용과 편익을 명확히 하는 경향이 있다. 조직들이 조정으로부터 동등하게 혜택을 누릴 가능성은 높지 않으며 다양한 조직 구성원들이 조정으로부터 동등하게 혜택을 누릴 가능성은 더욱 희박하다. 따라서 기획과 프로그램 활동에 관여하는 조직의 수가 증가할수록 잠재적인 문제 또한 증가한다. 사회복지사는 장기적인 안목에서 효과적인 완화, 대비, 대응 그리고 복구라는 지역사회 이득의 궁극적인 목적을 유지하기 위해 노력해야 한다.

참고문헌

Anderson, W. A. (1970). Military organizations in natural disaster. Established and emergent norms. *American Behavioral Scientist, 13*, 415－422.

Anheier, K. H. (2005). *Nonprofit organizations: Theory, management, policy*, New York, NY: Routledge.

Comfort, K. L., Ko, K., & Zagorecki, A. (2004). Coordination in rapidly evolving disaster response systems: The role of information. *American Behavioral Scientist, 48*, 295－313.

Davidson, S. M. (1976). Planning and coordination of social services in multi－organizational contexts. *Social Service Review, 50(1)*, 115－137.

Drabek, T. E., Brodie, D. Q., Edgerton, J., & Munson, P. (1979). *The flood breakers: Citizens Band Radio use during the 1978 Flood in the Grand Forks Region*. Boulder, CO: Institute of Behavioral Science, University of Colorado.

Gillespie, D. F. (1991). Coordinating community resources. In T. E. Drabek & G. J. Hoetmer (Eds.), *Emergency management: Principles and practice for local government* (pp.55－78). Washington, DC: International City Management Association.

Gillespie, D. F., & Perry, R. W. (1976). An integrated systems and emergent approach to mass emergencies. *Mass Emergencies, 1*, 303－312.

International Committee on the Red Cross (ICRC). (2006). *World Disasters Report 2005: Focus on information in disasters*. Geneva, Switzerland: International Federation of Red Cross and Red Crescent Societies.

Maskrey, A. (1989). *Disaster mitigation: A community based approach.* Oxford, UK: Oxfam.

McEntire, D. A., Fuller, C., Johnston, C. W., & Weber, R. (2002). A comparison of disaster paradigms: The search for a holistic policy guide. *Public Administration Review, 62,* 267–281.

Mileti, D. S. (1999). *Disaster by design: A reassessment of natural hazards in the United States.* Washington, DC: Joseph Henry Press.

Rischard, J. (2002). *High noon: 20 global problems and 20 years to solve them.* New York, NY: Basic Books.

Rogers, D. L., & Mulford, C. L. (1982). Consequences. In D. L. Rogers & D. A. Whetten (Eds.), *Interorganizational coordination: Theory, research and implementation* (pp.73–94). Ames: Iowa State University Press.

Scanlon, J. T. (1981). Coping with the media: Poice–media problems and tactics in hostage taking and terrorist incidents. *Canadian Police College Journal, 5(3),* 129–148.

Smallman, C., & Weir, D. (1999). Communication and cultural distortion during crises. *Disaster Prevention and Management, 8(1),* 33–41.

Tierney, K., Lindell, K. M., & Perry, W. R. (2001). *Facing the unexpected: Disaster preparedness and response in the United States.* Washington, DC: Joseph Henry Press.

제 7 장 재난복원력 높은 지역사회 구축 : 사회복지 지식 및 기술의 향상

ROBIN L. ERSING

자연 재난(natural disaster)은 미국 및 전 세계 상당수 인구에게 영향을 주며 지속적으로 발생하는 사건이다. 2003년 1월부터 2008년 12월 사이에, 미연방비상관리기구(the Federal Emergency Management Agency: FEMA)는 50개의 주가 신고한 362개가 넘는 기상관련 재난선포 건들을 처리했다(FEMA, 2009). 이 사건들은 심각한 홍수 및 강설량 기록부터 들불, 토네이도, 지진 모두를 포함한다. 이와 같은 규모의 사건들은 거주민들이 그들의 집, 일터, 학교를 잃게 해 지역사회의 사회적·경제적 구조를 엉망으로 만들어 버렸다. 2005년 발생한 허리케인 카트리나는 향후 발생하게 된 모든 지역사회 위난들에 대한 대응을 판단하는 기준점(a marker)을 세우게 되었다. 이 하나의 자연 재난은 1,800명 이상의 생명을 앗아갔으며, 20만이 넘는 주택을 파괴하고 거의 1백만 명에 가까운 사람들의 이주를 초래하게 되었다(Brookings Institution, 2008). 강조하건대 허리케인 카트리나나 이와 유사한 사건들의 엄청난 파괴력으로부터 배울 수 있는 가장 가치있는 교훈은 지역사회가 취약한 위험상황(threat)을 완화시킴으로써, 복구기간이 더 짧아지고 복구가 더욱 성공하기 위해 더 나은 대비와 역량강화가 필요하다는 점이다.

종종 사회복지사들은 재난 직후 여파 속에서 원조를 제공해야 하는데, 원조 내용은 주민보호서비스 전달체계 내에서 기본적 대인욕구 충족을 보조하는 것과 및 복구 과정을 시작하기 위하여 개개인들을 자원에 연계하는 것이다. 복원력 있는 복구를 위한 보호요인을 개발함으로써 자연 재난의 충격을 줄이는 것이 목표인 예방적 개입을 개발하는 사회복지사에 대한 필요성은 상대적으로 덜 인지되어왔다. 이 장은 재난복원력(disaster-resilient)이 높은 주민(neighborhood)과 지역사회를 형성하기 위한 지역사회 영향력 사정(Community Impact Assessment : 이하 CIA) 방법에 초점을 두고 있다. CIA 접근은 지역사회가 재난 후 다시 복구되는데 적용될 수 있는 이용 가능한 자산 및 자원을 최대화하는 것을 돕는 데이터-기반(data-driven) 계획 및 평가 도구를 제공한다. CIA의 지식과 기술을 일반주의 실천 및 성공적인 지역사회 개입(community-engaged) 계획에 기인하여 발생한 거시 실천(macropractice) 과정으로 통합하는 전략은 사회복지학을 공부하는 학생들에게 전문가로서 재난 위기 시 더 나은 대응 방식을 갖추도록 한다.

사회복지와 재난-복원력이 높은 지역사회

10년 이상의 기간 동안 1995년 미국 오클라호마시(Oklahoma city) 폭격, 2001년 뉴욕시(New York city) 세계무역센터 폭격 그리고 허리케인 찰리, 카트리나, 리타를 포함한 여러 가지 주요 자연재난과 같은 대형규모의 재난 사건에 대응해 왔던 사회복지 종사자들은 그 두각을 나타내고 있다(National Association of Social Workers[NASW], 2006a). 사회복지사들은 재난 생존자들과 그들의 가족들이 정신적 외상 스트레스 및 관련된 질병에 대처하기 위해 제공받는 임상 서비스 영역에 있어서 가장 뛰어난 것으로 인식된다. 확실히, 미국 사회복지학 윤리강령(NASW, 2008)은 사회복지사들에게 그들의 전문 기술을 공공 비상시에 제공할 것을 촉구하고 있다. 1990년 NASW는 미국 적십자사와의 파트너십을 통하여 재난 시 정신건강서비스 제공에 개입할 것을 공식화하였다(NASW, 2006b). 하지만 전자와 동등하게 중요함에도 불구하고 종종 인정받지 못하고 있는 또 다른 점은, 리스크를 제거하고 복원력을 촉진하는 효과적인 재난 대비 전략을 통하여 개개인 및 지역사회를 원조하는 사회복지 전문가들의 노력이다.

복원력의 개념은 외상적인 혹은 스트레스 상황 후 다시 회복되는 능력으로 종종 묘사된다. 사실, 복원능력이 높은 지역사회(resilient communities)는 자연위난의 극심한 스트레스에 마주하여 부러지지 않고 "굽혀질 수 있음"으로 묘사될 수 있다(Godschalk, Beatley, Berke, Brower & Kaiser, 1999; 529). 유사하게, Paton과 Johnston(2006)은 재난 복원력을 "어떻게 사람들과 사회가 변화된 현실에 잘 적응할 수 있는가, 제공된 새로운 가능성을 잘 활용할 수 있는가에 관한 척도"로 정의 내렸다(p.8). 그들은 적응 능력을 설립과 유지를 위한 자원 투자를 필요로 하는 의도적 노력이라고 주장한다. 지역사회 수준에서 복원성 잠재력을 평가하는 한 가지 방법은 지역사회가 재난 이전 시기에 결정 내린 자연 위난 발생 시 대비법에 관한 내용을 점검하는 것이다(Smith, 2009).

NASW는 재난 사건 발생 시 개입방법에 숙련될 수 있도록 사회복지사 및 사회복지학 전공 학생들의 교육에 대한 옹호를 지속하고 있다(NASW, 2006b). 현재, 재난으로 인한 대대적인 파괴로부터 지역사회가 자연위난에 대한 충격을 완화하고 복구하는 복원력 강화 능력을 구축할, 숙련된 사회복지사를 육성해야 할 필요성은 지속적으로 제시되고 있다(Boteler, 2007). 가장 최근 정책강령 내에 재난에 관한 내용(NASW, 2006b)은 전문가의 역할 수행에 있어서 위난 계획, 대응 및 복구를 지원하는 리더십을 요구한다. 이 강령은 주요한 위난 상황 시 자원이 충분하지 않은 지역사회에 대한 부가적인 취약성을 충족시키기 위하여 다학제적 도구 및 타분야 전문가와의 공동작업 활용도 포함한다. CIA는 미처 대처하지 못할 경우 재난기간 동안 근린지역 생존자들을 위협할 수 있는 취약성에 대응하기 위하여 활성화시킬 수 있는 자산과 자원을 확인하는 강점기반 접근법(strengths-based approach)을 제공한다.

지역사회 영향력 사정(CIA)

사정 기술은 사회복지 실천에 있어 기초적인 부분이다. 확실히, 개인은 스트레스를 유발하는 사건에 대처하려고 노력하기 때문에 다양한 사정 도구들은 심리사회적 웰빙의 수준을 파악할 수 있도록 한다. 임상 수준의 사정 정보는 그 또는 그녀와 사회 환경(예컨대, 관계, 네트워크 및 제도: Cummins, Sevel & Pedrick, 2006)과의 상호작용 질에 따른 개인의 기능을 인지적·정서적·생물학적·행동적 요소로 파악할 수 있다. 거시 수준의 사회복지실천에서는, 사정 방식이 지역사회, 조직 그리고 사회적 제도를 포함한 더 큰 체계를 이해하는 것을 지향하게 된다. 자원분배에 있어서 혹은 소외집단 및 취약집단 인구의 기회를 제한하는 장벽을 만듦으로써 불평등을 영속화시키는 정책·프로그램·실천들을 변화시키는 것에 주안점을 둔다. 결국, 사회복지 사정의 주된 목적은 문제를 해결하고 개인이 이전의 건강한 기능수준을 되찾거나, 이전의 기능수준을 초월하도록 돕는 조치 및 개입전략에 대한 적절한 계획을 개발하는 것이다. 엄밀한 의미에서, 사정은 더 넓게는 일반주의 사회복지실천의 핵심으로서 작용하는 문제해결 과정의 필수 단계로 고려할 수 있다.

CIA는 교통산업에서, 특정 계획이 지역사회 및 지역사회 삶의 질에 영향을 미칠 수 있는 프로젝트의 영향력을 수집하고 분석하기 위하여 종종 활용하는 구체적인 방식이다(U.S. Department of Transportation, 1996). 비록 CIA가 교통계획 설계자들에게는 잘 알려져 있을지는 몰라도 자연 재난이 사회적·경제적·지리적 취약집단 인구에게 미칠지도 모르는 잠재적 영향력을 문서화하는, 새롭게 부상하는 도구로 볼 수 있다.

사회복지실천에서 활용되는 문제해결 과정과 유사하게, CIA는 체계적이지만 자료 수집 및 분석에 있어 유연한 과정을 허용하는 단계들로 구성된 반복(iterative) 과정이라 할 수 있다. 주요한 목표는 부정적 영향을 예상하고, 지역사회 능력을 향상시키는 해결책을 만들며, 지역사회 삶의 질을 보호하는 것이다(U.S. Department of Transportation, 1996). <그림 7.1>은 CIA 준거틀의 다섯 단계를 나타내고 있다.

〈그림 7.1〉 지역사회 영향력 사정 과정

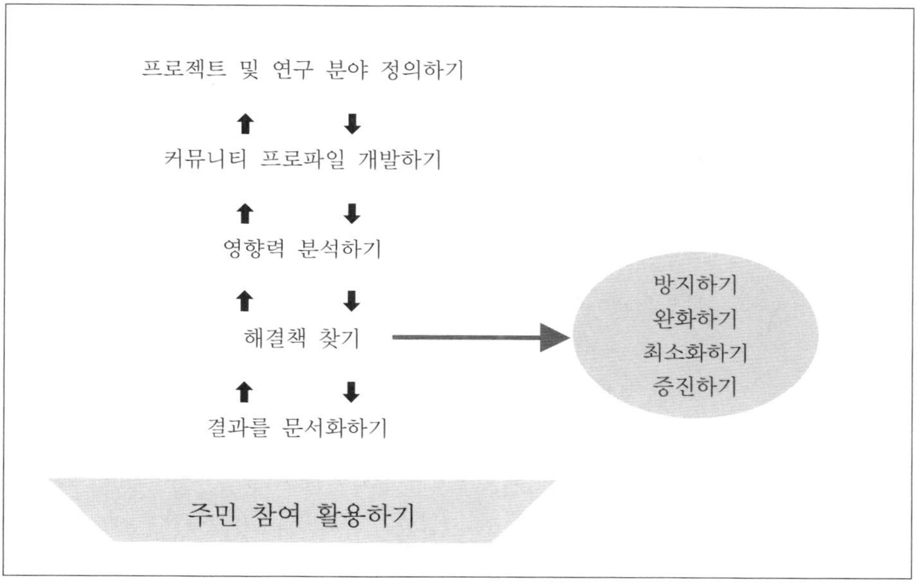

CIA 방법론은 사회복지 원칙과 관련된 여러 가지를 주장하였다. 첫째, 사정과정에서 주민(the public)의 참여는 필수적이다. 모델의 각 단계에 걸쳐 지역사회 구성원과 이해관계자의 지속적인 관여가 이루어져야 한다. 둘째, 가능한 한 지역사회의 가치와 목표들은 대안 해결책 개발에서 옹호 및 포함되어야 한다. 마지막으로, 사회 안정과 지역사회 화합을 위협하거나 방해할 수 있는 결과들을 공개하는 것이 중요하다.

CIA 방법 다섯 가지 각 단계는 미 연방 고속도로 관리 지침(the Federal Highway Administration reference guide)에 기반하여 아래에 간략하게 논의되었다(U.S. Department of Transportation, 1996).

프로젝트 및 연구 분야 정의하기

'프로젝트'라는 용어는 유해한 영향들 때문에 지역사회를 잠재적으로 위협할지도 모르는 어떠한 작용(action)을 말한다. 교통 산업의 맥락에서 활용된 프로젝트라는 용어는, 고속도로가 확장되고 그로 인해서 주택구조물의 철거 때문에 주거지역의 많은 지역들을 이주시키는(displacing) 작용(action)을 가리킨다(U.S. Department of neighborhood, 1996). 우리의 목적을 위하여, '프로젝트'라는 용어는 지역사회를 덮칠지도 모르는 자연 위난(예컨대, 허리케인, 홍수)에 관한 재난 계획으로 활용된다. 이와 관련된 작용(action)은 재난사건에 대비하고 회복하기 위한 거주자의 능력을 구축하도록 만드는 특정한 단계를 말한다. 사정을 행하기 위한 목적과 필요성은 지역사회 거주자, 이해당사자 그리고 기타 프로젝트에 영향 받을지 모르는 다른 사람들로부터 구한 유의미한 조언과 명확하게 연관되어야 한다.

연구 지역은 프로젝트가 발생할 것으로 예상되는 지리학적으로 정의된 특정 근린지역과 그 인근지역(예컨대, 시(市)보다 작은 단위의 지역, 인구조사 표준 지역)을 포함하는 지역을 직접적으로 가리킨다. 사정과정 동안, 연구될 작용(action)의 영향을 받았을 것으로 예상되는 추가 지역(area)을 포함하기 위해 연구 지역이 확대될지도 모른다. 사정을 통하여 일관성을 보장하기 위하여 지정학적(예컨대 선거구 혹은 학군)혹은 다른 자연적·인공적 공간의 경계(예컨대 강 혹은 철도)는 동의되고 명확하게 기술되어야한다.

지역사회 프로파일 개발하기

지역사회 프로파일은 한 지역의 과거 및 현재 특성·경향·상태를 포착하는 것을 목적으로 한다: 거기에 덧붙여 구축하고 있는 미래(를 대비하는) 능력에 대한 전망(glimpse)을 제공한다. 권장할 수 있는 프로파일 구성요소는 지역사회 인구통계 및 경향에 관한 시각적 설명을 제공할 수 있는 목록; 사회적/경제적 단체들의 내러티브 서술; 유의미한 통계 혹은 관련 데이터를 요약한 표와 그래프를 포함한다. 지역사회 특성에 관하여 수집된 데이터는 여러 가지 주제로 조직될 수 있다(<그림 7.2> 참조). CIA 방법론의 반복적인 특성은 충분히 영향력을 분석하고 해결책을 제공하기 위하여 부가적인 지표 혹은 데이터를 첨부하는 것을 강조한다.

〈그림 7.2〉 지역사회 프로파일 지표

인구 특성	물리적 특성
■ 인종 및 민족성 ■ 연령 ■ 성별 ■ 소득수준 ■ 특정 소수집단(예: 장애인, 비영어권 집단)	■ 주택보유 현황 ■ 예배당 ■ 휴양지 ■ 문화 회관 ■ 토지 이용도
사회적/경제적 특성	**주민보호 서비스 특성**
■ 교육 정도 ■ 고용 수준 ■ 부동산 가치 ■ 빈곤 수준 ■ 주거 안정성	■ 소방 및 경찰 ■ 보건 서비스/병원 ■ 학교 ■ 커뮤니티 조직

지역사회 프로파일을 구성할 때 1차·2차 데이터 모두 수집될 수 있다. 핵심적인 이해당사자와의 면담, 지역사회 상호작용 파악을 위한 현장관찰, 해당 지역사회에서 활동하는 조직 방문과 같은 지역사회의 근본적인 의견 배출 수단이 최근 정보를 수집하는 장(venues)이 된다. 대개 사정을 마치는 과정에서 시간과 자원을 아낄 수 있는 하나의 방식으로 기존의 자료에서 데이터를 수집하기도 한다. 엄격한 데이터 수집 방법이 적용된, 10년간 인구조사 혹은 재산세 기록과 같은 기존에 구성된 데이터베이스로부터 발췌된 정보는 지역사회 프로파일에 더욱 향상된 신뢰도 및 타당도를 제공할 수 있다. 게다가, 몇몇 데이터의 웹사이트(예컨대, 인구 조사국)에서 활용 가능한 이용자 친화적인 지리학적 지도제작 데이터는 표·공간적 형식의 지표 데이터를 빠르게 제공해준다.

영향력 분석하기

종종 사정에서 분석단계는 지역사회 결과와 밀접한 관계를 가지고 있다는 특성 때문에 종종 도전을 발생시킨다. 결국, 분석단계는 긍정적·부정적 영향력, 장기·단기 영향력, 영향력에 대한 지역사회의 인식과 씨름해야만 한다. 또한 영향력 발생 가능성, 영향력의 잠재적 규모, 영향력이 지속되는 기간에 대한 고려가 중요하다(U.S. Department of Transportation, 1996). 기본적으로, 영향력 분석은 작용(action)이 일어나지 않았을 경우 나타나는 지역사회 결과와 비교하여, 작용(action)이 발생함으로써 예상되는 결과를 평가하는 것을 포함한다. 다시 말해서, 작용(action)이 발생하거나, 또는 발생하지 않았을 때 지역사회가 경험하게 될 영향력은 각각 무엇인가? 우리의 목적을 위하여, CIA 방법은 자연 재난의 발생 및 지역사회를 대비시키는데 취해진 작용에 대한 데이터를 취합하여 분석하는데 활용되어야 한다. 이 분석은 대비를 증가시킴으로써(작용을 수행함으로써) 지역사회 능력을 구축하기 위하여 제공된 노력의 영향력을 추정할 수 있을 것이며, 한편 추가적인 대비 노력이 제공되지 않았을 경우 예견되는 영향력과 비교된다. 후자의 시나리오는 증가된 손실(loss); 더 큰 사회적·정서적·경제적 곤란; 상대적으로 장기화된 재난 후 복구기간으로 제시될 수 있다.

해결책 찾기

CIA 방법은 해결책 도출을 구조화하는데 있어 유용한 네 가지 요소 체계를 제공한다. 방지(avoidance)는 영향력을 제거하기 위하여 작용(action)을 변경하는 것이다. 최소화(minimization)는 영향력의 효과를 줄이기 위하여 작용(action)을 수정하는 것이다. 완화(mitigation)는 영향력을 상쇄거나 혹은 소실된 자원을 다른 작용(action)을 통하여 대체하는 것이다. 증진(enhancement)은 영향력에 대한 받아들임을 향상시키기 위한 특성(feature)을 추가하는 것이다(U.S. Department of Transportation, 1996).

이 범위에 한해서 본 과정은 사회복지에서 활용되는 문제해결 과정과 유사한데, 해결단계에서 지역사회 구성원과 이해당사자가 관여하는 것이 필수적이다. 근린지역 및 지리학적 영역을 정의하는 특별한 문화적 이슈, 상황, 특성에 대하여 고려해야 한다. 해결책을 개발할 때, 특정한 전략의 실행 결과로서 의도하지 않은 영향의 잠재력이 표면화되도록 사정하는 것 또한 중요하다.

결과를 문서화하기

지역사회 사정의 과정과 결과 모두는 문서화되어야 하며 이해관계자들이 이용 가능해야 한다. 프로젝트 및 포함된 작용(action)의 복잡함에 근거해 볼 때, 기술적 용어의 사용 및 주민에게 혼란을 초래할지 모르는 데이터의 제시를 피하려는 노력이 필요하다. 개방적인 포럼 및 지역사회 프레젠테이션은 종종 사정 및 권고 과정에 대한 견해와 피드백을 받을 수 있는 긍정적인 장이 된다.

결국, CIA 방법론은 특정 이슈에 관한 맥락 속에서 관련 활용된 접근법이 지역사회 자산, 강점, 격차, 도전을 검토하도록 한다. 데이터 수집 및 분석 도구는 전문가 및 초보 분석가 모두에게 적용된다. 지역사회의 특별한 특성(가치)을 가장 중요한 위치에 둔다는 핵심적인 관점(tenets)는 "(고정적인) 준거틀을 모든 사례에 적용시키는" 사정 접근법을 피하도록 한다.

CIA를 사회복지교육으로 전환하기

CIA 과정은 지역사회 능력을 구축하고 재난 복원력을 촉진하기 위한 전략적 방법으로서 그 유용성을 제공한다. 엄밀히 말해, CIA 접근과, 자연재난을 대비하고 복원하기 위하여/개인·주민·조직·특정 취약인구집단을 원조하기 위하여 사회복지 영역이 숙련된 지도자들을 제공하라는 요청(NASW, 2006b) 간의 공통분모는 진지하게 고려되어야 한다.

지식, 기술 그리고 가치

CIA 단계는 일반주의 사회복지실천에서 활용되는 문제해결 모델과 공통점을 가진다. 첫째, 두 방법들은 모두 긍정적인 결과를 최대화하는 적합한 개입 전략을 선택하기 위하여 사람·문제·장소 관련된 정보 수집 및 분석의 중요성을 인식하고 있다(Netting, Kettner, & Mcmurtry, 2007). 둘째, 환경 속 인간(Gitterman & Germain, 2008), 강점관점(Saleeby, 2002), 그리고 지역자산에 기반한 지역사회개발 관점(Kretzman & McKnight, 1993)과 같은 사회복지실천과 관련된 다양한 관점은 CIA 방법론을 지지한다. 셋째, 조사설계 및 개념구성체(construct)를 측정 가능한 지표(indicator)로 조작화하는 지식은 데이터 수집 및 분석에 필수적이다. CIA 활용에는 비판적인 사고가 요구되며, 신뢰도 및 타당도가 높은 다양한 자료로부터 수집된 증거를 기반하고 있는 의사결정을 촉구한다. 결국, CIA의 개념들을 사회복지학 교육과정의 중요한 교과목(course)으로 통합하는 것은 전문성에 기반한 지식·기술·가치를 제고시키는데 주요한 함의를 지니고 있다. 이와 같은 통합은 아래의 학습 목표를 통해 설명될 수 있다.

- 지역사회 특성의 개요를 개발하는 것(예컨대, 인구, 인구통계학적, 사회적, 경제적, 환경적 지표)
- 1차·2차 자료를 통하여 신뢰도 및 타당도가 높은 양적·질적 데이터 수집하기
- 리스크 및 자원을 포함하여 지역사회 영향력을 분석하기(예컨대, 사회적·심리사회적·물리적·경제적·환경적 영향력 및 안전성)
- 발견한 취약성을 충족시키기 위하여 해결 전략 혹은 유리한 접근법을 개발하기
- 합의 및 지역 능력 구축을 위하여 사정과정의 전 단계에서 지역사회 관여가 충분히 이루어졌는지 확인하기(예컨대, 공청회, 워크샵, 자문 집단, 뉴스레터, 조사, 개별적 접촉)

증대된 지식과 함께, 사회복지학 교과목(course)에 CIA의 유용성을 도입하는 것은 학생들에게 새로운 기술, 혹은 몇몇 사례의 경우에는 유사한 기

술을 적용할 새로운 방식을 제공해준다. 예컨대, 적절한 데이터베이스를 발견하거나 지역사회 대비를 측정하는 지표를 추출하는 능력은 자원 할당 욕구를 확인하기 위한 근린지역 프로파일 해석에 적용될 수 있다. 학생들은 이용자 친화적 온라인 프로그램 활용으로 지도제작 기술을 발달시킬 것을 독려받을 수 있다. 예컨대, 미 인구조사국은 TIGER(Topologically Integrated Geographic Encoding and Referencing : 지형학적으로 통합된 지리 부호화 및 참조화) 시스템을 이용한 주제도(主題圖) 개발을 권고한다(U.S. Census Bureau, 2008). 이용자들은 지도제작 기술을 활용하여 수백 개의 데이터 지표들을 공간적으로 표현할 수 있다. CIA 과정과 관련되어 있으면서, 사정 및 계획 기술과 결부되어 있는 위의 신진 기술을 적용하는 것은 학생들이 취약 인구집단을 고려하여 비상 보급품 사전설치가 필수적인 지역사회의 지점을 선정할 수 있게 한다. 이러한 시나리오는 학생들이 서로 다른 여러 기술들의 통합으로 심화 학습에 도전하게끔 한다.

사회복지학 교육은 모든 개개인에 대한 존경과 존엄·취약하고 억압받는 인구집단에 대한 임파워먼트·사회정의와 같이, NASW의 윤리강령(NASW, 2008)에 의해 옹호되고 있는 핵심 가치들의 중요성을 강조한다. 더 나아가, 강령의 전문은 “사회복지의 기본원칙은 삶의 문제를 발생시키는/(삶의 문제에)원인이 되는/(삶의 문제를)다루는 환경의 영향력에 집중하는 것이다”라고 명시하고 있다(p.1). 이러한 핵심적인 신념 요소는 또한 CIA 과정에서 강조하고 있는 세 가지 핵심 원칙에서도 발견할 수 있다(U.S. Department of Transportation, 1996):

1. 지역사회 구성원 삶의 질 보호에 있어 차별 배제
2. 지역주민의 관심사를 존중하는 (지역주민 관심사)호응적 의사결정, 이러한 관심사를 다루기 위한 정책과 프로그램 대안을 개발하기 위한 작업
3. 능력을 최대화하고 공동의 목적을 달성하기 위한 지역사회 이해당사자 집단 조직화

사회복지는 변화를 위한 옹호자 및 중개자로서 개개인을 위한 임파워먼트를 고취시켜온 오랜 역사를 지니고 있다(Lee, 2001). 주장하건대, 사회복지실천과 CIA의 과정은 지역사회 내 삶의 질에 영향을 줄 수 있는 우선순위 및 목표 설정 시 개개인의 역할을 강조하고 존중한다는 점에서 공통된 가치를 공유하고 있는 것으로 보인다. CIA의 지식·기술·가치를 일반주의적 사회복지 기초 과정에 통합시키는 것은 사회복지 전문직종이 재난에 관하여 국가정책성명(policy statement) 조항을 명시할 수 있는 가능성 및 기회를 제공한다.

서비스 교육에 CIA를 적용하기

다양한 지역주민들과 함께하는 서비스 교육 프로젝트는 학생들에게 그들의 CIA 지식 및 기술을 적용할 수 있는 기회를 제공해준다. 이 과제의 가장 중요한 목적은 지역사회 구성원들과 서비스 조직이 자연 재난의 영향력 완화를 위해 스스로의 능력을 강화하게 만드는 것이다. 핵심적인 관점은 이미 취약한 상태의 인구집단이 (재난)피해 시 더 큰 위험에 처하게 만드는 지역사회·사회적·경제적 자원의 격차에 집중하는 것이다. 저자가 재직 중인 대학은 멕시코 연안 지역(Gulf Coast)을 따라 위치하고 있기 때문에, 우리의 관심사는 심각한 열대성 폭풍과 허리케인의 위험에 집중되었다. CIA 도구는 BSW 거시 실천 과정으로 도입되었고, 학생들의 배움을 "실제" 지역사회의 도전에 적용하는 기회를 제공하기 위하여, 서비스 교육의 한 구성요소로 통합되었다. 새로운 학생 코호트는 개요를 업데이트 하고, 재난의 영향력을 재조사하며, 지역사회 내 재난 대비 노력에 대한 추가적인 권고사항을 포함하기 위하여 CIA의 반복과정을 활용함으로써, 핵심 프로젝트는 한 코스당 3학기에 걸쳐 진행되었다.

매 학기 마다, 학생과 지역사회 구성원은 CIA 방법 적용으로 인한 긍정적인 결과를 보고하였다. 다양한 근린지역 집단의 관여뿐만 아니라, 지역사회 파트너로 도시 소방당국과 자치 행정구의 주거 사무소 및 법안규제 사무소도 포함되었다. 흥미롭게도, 과거 자치 행정구의 두 사무소는 사회복지학 학생의 교육과 좀처럼 연계되지 못했었다. 본 교육과정에 참여함으로써 CIA 과정을 통하여 능력이 향상된 첫 번째 학생 코호트는 "지역사회 영향력 및 자원사정"(Community Impact and Resource Assessment)이라는 종합 보고서를 성공적으로 완수하였다. 이 보고서는 근린지역 집단과 공유되었다. 이 학생들은 2000년 미국 인구조사(U.S. Census Bureau, 2000)를 포함한 다양한 2차 자료들 활용하여 보고서를 편찬하였다. 두 번째 코호트는 바람막이 창 조사(windshield survey)를 실시하게 되면서 사정 보고서에 참여하였다. 이 조사는 학교·주택·슈퍼마켓·약국·소방서·대피소와 같은 곳의 바람막이 창 보유 현황 및 관리 상태에 대한 관찰 지표를 기록하기 위하여 근린지역을 돌았던 두 팀을 포함한다. 공간지도(Spatial maps)는 환경적 분석의 일환으로 지리정보시스템 기술(Geographic Information System technology)을 활용하여 만들었다. 갱신된 사정 정보는 자연재난 사건 발생 시 주민 위험 사정 및 위험등급평가를 위한 유형분류체계 개발을 달성했다. 세 번째 학생 코호트는 소득 8분위의 빈곤층 주민에게 미칠 수 있는 잠재적 영향력을 재분석하기 위해 CIA를 활용하여 새로운 대안을 이끌어냈다. 학생들은 지역사회 주민에게 지역 내 봉사단체인 지역사회 응급상황 대응팀(Community Emergency Response Teams)의 조직을 알리기 위한 지역사회 시현(presentation)을 실시하기 위해 전문 소방구조대원들과 함께 작업하였다.

CIA 방법을 사회복지학 전공 대학생의 거시 실천 교과목에 통합시킴으로서 발생한 성공적인 결과물은 명백히 학문적 교육목적 달성으로 간주할 수 있다. 하지만, 더 광범위한 효과는 사회복지가 재난 복원적 지역사회를 구축하기 위하여 노력하게 된 핵심적 목적까지 거슬러 올라갈 수 있다. 학생, 근린지역 거주자 및 다른 이해당자들 간 작업의 결과는 기상관련 재난이 발생하기 쉬운 소외된 지역사회의 인명 및 재산의 손실을 완화할 수 있는 효과적인 대비를 위한 지식 형성에 기여한다.

결론

사회복지사는 점차 자연 재난에 대해 지역사회를 대비하고/대응하고/회복시키는데 활용될 것이다. 사회복지학 전공 학생들이 이러한 역할에 준비되었음을 확신하기 위하여, 지역사회 개입 시 취약한 근린지역의 재난 복원력을 강화시킬 새로운 방법들이 필요하다. CIA의 지식 및 기술을 일반주의적 사회복지학 교과과정에 포함시키는 것은 이러한 미션을 달성하기 위한 하나의 전략이 될 수 있다.

참고문헌

Boteler, F. E. (2007). Building disaster resilient families, communities, and businesses. *Journal of Extension, 45(6)*. Retrieved from http://www.joe.org/joe/2007december/ent-a.shtml.

Brookings Institution. (2008). *The New Orleans index: Tracking the recovery of New Orleans and the Metro area* (Metropolitan Policy Program). Washington, DC: Brookings Institution.

Cummins, L. K., Sevel, J.A., & Pedrick, L. (2006). *Social work skills demon-strated: Beginning direct practice*. Boston, MA: Allyn and Bacon.

Federal Emergency Management Agency(FEMA). (2009). *Declared disasters by year or state*. Retrieved February 20, 2009 from http://www.fema.gov/news/disaster_totals_annual.fema.

Gitterman, A., & Germain, C. B. (2008). *The life model of social work practice: Advances in theory and practice* (3rd ed.). New York, NY: Columbia University Press.

Godschalk, D., Beatly, T., Berke, P., Brower, D., & Kaiser, E.(1999). *Natural hazard mitigation: Recasting disaster policy and planning*. Washington, DC:

Island Press.

Kretzman, J., & McKnight, J. (1993). *Building communities from the inside out: A path toward finding and mobilizing a community's assets*. Evanston, IL: Northwestern University Centre for Urban Affairs and Policy Research.

Lee, J. A. B. (2001). *The empowerment approach to social work practice: Building the beloved community*. New York, NY: Columbia University Press.

National Association of Social Workers(NASW). (2006a). *Social Workers as responders to disasters*. Washington, DC: Author.

National Association of Social Workers(NASW). (2006b). Disaster. *Social work speaks: National Association of Social Workers policy statements, 2006–2009*(7th ed.). Washington, DC: Author.

National Association of Social Workers(NASW). (2008). *Code of ethics*. Washington, DC: Author.

Paton, D., & Johnston, D. (2006). *Disaster resilience: An integrated approach*. Springfield, IL: Charles C. Thomas.

Saleebey, D. (2002). *The strengths perspective in social work practice* (3rd ed.). Boston, MA: Allyn & Bacon.

Smith, G. (2009). Planning for sustainable and disaster resilient communities. In J. C. Pine (Ed.), *Natural hazards analysis: Reducing the impact of disasters* (pp.221–247). New York, Nu: CRC Press.

U.S. Census Bureau. (2000). *American factfinder*. Retrieved from http://factfinder.census.gof/home/saff/main.html?_lang=en.

U.S. Census Bureau. (2008). *TIGER: Topologically integrated geographic encoding and referencing system*. Retrieved from http://www.census.gov/geo/www/tiger/index.html.

U.S. Department of Transportation. (1996). *Community impact assessment: A quick reference for transportation*. Washington, D.C.: Federal Highway Administration.

제 8 장 재난에서 살아남기 : 지역사회가 가진 무형 자산의 역할

GOLAM M. MATHBOR

이 장에서는 지역사회의 네트워크, 응집력, 연대, 상호작용과 같은 무형적 자산(사회적 자본)을 재난을 대비하고 재난 후의 후유증을 완화시키는데 있어서 어떻게 효과적으로 사용할 것인가를 검토할 것이다. 특히, 해안지역을 강타하는 자연재해들의 사례를 집중적으로 검토할 것이다.

지역사회의 무형의 자산은 재난을 당하기 전에 대비를 하는 것과 재난 후 복구 모두에 영향을 미친다(Mathbor, 2007a). 2004년 인도양 쓰나미 대응사례에서 주목할 점은 사회전체가 우호적으로 활동하게 된 것이 공식적인 경로가 아니라 어떻게 풀뿌리 자원봉사 차원에서 시작되고 증폭되어졌는가 하는 점이다(Eberly, 2008). 지역사회 무형의 자원 활용과 적절하게 조화된 강한 사회응집력은 분명히 재난피해영역에서의 지역사회 복구과정을 가속화한다. Eberly는 쓰나미를 당한 후 구호활동에서 비물질적 지원(정서적 지원)은 현금지원만큼이나 인상 깊다고 보고한 바 있다. 많은 자원봉사자들은 한동안 그들의 직장을 떠나 피해지역으로 들어갔으며, 기업들은 기술적인 지원과 물품후원, 그리고 지역과 협력관계에 있는 신도들을 보냈다.

Putnam(2000)은 만약 금전이 부족한 사람들의 경우는, 자신의 이기심이든 이타심의 발로이든 자신의 시간을 제공할 수 있는데, 이러한 활동은 도움이 필요한 지역사회 내에서의 사회적 자본이라는 차원에서 수행될 필요가 있다고 언급했다. Putnam의 사회적 자본론에서는 사람들은 서로 연결될수록 서로를 더 신뢰하며, 사회적 자본에는 강력한 집합적 성격이 존재하기 때문에 사람들은 개인적으로나 집합적으로 더 향상될 수 있다고 가정한다. 하나의 사회 및 경제체계는 그 속에 포함된 수많은 행위자들이 단합할 수 있기 때문에 더 잘 기능한다(Vidal & Gitterr, 1998).

지역사회와 정부사이에서 형성되어진 지금까지의 관계는 일반적으로 자연재해의 피해를 줄이는데 도움을 주는 것으로 알려져 있다(Buckland & Rahman, 1999). 문화적, 사회적, 심리적으로 잘 훈련된 지역사회는 재난의 여파에 대하여 더욱 양호하고 효과적으로 대응한다. 무형의 자산을 효과적으로 활용하여 쌓은 지역사회의 역량은 재난피해의 완화, 재난대비와 대응, 그리고 재난으로부터의 복구사업에 핵심적인 요소이다. 이러한 진행과정에서 네트워크, 공유된 규범, 사회기관을 통해 인지되는 기회 또는 자원을 생성하는 협동적인 행동이 가능하게 된다. 미국남부를 휩쓴 허리케인 카트리나 관련 논평에서 언급했듯이, 허리케인과 같은 엄청난 재난 뒤에 따라오는 진정한 문제점은 휴먼서비스 전문직을 포함하여 풀뿌리 수준에서 짜임새 있는 준비성이 부족했다는 점이다(Light, 2005).

미국사회복지사협회 윤리강령 전문에서는 아래 사항을 확고하게 언급하고 있다.

사회사업전문직의 주요임무는 사람들의 웰빙을 강화시키고, 취약하고 억압받는 가난한 사람들의 역량강화와 욕구에 특별히 주목하여, 인간의 기본적인 욕구를 충족시키는 것을 돕는 것이다(National Association of Social Workers, 2008).

그러나 사회사업전문직이 사회정의와 원리와 인권이라는 원칙에 근거를 두고 있다 할지라도, 사회복지실천과 교과과정의 중요한 부분으로 재난관리가 아직 포함되어 있지 않거나 우선되지 않고 있다. 재난대처에서 사회복지사의 적극적인 참여는 재난 전과 후 그리고 진행 동안 자원과 취약한 주민을 연결시키는 기획에서 중추적이라 할 수 있다(Mathbor, 2007b). 사회사업 전문가들이 재난 관리에 관계될 때, 그들은 개인과 집단, 지역사회의 수용력을 향상시키기 위해서 연대, 사회의 응집력, 사회의 상호작용 그리고 사회 네트워크와 같은 지역사회의 무형의 자원을 사용할 것이다. 그리하여 사회개발을 담보하려 한다. 사회복지사와 지역사회에 의해 촉진된 사회개발 강화는 재난에 대해 더 강하고 응집된 대응을 가져올 것으로 기대된다.

이 장에서는 두려움, 종교기관, 학교, 경찰, 시민조직, 병원, 소방서, 미국적십자사, 확대가족, 친척, 민족 공동체 등이 자연 재난의 피해를 경감시키고 미래 적용을 위한 사회적 네트워크를 지탱하는 역할을 살펴본다. 이번 단원에서는 또한 지속가능한 재난관리와 대응을 위하여 무형자산과 유연한 지역공동체를 형성하는데 있어서 사회복지교육과 실천의 역할에 대하여 알아볼 것이다.

공포의 역할

재난의 모든 단계에서 두려움은 항상 중요한 역할을 한다. 같은 재난이 다시 발생할 것이라는 두려움은 예상될 수 있다. 그러나 재난에 대비하기 위한 지역사회교육과 준비로써 그 두려움의 수준은 경감 될 수 있다. 지역주민들은 그들의 두려움을 줄이기 위해서 스스로 역량 강화하는 것이 필요하다.

재난 전

강제로 자신의 집을 비우고 대피해야 하는 두려움은 거주자들을 무력하게 만들 수 있다. 불확실성 때문에 자신들을 회복시키는 시작을 할 수 없다. 첫째, 그들은 자신의 삶과 자녀들, 부와 그들이 생애 동안 획득한 재산에 대해서 두려워한다. 두려움은 매우 부정적으로 작용할 수 있다. 지역사회는 신뢰할 수 있는 대피시스템에 대하여 확신을 가져야 한다. 만약 그렇지 않으면 제어하기 힘든 공포가 상황을 악화시킬 것이다.

비록 두려움이 심각한 측면의 문제이기는 하지만, 만약 사람들을 위험에 빠트리기보다 잘 대피하게 만든다면 그것은 또한 긍정적인 요소가 될 수 있다. 예를 들어, 2004년 인도양의 쓰나미 때, 해안가 마을 사람들은 진지하게 통보를 받아들이지 않았다. 왜냐하면 사람들은 생명에 대한 두려움이 자신의 재산에 대한 두려움을 넘어설 때 사람들은 대피하기 때문이다. 개선된 대피시스템 없이는 주민들이 두려움 때문에 떠나는 것을 거절할 수 있다. 그러나 부정적인 직접 충격이 예측될 때 이것은 두려움에 우선하여 받아들인다. 이때 사람들은 전형적으로 즉시 피난한다.

재난 동안

재난 발생시 주민들은 대개 피해지역으로부터 소유물들을 소개시키려는 자발적 노력을 하기 위해 협력하게 된다. 작은 물품들(의자, 테이블, 부엌 장비 등)을 이동시키려고 서로 도울 것이다. 그러나 집, 차, 오토바이와 같은 더 큰 것들은 항상 이동될 수 있는 것이 아니다. 사람들은 대피 전에 만약 그들이 안전한 지역의 집을 제공받지 못하거나 찾지 못한다면, 재산 상실의 두려움은 재난이 발생 중일 때 증가한다. 하지만 경제적, 사회적 요구에 근접한 지역에 소재한 사람들은 거주지 상실을 두려워한다. 두려움, 공황, 위험인식은 대피 동안 중요한 요소이다.

사람들이 재난에 대해 경각심을 갖지 않을 때 재난에 대해 준비를 할 수 없을 것이다. 어떤 사람들은 재난이 그들에게 영향을 주지 않을 것이라 생각하기 때문에 그들의 집을 떠나길 원치 않을 것이다. 예를 들면, 방글라데시 해안 지역 거주자들은 1991년의 치명적인 피해를 준 방글라데시 사이클론에 앞서 사이클론 신호와 해일에 대해 들었다. 그러나 그들은 대피하거나 대피소를 찾지 않았다(Mathbor et al., 1993). 떠나는 사람들 중 몇몇은 그들의 귀중품을 챙기려고 한다. 소유물들이 재난기간 동안 도둑맞거나 손상을 입을 수 있기 때문이다.

재난 후

아래의 예시들과 같이, 모두에게 적용되는 것은 아니지만 어떤 이들에게는 합당할 수 있는 이유로 인해서 재난 후에 두려움은 감소된다.

- 더 안전한 다른 지역과 같은 사람들이 이동할 새로운 땅이 없다.

- 거주지는 정서적인 가치를 가진다. 사람들은 그들의 조부모가 살고 있는 집에 머무르길 원한다.
- 종교적 영성이 있다. 사람들은 같은 집에서 머무르길 원한다. 왜냐하면 그들은 재난을 신으로부터의 벌이라고 믿기 때문이다.

두려움은 지역에 따라 또는 같은 지역 안에서도 다른 얼굴로 나타난다. 노인 거주자들은 머무르는 것보다 떠나는 것을 더 두려워 할 것이다. 이것은 허리케인 카트리나 동안 증명되었다. 빈곤 지역사회의 많은 노인들이 떠나는 것을 거절했다. 그들이 떠나지 않았을 것이기에 가족 상당수가 그들과 함께 머물렀다. 두려움이 이유가 있는 것인지 아닌지는 중요하지 않다. 그것은 재난 동안 다루어져야 할 중요한 이슈라는 점이다. 어떤 주민들은 아마도 그들의 애완동물과 기르던 가축을 남겨두고 떠나는 것을 두려워 할 것이다. 그래서 동물들은 집안에 남겨둔다. 거주지를 떠나온 사람들이 다시 돌아가는 것을 꺼리는 것은 놀랄만한 일이 아니다. 예를 들어, 스리랑카에서 보고된 한 매체의 기사에서는 2004년 쓰나미 이후에 스리랑카의 유명한 Stilt라는 어부는 바다에 있는 그의 쉼터로 돌아가기를 두려워했다고 전한다. 분명히 두려움은 재난에 의해 충격 받은 사람들이 지역사회를 떠나거나 귀환하는 결정에 영향을 준다.

재난의 피해를 경감시키는 기관들의 역할

경찰과 소방과 같은 정부조직들은 위기관리의 전 과정에서 중요한 역할을 한다. 병원은 재난 기간 중이나 재난 후에 매우 결정적인 역할을 한다. 이들 조직들은 재난의 피해를 경감시키는 데 있어서 최대의 책임성을 가져야 한다. 이 조직들이 최선의 서비스를 제공하는지에 대하여 주민들은 예민해지기 때문이다. 이 조직들의 노력이 소 잃고 외양간 고치는 식의 사후약방문이 되어서는 안 된다. 그리고 그 기관들의 노력은 보다 광범위한 차원의 재활계획과 연계되는 것이어야 한다. 재난 전문가들은 재난대피용 필요물품이 주민들에게 제공되어야 하고 재난경보 프로그램이 갖추어져야만 한다고 경고한다. 기관들은 대비경보시스템을 마련하는데 모두 연계되어야만 한다. 재난의 피해를 경감시키기 위해 상황은 빠르게 대처되어야 한다. 효과적인 재난관리를 위한 열쇠는 이용할 수 있는 전체 자원을 잘 관리하는 것이다. Eberly(2008)는 쓰나미 후의 대처가 역대 미국인들의 배려심의 최고 수준을 보여준 사건이었지만 여전히 잊지 말아야 할 교훈, 즉 정부와 기업, 그리고 시민사회가 더욱 협력할 필요가 있음을 지적하였다. 또한 에벌리는 쓰나미 후의 대응과 재건활동이 공공과 민간간 협력의 주요한 하나의 시험었으며, 어떻게 영리기업들과 민간비정부조직들이 함께 일할 수 있는지를 점검하는 사건이었다고 언급한다. 불행히도 정부 부처들은 시민들이 예상하는 것보다 훨씬 자주 실패한다. 이는 대개 준비의 부족과 무관심에 기인한다고 보는데, 매우 심각한 문제이다. 성공은 관련 기관들의 신뢰적인 리더십, 그리고 이들 기관들이 얼마나 지역사회와 잘 관계하고 있는가에 달려있다.

재난 이전에 기관들은 어떤 도움을 줄 수 있는가?

재난 예방프로그램을 개발하는 데 있어서, 종교적 리더십은 지휘체계에 연계되어 활용될 수 있다. 학교와 종교시설은 재난의 피해자들을 위한 구호물품을 준비할 수 있으며 슬픔에 잠긴 사람들을 위하여 도울 준비를 할 수 있다. 적십자사, 병원, 그리고 소방부서는 보건 및 위생과 관련된 활동을 준비할 수 있다.

재난 동안 무엇을 도울 수 있나?

관련 조직들은 다음과 같은 도움을 줄 수 있다.

- 정확한 재난관련 정보의 제공
- 피난하는 사람들을 돕는 것
- 재난지역에 잔류한 사람들을 위한 안전한 장소를 찾는 것
- 음식, 옷, 연료, 장비 같은 필수품을 모으는 것
- 피해 입은 사람들의 트라우마의 해소를 돕는 것

관련 기관별 원조 방법은?

종교기관

종교기관은 대개 재해로부터의 대피하거나 그 피해를 최소화하는 계획을 세우는데 있어서 자원봉사적인 조직으로서 중요한 역할을 감당한다. 또한 종교기관은 재해가 발생한 후에도 대처역할을 감당한다. 종교기관들은 재해민들에게 거처를 제공하고, 지역사회를 지원하며, 희생자들의 정신력을 지탱하도록 지원한다. 그리하여 재난에 의해 부과된 도전들을 맞서나간다. 예를 들면, 남 스리랑카 Hambantona 지역의 쓰나미 후, 지역 내 사원 중 하나는 대피소를 제공하였을 뿐만 아니라 재해민들에게 나누어 주기 위한 많은 옷가지들을 수집하였다. 마을에서 대피해온 사람들은 사원 앞마당에 쌓여있는 옷가지 중 자기들이 입을 만한 것을 고르면서 만날 수 있었다. 이러한 차원에서 사원은 지역공동체를 지원하였다. 종교기관들은 또한 교육훈련, 심리사회적 지원, 물질적 지원 등을 통하여 지역사회를 돕는다. 최근의 Pew 여론조사는 미국인의 3분의 1이 쓰나미 구호를 위해 지원을 했는데, 이 가운데 36퍼센트가 교회 또는 타종교 단체를 통해 구호에 동참하였다고 밝혔다(Eberly, 2008.p.147).

학교

학교는 재난의 결과에 대하여 아동 및 청소년들에게 알려주는 주요기관의 역할을 한다. 드물게는 재난의 부정적인 충격을 직접적으로 경감시키는 주요한 역할을 하기도 한다. 그러나 학교는 아이들을 교육하고 그 정보가 지역사회로 전달될 수 있게 하는 역할에서 중요한 기관이다. 또한 학교는 재난 중에 대피소로도 제공될 수 있다. 예를 들면 미국 적십자는 종종 허리케인 동안 대피소로서 학교를 사용한다.

경찰

경찰은 부정적인 재난의 충격을 경감시키는 데 있어서 직접적인 역할을 거의 하지 않는다. 경찰의 주도적인 역할은 일반적으로 재난 발생시 시민들을 대피시키는 것이다. 심지어 재난피해자들이 사망했을 경우에도 마찬가지이다. 법 질서(국가적, 지역적, 지방차원의 법)를 유지하는 역할 말고는 경찰은 재난의 피해를 예방하는 데 있어서 일차적인 책임이 없다. 하지만 경찰은 시민을 보호한다.

적십자

대부분의 국가들은 재난피해자들을 돕는 주요한 역할을 하는 적십자를 가지고 있다. 응급구호 제공의 일차적인 제공자로서 적십자는 중요한 생존 필수품(음식, 식수, 약 등)을 배급한다. 적십자가 재난의 피해를 줄이는 것에 항상 중요한 제공자로서의 역할을 하는 것은 아니다. 하지만 몇몇 국제적십자 단체들은 관여한다(독일, 스위스 적십자 등). 예를 들면, 이 적십자들은 2003년 쓰나미재해 후 인도네시아 아체(Aceh)지역의 주택건설에 참여하고 있다. 이 주택 프로그램은 재난폐해를 지원하고 있다. 재난 관리와 구호 계획의 국제세미나 동안 그리고 2007년 1월에 세인트 마이클 바바도스에서 개최된 국제세미나(세미나 주제: '재난계획, 관리, 구호: 새로운 사회사업 교육의 책임')에서 Geoff Loane 북미 및 캐나다 국제적십자위원회의 대표는 다음과 같이 언급했다.

> 방글라데시는 세계에서 가장 홍수에 많이 노출되고 취약한 해안가에 가장 많은 인구들이 살고 있는 지역을 가진 나라이다. 매년 수많은 사람들이 홍수로 인해 원치 않는 이주를 하느라 그들의 생활은 피폐하다. 방글라데시에서 홍수에 대한 예측은 정교하지 못하다. 이 때문에, 강조점은 준비와 대응에 집중된다. 그러므로 방글라데시가 재난 대응에 대한 최고로 준비된 지역의 역량을 갖추고 있는 나라란 것은 놀랄 만한 일이 아니다. 그리고 이러한 대응기제에 관해 교훈을 얻으려는 모든 사람들에게 방글라데시의 사례는 어떻게 한 사회가 그들의 재난대응기제를 관리할 수 있는가에 대하여 의미있는 통찰력을 제공하고 있다(Loane, 2007.p.14).

앞서 언급된 Loane 프로그램은 방글라데시 적십자사(BDRCS)의 태풍 대비 프로그램(Cyclone Preparedness Program)으로 불린다. 이 프로그램은 BDRCS의 자원봉사자에 의해 추진되어 온 혁신적인 프로그램이며, 추가적으로 적십자단체들이 전통적인 재난대응역할에 추가하여 대비책에 있어서 더 많이 활동할 수 있는지를 보여주고 있다.

병원

병원은 재난 뒤의 의료적 지원에서 가장 중요한 직접적인 역할을 수행한다. 그러나 몇몇의 경우에는 공공병원이 민간병원(지방 혹은 지역병원)보다 더 큰 역할을 수행한다.

소방서

소방서는 재난피해자들을 대피시키는 데 가장 중요한 역할을 수행한다. 화재지역의 경우 재난의 부정적인 영향을 줄이는데 직접적인 역할을 한다.

시민단체

시민단체는 단체의 주요기능에 따라 재난폐해를 완화시키는 것과 재난을 대비하는 것 양자에 있어서 직접적, 간접적인 역할을 한다. 만약 시민단체가 직접적으로 재난 경감을 지원하는 자원봉사자들을 통한 활동을 수행한다면, 시민단체는 재난에서의 주요한 활동기관이 된다. 하지만 시민단체는 그 역할이 정부가 재난의 부정적인 결과에 대해 준비가 필요하다는 것을 제안하는 것이라면 재난관련 지원기관의 역할로 줄어들게 된다. 시민단체는 재난의 폐해에 대하여 준비하는 중요한 역할을 수행한다. 지역사회를 위한 지속적인 프로그램을 사람들에게 알리고 제공하기 위한 소책자를 보낸다. 또한 의사소통, 교육, 재난기간 동안의 도움을 제공하는 데 있어서 중요하다. Eberly(2008)는 다음과 같이 보고한다.

쓰나미 폐해 동안 지역사회 활동의 범위는 끝이 없는 듯하다. 한 시민위원회는 주로 쓰나미를 주제로 한 창의적 글쓰기 대회를 열어 여러지역에서 58개의 스토리텔링 활동을 주최하는 'Tsunami 스토리' 프로젝트를 조직 했는데 여기에서 50만불 이상의 모금이 이루어졌다. Fort Worth 동물원의 코끼리에 의해 그려진 한 그림은 7,000 달러를 모금했다. "음악 도시가 쓰나미 구호를 위해 함께 뭉친다"라는 이벤트행사로서, 주로 컨츄리 뮤지션들이 출연하는 콘서트가 내쉬빌에서 개최되었다(p.149).

재난관리에 있어 미디어의 역할

미디어는 재난 전체의 단계에서 중요한 역할을 할 수 있다. 2004년 인도양 쓰나미에 대한 대응에서 시민기반의 자선활동이 큰 물결로 일어나서, 오늘날 웹 연결과 글로벌 텔레비전 성장 덕분에 언어, 민족, 신념의 전통적인 구분을 가로질러 시민사회는 전 지구적으로 통합된다는 것을 입증하였다(Eberly, 2008.p.147). 하지만 지역사회의 모든 거주자들이 지역사회 미디어에 대한 접근을 가지는 것이 아니라는 것은 인정되어야 한다. 의사소통의 의미로서 미디어의 대안은 반드시 탐색되어야만 한다.

긍정적인 역할

미디어는 재난에 있어서 손상, 대응 노력, 그리고 다른 후속정보를 알리는 것을 포함하는 결정적인 역할을 수행한다. 종종 재난관리 과정에서 개선이 필요한 지역을 알아내는 감시단체로 인식되면서 미디어는 점점 더 중요한 역할을 수행하게 된다. 미디어는 그러나 재난 전, 진행, 후 재난지역과 지구촌 지역사회를 서로 인식되게 유지시키는 역할에서 무엇보다도 더 중요한 역할을 담당한다. 남아시아 국가들에서, 어떤 마을은 아마 마을 사람들이 최신뉴스를 듣기 위해 하나의 텔레비전 앞에 모이거나, 신문은 온 마을 사람들이 돌려 읽는 상황일 것이다. 그러므로 미디어가 다가가지 못하는 사람, 즉 장애를 가지거나 언어장애를 가진 사람들에게 접근성을 가지는 것은 중요하다. 예를 들면, 만일 마을 사람들이 영어를 읽을 수 없다면 영어

신문들은 스리랑카의 Sinhalese, Tamil 마을 사람들을 위해 아무것도 할 수 없는 것이 된다.

미디어는 다음과 같이 중요한 역할을 수행할 수 있다.

- 정확한 정보를 보급하는 것
- 조기 경고 시스템을 지원하는 것
- 기부자와 가난한 사람들에 대한 정보를 제공하는 것
- 재난 관리에 대한 교육을 제공하는 것
- 재난피해를 받은 사람들에 대한 신뢰를 구축하는 것
- 사람들을 도울 수 있는 자원을 모금하거나 생성하는 것

개선이 필요한 영역

2004년 인도양 쓰나미 이후 미디어는 주요한 의사소통 역할을 수행했다. 하지만 다른 미디어는 때때로 충돌하는 선택, 제안, 지침을 제시하기도 했다. 정부가 미디어를 단일한 형태로 통합하지 않았기 때문이다. 그러므로 일반대중은 미디어에 의해 잘못 인도될 수 있다. 추가적으로 복잡한 문제는 정부에 의해 통제되는 미디어가 존재하는 나라에서 사실들(facts)이 정부이익을 위해 왜곡될 수 있다는 것이다. 예를 들어, 관영신문들이 시민들의 공황상태를 줄이기 위하여 상황을 축소시킨다든지 혹은 시민들을 안심시키려고 제공하는 원조규모를 과장하는 것 등이다. 그러나 시민들은 긍정적인 메시지가 계속 이어지기는 하지만 상황이 호전되지 않을 때 결국 환멸을 느낄 수밖에 없다. 예를 들면, 2003년 스리랑카의 Ratnapura and Matara를 강타한 극심한 홍수와 뒤이은 산사태 직후 정부는 적절한 노력을 취하고 있다고 보고했다. 그러나 대부분의 사람들은 극히 적은 양의 급식을 정부로부터 지급받았기 때문에 그 지역사람들의 자선에 의존할 수밖에 없었다고 언급했다.

미디어는 취약한 부류의 사람들을 지원하는 정부와 비정부 조직들을 격려할 수 있다. 리포터들은 종종 정보부족에 시달리거나 자극적인 기사가 필요하기 때문에 취재상황을 과장시킬 수 있다. 이것은 대중들을 호도할 수 있다. 미디어는 또한 재난상황에 대한 책임범위를 제공하며 한편으로 원조

를 받을 수 있는 방법과 수단을 알려주기 때문에 대단히 중요한 역할을 수행한다. 미디어는 발생한 재난에 대한 최초의 이미지를 시민들에게 전달하고 재난의 부정적인 영향과 재난관리에 대한 비판들을 시민들에게 제공하기 때문에 재난정보 제공차원에서 중요한 역할을 수행한다.

재난 대응에 있어 가족의 역할

재난이 닥쳤을 때, 취약해진 시민들에게 가족이 단결하게 하여 즉각적인 대응과 보호를 제공하게 하는 것은 엄청난 힘을 발휘할 수 있다. 가족들은 음식, 옷, 피난처, 약 그리고 안전 같은 다양한 지원의 중요한 원천이 될 수 있다. 가족은 결속을 표출하고, 도움을 제공한다. 그리고 극도의 고통, 두려움, 희망을 공유하면서 도울 수 있다. 가족은 특히 노인과 환자들에게 도움을 제공함에 있어서 중요한 역할을 수행한다.

직계가족은 미시적 차원에서 재난대응의 가장 중요한 자원이 된다. 피해자들은 공식적인 조치가 있을 때까지 도움을 요청하기 위해 그들의 가족에게 먼저 갈 가능성이 크기 때문이다. 임파워먼트는 직계가족의 원조책임을 빈번히 가지는 가족에게 중요하다. 물론 모든 가족이 장기간 재정적인 지원에 대한 경제적인 방편을 가지는 것은 아니고 정서적인 지원 또한 위기상황에서 중요하다.

다른 문화는 다양한 방식으로 가족의 가치를 매긴다. 그렇기에 가족의 역할은 아마도 세계적 차원에서 다양하고, 심지어 한 사회 안에서도 다양하다. 예를 들면, 아시아 국가들에서 노인들은 흔히 가족들과 함께 산다. 그래서 가족이 재난에 처한 그들에 대한 책임을 가지는 것은 의문의 여지없이 자명하다고 할 수 있다.

재난 대응에서 확대 가족의 역할

확대 가족은 직계가족의 뒤를 이어, 미시적 차원의 재난 대응에서 임시거처, 식량 및 기타 기본적인 필요를 위해 제공하는 두 번째 중요한 원천이 되고 있다.

인도양 쓰나미의 구체적인 사례에서, 직계 및 확대 가족은 피해자에 대해 도움을 주는 주요 원천임이 증명되었다. 많은 나라에는 확대 가족이 언제라도 재정 문제(은행 대출 이자, 소액 금융을 위한 은행 신용 이자 등)에서 그 구성원들을 지원해야 하며, 직계 가족은 더 기본적인 생존의 욕구를 위한 도움(식량, 주택 및 물 등)을 주어야 한다는 불문율이 있다.

또한 임시 거처, 식량을 제공하고 기본적인 필요를 원조함으로써 특히 노인, 장애인, 고아나 어린 아동들을 돌보는 일 등 재난 후 취약 인구에 대한 즉각적인 대응도 확대 가족이 제공할 몫이 될 수도 있다. 이뿐만이 아니다. 확대 가족은 물질적 지원과 도덕적 지원을 제공할 수도 있다. 예를 들어, 스리랑카에서 확대 가족은 유일하게 믿을 수 있는 지원 서비스일 수 있다. 매일 매일 발생하는 문제에 대응하고 있기 때문이다. 유감스러운 것은 모두가 확대 가족차원의 도움을 받지 못한다는 점이다. 이런 경우에는 친구, 이웃, 정보, 민영 기관 등이 대안적으로 도움을 줄 수 있을 것이다.

재난 중 그리고 재난 후 지원 동원에서 소수민족 공동체 및 종교 집단의 역할

민족 공동체와 종교 집단은 다음과 같은 방식으로 자신의 공동체 및 타인들에게 지원을 제공하기 위해 자신들의 집단을 동원하여 재난에 중요한 역할을 담당할 수 있다.

- 공동체가 낙인에 대처하는데 도움 제공
- 재난 상황 및 행동을 관리하는 리더로서의 행위
- 거처 및 식량과 같이 당장 필요한 것 지원

이 집단들은 구성원들을 조직하여 재난 피해자들에게 필수품들을 제공하는데 도움이 될 수 있다.

재난 중에, 민족 및 종교 집단들이 시민들의 태도를 조절할 수 있는 경우가 많기 때문에 거시적 차원에서 재난 대응에 두 번째로 중요한 역할을 한다. 그 집단들이 하는 일부 역할에는 긴급 구호물자를 제공하기 위한 성금 모금, 피해자들을 대피시키고 직접 도움을 주는 자원봉사자 제공 등이 포함된다. 그러나, 재난 후에는, 기금의 부족으로 민족 집단 및 종교 집단들의 지원에 제한이 있을 수 있다. 예를 들어, 재난 발생 후 6개월까지는 피해자들을 돌볼 수 있더라도, 기간이 길어지면 더 이상 도움을 주지 않을 수 있는 것이다.

연대감

재난 발생 시와 재난 후에 민족 공동체와 종교 집단들은 연대감을 표명하고 원조를 제공할 수 있다. 그러나, 지역사회 내 다양한 집단들은 서로 다르게 취급될 필요가 있다. 예를 들어, 스리랑카가 120년 이어진 전쟁이 끝난 후 각종 민족 및 종교 집단들 사이에 있었던 조화로운 관계가 대폭 파괴되었기 때문에, 재난 대처를 계획하고 회복하는데 각 집단들은 분리된 개별 공동체로 간주할 필요가 있다.

재난 대응 계획을 세우는 과정에서 상이한 집단을 확인하는 일이 중요하다. 국내 집단이든 해외 집단이든 모든 집단들은 회복 및 장기 계획 수립에 일정한 역할을 할 수 있다. 종교 집단들은 도덕적, 물질적 지원을 제공할 수 있는데, 예를 들어, 뉴욕과 뉴저지 지역의 불교 사원들은 전 세계의 사원들과 손을 잡고 쓰나미 피해자들에게 도움을 줄 수 있다. 집단들이 각각 자신의 공동체나 종교에 따라 편향된 선입관에 묶여 있을 수 있지만, 그와 같은 차이점들에도 불구하고 모든 재난피해자들에게 손을 내미는 종교 집단들이 많이 있다. 각 집단의 믿음이 다르고 할 수 있는 역할이 다를 수 있지만, 재난이 있을 때 그런 피해자들을 돕는데 하나가 되는 경우가 많이 있다.

또한 민족 공동체와 종교 집단들은 숙식제공, 상담 및 재정 지원 등 대피 활동에 참여할 수 있다. 종교 집단들은 대부분 거처할 수 있는 건물이나 캠프를 차릴 수 있는 토지 등 자원을 가지고 있기 때문에 지대한 역할을 한다. 예를 들어, 2004년 인도양 쓰나미 이후 스리랑카 해안 지역에 있는 일부 이슬람 사원들이 임시 거처로 사용된 경우가 있었다.

심리사회적 지원

재난이 일어나기 전 모든 심리사회적 지원 그룹 동원을 위한 효과적인 계획은 제대로 된 실행을 위해 매우 중요하다. 심리사회적 지원은 정부가 지원할 수도 있고 민간 단체를 통해 이루어질 수도 있다. 이런 지원을 계획하는데 있어 실행계획 및 문화적 배려를 고려하는 일이 중요하다.

스리랑카의 심리사회적 지원

쓰나미가 있기 전 카운슬링이나 기타 관련 활동에 필요한 교육을 받은 사람들은 많지 않았다. 그러나 쓰나미가 있은 후 많은 국제 단체 및 정부 단체들이 이런 의무를 수행할 사람들을 교육시키는 일에 착수했다. 피해자들에 심리사회적 지원을 제공하기 위해 보건부가 신설되었다. 많은 의료 봉사자들도 도움의 손길을 내밀었다. 전국 방방곡곡에서 정부 의사, 민간 단체, 그리고 병원들이 심리사회적 지원을 아끼지 않았다. 예를 들어, 비정부 기관인 사르보다야(Sarvodaya)에는 특별한 심리사회 카운슬링 시설이 있었고 사회복지부(Ministry of Social Service)에서도 일부 심리사회적 지원 서비스를 제공하였다.

심리사회적 지원의 문제들

일반적으로, 심리사회적 지원은 이미 존재하거나 아니면 재난에 대한 부정적 경험이 있는 지역사회에서 동원될 수 있다. 사실, 홍수나 산사태와 같은 재난들을 계기로 심리사회적 지원 그룹들은 새로운 수준의 재난 대비를 마련하게 되었다. 그러나 쓰나미, 지진, 허리케인 등 빈도가 낮은 재난이 발생할 때는 심리사회적 지원을 담당한 사람들이나 조직을 장려하여 새로운 수준의 재난 대비책을 마련하도록 하는 일이 그리 쉽지 않을 수 있다. 재난이 발생한 후 처음 1년 동안은 공동체를 지원하면 영향이 지속될 수 있으나, 그 기간이 지난 후에는 더 이상 심리사회적 문제들을 검토하거나 논의하지 않는 경우가 빈번하다.

불행히도 인도양의 쓰나미가 남아시아를 강타할 때, 심리사회적 지원은 턱없이 부족했다. 심리사회적 프로그램들이 아직 제자리를 잡지 못해 조속히 정비할 필요가 있었다. 심리사회적 지원에서 사회문화적 요인들을 감안해야만 했지만, 그렇지 않은 경우가 많았다. 일부 외국 단체와 종교 단체가 심리학자들과 사회운동가들을 투입하였으나 그 상황에 맞는 훈련을 받지 않은 사람들도 있었다. 심리사회적 지원 단체들이 별로 없었기 때문에, 스리랑카 지방에 지원을 제공할 수 있는 단체는 대부분 종교 단체였다. 문화 때문에(자신의 가족 대신) 외부인에게 심리상담(카운슬링)을 받으려는 사람들이 별로 없었다. 심지어 도시 지역에서도 사정은 마찬가지였다. 따라서 많은 상습 재난 지역에 유용한 카운슬링 프로그램은 극히 소수였다. 그러한 기존의 프로그램들도 적절하지 않고 요건에 미치지 못하는 경우가 많았다.

재난 중과 재난 후 필요한 사회복지 서비스 모색에 있어서 스티그마의 역할

재난이 발생하면, 생존자들은 가족 구성원이나 친지들이 인명 손상을 당하였기 때문에 사회복지 서비스에 목말라 있을 수 있다. 사회복지 서비스를 통해 정신적, 육체적 안전을 보장받고 재난 후의 부작용을 예방할 수 있다. 사회복지 서비스는 재해 중과 재해 후 사회 복귀 및 재건과 같은 재난 대응 및 서비스를 제공할 수 있다. 그러나, 그러한 도움의 욕구에 따라오는 낙인 때문에 정신 건강과 같은 영역에서 도움을 손길을 구하지 못하는 사람이 있을 수 있다. 큰 재난이 발생할 때, 심리사회적 충격이 늦게 일어나는 경우가 많다. 몇 개월 또는 심지어 몇 년 동안은 가상의 안정감을 느끼다가 그 후에야 심리적 충격을 가질 수 있다. 이것은 오클라호마 시의 폭파사건이나 9.11 재난시에도 입증되었는데, 이때 심리사회적 서비스는 장기간 제공되었고 그 이후에도 몇 년 동안 제공될 수 있었다.

스티그마의 유무는 사람들이 사회복지 서비스를 포함하는 도움을 구할 것인지에 영향을 미칠 수 있다. 재난 중이든 재난 후든 마찬가지이다. 그러나 어떤 사람들은 창피하다고 느낄 수 있고, 무력하고 남에게 의지하고 있다는 느낌으로 많은 사람들이 압박감을 느낄 수도 있다. 빈곤과의 전쟁을 금전적 급여로 주로 하는 정치적 풍토 때문에 누구로부터의 어떤 도움을 받는다는 것이 깊은 스티그마와 관련이 있을 수도 있었을 것이다.

스티그마가 부정적인 영향을 미치면, 사람들의 특정 사회적 지위도 사회복지 서비스 활용에 영향을 미칠 수 있다. 지원을 모색하는데 아무런 스티그마 조짐이 보이지 않는다고 하더라도 많은 사람들이 식량이나 기타 도움을 받으려고 줄을 서려고 하기 보다는 훼손된 주택 등에 대해 비용을 청구하려 할 수 있는 것이다.

재난 중 스티그마(응급구호 기간)

응급구호 기간에 자원봉사자와 단체 사이에 조정이 별로 이루어지지 않거나 아예 조정이 없는 등 조정이 실패할 수 있다. 예를 들어, 자원봉사자들이 정보 공유의 중요성을 알아차리지 못할 수 있다. 이렇게 되면 도움을 얻으려고 노력하는 피해자들 입장에서는 혼란된 상황이 야기될 수 있다. 둘째, 지방정부 및 입법부의 통제력이 부족할 수도 있다. 지방 예산·공무원(인적 자원) 및 지방 입법 능력의 부족이 재난 대비를 가로막는 걸림돌이 될 수 있다. 따라서 사회복지 서비스가 피해자들과 지방정부를 지원할 필요가 있다.

재난 후 스티그마(사회복귀 및 재건 기간)

재난 관리의 등급에 우선순위가 있을 수 있다. 이미 정부의 사회복지 서비스 제공 정책으로 참여 방법이 채택된 경우라면 관리 노력을 계속할 수 있으나 그렇지 않은 경우, 현장에서 조정이 이루어지지 않는다면 재난 후 사회복귀 및 재건 과정에 혼란이 있을 수 있다. 예를 들어, 인도네시아에는 재난 후 사회복귀 및 재건을 지원하는 참여 방법에 확고한 바탕을 둔 정책이 부재하다. 사람들은 필요할 때 사회복지 서비스를 찾는 경우가 일반적이다. 그러나, 이용 가능한 사회복지 서비스가 사회의 욕구를 충족시키기에 적절하지 않다면, 재난이 발생한 후 사람들이 도움의 손길을 찾을 때 더 큰 문제가 발생할 것이다.

재난 전·후의 공동체 통합

통합은 공동체를 향상·강화시킬 수 있다. 많은 경우 사람들이 재난의 결과라고 보는 통합은 신분제도, 계층, 민족적 및 종교적 차이 등 사람들 사이의 거리를 줄일 수 있다. 예를 들어, 스리랑카에 쓰나미가 있었을 때 협력활동이 높은 평가를 받았다. 그 경험은 스리랑카 문화와 생활 양식에서 사회적 자본이 가치가 있다는 것을 보여주었다. 이 점은 다양한 종교, 언어, 관습(ethos), 계급제도, 정치 배경, 재정 상태 등이 스리랑카의 주요 문제임을 감안할 때 특히 흥미로운 점이다. 그러나 자연 재해 직후 이런 통합의 감정이 증폭되었다고 하더라도, 다양한 공동체 집단들이 복구 활동에서 정부의 편견을 인식했기 때문에 국가는 한 달이 채 지나지 않아 이전의 상태로 되돌아갔다.

의미 있는 모든 복구 프로그램의 요체는 공동체 통합이다. 재난 후에 어떤 형태로든 공동체에 필요한 기여를 하는 사람들을 흔히 목격할 수 있다. 이런 종류의 조화와 협력은 재난 중이나 재난 후에도 매우 긍정적일 수 있으며, 재난 후에는 지속적으로 서로에게 도움을 주고 서로 힘을 합쳐 일을 하고 그 재난의 고통을 나눠가질 수 있도록 공동체를 장려함으로써 통합을 강화해야 할 필요가 있다.

재난 이전

재난이 매일 발생하는 것이라면 공동체 통합에 대한 국민들의 태도에 많은 영향을 미치지는 않는다. 따라서 재난 전에는 통합이 부족한 경우가 많다. 인도네시아에서 자주 발생하는 지진이나 화산 분화와 같은 몇몇 재난들이 이어지면, 그 태도가 영원히 변화를 겪는 경우는 드물다. 이것은 많은 인도네시아 사람들이 자연 재난을 신의 형벌로 알고 있다는 사실과 관련되어 있다. 따라서 공동체에 대한 국민들의 태도를 변화시킬 필요는 없겠지만, 경전에 바탕을 둔 종교적 행위를 변화시킬 필요는 있다.

재난 이후

공동체 통합에 대한 국민들의 태도는 재해 이전보다 재해 이후에 더 반응하는 경우가 일반적이다. 친지의 집으로 거처를 옮기는 사람이 있는가 하면, 일부 수리를 거쳐 그동안 집에 머무는 사람도 있다. 친지의 집으로 거처를 옮기고 난 뒤 더 이상 이전의 공동체로 되돌아오지 않는 사람들이 있다. 그러나 이사를 하지 않은 사람들은 재해 이후에 더 공동체에 지원을 아끼지 않는 경우가 대부분이다. 한편, 재난의 폐해에 "왜" 대비하는지 그 이유에서 "어떻게" 대비해야 하는지 그 방법으로 대화 주제를 옮기는데 있어서 종교 및 문화 지도자들이 도움이 될 수 있을 것이다. 이런 유형의 공동체 통합은 매우 긍정적일 수 있다.

분열의 결과

불행하게도, 사람들은 구조와 복구 계획을 수립하는데 힘을 합치는 경향이 있지만, 재난의 여파로 종종 "손가락 질"하는 경우가 있을 수 있다. 무엇을 수정하고 개선해야 할 필요가 있는지를 알기 위해 재난 대응을 유심히 살피는 것은 유익한 일이지만, 집단들이 문제들에 대해 끊임없이 비난만을 추구한다면 대책을 실행에 옮긴다고 해서 아무런 결실을 맺을 수 없게 된다. 공동체가 적절한 계획을 수립한다 하더라도, 어떤 사건들이 눈 깜작할 사이 발생하고 또 거대한 규모로 발생하기 때문에 모든 측면들을 예상한다는 것은 불가능한 일이다. 예를 들어, 2004년 인도양 쓰나미의 범위는 아무리 신경을 써서 계획을 수립하더라도 대처할 수 없을 정도로 놀라운 사건이었다. 이런 상황이 급속도로 분열을 조장시킬 수 있다.

무형 자산의 효과적인 사용을 위한 범위 및 전망

무형 자산에 대해서는 다양한 정의가 있지만, 재난 관리 분야에서는 이 용어를 자연 재난의 결과의 완화를 목적으로 한 사회적 구성요소들 간의 협력으로 정의할 수 있다.

범위

정치적, 종교적, 문화적 및 경제적 자본(사회적 자본의 모든 부분)이 이미 형성되어 있다면, 자연 재난의 폐해를 경감시키는 것은 조절될 수 있다. 정치지도자들과 입법자들이 종교적 및 문화적 자본의 사용 이면의 정치적 이유를 고려한다면 정치적 자본을 효과적으로 사용할 수 있다. 그러나 종교 및 문화자본은 자연 재난의 부정적 영향에 기인한 문제들을 해결하기 위한 공동체의 기반이 될 수 있다.

전망

종교, 문화 및 경제자본과 이것들이 정치적 자본에 미치는 영향을 투명하게 고려할 수 있다면, 자연 재난의 피해를 경감시키는데 무형 재산의 영향이 효과적일 수 있다. 그러나 헌신적인 국민들도 자연 재난의 결과를 경감시키는 해결책이 될 수도 있다.

결론

비록 재난 관리에서 계획·자원 및 실행계획이 매우 중요하지만, 공동체의 사회적 자본인 무형 자산에 대해서 고려하지 않으면 안 된다. 재난의 유형, 그리고 계획 및 경고 시스템의 존재와 형성에 대한 공동체 인식의 정도는 물론이고 재난에 대한 두려움과 문화적 요인들을 고려해야 한다. 이런 서비스를 모색할 때의 스티그마와 심리사회적 지원의 중요성을 감안한 계획이 수립되어야 한다. 직계 가족과 확대 가족, 모두의 역할에 대해서도 고려해야 할 것이다. 재난 대응 및 관리 활동에서 결정적인 역할을 할 수 있기 때문이다. 학교, 경찰, 병원, 소방서, 그리고 적십자와 같은 조직 등의 역할을 고려해야 한다. 민족 공동체와 종교 기관들도 중요한 역할을 한다.

이미 언급한 바와 같이, 문화적, 사회적 그리고 심리사회적으로 잘 훈련된 공동체들은 재난의 여파에 대해 잘 준비되어 있고 더 효과적으로 대응

한다. 이것은 재난대처 계획 및 완화의 모든 단계에 적절한 트레이닝이 매우 중요한 사회복지전문직에 대해서도 적용된다. 현재의 사회복지 커리큘럼에서는 재난 관리에 있어서의 사회복지사의 역할에 대해서는 별로 가르치는 바가 없다. 그러나 훈련받은 사회복지사도 활용가능한 자원으로 시민들에게 도움을 주고, 역량 강화를 가르치고, 공동체 문화의 가치를 감안하여 문화적으로 만족할 만한 수준에 이르러, 자신의 역할이 현실성 있는 것이 되어야 한다는 것을 이해하고, 클라이언트와 지역사회를 옹호할 수 있는 존재가 될 필요가 있다. 재난의 유형 및 재난 관리와 완화 이해에 중점을 둔 훈련도 필요하다. 사회복지사들은 무엇보다도 정부, 언론, 비정부기관, 종교 및 민족 공동체, 그리고 기타 조직의 역할과의 관계에서 자신들의 역할에 한계가 있다는 점을 이해할 필요가 있다. 전문적인 사회복지 커리큘럼에서도 기록 활동의 중요성을 가르쳐야 한다. 그렇게 되면 커리큘럼을 개선하기 위해 그것을 후속 및 가능한 향후 연구에 사용할 수 있을 것이다.

참고문헌

Buckland, J., & Rahman, M. (1999). *Community development and disaster management: A case study of three rural communities in the 1997 Red River Flood in Canada.* Menno Simons College. Retrieved from http://www.uwinnipeg.ca/~msc/FLDRPTV2.htm.

Eberly, D. (2008). *The rise of global civil society: Building communities and nations from the bottom up.* New York, NY: Encounter Books.

Loane, G. (2007). Multidimensional domains of disaster response for social work practice: Preparedness, response, recovery, and mitigation. In *Proceedings of the International Seminar on Disaster Planning, Management, and Relief: New Responsibilities for Social Work Education* (pp.12–18). St. Michael, Barbados: Council on Social Work Education.

Light, P. (2005). Lessons learned: Hurricanes Katrina and Wilma hit U.S. Gulf–Coastal States. *Boston Globe* (4 September).

Mathbor, G. M. (2007a). Enhancement of community preparedness for natural disasters: The role of social work building social capital for sustainable disaster relief and management. *International Social Work, 50*, 357–369.

Mathbor, G. M. (2007b). The role of social work in building social capital for sustainable disaster relief and management. In *Proceedings of the International Seminar on Disaster Planning, Management, and Relief: New Responsibilities for Social Work Education, January 10–12, 2007* (pp.63–65). St. Michael, Barbados: Council on Social Work Education.

Mathbor, G. M., & Inaba, M. (2006). Cyclone preparedness program in Coastal Bangladesh: A social work perspective. *Bulletin of Kyushu University, 1*, 23–35.

National Association of Social Workers. (2008). *Code of ethics*. Retrieved from http://www.socialworkers.org/pubs/code/code.asp.

Putnam, R. D. (2000). *Bowling alone: The collapse and revival of American community*. New York, NY: Simon & Schuster.

Vidal, A., & Gittell, R. (1998). *Community organizing: Building social capital as a development strategy*. Thousand Oaks, CA: Sage.

제 9 장 재난 현장에 대한 실천 관점

MICHAEL CRONIN AND DIANE RYAN

사회복지사는 인간 행동에 대한 이해, 환경 속에서의 인간(person–in–environment)에 대한 강조, 지역사회사업 및 프로그램 계획의 경험, 옹호와 사회정의에 가치를 두고 있다는 점에서 재난현장에 이상적이라고 할만큼 적합하다.

자연 재난, 과학 기술 재난, 인간이 유발한 재난이 증가하기 때문에 사회복지사들이 재난현장을 더 잘 알고 있을 필요성도 높아지고 있다. 이 장에서는 재난에 의해 영향을 받은 사람들에게 제공될 수 있는 일상적 정신건강서비스들에 대해 서술하고 있다. 미국적십자사(American Red Cross : ARC)에서 채택하고 있는 재난정신보건 모델의 개요에는 대응 개입과 서비스 제공 장소에 대한 설명을 담고 있다. 이 장에서는 사회복지 교육자와 실천가들에게 이런 실천 모델을 알려주고, 그렇게 함으로 재난 개념과 이슈의 발전에 기여할 수 있을 것이다.

미국적십자사(ARC) 재난 대응

미국적십자사(American Red Cross: ARC)는 전쟁에서 부상당한 사람들에 대한 원조 제공, 군인과 가족 구성원간의 커뮤니케이션의 촉진, 재난에 의해 영향을 받은 사람들의 구제를 목적으로 미국 연방의회의 명령에 의해

1900년에 설립되었다(ARC, 2008). 미국적십자사는 개인과 기업의 기부금을 통해 재정 지원을 받는 독립적이며, 인도주의적이고, 자발적인 조직이다. 미국적십자사는 국제사회적신월사연맹의 전국단체회원이다.

미국적십자사는 미국에서 가장 규모가 큰 인도주의적 조직이며, 국가 및 협회 지부로 구성되어 있다. 국가 지부는 지역 협회들, 혈액서비스 지역들, 조직서비스 지역, 지방일대 사무소, 국가 생물 의학 테스트 및 연구소, 미국의 군방송국 기지, 세계에 퍼져있는 군병원기지를 포함한 770여개 이상의 관련단체를 대상으로 리더십, 안내 및 기술적 조언을 제공한다. 지역지부들은 미국적십자사 서비스의 주요 전달자이다. 지부 조직의 인력 구성은 주로 자원봉사자들이고 10% 정도만 유급직원이다.

미국적십자사의 재난 대응은 비상 재난을 당한 사람들의 즉각적인 욕구를 충족하는데 중점을 두고 있다. 재난의 위협이나 타격이 있을 때, 미국적십자사는 인간의 기본적인 욕구에 해당하는 쉼터, 음식, 건강과 정신건강 서비스를 제공한다. 이들 서비스 외에도, 미국적십자사의 재난 대응의 핵심은 재난으로 영향을 받은 개인과 가족이 독립적인 일상활동을 재개할 수 있도록 지원하는 것이다(ARC, 2008).

매년, 미국적십자사는 주택이나 아파트 화재(재난 대응의 대부분에 해당함), 허리케인, 홍수, 지진, 토네이도, 유해 물질 유출, 교통사고, 폭발, 기타 자연 및 인위적으로 발생한 재난 등 70,000개가 넘는 재난에 즉각적으로 대응하고 있다(ARC, 2008). 재난의 물리적 영향은 보통 분명하다. 수십, 수백 또는 수천 명의 사람들이 죽는다. 생존자들은 고통과 장애를 겪는다. 집, 직장, 가축과 장비들이 손상되거나 파괴된다.

재난의 단기적인 정서적 영향－공포, 급성 불안, 정서적 마비의 느낌과 슬픔 등－도 분명할 것이다. 재난 생존자 중 많은 사람들에게는 이런 정서적 영향이 시간이 흘러가면서 없어지기도 하지만, 다른 많은 사람들은 분명하고 미묘하게 장기적인 정서적 영향이 있을 것이다. N. Wiedemann은 "심리적 피해는 신체 부상과 물질 손실만큼이나 나쁘다"고 밝혔다(개인적 접촉, April 7, 2008). 미국적십자사는 재난 구호의 선두 주자로 국제적인 인정을 받고있지만, 단순한 가정화재에서 대량 사망 사건 등 재난에 의해 영향을 받은 사람들에게 심리적 지원 서비스를 제공하는 데 있어 미국적십자사의 역할은 별로 알려져 있지 않다.

초기의 심리적 개입이 재난정신건강사업의 중요한 측면이라는데 의견 일치가 높아지고 있다(Everly, Hamilton, Tyiska & Ellers, 2008; Everly & Langlieb, 2003; Everly & Mitchell, 1999; Flannery, 2001; Paul & Blum, 2005; Ritchie, Watson, & Friedman, 2006). 또한, 재난 개입들이 모든 세대를 망라하여, 즉각적이고 통합적으로 잘 계획되어야 한다. 재난에 대해 사회적, 생물적, 시스템 대응을 통합하여 정신건강전문가로서의 역할이 이루어져야 한다(Lopez-Ibor, 2002).

미국적십자사 재난정신건강 프로그램의 개발

국가 재난 정신건강 프로그램은 상당한 이직률을 야기한 캐러비안과 미국 남부의 휴고(Hugo) 허리케인과 캘리포니아 북부에서 발생한 로마 프리에타(Loma Prieta) 지진 이후 1990년에 개발되었다. 재난영향을 받은 클라이언트들, 유급직원과 자원봉사자들의 심리적인 지원이 필요하다는 인식에서 미국사회사업가협회, 국립정신건강연구원, 미국심리학협회, 미국상담가협회가 협력하여 프로그램을 개발하였다(Croni, Ryan, & Brier, 2007).

최근 미국 정부는 미국적십자사가 항공재난 대응에 관여하기를 요청함으로써 정신건강지원의 필요성을 인정하였다. 재난정신건강 자원봉사자들은 항공기 추락사건이 발생할 경우에 가족과 항공사 사이의 일차적인 연락책 역할을 담당한다. 1996년에 미국 의회는 항공재난가족지원법(the Aviation Disaster Family Assistance Act)을 통과시켰다. 이 법에서는 국가교통안전위원회(NTSB)에 미국과 그 영토 내의 산업항공재난과 관련하여 탑승객들의 가족에 대한 지원 서비스를 감독할 책임을 부여하였다. 국가교통안전위원회는 미국적십자사가 항공 재난에 연루된 사람들에 대한 정서적 지원 서비스를 조정하는 역할을 담당하게 하였다(U.S. Department of Homeland Security, 2004).

미국적십자사 재난정신건강전문가들은 정신건강전문가 자격을 갖춘 사람들로 구성되어 있다. 훈련된 자원봉사자들 중에는 사회복지사가 40%를 차지하고, 심리학자 22%, 정신건강상담가 18%, 정신과 간호사 14%, 결혼과 가족 상담가 5%, 정신과 의사 1%로 구성되어 있다(ARC, 2000, p.1). 전국에서 10,000명이 넘는 정신건강 자원봉사자들이 미국적십자사 재난정신건강 서비스를 제공하고 있다(R. Yin, personal communication, July, 31, 2008). 1995년에 뉴욕시의 정신건강전문가들은 미국적십자사 뉴욕지부(ARC in Greater New York) 내 재난정신건강 프로그램을 만들기 위해 소규모로 만났다. 미국적십자사/뉴욕지부 정신건강 프로그램 직원은 유급관리자가 팀에 추가된 2001년 가을까지 자원봉사자들로 충당되었다.

정신건강 프로그램의 서비스 지역은 뉴욕시의 다섯 개의 자치구와 북부주의 네 개의 자치카운티(Orange, Rockland, Putnam, and Sullivan)로 구성되어 있다. 뉴욕지부에서는 900만 이상의 인구를 책임지고 있고, 하루 평균 9건, 매년 약 3,000건에 이르는 재난에 대응한다. 정신건강지원은 유급직원 1명과 자원봉사자 284명으로 이루어진 팀에 의해 언제든 이용할 수 있다. 이 장에서 보여주는 많은 실례들은 미국에서 가장 큰 뉴욕지부의 업적에서 비롯되었다.

미국적십자사의 기능은 무엇인가?

비록 대부분 사람들은 일반상황에서 잘 기능할 수 있을지라도, 재난에 의해 영향을 받으면 일시적으로 심한 스트레스 때문에 그 기능이 파괴된다. 정신건강실천의 많은 것들은 구체적인 형태의 도움을 제공하는 것이다(Faberow & Frederick, 1978). 정신건강전문가들은 사람들에게 문제 해결과 의사 결정에 도움을 제공할 수 있다. 정신건강전문가들은 문제를 가진 사람들의 문제해결과 의사결정을 도울 것이다. 정신건강전문가들은 재난피해자가 구체적 문제를 확인하고, 우선 순위를 설정하고, 대안을 탐색하고, 자원발굴과 실행 계획을 선택할 수 있도록 도와줄 수 있다. 정신건강전문가들은 지역 단체와 기관을 포함하여 사용 가능한 자원에 대해 자발적으로 지역기관 및 단체에 알려야 한다. 빈번하지는 않지만 몇몇의 개인은 심한 경우 우울증, 방향 감각 상실, 움직이지 않음, 또는 예전의 심리적 상태의 악화같은 더 심각한 반응을 경험할 것이다. 이러한 상황의 경우 더 심층적인 상담이 필요하다. 재난정신건강전문가의 역할은 심각하게 영향을 받은 사람들을 직접 치료하는 것이 아니라 그들의 요구를 인식하고, 적절한 자원에 그들을 연계하여 도와주는 것이다(Faberow & Frederick, 1978).

재난정신건강 개입들은 개인의 강점, 회복탄력성, 대처방식에 중점을 두고 있다(Cronin et a1., 2007). 미시적 범위와 거시적 범위에서의 개입들은 개인, 가족, 지역사회의 욕구를 사정하고 충족하기 위해 사용된다. 개입 서비스들은 심리부상자분류, 옹호, 재난 지원, 위기개입, 교육, 정서적 보호와 지원, 문제 해결, 의뢰, 조직 스트레스의 모니터링/경감 등을 포함한다(ARC, 2005).

재난정신건강 개입들은 재난경험을 겪은 결과 위기에 처한 개인을 안정시키고 재난 발생 이전의 상태로 되돌리기 위해 그들을 원조하는데 사용된다. 재난정신건강실천은 후속적인 의뢰로 인해 그 특성상 단기적이다. 정신건강 개입을 적용해야 하는 신원확인은 재난의 영향을 받은 사람들이 심리부상자분류를 받은 다음 진행된다. 이것은 방을 스캐닝하거나 "걸으면서 대화하기"로도 알려져 있다. 정신건강전문가들은 재난이 미친 영향, 개인의 언어적, 비언어적 행동과 지역사회를 관찰함에 따라, 그들의 욕구를 충족할 수 있는 개입뿐만 아니라 클라이언트 지원과 직원지원 욕구를 파악하는 서비스 전달계획을 수립한다.

재난에 의해 영향을 받은 대부분 사람들이 회복탄력성을 갖고 있고, 얼마간의 적절한 지원과 건강한 대처로 시간이 지남에 따라 회복할 것이라는 사실이 바로 그 핵심신념이다. 장기적 정신건강문제에 대한 위험도가 높다고 여겨지는 개인들은 외상 과거 이력이 있는 사람, 재난으로 인해 가족, 친구, 애완동물, 또는 집을 잃은 사람, 훌륭한 자아강점, 재정자원, 대처기술 또는 지원시스템을 가지지 못한 사람, 재난 이전의 대비수준이 낮았던 사람, 자신들과 사랑하는 사람들을 재난으로 죽을 수도 있었다고 믿는 사람들이다. 이런 개인은 후속 치료의 의뢰는 물론이고, 재난초기단계에서 높은 수준의 보호를 필요로 할 것이다. 재난관련 외상과 연관된 진단은 급성스트레스 장애, 외상후 스트레스 장애, 주요우울장애, 약물남용, 및 다른 불안장애를 포함한다.

미국적십자사는 어떤 다른 역할을 하고 있는가?

재난정신건강서비스들은 전통적인 정신건강서비스들의 목적, 목표, 방법 및 세팅(setting)과는 다르다. 이러한 차이는 재난과 관련된 사람들이 자신들의 문제와 재해 관련 문제들에 대처하기 위해 사용하려는 자원을 어떻게 인식하는가에 기반하고 있다. 재난정신건강서비스의 목적은 재난에 의해 영향을 받은 사람과 지역사회가 재난관련 스트레스반응을 완화하고 자신의 재난 발생이전의 기능수준으로 가능한 한 빨리 돌아올 수 있도록 지원하는 것이다(ARC, 2005).

재난세팅에서는 사무실, 책상, 컴퓨터, 비서, 예약 일정 등의 일반적인 임상 진료의 편의시설이 부족하다. 기본 클라이언트는 그들이 얼마나 직접적으로 재난의 영향을 받았는지 그들의 심리적 반응이 얼마나 급성인지에 상관없이, 재난에 의해 영향을 받은 모든 개인으로 확대된다. 재난여파 초기, 클라이언트는 일반적으로 자신의 정서 상태보다 주거, 음식, 자신들과 사랑하는 사람들의 안전과 같은 긴급한 욕구에 가장 큰 관심을 두고 있다. 그들은 자신들의 정서 상태가 자신들의 회복노력이나 사랑하는 사람의 회복노력에 영향을 미칠 수 있음을 인식하지 못할 수 있다. 클라이언트와 가족구성원들은 재난관련 영향을 받기 전이나 후에 재난 지역을 대피하였는가를 추적하기가 어려울 수도 있다. 알려지지 않은 많은 것들이 있고, 재난환경은 유동적이고 역동적이다. 개입들은 사전 계획된 것보다 즉흥적으로 이루어질 가능성이 더 높다. 개입은 또한 일반적인 상담이나 심리치료 동안보다 더 간단하고 때로는 아주 지시적일 때도 있다. 재난정신건강(DHM) 전문가들은 일반적으로 클라이언트가 재난정신건강전문가들을 찾아오도록 기다리기보다 오히려 먼저 클라이언트와 접촉을 시도한다.

반대로, 전통적인 정신건강서비스의 목적은 개인의 변화와 정신장애의 치유의 관리에 목표를 두고서 정신질환이 있는 개인에게 치료를 제공하는 것이다. 전통적인 정신건강서비스에 사용되는 방법은 개인과 집단정신치료, 정신의학적 치료와 약물치료, 환경치료, 사례관리를 포함하고 있다. 재난정신건강에 사용된 방법으로는 욕구사정, 자문, 파견교육, 위기개입, 때때로 간단한 위기상담을 포함한다(Myers & Wee, 2005).

재난정신건강(DMH) 서비스와 프로그램의 주요 대상은 개인, 집단, 조직, 지역사회 등 다양한 수준의 인구를 포괄한다. 다음 부분에서는 재난정신건강(DMH) 요원의 가능한 개입의 다양한 형태를 더 자세히 서술한다.

미시적 실천 개입들

재난정신건강(DMH)은 개입들은 특성상 즉각적으로 이루어진다. 지역사회 의뢰는 장기적인 욕구를 가진 사람들을 위해 이루어진다. 재난의 맥락 내에서 이들 개입들을 설명하기 위해 몇 가지 사례 예시가 이 부분에서 포함될 것이다. 정신건강 개입들은 재난이 크든 작든 거의 비슷하다. 미시적 실천 개입은 심리적 응급처치, 위기개입, 사정, 재해 지원, 옹호, 아웃리치, 직원지원 등의 범주를 포함한다.

심리적 응급처치

외상을 입을 가능성이 높은 사건에 노출된 개인들에 대한 심리적 응급처치(Psychological First Aid: PFA)의 개념은 위기관리 분야와 재난정신건강(DMH) 분야에서 수년간 사용되고 있다(Reyes, 2006). 심리적 응급처치(PFA)는 전 세계에 걸쳐 적십자운동(the Red Cross Movement)에 의해 제공된 지원의 초석이며, 많은 다른 형태의 지원을 위한 출발점이 될 수 있다(Wiederman, 2009, P.64). 심리적 응급처치는 상담이 아니고 치료양식도 아니다. 심리적 응급처치의 본질은 "진정, 기초, 실제적인 정서적 지원을 제공"

하는 것이다(Halpern & Tramontin, 2007, p.200). 심리적 응급처치는 재난에 의해 영향을 받는 사람들의 생물심리사회적 욕구를 돌보는 것을 포함한다. 중대한 사건발생 후 즉시 개인들에게 제공되는 실제적이고 능동적인 모델이다.

Halpern과 Tramontin(2007, p,203~204)에 따르면, 심리적 응급처치는 네 가지의 광범위한 목표를 포함하고 있다. 즉 (1) 신체적·정서적 고통을 완화하는 것, (2) 생존자들의 단기적인 기능을 향상시키는 것, (3) 생존자들의 회복 과정을 돕는 것, (4) 주요자원을 연결하는 것이다. 안전을 보장하고 간단한 욕구를 충족하는데 도움을 줌으로써 심리적 응급처치는 곤경에 처한 사람들을 안정시킨다. 위기에 처한 개인들은 종종 먹고, 탈수증을 피하기 위해 물을 마셔야 한다는 것을 상기시킬 필요가 있다. 심리적 응급처치를 제공을 할 때, “내가 당신에게 무엇을 해주면 좋겠습니까?”라고 묻는 것이 좋은 오프닝 질문이다. 만약 클라이언트가 “아무것도 필요한 것이 없다”고 대답한다면, 다음 단계로 클라이언트들이 음식을 먹은 적이 있는지와 물과 음식을 제공해도 좋을 지를 물어보는 것이다. 그것은 추가적인 서비스의 공급과 사정을 위한 토대를 마련해주는 지지적 관계로 들어가게 한다.

클라이언트 가족들에게 알리고, 아동보호를 조치하고, 필요한 도움을 줄 수 있는 사회복지서비스기관과 접촉하는 것과 같은 클라이언트 과업을 지원하는 원조는 위기에 처한 개인들과 토대를 구축하는데 도움을 줄 수 있다. 자신들의 경험에 관한 생각과 느낌을 입증하고 효율성을 높임으로써 위기에 처한 개인들이 치유를 향한 다음 단계로 나아가도록 도울 수 있다. 그들의 자연적 지지체계에 연결하는데 클라이언트를 돕는 것은 중요한 개입이 될 수 있다. 요원들은 클라이언트에게 우리가 부를 수 있는 당신과 함께 할 수 있는 사람이 혹시 있나요?라고 질문할 수 있다. 지지체계에는 가족, 친구, 애완동물, 영적 또는 종교 단체, 기타가 포함된다. 정신건강전문가들은 어떠한 지지자들도 없는 사람들을 위해서 클라이언트가 이겨내는 과정에서 클라이언트와 함께 하거나 연결느낌이 지속될 수 있게 점검하여 클라이언트가 혼자라고 느껴지지 않도록 해야 한다.

클라이언트는 무슨 일이 일어났고 앞으로 일어날 것이라는 당국의 공식적인 정보에 종종 절망한다. 클라이언트는 언제 집에 돌아갈 수 있는지, 사랑하는 사람이 발견되거나 식별이 되었는지, 뒤에 남겨두었던 애완동물을 되찾을 수 있는지 등의 질문을 자주 한다. 정보를 기다리는 기간은 고통스런 시기가 될 수 있고, 비록 정신건강전문가들이 직접 법집행 기관과 정부기관이 담당하는 정보를 제공하지 못할지라도, 그들은 고객을 위한 지속적인 간단한 설명회를 옹호한다. 만약 정보가 수집되어 지고 있는 중이라 아직 이용할 수 없는 상황이라면, 영향을 받은 사람들과 정보를 공유하고 후속적인 정보제공 기회의 일정을 제공하는 것이 클라이언트의 신뢰를 만들어내고, 결국 그들의 욕구가 충족될 것이다. 다른 예로는

- 재난요원들이 어려운 시기의 끝에 짐을 내려놓을 수 있는 기회를 제공하는 것
- 클라이언트가 자신의 정서적 반응을 이해할 수 있게 돕고 그것을 정상화하는 것
- 긴 대기줄을 참고 기다려 온 클라이언트에게 커피 한잔이나 물 한 병을 가져다 주는 등의 편의를 제공하는 것(ARC, 2005).

비록 모든 재난요원들이 심리적 응급처치 훈련을 받고 있음에도 불구하고, 사회복지사들은 적극적 경청에서의 훈련과 환경 속 인간을 보는 이론적 틀 때문에 이런 것에 특히 숙련되어 있다. 개입은 사람들이 자신의 환경과 상호작용하는 지점에서 일어나기 때문에 사회복지 원칙은 재난정신건강(DMH) 실천에 특히 적합하다(International Federation of Social Workers, 2000).

위기개입

재난정신건강전문가(DMH)들은 위기개입에 능숙해야 한다. 왜냐하면 위기개입은 희생자들이 적응적 기능수준으로 돌아가고 심리적 외상으로 일어날 수 있는 부정적 영향을 방지 또는 완화할 수 있도록 돕기 위해 희생자들에게 제공되는 긴급심리보호로 정의되기 때문이다(Everly & Mitchell, 1999).

위기개입 절차는 세 가지 업적에서 진화하였다(Flannery & Everly, 2000). ① 유명 나이트클럽 화재사건 이후 Erich Lindemann(1994)이 행한 비탄

(griefing)의 연구 ② 개입의 즉시성, 사건 발생의 근접성, 생존자의 기능이 충분히 되돌아올 수 있다는 기대라는 위기작업에서의 세 가지 기본원칙에 관한 Kardiner과 Spiegel(1947)의 군사 저술 ③ 1차 예방과 2차 예방을 강조하는 지역사회 정신건강 프로그램을 강조하였던 Caplan(1964)의 연구가 그것이다.

어떤 한 개인이 ① 그나 그녀가 의미있고 위협하는 사건을 겪었고 ② 두려움, 긴장, 또는 혼란이 증가되고 ③ 만약 평소 대처방법들이 스트레스 증상 완화에 효과가 없다면 그 사람은 위기에 처한 것으로 인식되어야 한다. 그 사람은 또한 높은 수준의 주관적 불편 안에 있으며 불안정 상태를 경험할 것이다(Roberts, 2000, p.9). 위기개입은 감정격화를 완화하고 개인이 적응적 해결책을 찾을 수 있게 돕는 것을 목표로 하고 있다.

몇 가지 예를 들면 다음과 같다

- 재난복구 계획과 활동에 잘 참여할 수 있는 것을 방해하는 격정적 정서를 클라이언트가 처리하고 관리하도록 돕는 것
- 부부의 효과성과 대처능력을 방해하는 갈등을 부부들이 잘 해소할 수 있게 돕는 것
- 클라이언트가 찾거나 접근하는 방법을 몰라 중대한 자원에 관한 정보를 당황하고 있는 클라이언트에게 제공하는 것

위기개입 기술에는 재빠른 라포형성, 기능사정, 스트레스증상과 대처전략들에 관한 심리교육, 문제해결, 실행 계획의 마련, 필요시 후속적인 정신건강치료에의 의뢰 등이 포함된다. 만약 정신건강보건요원은 심리적 응급처치(PFA) 기술을 이용하여 클라이언트에게 관여되고 경험되고 있는 스트레스 증상들이 재난에서 예상된다고 판단되면, 그 작업의 많은 것이 심리교육을 제공하는 것이다.

심리교육은 스트레스 특성, 외상 또는 다른 증상, 그것들과 함께 무엇을 해야 할지에 관한 정보를 제공하는 것이다(Wessly et a1., 2008, p.287). 증상을 정상화하고, 외상의 영향에 대한 간단한 설명을 제공하고, 대개 증상이 얼마나 오래 계속될지 예상하고, 생물학적 영향을 재설정하는 것을 도와

주는 대처기술들에 대한 정보를 제공하고, 증상이 몇 주 이상 지속되면 영향받은 사람들이 추후 도움을 어떻게 받을 수 있는지를 확실히 알려주는 것을 통하여 심리교육이 이루어진다.

심리적으로 큰 충격을 받은 개인은 불안증가, 과민반응, 침입적 사고, 플래쉬백, 악몽 등의 불안 증상 등을 보인다. 두통, 떨림, 그리고 복통 등의 신체적 증상도 보인다. 재난에 의해 영향을 받은 많은 사람들은 그들이 "미쳐가고 있다"고 느낀다고 보고하였다. 이러한 증상을 관리하는 방법에 대한 지시와 더불어서 그들이 "비정상적 상황에 대해 정상적으로"(normally to an abnormal situation) 반응하고 있다는 보증을 제공하면, 안정화와 정서적 치유를 촉진하게 된다.

재난에 의해 영향을 받는 사람들은 재난을 겪은 후 혼란과 건망증이 되는 것이 흔하기 때문에, 구두 및 서면 형태로 증상대처와 관리에 관한 정보를 받아야 한다. 여기에 포함되어야 할 최소한의 대처정보 사항들은 다음과 같다.

- 가능한 개인과 가족의 일상적 삶을 유지하라.
- 지원 체계와 연결하라.
- 건강하게 먹고 카페인, 담배, 알코올을 최소화하라.
- 요구된 과제들을 우선순위에 따라 한 번에 하나씩 중점을 두어라.
- 과거에 성공했던 적이 있는 대처 방법을 사용하라.
- 산책, 정규적인 휴식, 취미를 포함하여 운동을 하라.
- 아이들의 감정 표현을 격려하고, 무슨 일이 일어났는지에 대해 그들에게 연령에 맞는 메시지를 제공하라.
- 사건에 대한 미디어 노출을 제한하고, 그들을 돌볼 어른들이 있다는 것을 어린이들에게 상기시키라.
- 필요한 경우, 후속 지원을 위한 지역사회 자원의 연락 전화번호를 제공하라.

사정

정신건강선별검사와 사정의 목적은 클라이언트 또는 종사자의 정신건강기능을 평가하고 적절한 개입이나 의뢰를 파악하는 것이다. 이 과제는 평소의 비공식적인 사정과 클라이언트와 함께 하는 의사결정이다. 즉 클라이언트의 증상들을 살펴보고, 보기에 적절한 개입이거나, 가장 심한 케이스에 먼저 개입하는 것을 결정하는 것이다.

많은 개인이 영향을 받고 한정된 수의 대응자들만이 활용가능할 때, "신속한 선별"을 수행하는 능력이 중요해진다. 그 다음의 "노출 정도"는 주요한 정신혼란의 가능성이나 심한 외상 반응으로 진전되는 것과 관계가 있다. 노출 정도가 크면 클수록, 재난정신건강(Disaster Mental Health)에의 즉각적 접촉에서 우선순위가 높아진다. 재난정신건강 지도력에 대한 발견사실을 보여주는 사이트와 언론에서 이들 변인들에 대한 즉각적인 사정을 하면, 재난정신건강 관리자들이 추가 요원이 어디에 필요한지를 아는데 도움을 준다(ARC, 2005).

- 그들은 죽음 또는 심각한 부상에 대해 보거나 들었는가?
- 그들은 자신의 생명에 직접적인 위협을 겪었는가?
- 그들 또는 가족 구성원이 부상을 당했다거나 질병을 겪었는가?
- 그들은 가족, 친구, 또는 애완동물의 죽음을 경험한 적이 있나요?
- 그들은 집을 잃거나, 방사선에 노출, 사랑하는 사람과의 격리, 보호조치되는 등과 같은 노출 후 외상을 경험하였는가?

생존자들은 일반적으로 재난여파로 정신건강서비스를 찾는 것에 대해 꺼려한다. 비록 이 분야에 대한 연구가 부족할지라도, 현재까지의 최고의 정신건강실천은 생존자들이 임상가들에게 오기를 기다리는 것보다는 오히려 임상가들이 생존자에게 다가가는 것을 뜻한다. 자연적 회복과정에서 스트레스 증상을 자주 나타내는 사람들조차도, 재난에 의해 영향을 받은 대부분 사람들에 대해 초기 사정과 개입은 필요하지 않을 것이다. 극한의 재난 속에서도 사람들 대부분은 기능의 불능이 되지는 않으며, 신속하게 일상생활로 돌아가고, 보통은 심리사회적으로 완전히 회복된다고 연구들이 보여주고 있다. 회복탄력성과 대처가 재난 이후 개인들이 보일 수 있는 가장 공통된 반응이다(Ursano et al., 1996). 정신병, 자살사고나 타살사고, 주요 우울장애 등의 외상후 스트레스 증상으로 예상되는 것을 넘어선 증상을 경험하고 있는 개인들에 대해서 즉각적인 정신건강 사정과 직접적인 급성보호를 위한 의뢰가 보장되어야 한다.

재난 생존자들은 사정을 외상적 경험에 대해 자신들이 이미 갖추고 있는 예민한 통제감에 대한 더 나아간 위반으로 인식할 것이다. 재난을 겪은 바로 그 시기에는, 환경이 혼란스럽고, 처리해야 할 직접적인 스트레스원과 문제들이 있을 것이다. 생존자들이 너무 빨리 급작스럽게 자신들에게 일어난 일들을 드러내도록 강요하면 증상이 악화되거나 부차적인 외상을 야기할 수 있다. 클라이언트가 사정의 속도를 조절할 수 있게 해줘라. 가벼운 질문을 하고 잘 들어주라. 클라이언트가 기꺼이 공유하고 싶은 것을 말하는 것이 정보를 수집해야 하는 것보다 더 우선적으로 할 수 있게 하라.

사상자 지원

모든 재난실천에서는 동정적인 모습의 기술, 고통을 겪고있는 사람들과 함께 할 수 있는 능력과 고정하거나 질문에 대답하려고 애를 쓰지 않고 편안할 수 있는 능력을 요구한다(Berliner, Ryan & Taylor, 2009). 최악의 순간을 경험하고 있는 사람들이 혼자 고통겪지 않도록 다른 사람과 함께 하는 것이 겸손하고 신성한 과업이다. 정신건강 개입이 자신들의 가족과 더불어 심각한 신체적 상해로 고통을 경험해 온 사람들에 대해 그리고 실종한 희생자나 고인들의 사랑하는 사람들을 위해 사상자 지원(CASUALTY SUPPORT)을 포함할 때, 동정적인 모습을 보이는 것이 매우 중요하다. 통합케어팀의 일원으로 재난요원들은 가족들이 사랑하는 사람의 시신처분과 유골의 처분을 준비할 때 가족들에게 정서적 지원을 제공한다. 이 일에는 다음의 경우에서 나타난 바와 같이 정보 제공과 상담 실시가 포함된다.

- 비탄과 사별에 관한 교육자료를 제공하는 것
- 클라이언트는 비탄상담에 참여할 수 있도록 도움을 주는 것

■ 적십자사가 사망통지를 직접 하지는 않는다. 재난정신건강 요원은 통상적인 지원 또는 기타 적십자 서비스 제공의 목적을 위해, 사망통지와 연루된 공무원과 동반할 수는 있다(ARC, 2005).

재난에서 실종되었거나 실종우려가 있는 사람들의 가족과 친구들에게는 특별한 고려가 필요하다. 재난정신건강 요원들은 이들을 재해로 영향받은 다른 사람들과 분리하여 보호주거지 같은 사적 영역에서 이들 개인들을 지지한다. 사랑했던 사람이 죽었는가를 확인하는 동안에 동정적인 모습도 정신건강 요원이 사망통지에 동행할 때는 가치 없는 지지체계로 전락한다. 사망통지는 법집행 공무원이나 검시관에 의해 공식적으로 수행된다. 고인에 대한 확인이 필요하다면, 사망 통지 후 정신건강전문가는 시체 공시소로 가족을 보호하면서 동행할 것이다.

2008년 3월 맨해튼의 동부지역 공사 중이던 크레인(기중기)이 붕괴되었을 당시, 뉴욕시 비상관리사무소 직원이 신속하게 난민 접수센터를 세웠다. 여러 명의 건설 노동자와 주민의 실종이 명확해졌을 때, 미국적십자사 직원들은 실종자들의 친구와 가족들이 모일 수 있는 분리된 장소를 접수센터 내에 찾아냈다. 적십자 직원은 정보 제공을 기다리는 사람들의 사생활을 보호하였고 음식과 음료를 제공하였다. 미국적십자사 재난정신건강전문가 혹은 파트너그룹인 재난종군서비스(Disaster Chaplaincy Services)의 직원들은 각각의 가정에 배정되었다. 이들 직원들은 지원을 제공하며, 수화(hydration)를 격려하고, 다른 가족, 친구, 종교적인 연결 같은 다른 지원체계를 기다리는 사람들과의 연락을 도왔다. 몇 시간 이후, 뉴욕시 경찰수사관들은 사망통지를 제공하기 위해 개별 가족들을 만났고, 가족들과 관계를 발전시켜왔던 정신건강전문가 또는 사제들이 필요한 의사결정을 돕고 시체안치소 호의를 제안할 때 그들을 지원할 수 있었다.

정신건강전문가들은 항공 또는 기타 운송추돌지점으로 가족을 호위하고, 대량사상자 발생 이후 추모식과 추모행사에 참여함으로써 사상자 지원을 제공한다. 뉴욕시에서는 9월 11일 세계무역센터(World Trade Center) 재난 추모회와 11월 2일 아메리카항공기 587 사고추도회가 재난정신건강 직원들이 참석하는 가운데 매년 개최된다. 또한, 뉴욕의 미국적십자사의 재난정신건강(DMH) 직원들은 순직한 뉴욕시 소방관 장례식에서 동정적인 지지를 지원한다.

옹호

오랫동안 옹호(Advocacy)는 사회사업의 역할이었고, 재난정신건강 직원들은 여러 재난서비스지역에서 종종 클라이언트들의 욕구를 옹호하는 위치에 있었다. 다음의 클라이언트 브리핑이 식단조절 또는 종교적 제한을 받는 집단에 대해 추가적인 음식들을 요구하게 될 때, 재난대응이 문화적으로 유능할 것을 확실하게 하고, 특별한 욕구 상황들을 다루면서 공무원들에게 요청하는 형태가 될 수 있다. 정신건강전문가들은 미디어로부터 클라이언트의 사생활을 옹호할 수 있고, 그들에게 도움이 될 것이라고 생각하지 않으면 인터뷰에 참여할 필요가 없다는 것을 클라이언트들이 확실히 알 수 있게 한다. 정신건강전문가는 재난생존자들의 특정 요구에 대한 옹호함으로써 재난의 생존자들을 도울 때, 많은 다른 상황들이 있다.

- 혼란에 빠진 클라이언트를 앉히는 것, 재난구호사회복지사와의 인터뷰 동안 클라이언트가 집중할 수 있도록 돕는 것
- 발달상 또는 만성정신건강문제들을 가진 개인들이 재난구호시스템과 협상할 수 있도록 돕는 것
- 작업현장수습의 어려움 대해 직원들이 제기한 불만에 대해 현장 행정가들에게 이야기를 하는 것

애완동물들이 재난으로 영향을 받을 때, 심리사회적지지 개입으로 이런 것이 필요하다는 것을 인지하고 있으므로, 정신보건요원들은 동물보호기관이 포함될 수 있게 옹호한다. 기후관련 재난이나 건물의 피해로 대피하게 되어 집에 남겨졌거나 잃어버린 동물을 가지고 있는 클라이언트들은 아마도 그들의 애완동물을 검색하고 그들의 애완동물을 임시적 또는 영구적으로 거주할 수 있는 거처를 찾는 것이 필요하게 될 것이다. 어떤 클라이언트는 자신의 애완동물이 위험에 남아있다고 생각이 들어 자신의 거주지를 떠

나는 것을 거부할 만큼, 클라이언트에게 있어 애완동물의 중요성이 잘 알려져 있다(Torgusen & Kosberg, 2006, p.33).

정신건강전문가들은 애완동물 소유자들로부터 정보를 수집하고 자기 집에 들어가는 것이 안전하지 못한 화재, 홍수, 다른 재해들 때문에 애완동물들을 구출하거나 수색하는 것을 돕는 긴급서비스 직원과 동물보호센터 직원들에게 그런 정보를 제공한다. 2008년 맨해튼 내 거대 주거건물 화재 이후 여러 개입들이 시행되었다. 정신건강전문가들은 그들의 애완동물을 걱정하는 대피주민들을 지원했고, 거주하고 있는 아파트 번호와 애완동물들의 모습을 알려주었다. 재난정신건강전문가들은 뉴욕시 비상관리사무소와 함께 동물수색계획을 마련하는데 협력하였으며, 재난정신건강전문가들은 동물보호와 관리기관이 애완동물들을 구조하여 소유주들과 재결합할 때까지 그 현장에 함께 남아주었다.

아웃리치

아웃리치(outreach)의 개념은 1889년 시카고에 헐 하우스(Hull House)를 설립한 제인 애덤스(Jane Addams)와 같은 개척자들이 실시했던 초기 사회복지서비스실천에 그 뿌리를 두고 있다. 이러한 초기 사회복지사들은 지역사회복지관(neighborhood settlement house)을 설립하여 다양한 이민자 집단에게 서비스를 주었다(Addams, 1910). 아웃리치는 또한 초기의 많은 자선조식협회 워커들이 서비스를 제공했던 양식이었다(Richmond, 1899/1969). 재난정신건강서비스들은 지역사회 속으로 전달되는 역사를 지속하고 있다. 비록 이것이 재난의 특성 때문일지라도, 이것은 종종 미국적십자사 안에서 재난정신건강실천의 경우에도 해당한다.

정신건강전문가들은 재난 속에서도 개인들의 욕구 충족을 위해 개설한 서비스센터에 모습을 보이지 않는 사람들을 가가호호 점검하면서 재난에 영향을 받은 지역사회들에게 접근하는 재난아웃리치팀에서 발견될 수도 있다. 워커들은 병원에 입원한 클라이언트에게 서비스를 제공하고 병원사회복지사와의 관계를 맺기 위해 지역의 병원에도 찾아갈 것이다.

재난정신건강 프로그램에 대한 연구와 보고서는 재난에 영향을 받은 많은 인구대상들에 대한 적극적 아웃리치가 중요함을 강조했다. 대부분 사람들은 재난 발생 이후에 스스로는 정신건강서비스를 필요하다는 것을 깨닫지 못하거나 그런 서비스를 찾지 않는다. 정신건강전문가들은 생활하고, 일하며, 자신의 삶을 재구축하는 지역사회 현장에서 재난으로 영향을 받은 사람들과의 상호작용을 꼭 해야 한다. 광범위한 언론보도를 통해 재난에 노출되거나 재난을 목격한 모든 사람들은 재난에 의해 영향을 받는다. 재난 이후 지역사회에 정신건강교육을 실시하는 것이 중요하다(Myers, 1998).

직원 지원

미국적십자사(ARC)/뉴욕(GNY) 재난정신보건(DMH)의 주요구성 요소에는 직원 지원에 관한 규정이 있다. 초기에는 본인이 지원을 받는 것에 대한 직원들의 상당한 저항이 있었다. 역설적이게도 많은 직원들이 정신건강서비스를 받는 것에 익숙하지 않았고, 지원을 받는 것에 대해 그것을 나약함이나 비정상의 한 징후로 인식하는 고정관념이 있었다. 정신건강전문가들은 이런 염려를 퇴치할 수 있는 기술들을 필요로 하였다. 그들은 비심판적 태도와 신뢰할 수 있는 사람으로 보여질 수 있는 것이 필요하였다. 식사제공과 서비스 현장을 설치하는 것과 같은 공유된 책임감에 조력함으로써(Cronin et al., 2007), 그들은 워커들 가운데서 신뢰를 쌓아가는 동지애를 발전시킬 수 있었다.

정신건강전문가들은 재난사업이 지연되는 동안 안정된 노동력을 유지하도록 돕는 데에서 핵심 역할을 한다. 오랜 시간 동안 특히 아동처럼 강렬한 감정과 치명적인 재난이 있으면, 재난전문가들은 감정이 고갈될 수 있다. 재난정신보건전문가들은 유급 직원과 자원봉사 직원들이 휴식을 취하고 자신을 돌보기 위한 실행을 최대한으로 해야 한다는 것을 상기시킨다. 가끔씩 환기를 통해 혜택을 입는 그런 워커들에게도 지원이 제공된다. 재난정신보건전문가들의 한 가지 역할은 어려운 워커를 다루는 방법을 지도감독자에 알려주는 것이다. 그들은 종종 재난에 놓이고, 개인의 영향의 균형을 돕는 임무완료면접의 스텝과 지원자를 만난다.

개입의 적절성

주요 재난에 대한 지역사회와 개인의 대응은 정신건강전문가들에 의해 관찰되어 온 단계에 따라 진보하는 경향이 있다(De Wolfe, 2000; Myers & Wee, 2005; Raphael, 2000). <표 9.1>은 재난 대응의 대략적인 시간의 길이와 각 단계에서 취한 전형적인 조치와 관련해서 재난대응단계를 정리하고 있다. 비록 보편적인 시간표가 없기 때문에 각 단계들이 자주 중복될지라도, 이들 각 단계들은 정서적이고 행동적인 요소와 연관되어 있다.

정신건강전문가들은 재난의 상이한 단계와 각 단계의 다양한 심리적이고 행동적 반응들을 인식하는 것이 중요하다. 예를 들면, 쇼크와 부정이 클라이언트를 격렬한 감정으로부터 보호할 때는 감정들을 명확히 하는 것은 역효과를 낼 것이다. 일단 개인이 내적·외적 대처자원을 활용하기 시작하면, 그들은 그 상황에 관해 자신들의 감정을 훨씬 더 잘 다룰 수 있다(Myers & Wee, 2005).

재난의 초기단계에서 사랑하는 사람을 잃지 않은 사람들은 사랑하는 사람을 잃은 사람들보다 더 행복하고 이타적이고 낙관적인 감정을 가질 수 있다. 나중의 단계에서 사람들은 재난에 관한 사실을 추구하고 논의하며, 진실을 조각들로 모아서 어떤 일이 일어났는지 이해하려고 한다. 그들은 감정에 관해 말하기보다는 자기의 생각을 논의하는데 더 많은 시간을 투자할 것이다. 마지막 단계에서 사람들은 좌절감과 분노감을 표현할 것이다. 이 시기가 보통은 그들이 자신들의 경험을 통해서 자신들에게 일어났던 어떤 긍정적인 것을 발견할 수 있는지를 물어보기에 좋은 시기는 아니다(Myers & Wee, 2005). 대부분 사람들은 그들이 겪은 재난경험에 대해서 기꺼이 열심히 말하려고 할 것이다. 그러나 한 개인이 그 일이 어떻게 일어났는가에 대해서 말하고 싶지 않을 때는 그것을 존중하는 것은 중요하다. 위기에 빠진 사람들과 이야기하는 일은 항상 그것에 대해서 말로 하는 것만이 의미있는 것은 아니다(Zunin & Zunin, 1991). 보통의 사건을 이야기하고 유머러스하게 웃는 것도 치료적이다. 확신이 안 서면, 자신의 경험에 대해서 이야기하는 것이 도움이 될 것이라고 생각하는지 그 사람에게 물어보라.

〈표 9.1〉 재난 대응의 4단계

재난반응의 단계	각 단계의 통상적 길이	행동	감정
영웅적 단계	영향 이전과 재난 후 1주까지	생명손실을 막고 재난 손실을 최소화하기 위한 사투	두려움, 분노, 먹먹한 느낌
허니문 단계	2주에서 2개월	생존자의 영혼을 북돋우는 구제노력; 빠른 복구가 진행될 거라는 희망; 낙관주의가 흔하게 짧게 지속됨	살아남은 것에 대한 행복감, 감사, 애도, 불신
환멸 단계	몇 개월에서 2년 이상	서류업무와 복구 지체의 현실 직면; 외부지원이 중단; 생존자들이 스스로 할 일이 많으며 많은 사람들이 결코 동일하지 않음을 인식함	좌절, 우울, 자기의심, 상실/애도, 고립
재구조화 단계	수년	일상적 기능이 점차 재정립됨	현재 진행과정에 만족, 현재의 사건에 적절한 정서

대량 사상자 작업

비록 재난정신보건 개입은 재난의 범위에 상관없이 같을지라도, 대량사상자를 야기한 재난에서 특별한 특징이 있다. 혼란감이 증폭되며 대응의 지체가 수일이나 수주간 계속되고, 강렬한 비탄반응이 있으면, 워커들이 광범위한 정서표현을 동반한 안정된 정서수준을 갖추는 것이 필요하다. 많은 지방자치단체, 주정부, 연방정부와 비정부조직(NGOs)의 참석은 지휘명령 체계에의 문제와 역할 혼란을 일으킬 수 있다. 선의의 자발적이고 훈련되지 않은 자원봉사자들이 대량인명 재난피해지역을 도우려고 도착할 것이다. 이런 사람들을 관리할 계획마련도 중요하다.

만약 이런 자원봉사들을 재난관리에 활용될 것이 결정되면, 임무를 부여하기 전에 재난구호조직에 익숙해지고 훈련되어야만 한다. 세계무역센터 구조작업에서 활동했던 사람들에 대한 연구는 모든 워커들의 PTSD의 발생비율이 12.4%에 비해서, 소속되지 않은 자원봉사자의 21.2%가 외상후 스트레스 장애의 유병률을 보였다(Perrin et al., p 1385). 확립된 재난구조조직과 더불어 일하는 자원봉사자들을 선별하여 훈련하고 적응시키는 체계를 만드는 것은 자원봉사자의 정신적 피해를 최소화할 뿐만 아니라 클라이언트가 질 높은 케어를 받을 수 있도록 돕게 된다. 자기임무에 잘 맞추어지지 않은 자원봉사자들은 대부분의 업무 과정을 감당하지 못하며, 즉각적으로 재난현장에 배치되면 그들의 관여가 끝나버릴 수도 있다.

비록 재난정신보건 개입이 외상관련 질병을 예방한다는 경험적 증거는 없을지라도, 심리적 응급처치(PFA) 개입이 증거를 제시하고 있기 때문에 국제적인 전문가 패널에 의해서 권위를 부여받고 있으며, 조기의 심리적 개입이 재난 이후의 문제발생의 잠재성을 줄인다고 믿어진다(National Institute of Mental Health, 2002; Watson, 2004). 연구자들은 안정감, 진정시킴, 자기효율감과 지역사회 효율감, 사회적 지지와의 연결, 희망이라는 다섯 가지의 즉각적인 개입 및 중기의 대량외상 개입의 필수적 요소들을 밝혀냈다(Hobfoll et al., 2007). 대량사상이나 폭력 이후에 이루어지는 지지적인 상담은 ① 과도하고 조절할 수 없는 고통(distress)을 줄이고 ② 대처전략을 확인하고 ③ 사회적 연결을 촉진하고 ④ 실천자원을 제공할 수 있게 설계되어야 한다(Bryant & Litz, 2006). 대량사상 재난에 대한 이러한 조기정신건강 개입은 이들 요소들을 극대화하려고 하고 있다.

업무 세팅

재난이 사망, 다수의 사상자 발생, 지원이 필요한 클라이언트와 직원, 특별한 욕구를 가진 인구집단, 애완동물 실종, 재난의 경험이 있는 지역사회를 포함할 때 재난정신보건전문가들이 배치된다. 재난정신보건의 지원은 개인재난 현장이나 규모가 크거나 오래시간이 걸리는 재난에 영향을 받는 사람들의 재난피해지역이나 서비스센터 쉼터에서 일어날 것이다. 미국적십자사 정신건강 전문들은 또한 장례식과 기념식, 순국선열을 기리는 기념일 등에서 정서적 지원을 제공하기도 한다. 재난기간 동안 정신건강 업무는 비전통적이고 개인 사무실에서는 거의 일어나지 않는다. 전문가들은 자신들이 혼란스럽고 파괴된 재난현장에서 서비스를 제공하고 있다는 것을 발견할 것이다. 이러한 현장을 이제 설명해 보겠다.

접수센터(Reception center)는 재난현장에서 멀리 떨어져 안전한 지역에 문을 열고, 그래야 사람들이 음식과 정보를 구하러 올 수 있다.

서비스 센터(Service center)는 서비스를 제공할 기관들에 접근할 수 있는 한 곳에서 클라이언트에게 서비스를 줄 수 있도록 한 세팅 안에 수많은 사회서비스기관들이 모여있는 곳이다.

휴식센터(Respite center)는 계속되는 서비스 기간 동안에 간식, 음식, 짧은 휴식 장소, 정신건강을 제공하여 대응자들을 맨 처음 지원하는 곳이다. 대응자들을 처음으로 지원하는 정신건강전문가들은 강압적이지 않으며 대응자들의 작업을 방해하지 않도록 조심해야만 한다. 대응자들이 복구현장으로 돌아가기 전에 휴식센터에서 커피나 음식을 마시면서 정신건강전문가들과 대화를 하는 것도 대응자들에게 지지가 되며, 머리를 식힐 수 있는 시간이다.

쉼터(Shelter)는 재난으로 인하여 일시적 또는 영구적으로 집을 잃은 사람들이 발생했을 때 만들어진다. 이런 상황에 처한 많은 개인들은 거주지를 다시 획득하거나 영구적인 주거를 확보할 수 있을 때까지 기다리면서 가족이나 친구들과 함께 머무르게 된다. 재정 자원이나 인적 자원이 없는 다른 사람들은 구획이 지어진 큰 공간에서 집단 쉼터에 머물게 될 것이다. 보통은 학교 체육관 같은 곳에서 많은 사람들과 함께 지내게 된다. 재난 이후의 공동거주는 지독한 스트레스가 될 수 있다. 정신건강전문가들은 이러한 곳에서 제공되는 중요한 서비스의 구성 요소이다.

가족지원센터(Family assistance center)는 대량사상사고 동안 설치되어서,

가족이 실종하였거나 죽었을거라고 두려움에 떨고 있는 사람들이 정기적으로 계획된 브리핑에서 정보를 제공받을 수 있도록 한다. 가족지원센터에서 가족들은 사망자 신원확인을 위해서 DNA샘플을 요구받을뿐만 아니라 실종자에 대한 정보를 위해 의료검시관이나 부검원에게 질문을 받을 것이다. 정신건강전문가들은 이러한 친구와 가족구성들을 지원하도록 돕는데 있어서 핵심적인 역할을 한다. 정신건강 동행보호를 필요로 하는 사고현장 방문도 할 수 있으며, 정신건강전문가가 지원하는 추도회도 종종 열린다.

다른 가능한 재난서비스 장소로는 폰뱅크와 핫라인(phonebank and hot-line)이 있으며, 국제무역센터와 허리케인 카트리나 구호시에 사용되었던 것처럼 사랑하는 사람에 관한 소식을 애타게 찾는 엄청난 수의 전화사용자들이 있을 때 개설된다. 투약분배센터(Points of dispensing center)는 유해물질에 많은 사람들이 노출되었을 때 응급해독제를 제공할 필요가 있을 때 운영된다. 유급 직원과 자원봉사 직원은 임무할당을 기다리는 동안 집결지역(staging area)으로 모일 것이다. 아드레날린이 충만하며, 돕는 것에 대비가 된 직원들은 업무가 지체되면 좌절할 수도 있다.

정신건강전문가의 역할

재난정신건강전문가들은 융통성이 있어야 하며, 큰 압박 아래서도 일을 잘 해야 하고 엄청난 양의 외상, 애도, 상실을 겪고 있는 개인들에게도 편안해야 한다. 어떠한 재난도 같지 않으며, 각각의 구호작업은 새로운 동적인 딜레마 도전을 가져온다. 예를 들면, 임무지에 도착해보면, 정신건강전문가들은 그곳에서 자신이 필요하지 않으며 다른 서비스 장소로 이동될 것이라는 사실을 때때로 알게 된다. 재난정신건강실천에서는 융통성이 필수적이다. 전문가들은 클라이언트의 즉각적 욕구를 가장 잘 충족시키기 위해서 "역할을 벗어난 일"(work out of role)을 하는 것에도 편안해져야 한다. 워커들은 트럭에서 음식물을 내리거나 물을 건네주는 것과 같은 심리적 업무가 아닌 일을 돕도록 요청받을 수 있다. 음식을 제공하거나 물을 나눠 주는 것은 구호업무에서 일하는 동료들을 지원하는 훌륭한 방법이다. 클라이언트와 눈을 마주치면서 이러한 업무를 하는 것은 정신건강서비스의 필요를 선별하고 사정하기 위한 방법이 될 수도 있다. 클라이언트나 직원들과의 어떠한 상호작용도 지원을 제공할 기회가 된다. 개방적이고 융통성 있는 정신건강 전문가들은 의미있는 작업에 관여할 수 있는 방법을 보통은 찾아낸다. 모든 재난정신건강전문가들은 자신의 시간과 서비스를 자원봉사 하는 자격있는 정신건강 전문들이다. 모든 정신건강 자원봉사자들은 국가적으로 표준화된 재난정신건강 개입의 정책과 절차 안에서 미국적십자사가 실시하는 훈련을 받는다.

거시적 개입과 조직적 개입

정신건강 지도자들은 정신건강의 역할, 클라이언트와 직원에 대한 효용, 대응에서의 표준적 운영절차에 관한 인식을 제공함으로써 재난시에 조직의 관리자들과 함께 거시적 수준의 일을 한다. 미국적십자사/뉴욕의 정신건강 책임자는 관리팀의 일부이며, 따라서 정신건강영역 밖에 있는 문제에 대해서도 제안을 할 수 있는 기회를 갖는다. 정신건강전문가들은 쉼터운영, 허리케인과 홍수대비, 가족지원센터의 계획과 같은 대비활동 때문에 다학제적이고 다중기관간의 계획에도 참여한다. 정신건강 지도자들은 클라이언트의 욕구가 문화적, 발달적, 특별한 욕구 차원에 걸쳐서 생리-심리-사회-영적 관점에서 반드시 고려하는 계획을 세우는데 영향을 미칠 기회를 갖는다. 동료의 죽음, 폭력의 발생, 해고와 같은 자기 기관에서 비극적인 일이 발생했을 때, 재난정신건강에 훈련을 받은 사회복지사들은 직원 지원에 도움이 되는 개입에 관한 자문을 제공함으로써 행정가들에게 도움이 될 것이다.

파트너십과 협동

허리케인 카트리나(Katrina)와 리타(Rita) 같은 자연재난은 각 지역 내에서 대비계획 수립에서 파트너십의 필요성을 입증해 주고 있다. 이것은 정신건강을 포함한 많은 부분에 걸쳐서 재난대비 계획을 개발하고 증가시킬 것을 촉구하고 있다. 자연재난과 긴급한 상황에 대한 대비를 성공하려면 개인, 가족, 전문가, 지역사회 단체뿐만 아니라 지방기관과 주립 기관, 학교, 병원, 기업, 지역사회 정신건강 프로그램을 포함한 다양한 조직체의 참여를 필요로 한다.

대비에 초점을 둔 지역사회 안에서 경제 전문가들, 사회서비스 기관, 비상사태관리 지도자들은 자원에 관한 정보를 교환하고, 훈련을 수행하고 운영시험을 연습하고, 재난구조 계획을 만들어낸다(Banerjee & Gillespie, 1994). 재난 대응에서 훈련된 개인과 파트너집단들과 재난 발생 전에 맺어 둔 좋은 관계는 무질서한 재난상황에서 함께 일을 할 때에 필수적인 신뢰를 구축하고 자신감을 갖게 한다. 단일 조직 내부로부터만 중대한 사건의 정신건강 욕구에 대응하는 것은 재난관리의 모습이 변화하고 있는 시대에는 더 이상 가능하지 않다. 효과적이고 효율적인 정신건강 재난대응은 그 절차를 재검토하게 하고 모든 자원에 대한 사회적 역량을 가장 잘 활용하고 강화하는 새로운 모델을 만드는 것을 필요로 한다. 미국적십자사/뉴욕의 정신건강 기능은 지방, 주, 연방정부 협력기관들뿐만 아니라 지역사회기반과 재난대응 정신건강기관들과의 광범위한 관계망을 개발해오고 있다.

지방 수준에서의 협력

재난은 어느 곳에서나 일어날 수 있으며, 모든 지역사회는 계획과 대비 활동에 관여되어야 한다. 모든 재난은 지방 수준에서 시작된다. 크거나 작거나에 관계없이, 지방의 지역사회는 즉각적인 재난 대응을 할 것이 기대된다(Herrmann, 2005. p.12). 뉴욕시와 그 주변 교외에서 미국적십자사 재난정신보건전문가들은 재난계획서비스와 재난정신의학 아웃리치처럼 독립적이고 독자적인 서비스를 제공하는 지역의 대응기관 및 단체와 협력하여 운영한다. 재난사목은 종교나 영적 욕구를 가진 사람들과 정신건강서비스 제공자들을 경계하는 사람들에게 매우 유용한 지원을 제공한다. 재난정신과 의사들은 정신의학적 사정을 필요로 하는 사람들과 약물처방으로 혜택을 받을 수 있는 사람들에게 필요한 서비스를 제공한다. 미국심리학회의 재난대응 네트워크는 비슷한 개입을 제공하는 미국적십자사/뉴욕정신건강 직원과 함께 대응하고, 미국사회복지사협회는 소속 회원들 가운데서 재난봉사자들의 모집을 도와서 재난대응을 지원한다. 대규모 재난에서는, 뉴욕시 보건 및 정신위생국의 지원을 받는 비상사태 인적자원관리 뉴욕시 사무소 직원이 이 모든 집단을 조정한다.

세계무역센터 재난을 당하고 몇 년이 지나고, 이들 각 집단의 구성원들은 계획회의, 훈련과 연습, 네트워킹 행사의 참여를 통해 서로를 알게 되었다. 각 조직들의 방향성과 작동방법에 대한 이해가 진전되었고, 그 결과 재난이 일어날 때 재난정신보건 사정과 서비스전달 계획이 신속하게 마련되었고, 클라이언트들은 재난 장소에서 도움을 잘 받게 되었다. 지역사회들이 재난에서 파트너들을 형성하기 시작할 때, 중요한 고려사항은 문화와 발달 경계에 따라 다양한 파트너십을 구축하는 것이다. 다양한 민족, 문화, 언어를 대표하는 파트너들, 아동, 노인, 장애를 가진 사람들과 같은 취약한 인구집단들과의 실천에 전문성을 가진 사람들은 재난구조 조직체에서 필수적인 자산이다. 불교 구제기관인 Tzu Chi는 토네이도가 브루클린에 사는 아시아계 지역사회에 큰 피해를 입힌 후 개설된 쉼터에서 필수적인 재난서비스를 제공하였다. 재난이 아동에게 영향을 미칠 때는 학교사회복지사가 하나의 자원이다. 노인복지관, 양로원/요양원, 지원형 생활시설에서 일하고 있는 사회복지사들은 노인들과의 실천에서 전문성을 발휘할 수 있다.

국제적인 협동

미국적십자사/뉴욕지부는 국제적 동료들과 함께 일하는데 참여해 오고 있다. 몇 가지 새로운 계획(initiatives)들은 미래에 다른 주체들과의 더 나은 협력을 위한 계획을 마련해 오고 있다.

- 미국적십자사와 이스라엘 메켄 데이비드 아톰(Magen David Adom)은 절차와 기술 중 가장 실제적인 것을 교류하기 위해 협력관계를 만들었다. 해당 지방의 지부수준에서 뉴욕시 소속의 정신건강팀이 예루살렘에 있는 긴급사태 대응자들을 위해 고안된 심리적 지원 훈련에 참여하였다.

- 미국적십자사/뉴욕지부는 영국과 스웨덴의 적십자조직의 대표와 함께 토론회를 주최하여, 정신건강 문제를 초래했던 도심의 처참한 교통사고에서 얻은 교훈을 검토하였다.
- 미국적십자사/뉴욕지부와 정신건강 지도력은 국제적십자 및 적신월사연맹의 심리사회적 지원을 위한 참조센터(Reference Center for Psychosocial Support: PS Center) 소속의 대표단을 초청하여, 공동의 프로젝트를 탐색하는데 동의하였다. PS센터는 비극적인 사건과 무력충돌로 영향을 받은 지역에서 지역사회수준에서 주어야 하는 심리사회적 서비스를 제공할 수 있는 역량을 개발하는데 국제적십자와 적신월사연맹을 지원하였다.

재난정신건강에 있어 문화적 고려할 사항들

재난은 문화, 민족 또는 인종에 관계없이 모든 사람을 강타할 수 있다. 재난을 경험하거나 목격하는 어떤 누구도 그것에 영향을 받지 않을 수 없다. 재난에 대한 사람들은 반응, 자신의 대처능력, 위기상담에의 수용도는 개인의 신념, 문화적 전통, 지역사회 안에서의 경제와 사회적 지위 때문에 상당한 차이가 있다. 이런 이유로 문화적 유능성의 중요성에 대한 인식은 효과적인 재난정신건강서비스의 개발, 계획, 전달에서 점점 높아지고 있다. 재난정신건강서비스는 생존자들과 그들의 지역사회의 강점과 자원을 인식하고, 존중하고, 구축하는데 방향으로 제공되어야 한다.

지식, 정보, 지지의 자원으로서 문화는 참사의 시간 동안 하나의 치유의 과정이고 지속성을 제공한다(de Vries, 1996). 생존자들은 개인의 인종과 민족 배경, 문화적 견해, 인생 경험, 가치관의 맥락 내에서 재난에 반응하고 재난으로부터 복구한다. 문화는 편안함과 재보증이 있는 보호체계를 제공한다. 그것은 적당한 행동을 정의하고 사회적 지지, 정체성, 또 회복에 대한 비전 공유를 만들어낸다. 예를 들어, 문화적 구조의 일부인 이야기, 의례, 신화는 공동의 외상에 대한 제압을 강조하고 영적인 것에 대한 개인의 관계를 설명함으로써 비극적인 상실에 사람들이 적응할 수 있도록 돕는다. 문화가 제공할 수 있는 강점에도 불구하고 재난에 대한 대응도 하나의 연속선에 있다. 불리한 인종과 민족 공동체 출신의 사람들은 재난시에 사회 경제적 지위가 더 높은 사람들보다 재난에 대비와 복구에 연관된 문제에 더 취약할 것이다(Fothergill, Maestas, & Darlington, 1999).

다양한 요인을 고려할 필요가 있다. 특수한 집단은 역사와 생활 경험에 바탕을 둔 특수한 문화를 구성하는 신념과 행동패턴을 공유할 것이다. 출신 국가는 특히 최근의 이민자들에게는 많은 문화적 신념들과 관습을 명령할 것이다. 출신 국가에서의 삶의 질과 특성, 이민을 유도한 요인들을 이해하는 것이 중요하다(Myers, 1998). 전쟁, 억압, 또는 다른 외상이 사람들로 하여금 도망치게 만든 나라에서는, 인구 중의 약간에서 외상후 스트레스의 수준이 이미 존재하는 것으로 예상할 수 있다. 대량적인 집단보호의 필요성이 있는 때에 국가요인경호단(National Guard unit)과 헬기는 사람들에게 이전의 경험이나 난민 캠프를 상기시키고, 그들의 외상을 재발하게 만들 것이다. 개인의 이민신분이나 정부기관에 대해 갖고 있는 두려움과 의혹은 그들이 재난지원을 기꺼이 받아들이는데 부정적으로 영향을 미칠 것이다.

언어장벽이 존재하며, 스트레스와 강렬한 정서를 경험하는 시간 동안 많은 사람들이 자신들의 모국어로 소통하면 더 편안해 한다. 정신건강 프로그램을 이중언어와 문화에 유능한 사회복지사에 의해 서비스를 제공하려고 모든 노력을 기울이는 것이 필수적이다. 통역의 도움으로 일하는 것은 결코 이상적이 못하지만, 하나의 훈련된 통역자들은 가족 역할 보존의 중요성과 민감한 이슈에 관한 사생활적 사안이기 때문에 항상 가족구성원, 특히 아동들을 활용하는 것이 바람직하다(De Wolfe, 2000). 언어적·비언어적 의사소통 스타일도 항상 중요하다. 대화하는 동안에 신체언어, 눈맞춤, 신체 접촉이 이해되고 존중되어야 한다. 일부의 문화들에서는 감정을 언어적으로 표현하는 것이 바람직하지 않다고도 여긴다. 수용될 수 있고 효과적인 정신건강 접근법을 찾는 것은 고통, 치유, 건강과 정신건강, 도움을 요청하고 받는 것에 대한 문화적 신념에 대한 감수성을 요구한다(Myers & Wee, 2005).

문화가 재난대응에서 하는 강력한 역할 때문에, 생존자들이 자신들의 문화적 신념과 일치하고 자신들의 욕구에 부합하는 도움을 받을 때 재난정신건강서비스는 가장 효과적이다(Hernandez & Isaacs, 1998). 재난정신건강서비스제공자가 더욱 문화적으로 유능해지려고 노력할 때, 그러한 노력이 성공하는데 영향을 줄 수 있는 세 가지 중요한 사회적이고 역사적 영향 인자를 인식해야 한다. 이 세 가지 영향 인자는 공동체의 중요성, 인종주의와 차별, 사회적·경제적 불평등이다. 재난정신건강의 서비스 제공자들은 문화, 민족, 종교, 인종, 언어의 다양성에 민감해야 한다. 당신이 직접적인 서비스를 제공하든 조직적인 계획에 참여하든, 당신은 자신이 가진 가치관과 편견을 자각하고, 이것들이 서비스를 받고 있는 지역사회의 그것들과 얼마나 일치하는지 혹은 얼마나 차이가 있는지 알고 있어야 한다. 문화적 역량에서의 훈련을 하게 되면 이런 자각을 촉진할 수 있다. 관습, 전통, 의례, 가족구조, 성역할, 사회적 단결을 유지하거나 재정립하도록 돕는 것은 생존자가 재난의 영향에 대처하도록 돕는데 중요하다. 정서와 다른 심리적 반응이 어떻게 표현되는가를 포함하여 서비스를 받고 있는 지역사회에 관한 정보, 정부기관을 향한 태도, 상담에 대한 수용도는 지방의 문화집단들을 대표하고 가장 잘 이해하고 있는 지역사회 문화 지도자의 지원 때문에 수집되어야 한다.

재난정신건강의 계획과 문화적 유능성

생존자들에게 문화적으로 유능한 정신건강서비스를 제공하는 것은 재난의 이전, 재난 동안, 재난 이후에 실행을 필요로 한다. 주 또는 지역 비상사태관리 계획의 일부가 되어야 하는 재난정신건강 계획은 영향을 받는 인구의 정신건강 욕구에 능률적이고 조정된 대응을 보장할 수 있다(U.S. Deprtment of Health and Human Services, in press). 이 계획은 재난에 따른 지역사회의 정신보건의 욕구에 대응하는 데 있어 기관과 조직들 가운데서 역할, 책임, 관계를 구체적으로 명시하고 있다(U.S. Deprtment of Health and Human Services, in press). 성공적인 프로그램 기획자는 문화적으로 역량있는 환경을 창조하는 것은 이중 언어와 두 문화에 익숙한 정신건강전문가를 모집하는 것, 단일의 다양한 관리계급을 후원하는 것, 몇 명의 고용주들을 문화적 역량 워크샵에 보내는 것 또는 고용의 '정표가 되는'(token) 인종이나 소수민족 집단 대표자들을 고용하는 것 이상을 필요로 한다는 것을 인식하고 있다. 오히려 문화 역량은 프로그램 가치의 일부이어야 한다. 그 가치는 ① 프로그램 미션의 진술 속에 포함되어야 하고, ② 모든 수준에서 태도, 정책, 실천에서 장려되어야 한다. 효과적인 프로그램과 서비스는 지방의 대처 전략과 자원에 의지하면서, 지역사회 수준의 개입을 포함하는 다중적 수준을 통합하고 밝힐 필요가 있다(von Peter, 2009, p.13).

문화적으로 역량있는 재난정신건강의 계획을 마련하기 위해, 기획자는 다음의 것을 해야 한다.

- 지역사회의 구성을 평가하고 이해한다.
- 지역사회의 문화 관련 욕구를 파악한다.
- 다양한 정신건강 욕구를 충족하도록 도울 수 있는 공식·비공식적 지역사회기관에 관해 박식해야 한다.
- 신뢰할 수 있는 조직, 서비스 제공자, 문화 단체 지도자, 문지기위치의 중요인물로부터 정보를 수집하고 실천 관계를 구축한다.
- 재난 사건의 발생으로 일어나게 될 문화적 문제에 대한 해결방안을 예상하고 확인하다(U.S. Deprtment of Health and Human Services, in press).

결론

이 장에서 제시된 재난정신건강 모델은 사회사업 교육자와 실천가들에게 재난시 일상적 작업 지침을 제공하고 있다. 재난정신건강실천과 개념을 이해하고 있는 사회복지사들은 더욱 필요하고 적절한 원조를 제공할 수 있어야 한다. 치료 작업과 비교하여, 재난실천은 심리치료의 실천과 치료적

동맹을 구축할 모든 안전한 장소를 떠나고, 그래서 안전한 환경을 만들고 실증적인 근거가 있는 치료방법을 적용한다. 재난실천은 그 현장에서의 위기 개입, 오랜 시간, 무질서한 각본, 강렬한 정서, 즉시 고정될 수 없는 상황, 때로는 정신건강 실천가들보다는 일반적 원조자들로 일하는 사람들로 구성된다. 재난에 의해 영향을 받은 사람들은 치료사와 함께한 경험이 거의 없는 것이 흔하고 더욱이 심리치료모델을 참아내지 못할 것이다. 특별한 기술, 지식, 관점, 절차를 갖추고 있는 워커와 시간적으로 적시적이고 관련 있고 적합한 서비스를 제공하는 워커가 더 효과적일 것이다.

기후변화와 극심한 해수면 상승, 인구과잉, 기술의 남용, 세계에 퍼져있는 긴장들은 개인, 지역사회, 조직들에 대한 영향을 이해하는 데 있어 사회복지의 기술을 필요로 한다. 재난과 외상 경감과 예방, 대응, 지원, 복구, 치료, 정책형성, 계획에서 더 나아간 훈련이 권장된다. 사회복지사들은 또한 이런 도전에 아주 적합한 사람들이다.

참고문헌

Addams, J. (1910). *Twenty years at Hull-House*. New York, NY: Macmillan.

American Red Cross (ARC). (2000). *Disaster mental health services: Technical update*. Washington, DC: Author.

American Red Cross (ARC). (2005). *Foundations of disaster mental health: Participant's workbook*. (ARC 3077-4A). Washington, DC: Author.

American Red Cross (ARC). (2008). Disaster services. Retrieved from http://www.redcross.org/services/disaster/.

Banerjee, M., & Gillespie, D. F. (1994). Linking disaster preparedness and organizational response effectiveness. *Journal of Community Practice, 1(3)*, 129-142.

Berliner, P., Ryan, D., & Taylor, J. (2009). Making referrals: Effective collaboration between mental health and spiritual care practitioners. In G. H. Brenner, D. Bush, & J. Moses (Eds.), *Creating spiritual and psychological resilience: Integrating care in disaster relief work* (pp.147－155). New York, NY: Routledge.

Bryant, R. A., & Litz, B. T. (2006). Intermediate interventions. In E. C. Ritchie, P. J. Watson, & M. J. Friedman. *Interventions following mass violence and disasters.* (pp.155－173). New York, NY: Guilford Press.

Caplan, G. (1964). *Principles of preventive psychiatry.* New York, NY: Basic Books.

Cronin, M., Ryan, D. M., & Brier, D. (2007). Support for staff working in disaster situations: A social work perspective. *International Social Work, 50,* 370－382.

deVries, W. M. (1996). Trauma in cultural perspective. In B. van der Kolk, A. McFarlance, & L. Weisaeth (Eds.), *Traumatic stress: The effects of overwhelming experience on mind, body and society* (pp.398－413). New York, NY: Guilford Press.

DeWolfe, D. (2000). *Training manual for mental health and human service workers in major disaster.* (2nd ed.: DHHS Publication No. ADM 90－538). Washington, DC: Department of Health and Human Services.

Everly, G., Hamilton, S. E., Tyiska, C. G., & Ellers, K. (2008). Mental health response in disaster: Consensus recommendations. *Aggression and Violent Behavior, 13,* 407－412.

Everly, G. S., Jr., & Langlieb, A. (2003). The evolving nature of disaster mental health services. *International Journal of Emergency Mental Health, 5,* 113－119.

Everly, G., & Mitchell, J. T. (1999). *Critical Incident Stress Management (CIMSM): A new era and standard of care in crisis intervention* (2nd ed). Elliott City, MD: Chevron.

Faberow, N. L., & Frederick, C. J. (1978). *Training manual for human service workers in major disasters.* Rockville, MD: National Institute of Mental

Health.

Flannery, R. B., Jr. (2001). Assaulted staff action program (ASAP): Ten years of empirical support for Critical Incident Stress Management (CISM). *International Journal of Emergency Mental Health, 3*, 5－10.

Flannery, R., & Everly, G. (2000). Crisis intervention: A review. International Journal of Emergency Mental Health, 2(2), 119－125.

Fothergill, A., Maestas, E., & Darlington, J. D. (1999). Race, ethnicity and disasters in the United States: A review of the literature. *Disasters, 23(2)*, 156－173.

Haplern, J., & Tramontin, M. (2007). *Disaster mental health: Theory and practice*. Belmont, CA: Brooks/Cole.

Hernadez, M., & Isaacs, M. (1998). *Promoting cultural competence in children's mental health services*. Baltimore, MD: Paul H. Brookes.

Herrmann, J. (2005). *Disaster mental health: A critical response*. Rochester, NY: University of Rochester.

Hobfoll, S, E., Watson, P., Bell, C. C., Bryant, R. A., Brymer, M. J., Friedman, M. J., Ursano, J. R. (2007). Five essential elements of immediate and mid－term mass trauma intervention: Empirical evidence. *Psychiatry, 70(4)*, 283－315.

International Federation of Social Workers. (2000). *Definition of social work*. Retrieved from http://www.ifsw.org.

Kardiner, A., & Spiegel, H. (1947). *War, stress, and neurotic illness*. New York, NY: Hoeber.

Lindemann, E. (1994). Symptomology and management of acute grief. *American Journal of Psychiatry, 101*, 141－148.

Lopez－Ibor, J. (2002). *Plenary session of the World Congress of Psychiatry*. Yokohama, Japan: World Psychiatric Association.

Myers, D. (1998). *Cultural considerations in disaster: Factors to keep in mind in working with various cultures*. [Unpublished essay].

Myers, D., & Wee, D. F. (2005). *Disaster mental health services*. New York, NY:

Brunner－Routledge.

National Institute of Mental Health. (2002). *Mental health and mass violence－Evidence based early psychological intervention for victims/survivors of mass violence: A workshop to reach consensus on best practices* (NIH Publication No. 02－5138). Washington, DC: Government Printing Office.

Paul, J., & Blum, D. (2005). Workplace disaster preparedness and response: The employee assistance program continuum of services. *International Journal of Emergency Mental Health, 7*, 169－178.

Perrin, M., DiGrande, L., Wheeler, K., Thorpe, L., Farfel, M., & Brackbill, R. (2007). Differences in PTSD prevalence and associated risk factors among World Trade Center disaster rescue and recovery workers. *American Journal of Psychiatry, 164*, 1385－1394.

Raphael, B. (2000). *Disaster mental health handbook: An educational resource for health professionals involved in disaster management*. North Sydeny, Australia: NSW Health.

Reyes, G. (2006). Psychological first aid: Principles of community－based psychological support. In G. Reyes & G. A. Jacobs (Eds.), *Handbook of international disaster psychology: Vol. 2. Practices and programs* (pp.1－12). Westport, CT: Praeger.

Richmond, M. (1969). *Friendly visiting among the poor: A handbook for charity workers*. New York, NY: Macmillan. (Original work published 1899).

Ritchie, E. C., Watson, P. J., & Friedman, M. J. (2006). Interventions following mass violence and disasters. New York, NY: Guilford Press.

Roberts, A. R. (Ed.). (2000). *Crisis intervention handbook: Assessment, treatment and research* (2nd ed.). New York, NY: Oxford University Press.

Torgusen, B. L., & Kosberg, J. I. (2006). Assisting older victims of disaster: Poles and responsibilities for social workers. *Journal of Gerontologial Social Work, 47(1/2)*, 27－44.

U.S. Department of Health and Human Services. (in press). *Disaster response and recovery: A strategic guide* (Publication No. SMA 94−3010R, rev. ed.). Rockville, MD: Author.

U.S. Department of Homeland Security. (2004). *National response plan.* Retrieved from http://www.dhs.gov.

Ursano, R., Grieger, T., & McCarroll, J. (1996). Prevention of posttraumatic stress: Consultation, training, and early treatment. In B. van der Kolk, A. McFarlane, & L, Weisaeth, *Traumatic stress: The effects of over−whelming experience on mind, body, and society* (pp.441−462). New York, NY: Guilford Press.

von Peter, S. (2009). The concept of "mental trauma" and its transcultural application. Anthropology & Medicine, 16(I), 13−25.

Waston, P. J. (2004). Behavioral health interventions following mass violence. *Traumatic Stresspoints, 18(I).*

Wessely, S., Bryant, R. A., Greenberg, N., Earnshaw, M., Sharpley, J., & Hughes, J. H. (2008). *Does psychoeducation help prevent post traumatic psycho−logical distress? Psychiatry, 71(4)*, 287−302.

Wiedemann, N. (Ed.). (2009). *Community−based psychosocial support: Participant's book*(2nd ed.). Copenhagen, Denmark: Reference Centre for Psychosocial Support, International Federation of Red Cross and Red Crescent Societies.

Zunin, L. M., & Zunin, H. (1991). *The art of condolence: What to write, what to say, what to do at a time of loss.* New York, NY: HarperCollins.

제10장 취약성과 재난 : 아동과 청소년의 발달 역량 맥락에서의 위험과 탄력성

SO'NIA GILKEY

외상후 스트레스적 사건을 경험한 후의 아동의 정신건강은 수년간 사회와 심리영역에서 다뤄온 주제였다. 특히 만약 사건과 관련된 아동의 심리적, 정서적 요구가 충분히 다루어지지 않았다면 심리적 충격은 계속 영향을 미칠 것이다. 충격적인 사건 이후의 아동들의 정신건강과 관련된 여러 증거들은 정서 및 행동장애의 출현율을 높인다는 것을 보여준다(Fazel & Strein, 2002). 현재 미국에서 발생한 허리케인 카트리나와 리타, 9/11사건 등으로 충격을 받은 아이들의 안전한 심리, 행동, 정서적 욕구를 보장하는 즉각적 정신건강차원의 대응을 강조해왔다. 만약 조사에서 이전에 외상이 있었다면 후에 오는 처참한 사건에서 즉시 심리적, 정신적 그리고 행동적인 리스크가 결과로 따라온다. 게다가 사건의 경험의 영향이 더 길수록, 사람들의 심리적, 사회적 리스크는 더 커진다(Madrid, Grant, Reilly & Redlener, 2006).

다음 장은 아동과 청년기의 취약성에 재난이 미치는 영향을 다룬다. 취약성은 재난이 어떤 수준으로 발생했을 때, 리스크에 영향을 미칠 수 있는 발달역량이 있지만, 재난이 다른 수준으로 발생했을 때, 탄력성의 속성을 보호하고 긍정적인 수용력을 보호할 수 있는 지로 개념화된다. 역량은 두 리스크를 확인하고 사회적, 정서적 그리고 인지적 단계들을 보호하는 요인으로 포함한다. 많은 아동들과 청년기의 취약성의 상태는 "많은 아동들의 삶에 만성적이고 다양하며 누적되는 것이다. 그러나 아동들은 많은 다른 방법들과 매우 다른 결과들을 대처한다"가 될 수 있다(Judge. 2005. p.150).

이 장은 "바운스 백"(bounce back)을 할 수 있는 아이들의 능력과 긍정적인 결과들을 보장하는 것을 가능하게 하는 복원력에서 발전의 보상적 측면을 탐구한다.

아동들에게 역경이 있어도 복원력이 있다는 것은, 긍정적인 발달 결과의 자질을 성취하기 위한 역동적 과정이다(Judge. 2005). 연구자들은 특수한 사회, 인지, 정서, 생리, 환경적 취약성을 가지는 아동들이 리스크를 줄이고, 역량이나 탄력성을 증진시키고 긍정적인 결과를 위한 더 많은 기회를 포함하는 발달 단계로 나아갈 수 있는 방법을 원조전문가들에게 알려줄 수 있다는 점을 인지해왔다(Glantz. Johnson. & Huffman. 2002). 이 장은 재난을 경험한 아동들과 청년들의 발달과 심리사회적인 웰빙과 관련 있는 사회복지의 역할에 대한 논의로서 결론짓는다.

유년기 발달에서 리스크로서의 취약성

아동기의 취약성은 종종 성공적인 사회와 정서적 발달을 상당히 억제하는 부정적인 사회적 속성으로 파악된다. 아동들과 10대들이 방치되거나, 성적학대, 가난, 부모님의 부재와 같은 중요한 스트레스 요인에 노출되었을 때 아동이나 10대는 특히 허리케인 Katrina나 9/11과 같은 재난에 취약해질 수 있다. 충격에 노출되었을 때, 그들의 사회, 인지, 정서적 웰빙은 이미 제 역할을 하지 못한다. 재난은 스트레스와 위험에 의한 취약성을 악화시키고 아동이나 10대를 부정적인 결과에 취약하게 만든다. 재난과 같은 외상적인 상황에서의 "바운스 백"의 능력은 긴장되고 특히 도전을 받는다. 재난과 같은 충격적인 사건을 경험한 아동과 청소년들의 경우 심리적 웰빙이 낮아질 리스크가 증가하며, 발달단계에 맞는 적절한 대응의 필요성이 무엇보다 중요하다. 요점은 재난 전, 중, 후로 취약성에 영향을 미치는 요인들을 확인하는 것이다. 즉 어린 시절의 취약성에 완충제 역할을 하기 위하여 발달상 역량의 다양한 측면에서 개입한다. 그리고 재난사건이 발생했을 때, 아동과 청소년이 기존에 갖고 있는 심리적 또는 인지적 태도를 활용한다.

취약성은 만성적인 사건으로 간주되며, 부정적인 결과들을 발전시키는 다양한 사건들을 가지고 있고, 그 부정적인 영향들이 누적되는 것으로 보인다(Judge, 2005). 그런 사건들은 인지적 지연이나 불충분함과 부정적인 사회관계들과 상호작용과 같은 빈약한 정서적인 반응을 발전시킬 수 있는 리스크의 단계를 만든다(Masten & Garmezy. 1985). 몇몇의 아이들은 바운스 백을 하는 것에 꽤 능숙한 반면에, 다른 아이들은 능숙하게 성공적이기 위해서 매우 도전적으로 그것을 찾고 현재의 심리적 자원을 조정할 것이다. 그들은 바운스 백을 하고 긍정적인 결과를 가질 수 있도록 도움을 줄 보호요인들에 대한 기회를 줄이고 복원력을 지지하는 발달역량을 관리하는데 어려움을 가질 것이다.

아동기에 재난이 미치는 영향을 이해하기 위하여 발달적 렌즈(시각)를 사용하는 것은 충격적인 사건이 만성적, 부정적, 누적된 효과를 가지는 요인들과 결합될 때, 취약성을 발달 과정의 한 부분으로 개념적으로 재구조화할 수 있는 독특한 기회를 제공한다. 리스크를 경험하는 것이 아동이나 청소년들이 반드시 부정적인 결과를 경험한다는 것을 의미하지는 않는다. 사실 그것과는 꽤 다르다. 재난을 경험한 아이들을 포함하여 높은 환경적 리스크에 있는 아이들이 긍정적인 자질을 발휘할 수 있는 능력을 가지고 있으며, 긍정적인 결과들을 지원하는 발달 역량에 의지하고 있다는 것을 시사하는 실질적인 조사가 있다(Allen, Heston, Durbin, & Pruitt, 1998; Cryder, Kilmer, Tedeschi, & Calhoun, 2006; Murray, 2006). 외상적인 상황을 겪을 때 아동 발달의 어떤 측면이 발달적 역량을 촉진하는가? 비록 그들이 특히 취약한 것이 막히는 것을 보게 되더라도, 아동들은 재난과 같은 외상적인 상황들에 어떻게 반응할 수 있는 것일까? 발달 역량이 한편으로 회복력을 촉진하는 반면에 다른 한편으로는 취약성을 만들어내는 것이 가능할까?

그 증거에서는 허리케인과 같은 외상적 사건들 이후에 나타나는 심리적, 사회적, 인지적 리스크에 아동들은 특히 취약하다는 것이 분명하다. 더욱이 장, 단기 동안 적절한 정신건강지원이 신속하지 못하고, 이용가능하지 않고, 접근가능하지 못하면, 그런 사건이 심리사회적 결과에 지속적인 영향을 미칠 수 있다. 적절한 심리적 조정 계획을 확인할 때, 아동이나 청년의 발달적 역량에 대한 복원력의 향상과 취약성의 역할을 리스크로 이해하는 것이 핵심이다(Peek, 2008; Weissbecker, Sephton, Martin, & Simpson, 2008). 이러한 전략들은 아동이나 10대들의 발달적 필요에만 반응되어서는 안 된다. 그것들은 발달적 역량에 대한 재난 등의 외상적 사건의 영향에 반응하고, 더 나아가 취약성이 빈약한 결과로 나아가는 것을 막기 위해 설계되어야만 한다. 아동이나 10대가 재난관련 스트레스에 적응하고 관리하는 법을 배웠던 것에서 복원력 전략이 다시 튀어 오르는 것을 촉진하게 하는 것이 필수적이고, 그와 동시에 재난 이후에 누적되고 "많아지는"(pile up) 추가적인 스트레스 사건들의 복잡한 현실을 다룰 수 있어야 한다.

아동의 정상발달에 재난이 미치는 영향

재난이 발생할 때, 재난이 아동들과 청소년들에게 미치는 극적인 영향은 아동의 나이, 발달수준, 지적인 능력, 개인과 가족의 지지, 동료의 지지, 성격, 대중 매체 그리고 지역사회의 대응에 분명히 영향을 받는다(Madrid et al., 2006; Mercuri & Angelique, 2004). 트라우마에 대한 단기적인 증거에는 울부짖음, 집착, 퇴행, 야뇨증, 민감, 불면증, 신체증상에 대한 호소, 사회적 철회, 악몽, 화의 분출이 포함된다(Mardrid et al., 2006). 아동들은 흔히 자신들이 안전하다는 것에 대한 재보증을 필요로 하고, 10대들은 흔히 자신들이 사건과 관련된 그들의 두려움과 감정들을 토로할 수 있는 안전한 환경을 필요로 한다.

외상적 사건에 대한 아동의 발달적 반응은 발달과 외상적인 사건이 발생하는 환경적인 맥락에 의해 중대하게 영향을 받는다는 상당한 증거들이 있다(Mohr, 2002; Murray, 2006; Zubenko, 2002). 아동과 가족의 건강에 대한 심리사회적 측면 위원회(The Committee on Phychosocial Aspects of Child and

Family Health, 1999)는 아동기 경험에 대한 자신들의 지각 이외에 아동의 인지적, 신체적, 교육적, 사회적 발달이 재난으로 인해 야기되는 정신적 외상에 대한 자신들의 반응을 결정할 것이라고 주장하고 있다. 게다가 재난 전에 아동과 그 가족의 정서적인 상태가 재난 이후 아동이 어떻게 대처할 지에 대해 배경을 제공한다고 결론을 내린다.

연구자들은 아동기와 청소년기 발달에 가장 큰 영향을 미치는 재난의 영향 중 하나가 일상생활의 붕괴와 환경에 대한 예측과 통제 능력의 상실이라는데 의견이 일치한다(Cryder et al., 2006; Gaffney, 2006; Murray, 2006). 아동들은 아마도 중요한 상실, 교육에서의 주요한 붕괴 그리고 어떤 경우에는 재난 동안 보호제공자·부모님들과의 분리를 경험할 수 있다. 이것은 다양한 행동의 중요한 단계에서 지연이나 퇴행을 초래할 수 있다. 걸음마기와 아동들은 발달상의 퇴행을 경험할 수 있고, 걸음마기는 이 발달단계에서 대상영속성에 발달적으로 의존하기 때문에, 그들은 아마도 부모님/보호자가 돌아올 것이라는 인식과 더불어 도움을 필요로 할 것이다(Committee on Phychosocial Aspects of Child and Family Health, 1999; Murray, 2006). 게다가, 아동들과 10대들은 성문란행동과 약물사용 등의 특히 위험한 행동에의 참가하는 것과 같은 지속하는 행동의 문제들, 예전에 즐기던 활동들의 회피, 그리고 사회화의 변화를 보일 수 있다(Aptekar & Boore, 1990; Cryder et al., 2006; Garmezy & Masten, 1994; Madrid et al., 2006; Libit, Rovine, Defrancisci, & Eth, 2003).

만약 괴로워하는 가족들이나 지역사회에서의 생활, 부족한 학업의 수행, 내지 적절한 또래 관계 형성의 어려움과 같은 맥락적의 요인에 이미 취약성이 존재한다면, 다양한 발달 단계들에서 인지적, 정서적 그리고 사회적 역량들은 상당히 약화될 수 있다. 게다가 재난은 아동들의 역량에 부정적으로 영향을 미칠 수 있고, 이미 그들의 자연스러운 환경에서 다양한 리스크에 취약한 아동들과 10대의 위험을 증가하는 주요 결정요인이 될 수 있다. 재난의 특성·영향에 따라서는, 성인들의 재난경험에 비해 아동들은 외상 후 스트레스 장애(PTSD)로 진행할 위험이 더 높은 것을 경험할 수 있다

(Fletcher, 1996). 그리고 더 낮은 사회경제적 배경 출신의 그런 아동들에 대해서는 재난의 결과로 인한 심리사회적 스트레스 요인은 수년에 걸쳐 증가하고 계속될 수 있다(Madrid et al., 2006).

재난 이후에 증가된 리스크와 연관된 부족한 결과들에는 약물 남용, 알코올중독, 고등학교 중퇴, 우울증, 불안관련 장애, 외상후 스트레스 장애, 사회적응의 결여, 장기간의 이전배치, 학업성취의 부족이 포함된다(Fazel & Stein, 2002; Madrid et al., 2006; Mercuri & Angelique, 2004). 이러한 결과들의 각각은 사회적, 정서적, 인지적 발달의 영역에서 적절한 발달 역량의 성취는, 특히 만약 아동이나 10대의 재난 이전의 그런 결과에 취약성이 있다면, 발달이 일어나기 쉽지 않을 것이라고 주장한다.

몇몇 연구들에 의하면 만약 때를 맞춘 방식으로 규명되지 않는다면 재난 이후에 리스크 요인의 수가 다양한 발달의 단계에서 축적된다고 한다. 그 리스크의 영향은 누적되고 긴 기간에 걸쳐서 부족한 정신 건강을 초래할 중요한 리스크에 아동을 두게 된다(Garmezy & Masten, 1994; Ruttr, 1997; Werner & Smith, 1982). 이 저자는 누적되는 리스크를 “쌓이는 영향들”(pile on effects)로 정의한다. 왜냐하면 시간이 지나면서 재난의 부정적인 영향이 쌓이고, 아동이나 10대의 발달 역량에 더 많은 도전을 던져주고, 그것은 결국 긴 기간이 지난 후에 더 부정적인 결과를 초래할 수 있다. 그 효과는 누군가가 아무 도움도 없이 계속해서 추가적인 나쁜 사건들이 쌓이고 있는 것처럼 느껴질 수 있다. 계속되고 지속하는 이전배치와 같은 이슈, 재난 후 수개월 동안 가족, 친구들 내지 애완동물의 분실, 다중적 학교 변동, 지역사회 폭력의 증가, 별거나 이혼과 같은 가족의 변화, 그리고 학업수행의 저하를 초래하는 더 어려워진 학업의 환경은 모든 것이 기존의 발달 역량들에 추가적인 부담으로 느껴질 수 있다. 그것은 마치 빈약한 발달결과의 리스크를 추가하도록 초래하여, 재난이 추가적인 스트레스 요인을 계속하여 쌓아가는 것처럼 보인다. 아동이나 10대들은 나쁜 상황들이 절대 끝나지 않을 것이라고 느낄 수 있다. 그들은 무력감 내지 무망감을 경험할 지도 모르지만, 다시 충분하고 적절한 지지가 주어지면 심지어 누적 효과들도 규명될 수 있고, 아동이나 10대는 여전히 긍정적인 결과들을 가질 수 있다.

사실, 아동들과 10대들은 충분히 탄력적이 될 수 있다. Wheeler(2006)은 아동들은 종종 기존의 신용도보다 그들의 변화에 더 유연하고, 만약 기본 욕구와 양육이 충족될 수 있다면 그들은 충분히 잘 적응할 수 있다고 주장한다. 적절하게 이루어진 발달 역량들과 같은 탄력적인 메카니즘은 다양한 리스크로부터 아이들을 보호할 수 있다. 그 리스크에는 그들의 심리사회적 웰빙에 재난의 영향도 포함된다. 만약 발달상의 욕구가 적절하게 파악되고 충분히 반응된다면, 취약성이나 리스크가 심리사회적 기능의 악화를 반드시 의미하지는 않을 것이다(Murray, 2006; Wheeler, 2006).

재난 후 발달 역량과 개입 접근법 : 아동들과 10대들의 사례연구

아동들

사회복지사들과 다른 정신건강 전문들은 재난 후 아동들과 10대들을 위한 정신건강 대응의 커다란 부분으로 여겨진다. 여기에는 복원력과 다른 긍정적인 결과를 고취하기 위해 가족 체계 내에서 충분한 심리사회적인 복지를 진작하는 것을 포함한다. 재난사건 이후, 사회복지사들은 다양한 발달 단계에서 여러 가지 이슈에 개입하고자 하는 그들 자신들을 발견할 것이다. 다양한 이유에는 화, 타인과의 싸움이나 위협, 낙제, 부모(들)의 부재, 혹은 재난사건 후 오랜 기간 혼잡한 상황에서의 생활하는 문제들이 포함된다. 아동들은 흔히 압도적인 불안, 안정성의 부족으로 인한 공포 그리고 지속되는 가정의 불안정의 결과로 새로운 지역사회 혹은 사회와 학업 환경에의 적응에서 사회적 좌절에 직면한다. 부모들은 높은 수준의 스트레스를 경험하고 정신적으로 압도당하는 느낌을 가질 수 있다. 이는 결국 아동들이 그들과 그들의 가족에게 어떤 일이 일어날 것인지를 걱정하는 것과 관련된 높은 수준의 스트레스를 경험하게 할 수 있다.

사례 예시 1

다음의 사례 예시에서는 계속 진행 중인 주택문제가 일상이 된 5인 가족이 있는 상황에서 특히 어린 아동들에 대한 가족의 불안정성의 영향을 설명한다. 아동들의 나이는 4세에서 6세이며, 허리케인 카트리나 이후에 그들의 집을 잃어, 지난해 동안 트레일러 지역사회에서 살아오고 있다. 아동들은 친구들을 사귀었으며, 안전함을 느끼고, 그들의 새로운 지역사회를 진정으로 즐겼다. 그들은 학기가 끝나는 즈음이었고, 여름이 끝날 때까지는 이사를 해야 하고, 게다가 그들이 트레일러에서 내쫓기고 난 후 살 공간이 있을지 부모들이 확신할 수 없다는 말을 부모로부터 들었다. 아동들은 노숙자가 된다는 것과 관련하여 많은 불안의 느끼고 있다는 것을 사회복지사에게 보고한다. 그들은 재난의 결과로 트레일러 지역사회로 이사하기 앞서 3개월 동안 노숙을 했으며, 그들의 주택을 찾기 이전의 그들이 살았던 노숙자쉼터를 싫어한다고 말했다. 아동들은 두려움, 혼란스러움, 슬픔을 느끼며, 그들과 그들의 가족에게 생기는 일들을 통제할 수 없다는 것을 느낀다고 말했다. 그들은 그들의 친구들을 떠나야 하고, 새로운 친구를 사귀어야 하고, 그리고 그들의 새 지역사회에서 즐길 수 있었던 것을 즐길 수 없다는 것에 대해 매우 걱정하였다. 이러한 모든 걱정들은 여름캠프에서 아동들이 감정폭발 행동을 하고, 동료와 싸우게 만들고, 더 최근까지 5~6세의 아이가 자다가 오줌을 싸는 결과로 나타났다.

개입들

이 상황에서 적당한 개입으로는 각 아동의 불안, 화, 두려움, 적응, 융통성에 관련된 문제에 대해 각 아동들을 대상으로 개인상담을 하는 것이 포함될 것이다. 만약 아동들이 자신들에게 일어나는 일에 대해 통제력을 전혀 갖지 못한다고 느낀다면, 아동들은 그들의 환경을 이해할 필요가 있다. 문제해결, 긍정적인 활동참여, 유용한 적응전략학습과 같은 발달기술들에 관해 아동들에게 개입한다면, 아동들이 자신에게 발생할 일에 대한 통제력을 가질 수 있게 도와주며, 가족들이 계속적인 변화를 겪는다 할지라도 아동들이 변화에 적응하고, 아동들이 긍정적인 활동을 파악할 수 있는 능력을 길러줄 수 있다. 사회복지사는 본질적으로 사회적·정서적 능력의 향상을 촉진하는 심리사회적 개입을 공급한다.

청소년들

청소년들은 비슷한 심리사회적 스트레스를 경험할 수 있다. 이 나이대의 심리적 반응들에는 종종 위험한 행동들로 나타난다. 적합한 개입이 이루어지지 않았을 경우, 가령 마약 사용이나 난잡한 행동, 또래 상호작용과 관계의 결여, 빈약한 가족지지, 계속 이어지는 가족 내의 불안정성, 장기적인 부정적 결과들이 나타날 수 있다. 가족, 친구들, 재산, 사회적 자원들이 고도로 널리 퍼져있는 재난적 상황의 경우에서, 많은 청소년들이 부모의 경제적 혹은 정서적 지원도 거의 없이 그들은 고모와 사촌과 같은 가족의 구성원과 함께 살고있는 자기 모습을 발견할 것이다. 그들은 더 이상 그들의 친구들과 접촉기회가 없고, 발달상으로 자신들의 정체감과 세계관을 만드는데 도움이 되는 그런 요소들이 더 이상 동일하지 않다. 10대들은 분노, 고립감, 혼란스러움, 그리고 그들에게 앞으로 일들이 결코 나아지지 못할 것이라는 무망감도 느낄 수 있다.

사례 예시 2

사례 예시 2는 재난 이후에 10대들이 직면하게 되는 공통된 도전들을 강조하고 있다. Kyle은 한 동네에서 일생을 보내왔던 15세의 아프리카계 미국 소년이다. 그는 자기 지역사회를 강타하고 Kyle의 집, 학교, 전체 지역사회를 포함하여 모든 것을 파괴시킨 참혹한 허리케인이 오기 6주 전에 막 10학년을 시작하였다. 허리케인 이전에, Kyle은 사회적, 정서적, 학업적 지지의 수단으로 오직 가족, 친구, 선생님들께만 의지했다. Kyle은 풋볼을 했고, 그가 금년에 팀 주전의 일원으로 시작한다는 것이 매우 행복했다. Kyle은 태풍 이전에는 그저 평범한 학생이었다. 그는 10학년 수업들의 힘든 요구들을 관리하는데 약간의 어려움을 겪어왔지만, 기하학과 문학입문에 있어 선생님이 그를 돕기 위해 함께 해왔다. Kyle은 그의 또래들에 의해서 매우 사랑을 받았고 그의 삶에 매우 행복해 보였다. 허리케인 이후에, Kyle의 가족은 Kyle이 예전에 살았던 지역사회에서 300마일 떨어진 새로운 도시로 이사를 해야만 했다. Kyle은 학업적으로 앞서있고 새로운 학생을 잘 챙기지 않는 새로운 고등학교로 입학해야만 했다. Kyle은 그의 새로운 동네에서 친구들을 사귀어야 했고 종종 학교와 통학 버스 안에서 싸움에 휘말렸다. Kyle은 그의 새 학교를 다니는 이후에 3번을 유예했다. Kyle은 허리케인 이전의 학교에서는 문제행동은 전혀 없었다. 이웃들은 Kyle이 이웃에 있는 비행을 하는 아이들과 어울려 마리화나를 피우는 것을 목격했음을 알렸고, 부모님들은 Kyle의 가족과 격리된 행동, 학교에의 결석, 예측할 수 없는 기분변화들이 중요한 문제가 된다고 염려하고 있다. 부모님들은 Kyle이 그의 새로운 삶에 적응하도록 어떻게 도울 수 있는지 확신하지 못했다. 그 가족들이 그들이 이전에 살던 도시로 돌아갈 가능성은 사실상 없다. Kyle은 그의 새로운 학교와 이웃들을 싫어하고 그는 모두가 그를 좋아해줬고 그가 잘했던 학교인 그의 예전 마을로 돌아가기를 간절히 바란다고 말한다. Kyle은 그의 옛 마을에 돌아갈 수 없다는 생각에 좌절감을 느끼고, 그의 오래된 지역사회의 친구들과 가족들의 상실을 비통해하고, 그의 분노와 다른 압박의 감정들을 다루는데 어려움을 가지고 있고, 또래들과의 갈등을 처리하는데 어려움을 가지고 있다.

개입들

10대들을 돕는 일을 할 때, 개입은 사회적, 인지적, 정서적 유능성을 진작시키고 재난으로부터 10대들을 보호할 수 있는 탄력성의 자질의 양육을 촉진시키는 긍정적인 개인적 자질을 확인 내지 개발하는데 초점을 두는 것이 절대적으로 해야 하는 일이다. Buffalo Creek재난의 정서적, 사회적 영향을 겪어온 많은 10대들처럼(Newmn, 1976), 복원력을 만들고, 사회적응뿐만 아니라 대처 기술, 문제 해결, 갈등 해결 능력을 증진시키기 위해 10대들과의 실천은 이 연령 집단을 위한 재난대응개입과정의 모든 부분에 해당된다.

만약 적절한 중재가 사용되지 않으면, 이 연령 집단의 심리사회적 웰빙은 상당히 타협될 수 있다. 10대들의 삶에 있는 재난들의 효과를 다루는 동안 그들이 정상적인 청소년 발달을 통해 노력할 때, 자기존중감과 변화에 대한 적응 숙달의 향상은 청소년들이 필요로 하는 핵심적인 개입 전략이다.

사회적 · 정서적인 유능성 : 문제해결의 틀을 활용하여

앞 부분에서 강조하였던 두 사례 예시 모두 재난 사건을 겪은 후 아동이나 10대 청소년들이 직면하게 되는 많은 변화에 대해 성공적인 조정을 촉진할 수 있도록 아동의 심리사회적 웰빙이 양육되고 보호될 수 있다는 문제 해결의 틀에서 그것들을 빌려오고 있다. 재난 이후에 복원력을 촉진하고 긍정적인 발달적 역량을 지지하기 위해 아동들과 10대들을 대상으로 일을 할 때, 개정된 문제해결 접근법은 비슷한 문제가 발생할 때 사회적 맥락 속에서 특별한 문제를 다루는 것뿐만 아니라 아동이나 10대의 사회적·정서적 유능성을 증진시키는 단계적의 과정에 다가가도록 아동과 10대를 도울 수 있다. 다음의 개입 기법이 재난 이후의 맥락에서 수정된 문제해결대응으로 제시되며, 거기서 사회적·정서적 유능성의 향상이 가능할 수 있다. 제시된 수정된 문제해결의 전략에는 다음의 것들이 포함된다:

문제를 확인하라(Identify). 무엇이 재난 이후에 경험될 수 있는 주된 문제인가? 예를 들어, 아동은 재난 이전에는 사회 기술이 부족하였고, 재난사건 이후로 계속해서 내성적이 된다. 아동은 처참한 사건의 결과로 인해 새로운 학교 환경에서 새로운 친구를 사귀는 것에 어려움을 느끼고 낮은 자긍심을 갖고있다고 표현한다. 아동이 분명하게 무엇이 그나 그녀의 처참한 사건에 관련된 경험의 문제인지 파악할 수 있도록 돕는 것이 문제를 어떻게 가장 잘 다룰 수 있는가를 결정할 때 시작할 수 있는 최고의 첫 선택이다.

문제에 의해 누가(WHO) 영향을 받았는지 논의하라. 예를 들어, 아동 혹은 10대는 그나 그녀가 친구를 사귀는 것에 어려움을 갖고 있고, 자아존중감이 낮은 것에 문제가 있다고 말한다. 아동이나 10대와의 대화들에서, 당신은 아동이나 10대가 지속적으로 싸움에 들고, 혹은 그들의 또래들과 논쟁을 하기 때문에, 교실 안에서 다른 사람들이 아동이나 10대가 친구들을 사귀지 못하는 무능력에 의해서 영향을 받고 있는 것을 발견한다. 아동이나 10대는 자기가 알고있는 사람이 아무도 없는 학교로 가야하는 것과 그들이 친구들을 사귀는데 도움을 주지 못할 정도의 빈약한 사회 기술들(발달적으로 부족한 사회적 유능성)을 가짐으로써 부정적으로 영향을 받는다. 아동이나 청소년의 자긍심의 결핍은 그들이 또래집단과의 문제를 추가한다. 다른 아이는 아마도 그 아동이나 10대와 친구가 되기 힘들다는 것을 알게 될 것이다. 왜냐하면 그들은 사회 기술이 부족하고 사회적 상황들에서 적절하게 반응할 수 없기 때문이다. 그 아동이나 10대들을 대상으로 사회적 역량의 향상을 발전시키도록 실천하는 것이 열쇠이다. 또래 단체들의 구성원이 자신들의 환경 속에서 새로운 사람들에게 적응하는 방법을 배우도록 돕기 위해 그들과 함께 실천하는 것이 또한 그런 상황을 개선하는 핵심이다.

아동이나 청소년이 과거에 문제들을 어떻게 다루었는지에 대한 자유롭게 생각을 토로하고(Brainstorm), 현재의 상황을 취급할 수 있는 가능한 방법들을 열거하라. 예를 들어, 아동 혹은 10대가 친구들을 사귈 때 어려움을 가졌고 그래서 작업하지 못했던 일에 대해 목록을 만들 수 있을 때, 시작하기 좋은 지점은 그들이 과거에 노력했었던 일들에 대해 아동이나 10대와 함께 목록을 만드는 것이다. 이 활동 뒤에는, 현재 상황에서 실행하게 될 별개의 목록을 만드는 것이 특히 유용하다. 아동이나 10대는 사회적 상호작용을 개선할 수 있는 방법뿐만 아니라 사회적 상호작용의 문제 영역(사회적 유능성)을 자유롭게 생각하고 말할 수 있다. 아동이나 10대가 좋은, 나쁜 속성으로 파악하는 것, 그들이 좋아하고, 싫어하는 것을 자유롭게 생각하고 말하는 것이 중요하다. 친구들을 사귀는 데 있어 이런 속성들이 유익하다거나 유익하지 못한 것으로 연결하는 것이 필수적이다. 아동이나 10대가 장점이나 개인적 자질을 잘 파악할 수 있도록 돕는 것은 사회적 유능성을 향상시키고 정서적인 자기긍지를 강화할 수 있다.

문제를 다루는 방법들을 자유롭게 아이디어를 토로하는 것과 어떤 장점이나 개인적 자질을 높일 수 있는 가능한 방법을 연결시키는 것은 아동이나 10대가 기존의 개인적인 자원에 접근할 수 있게 해준다. 그것은 그나 그녀가 사회적 상호작용의 향상을 위한 기회를 높이기 위해 사용될 수 있는 잠재적인 사회적·정서적 자원을 파악할 수 있도록 돕는다.

어떻게 문제를 다룰 것인지를 단계적으로 계획하라(Plan). 예를 들어, 일단 또래 집단과의 상호작용의 부족이 확인되면, 토의된 문제를 다룰 수 있는 가능한 방법들은 아동이나 10대가 문제를 다룰 단계적인 과정을 고안하는 것을 돕는다. 이 단계적인 과정에는 ① 아동이나 10대가 수행되어야 할 행동들 ② 사회복지사나 정신건강 전문들이 수행해야 할 행동들 ③ 실행과 관련된 목표들 ④ 그것이 실행되어 온 계획에 대한 점검과 평가가 포함되어야만 한다. 그리고 아동과 10대에게는 계획을 간단하게 유지하고 그나 그녀가 합리적으로는 수행할 수 있는 일이 현재의 사회적·정서적 유능성의 수준에 맞게 유지하라. 다음의 것들은 목표의 수립, 과업 할당, 점검, 평가에 관한 추가적인 세부사항을 제공한다:

- 목표들은 아동이나 10대들이 성취할 수 있을 정도로 수립되고 타당해야 한다. 예를 들어, 아동이나 10대가 2주에 걸쳐서 새로운 친구 한명을 사귀는 것이 목표가 될 수 있다. 목표시트를 만드는 것이 종종 유용하다. 거기에는 목표가 명확하게 진술되고, 목표와 관련된 과업이 강조되고, 그런 것이 일어날 때, 성취된 목표에 대한 승인이 있을 것이다. 쉬운 목표로 시작하여, 아동이나 10대가 준비되었을 때 좀 더 어려운 목표에 도전하는 당신 방식을 실천할 것을 기억해 두라.
- 확인된 목표들을 수행하는데 요구되는 어떤 과업을 누가 수행할 지를 결정하는 그런 과업을 할당하라. 예를 들어, 학교에서 다음주까지, 아동이나 10대는 그들과 농구를 하거나 그들과 점심시간에 같이 앉아 먹을 2명의 교실 친구를 요청할 것이다. 다음 두 학기 동안, 사회복지사는 운동장이나 학교 식당과 같은 사회적 상황들을 역할놀이를 해야 할 것이고, 아동이나 10대는 그나 그녀가 만약 또래들이 흥미로워 하지 않는 경우 무엇을 말하고 무엇을 하며, 어떻게 그나 그녀가 또래들에게 접근할지 연습할 수 있다. 사회복지사나 상담자는 또한

어떠한 사회적 상호작용이 가능한 적절한 주제들을 고심하여 그들의 또래들이 사회 기술집단에 관여시킬 것이다.

- 아동이나 10대가 어떻게 시간 안에 다른 지점에서 그 계획이 얼마나 잘 작용하는지를 알 수 있도록 점검 계획을 고안하라. 예를 들어, 아동이나 10대와의 각각의 미팅에서, 어떻게 일들이 진행되는지 토론하라. 부모님들이나 선생님들도 아마 이 논의에 포함될 것이다. 얼마나 아동이나 10대가 계획을 진행하는지에 따라서, 새로운 목표로 실천하거나 기존 목표(들)과 할당된 과업을 조정할 수 있도록 그 계획이 수정될 수 있다.
- 무슨 일(들) 혹은 실행 활동들이 확인된 목표(들)를 완수하는데 효과가 있는지와 어디에 변화들이 필요할지를 평가해라. 목표의 시점의 마지막에 성취를 확인하고 새로운 목표를 설정하라. 만약 문제가 계속되고 있다면, 상이한 실행 단계와 과업할당을 담은 새로운 계획을 재협상하는 것이 필요하다. 올바른 전략이 실행되었다면, 그 아동이나 10대는 사회적 유능성의 향상을 경험할 뿐만 아니라 향상된 자긍심(정서적 유능성) 또한 경험할 것이다. 왜냐하면 그들은 친구를 사귀는데 성공할 수 있기 때문이다.

문제해결개입 전략은 재난 이후에 아동들이나 10대들을 더 효과적으로 대처하도록 돕는데 꽤 유용할 수 있다. 다른 개입 전략들에는 트라우마중심 개입법들, 가족중심 개입법들, 지역사회중심 개입들, 집단사회사업, 위기상담, 단기 해결중심치료, 인지행동 개입법들, 다체계 치료라고 이름을 붙일 수 있는 개입법들이 포함될 것이다. 개입 접근법들은 아동이나 청소년들의 욕구에 기반해야 되는데, 여기에는 개입들이 사회적, 정서적, 인지적 역량과 관련되기 때문에 발달상의 역량이 포함된다. 아동과 청소년을 위한 적합한 개입전략의 경우 하나만이 모두에 맞을 수는 없다. 그러나 다른 접근법뿐만 아니라 앞서 언급한 개입 접근들은 아동들과 10대들이 외상적 사건이 발생할 때에 대처 능력의 향상을 돕는데 효과가 있어왔다.

사회복지교육과 실천에 대한 함의

아동들과 10대들이 그들의 삶에서 재난의 영향을 다룰 때 직면하는 많은 도전에도 불구하고, 그들은 눈에 띄게 복원이 빠르다. 아동뿐만 아니라 가족과 지역사회의 요구를 전하는 것은 재난의 부정적 영향에도 불구하고 아동이나 10대들의 능력이 복원성이 높아지는데 중요한 역할을 한다. 재난이 부여하는 가장 큰 도전 중 하나는 그나 그녀의 새로운 환경을 긍정적이고 즐거운 변화를 가져올 수 있는 새로운 가능성 중의 하나로 초점을 맞출 수 있는 아동과 10대의 능력을 촉진시키는 개입을 자주 실행하고 있다는 것이다.

사회복지교육은 재난 후에 유능하고, 유식하며, 인도적인 방법으로 대응하는데 요구되는 필수적인 능력을 갖춘 정신건강 내지 사회복지 전문가를 준비하는데 중심적인 역할을 수행할 수 있다. 게다가 사회복지교육은 재해 대응과 복구에 종사하는 다른 학문들이 아동들과 청소년들의 발달 역량에 재난이 미칠 수 있는 영향을 더 잘 이해시키고, 그들의 발달상의 욕구에 부응할 수 있는 최고의 실천을 이해하도록 돕는 최전선에 설 수 있는 능력을 가진다. 소아과 의사들, 보건의료 종사자들, 교사들과 같은 집단과, 지역사회 프로그램들은 어떻게 재해 후 아동들과 10대들의 발달상의 요구에 공감적이고, 전체론적인 방법으로 반응할 것인가를 더 잘 이해하도록 돕는데 요구되는 필요 지식과 기술들에 굶주려 있다(Committee on Psychological Aspects of Child and Family Health, 1999). 사회복지교육은 다음의 기술들을 가르침으로써, 재해 대응을 준비시키는데서 주도할 수 있다.

- 위기 평가(개인과 가족)
- 신속한 대응 평가(지역사회의 재난 전 욕구사정/재난 후 욕구사정)
- 재난의 맥락 속에서 위기 상담
- 복원력 강화 기법들과 개입들(개인, 가족, 지역사회)
- 재난 여파의 피해 감소
- 회복에 대한 다중 시스템적 접근(개인, 가족, 지역사회, 정부 체계를 참여시키는 개입 전략)

이것들은 단지 사회복지교육이 사회복지학문 공동체뿐만 아니라 재해 대비와 대응 부대에서 일하는 사람들에게도 제공하기 위해 준비한 지식과 기술들의 일부분일 뿐이다.

사회복지실천은 환경 속의 개인뿐만 아니라 가족과 지역사회 중심의 개입을 지원하기 위해 고안된 전략들을 요구하는 가족 및 지역사회의 강점들에 집중하고 있는 개입 틀을 갖는 것의 중요성을 인식하기 시작했다. 이러한 초점 변화는 아동과 10대가 그들의 개인적 복원력 속성에 접근할 뿐만 아니라 미래의 재앙적 사건이 일어날 때 적응할 수 있도록 하는 그들이 발달적으로 유능해질 수 있게 만드는 가족과 지역사회의 장점을 파악하고 포섭할 수 있게까지 할 기회들을 또렷하게 요청한다(Aptekar & Boore, 1990). 시작하기 좋은 곳은 ① 가족 관계를 온전하게 유지하기 위한 개입의 이용 ② 지금 여기에 그리고 미래 가능성에 대한 집중 ③ 학교, 직장, 이웃들을 포함한 다른 환경에서 새롭고 건강한 관계의 조장 ④ 변화가 일어날 때 어떻게 적응하고 조정하는지에 대해 아동들과 10대들에게 가르침 ⑤ 재난 사건이 일어날 수 있으며 꽤 충격적일 수 있지만 시간이 지나면 나아질 것을 인정하는 것이다(Grotberg, 2001).

많은 질문들이 아동들과 10대들과의 재난정신건강 대응에 종사하고 있는 사람들에게 하나의 도전으로 여전히 남아있다. 복원력은 재난 전에 위험하고 부족한 발달적 결과들에 취약한 사람들에게서 어떻게 키워질 수 있을까? 재난 대응 작업이 재난 이후에 아동이나 10대의 발달 유능성을 지원하고 격려할 수 있는 가족과 지역사회의 역량에 어떤 영향을 미치는가? 어떤 기술들, 전략들 내지 개입이 재난에 의해 생겨나는 아동들과 10대들의 발달상의 욕구를 가장 잘 충족하는가? 취약성은 재난 후에 복원력을 억제하는가, 만약 그렇다면, 우리는 그것에 대하여 무엇을 해야 하는가? 이러한 질문들을 하고 해결책을 제기하다 보면, 만약 다음 재난이 일어나면 우리를 보다 가능한 한 반응적이 되도록 준비시키는 데 도움을 준다.

아동들과 10대들이 그들의 아동기와 청소년기의 시기들을 통해 자신들의 능력들은 엄청날 수 있고, 아동이나 10대의 발달적으로 중요한 단계를 쉽게 달성하는 연속체를 따라 진보할 수 있다. 재난은 그들의 능력에 대해 위협을 제기할 수 있지만 멈춤 신호가 되지는 않는다. 아동들과 10대들은 자신들의 발달적 진보를 복구하고 성공적이고 강한 웰빙과 자기효능감을 갖고서 계속할 수 있다. 그것은 재난 대응 속에서 사람들을 책임질 것이고, 심지어 재난 이후 발달적 유능성을 촉진하고 아동들과 10대들에 대한 재난의 영향에 대한 우리의 이해를 향상시키는 개입 혹은 프로그램을 만들어낼 수 있는 지식과 기술로 무장한 일반주의 사회복지사가 될 것이다.

참고문헌

Allen, J. R., Heston, J., Durbin, C., & Pruitt, D. B. (1998). Stressors and develop-ment: A reciprocal relationship. *Child and Adolescent Psychiatric Clinics in North America, 7(1)*, 1-14.

Aptekar, L., & Boore, J. A. (1990). The emotional effects of disaster on children: A review of the literature. *International Journal of Mental Health, 19(2)*, 77-90.

Committee on Psychosocial Aspects of Child and Family Health. (1999). *How pediatricians can respond to the psychosocial implications of disaster. Pediatrics, 103(2)*, 521-521.

Cyder, C. H., Kilmer, R.P., Tedeschi, R.G., & Calhoun, L.G. (2006). An exploratory study of posttraumatic growth in children following a natural disaster. *American Journal of Orthopsychiatry, 76(1)*, 65-79.

Fazel, M., & Stein, A. (2002). The mental health of refugee children. *Archives of Disease in Childhood, 87*, 366-370.

Fletcher, K. E. (1996). Childhood posttraumatic stress disorder. In E. J. Mash, R. A. Barkley (Eds.), *Child psychopathology* (pp.242-276). New York, NY: Guilford Press.

Gaffney, D. A. (2006). The aftermath of disaster: Children in crisis. *Journal of*

Clinical Psychology, 62, 1001–1016.

Garmezy, N., & Masten, A. S. (1994). Chronic adversities. In M. Rutter, L. Herzov, & E. Taylor (Eds.), *Child and Adolescent Psychiatry* (3rd ed.: pp.191–208). Oxford, UK: Blackwell.

Glantz, M. D., Johnson, J., & Huffman, L. (2002). *Resilience and development: Positive life adaptations*. New York, NY: Kluwer Academic Press.

Grotberg, E. H. (2001). Resilience programs for children in disaster. *Ambulatory Child Health, 7(2)*, 75–83.

Judge, S. (2005). Resilient and vulnerable at–risk children: Protective factors affecting early school competence. *Journal of Children & Poverty, 11(2)*, 149–168.

Lubit, R., Rovine, D., Defrancisci, L., & Eth, S. (2003). Impact of trauma on children. *Journal of Psychiatric Practice, 9(2)*, 128–138.

Madrid, P. A., Grant, R., Reilly, M. J., & Redlener, N. B. (2006). Challenges in meeting immediate emotional needs: Short–term impact of a major disaster on children's mental health: Building resiliency in the aftermath of Hurricane Katrina. *Pediatrics, 117*, 448–453.

Masten, S., & Garmezy, N. (1985). Risk, vulnerability and protective factors in developmental psychopathology. *Advances in Clinical Child Psychology, 8*, 1–52.

Mercuri, A., & Angelique, H. (2004). Children's responses to natural, techno–logical, and na–tech disasters. *Community Mental Health Journal, 40(2)*, 167–175.

Mohr, W. (2002). Understanding children in crisis: The developmental ecological framework. In W. N. Zubenko & J. A. Capozzoli (Eds.), *Children and disasters: A practical guide to healing and recovery* (pp.72–84). New York, NY: Oxford University Press.

Murray, J. S. (2006). Understanding the effects of disaster on children: A developmental–ecological approach to scientific inquiry. *Scientific Inquiry, 11(3)*, 199–202.

Newman, J. C. (1976). Children of disaster: Clinical observations at Buffalo Creek. *American Journal of Psychiatry, 133(3)*, 306–312.

Peek, L. (2008). Children and disasters: Understanding vulnerability, developing capacities, and promoting resilience–An introduction. *Children, youth and environments, 18(1)*, 1–29.

Rutter, M. (1997). Psychosocial resilience and protective mechanisms. American Journal of Orthopsychiatry, 57(3), 316–337.

Weissbecker, I., Sephton, S. E., Martin, M. B., & Simpson, D. M. (2008). Psychological and physiological correlates of stress in children exposed to disaster: Current research and recommendations for intervention. *Children, youth and environments, 18(1)*, 30–70.

Werner, E. E., & Smith, R. S. (1982). *Vulnerable but invincible: A longitudinal study of resilient children and youth.* New York, NY: McGraw–Hill.

Zubenko, W. (2002). Developmental issues in stress and crisis. In W. N. Zubenko & J. A. Capozzoli (Eds.), *Children and disasters: A practical guide to healing and recovery* (pp.85–100). New York, NY: Oxford University Press.

제11장 2008년 중국 문천(汶川, 웬촨) 대지진 : 재난개입에서 사회복지사의 역할에 대한 반성

TERRY LUM, XIYING WANG, AND KOFI DANSO

아시아는 세계에서 자연 재난으로 가장 위험하고 취약한 지대들 중 하나로 자리매김 되고 있다. 사실 세계 재난의 절반 이상이 아시아와 태평양 지역에서 발생했다(United Nations Inter-Agency Secretariat of the International Strategy for Disaster Reduction [UN/ISDR] Asia & Pacific, 2008). 2006에는 자연재난으로 사망한 모든 사람들의 59%, 전체 영향을 받은 사람들의 89%, 그리고 전 세계 총 경제적 손실의 71%가 아시아에서 발생했다(Sanker, Nakano, & Shiomi, 2007). 중국은 혼자서만 2006년에, 8천 8백만 명의 희생자와 함께 38개의 자연재해를 보도했는데, 이는 135억 달러 상당의 경제적 손실을 가져 온 세계에서 가장 많이 보도된 사건이었다(Hoyois, Scheurin, Below, & Guha-Sapir, 2007). 1975년과 2006년 사이의 긴 시간 추이에서, 아시아는 모든 자연재난의 37%, 모든 사망자의 57%, 영향을 받은 인구의 89%, 그리고 총 세계 경제 손실의 44%를 차지했다(Sanker et al., 2007). 가장 최악의 지진, 쓰나미, 그리고 허리케인을 포함해서 인류 역사의 거의 모든 세계 최악의 자연 재난은 아시아에서 일어났다. 1556년 중국의 섬서성(陝西省, Shaanxi: 샨시성) 지진은 83만 명 이상의 사람들을 죽음으로 내몰았고, 이것은 인류 역사상 가장 최악의 자연 재난으로 기록되었다. 2004년의 남아시아 쓰나미는 23만 명 이상의 사람들을 죽게했고, 이는 지금껏 기록된 것 중 가장 최악의 쓰나미이다. 1970년 동 파키스탄(지금의 방글라데시)의 Bhola 사이클론은 50만 명 이상의 사람들을 죽게 했고, 이것은 인류 역사상 최악의 사이클론이다. 아시아를 강타한 다른 주요 자연재난으로는 약 14만 명을 죽게 만들고 약 80만 명의 터전을 잃게 한(U.S. Agency for International Development, 2009), 2008년의 Burma 사이클론이 있다. 또한 2008년 중국의 문천(汶川, Wenchuan: 웬촨) 대지진은 87,000명 이상의 사람들을 죽게 하고 4,500만 명의 사람들에게 영향을 미쳤다(Xinhau News Agency, 2008). 현 세기 처음 8년 이내에만, 자연재난으로 약 50만 명이 아시아에서 죽었다. 이 추세는 당분간 지속될 가능성이 높다.

아시아는 높은 인구밀도, 낮은 경제 발전, 광범위한 빈곤, 환경 파괴, 무계획적 도시화, 기본 서비스에 대한 접근성의 부족으로 인해 특히 자연재난에 취약하다(Sanker et al.,2007: UN/ISDR Asia & Pacific, 2008). 많은 아시아 국가들이 재난을 경감시키고 그것에 대응하는 정부와 지역사회의 역량이 부족하다. 하나의 지역으로서, 재난을 경감하고 대응하는 능력에 있어서 도시들과 국가들 간에도 또한 큰 격차가 있다. 일본, 싱가포르, 타이완, 한국, 홍콩과 같은 선진국과 도시들이 말레이시아, 중국, 파키스탄과 같은 개발도상국들보다 더 많은 자원들을 가지고 있다. 재난을 경감하고 대응하는 민간 역량을 고려할 때 그것은 특히 사실이다.

우리는 이 장에서 최근 중국의 문천 대지진을 이용하여 비정부기관(NGOs)과 사회복지 전문직의 역할에 특별한 초점을 두고 중국의 재난 대응의 성격을 설명하고자 한다. 먼저, 우리는 이 지진에 대해 간단한 설명을 한 후, 정부, 비정부기구, 지역사회 구성원들과 자원봉사자들의 대응을 재검토해볼 것이다. 이 지진에서 사회복지 전문직의 역할과 지진으로 얻은 교훈 또한 토의될 것이다.

문천(汶川, Wenchuan: 웬촨) 대지진

두 개의 커다란 지진 벨트가 중국을 통과하여 지나가기 때문에, 중국 본토(Mainland China)는 세계의 최고 지진 위험 지역들 중 하나이다(Zhang,

Yang, Gupta, Bhatia & Shedlock 1999). 중국의 문서 역사는 앞서 언급한 1556년의 섬서성(샨시성) 대지진을 포함하여 수많은 파괴적인 지진들을 기록하고 있다. 20세기 시작 이후로, 1920년 녕하(寧夏, Ningxia: 닝샤) 지진으로 죽은 20만 명과 1976년 당산(唐山, Tangshan: 탕샨) 지진으로 죽은 255,000명을 포함하여(당산 사망자의 비공식 추정치는 655,000으로, 이 수치는 당산 지진을 지난 4세기 동안의 최악의 지진으로, 기록된 역사로는 두번째 최악의 지진으로 만드는 것이다) 654,000명 이상의 중국인들이 지진으로 죽었다([U.S. Geological Survey, 2008]). 그리고 87,000명 이상의 사람들이 2008년 문천 대지진으로 사망했다. <표 11-1>은 중국 본토의 주요 지진의 진도와 죽음 피해를 요약한 것이다.

〈표11-1〉 중국의 주요 지진

년도	지역	지진 강도	사망자
2008	사천성(四川省, Sichuan Province: 쓰촨성)	7.9	87,652
1976	당산(唐山, Tangshan: 탕샨)	7.5	255,000
1970	운남성(雲南省, Yunnan Province: 윈난성)	7.5	10,000
1933	사천(四川, Sichuan: 쓰촨)	7.4	9,300
1931	신강(新疆, Xinjiang)	8	10,000
1927	청해(淸海, Tsinghai: 칭하이)	7.6	49,000
1925	운남(雲南, Yunnan)	7.1	5,800
1920	해원(海原, Haiyuan: 하이위난) 녕하(寧夏, Ningxia: 닝샤)	7.8	200,000
1556	섬서성(陝西省, Shaanxi: 샨시성)	8	830,000
1290	직례(直隸, Chihli: 쯔리)	6.7	100,000

Source: U.S. Geological Survey, 2009.

문천 대지진은 커다란 지진강도, 막대한 사상자 수, 광대한 재난 지역, 그리고 커다란 경제적 피해라는 관점에서, 최근 중국 역사의 최악의 지진이다(Xie, Liao, Wang, et al., 2008). 그 지진은 리히터(Richter) 규모 7.9에 도달했다. 그 근원지는 사천성(四川省, Sichuan: 쓰촨성)의 문천에 있었다. 적어도

69,277명의 사람들이 사망한 것이 확인되었다. 17,923명의 사람들이 실종되고 사망한 것으로 추정되었으며, 374,643명의 사람들이 부상당했고, 150만 명의 사람들이 이주했다(Xinhau News Agency, 2008). 영향을 받은 지역의 크기는 California의 크기보다 더 큰 약 500,000평방킬로미터이고, California, Arizona, Nevada의 인구를 합한 인구보다 훨씬 많은 숫자인 45,500,000명의 사람들이 영향을 받았다(U.S. Geological Survey, 2009). 북천(北川,Beichuan: 베이촨)과 문천과 같이 근원지 주위의 많은 작은 도시들이 건물의 80% 이상이 무너지거나 손상되면서 완전히 파괴되었다. 물, 전기, 진료소, 병원들을 포함하여 이 도시들의 대부분의 공공 서비스와 공공 안전이 파괴되었다. 생존자들은 그 도시를 떠나 임시 주택 재정착지로 이동하는 것 외에는 선택이 없었다. 직접적인 경제적 피해가 약 1410억 U.S. 달러 정도로 추정된다. <그림 11.2>는 피해 지역의 지도를 보여준다.

〈그림 11.2〉 Wenchuan 지진 피해 지역의 지도

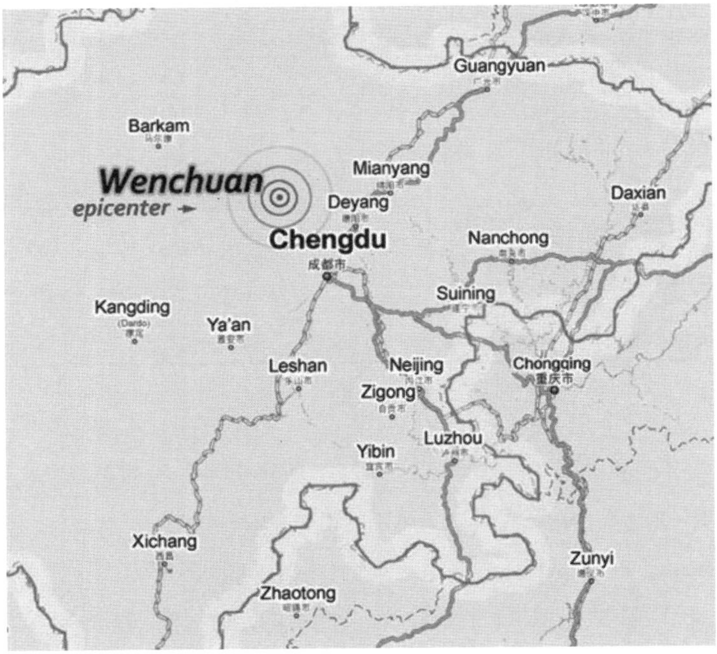

중국 정부에 의한 지진 후 개입

문천 대지진 직후, 중국 정부는 중국 역사에서 가장 신속하고 전례에 없는 재난 대응을 개시하였다. 지진 후 몇 시간 이내로, 원자바오(Wen Jiabao) 중국 총리는 구조 활동을 감독하기 위해 재난 지역에 있었다. 중국 정부는 국가에서 가장 높은 수준의 긴급 비상 계획을 실행했다. 지진이 일어난 당일에, 의료와 긴급구호 팀들이 피해를 평가하기 위해 베이징에서 사천으로 보내졌다. 그러나 중국은 재앙적 재난에 대응하는 시민 역량이 부족했기 때문에, 중국 정부는 전면적인 수색과 구조 활동을 이끌어 갈 군사력을 동원하였다. 지진 발생 하루 뒤인 5월 13일에는, 15,000개 이상의 군부대가 동원되었다. 동원부대 수준은 수일 이내에 130,000개 이상까지 현저히 증가되었다. 사실상, 중국은 문천 대지진 후, 군사력의 약 5분의 1을 수색과 구조 활동에 투입하였다. 재난 발생 후 3일째인 5월 15일에 중국 정부는 재난 지역으로 필요한 재료 및 장비를 전달하고 생존자들을 진원지에서 임시 대피소 지역으로 수송하기 위해 중국 역사상 최대의 비전투 공수 작업을 배치하였다. 재난 대처를 위한 시의 역량의 부족 때문뿐만 아니라, 또한 광대한 재난 지역, 막대한 사상자 수, 엄청난 수의 피해 인구, 그리고 어려운 지리적 환경 때문에도 군사력의 동원은 필요하다.

중국 정부는 또한 이례적으로 국내와 해외 기자들에게 재난 지역에 대한 무제한 접근 권한을 부여했다. 지진 발생 후 20분 이내에, 중국 정부의 공식 통신사인 신화통신사(Xinhua News Agency)가 지진을 보도하였다. 10분 후 중국 중앙방송국(China Central Television: CCTV)은 그 재난과 대응, 복구, 구조 활동에 관해 24시간 생중계 방송을 시작하였다(Wang & Yu, 2008). 재난 지역으로부터 엄청난 파괴, 희생자들과 생존자들의 이미지가 중국뿐 아니라, 홍콩, 타이완, 전 세계의 다른 주요 중국 사회 집단을 포함한 해외에도 방송되었다. 지진 직후, 가까운 도시와 마을의 주민들이 재난 대응 및 구조 활동에 봉사하기 위해서 재난 지역으로 급히 몰려들었다. 수일 내에, 훈련되지 않은 비조직적인 자원봉사자 수색과 구조팀이 중국 각지에서 재난 지역으로 들어갔다. 중국 정부는 또한 한국, 일본, 싱가포르, 러시아, 홍콩, 타이완과 같은 외국의 원조도 받아들였고, 그들은 수색과 구조 활동에 합류하기 위해 그들의 재난 대응팀을 사천으로 보냈다. 미국과 같은 다른 나라들은 텐트, 발전기, 다른 소모품들을 중국으로 보냈다.

군사적 접근 방식을 채택함으로, 대응과 구조 활동은 지진 생존자들을 돕는 하향식 획일적 접근법으로 특징되어져 왔다. 군사적 접근 방식을 이용하였기 때문에, 중국 정부는 생존자들의 기본적인 필요를 충족시켜주는 데뿐 아니라, 구조 활동에도 엄청난 효율성을 갖게 되었다. 예를 들어, 중국 정부는 지진 후 처음 몇 주 이내로 생존자들에게 100만 개가 넘는 텐트를 만들어 전달할 수 있었고, 지진 후 3개월 이내에 100만 명 이상의 난민 생존자들을 위해 재정착 지역에 조립식 주택을 건설할 수 있었다. 각각의 재정착 지역은 20,000명에서 50,000명 사이의 사람들을 수용하였다. 많은 재정착 지역은 또한 진료소, 학교, 은행, 우체국, 식당, 소매업 지역, 식료품 가게와 같은 그들만의 지역사회 지원 서비스를 가지고 있다. 그러나 하향식 획일적 접근법은 복구와 재건축 과정에 있어 많은 문제를 야기하였다. 즉 그것은 지역사회의 참여 의욕을 꺾었고, 정부에 대한 생존자들의 의존도를 높였으며, 자원 배분에 관해 정부와 생존자들 사이의 갈등과 지역사회 간의 잠재적 갈등의 씨앗을 심었다. 그것은 오로지 정부만이 생존자들에게 필요한 자원을 제공하고 분배하는 책임이 있다는 인상을 주었고, 많은 생존자들은 자신들의 가족과 지역사회를 재건하기 위해 앞장서는 대신, 정부가 그들을 위해 무엇을 해주는지를 보기 위해 "일단 기다려 보자"는 자세를 취했다.

지역사회에 대한 대응

가족과 지역사회 구성원들이 가족 구성원들과 주민들을 찾고 도와주려는 시도를 한다는 점에서 그들은 보통 치명적인 재난 후 최초의 대응자들이다. 그들이 어느 누구보다 자신들의 사회를 훨씬 더 잘 알기 때문에, 지역 거주자의 관여와 지역사회 자원의 이용은 재난대응과 복구에 매우 중요하다. 그러나 대부분의 치명적인 재난은 지역사회의 범위를 넘어선다. 그 결과, 복구와 재건축 과정 동안에 더 넓은 범위의 지역사회들의 지원이 종종 필수적이다(Brennan, Flint, & Barnett, 2005). 이것이 중국의 문천 대지진의 경우였다. 문천 대지진 이후, 지역이나 인근 지역사회의 자발적이고 독립적인 자원봉사자들이 원조를 제공하기 위해, 심지어 군인들이 도착하기도 전에 재난 지역으로 먼저 도착했다. 예를 들어, 사천성의 수도, 성도(成都, Chengdu: 청두)시와 지진의 영향을 덜 받은 다른 도시들의 자동차 소유주들과 택시 운전사들은 자신들의 차에 물, 음식, 의약품을 싣고 진원지의 도시들로 그것들을 가지고 갔다. 100만 명 이상의 자원봉사자들이 지진 후 한 달 이내에 재난 지역으로 들어갔다고 추정된다(Chan et al., 2008). 자원봉사자들은 조직화되었을 때, 구호 활동에 필수적인 지원을 제공하였다. 예를 들어, 중경(重慶, Chongquing: 충칭)에서 온 22명의 요리사 그룹이 면양(綿陽, Mianyang: 옌양)시에서 조직을 스스로 결성하여 그 도시에 배치되었던 1,000명의 군인들과 6,000명의 생존자들을 위하여 요리를 하였다. 그들은 그 후에 24명의 지역 주민 생존자들을 훈련시켜 결국엔 그들의 일을 인계하였다(Li, 2008). 그러나 재난 지역의 조직화되지 않은 많은 수의 자원봉사자들은 지역구호 기반시설에 부담으로 작용하였다. 그들 중 몇몇은 자신들이 먹고 마실 음식과 물조차 가져가지 않았고, 묵을 곳도 없이 자신들의 도시를 떠나 재난지역으로 봉사하러 갔다. 그 결과, 그들은 재해 생존자들을 위해 쓸 예정이었던 자원들을 이용함으로써 이미 부담이 가중된 시스템에 더 부담을 추가하였다.

처음에 중국 정부는 이 자발적인 선행을 선뜻 받아들였다. 그러나 그들은 자원봉사자들의 유입이 지역 정부와 생존자들을 압도하게 되고 대응과 복구 활동을 방해한다는 것을 곧 깨달았다. 예를 들어 2008년 5월 15일과 16일 사이에는 지진으로 파괴된 역사적 도시들 중 하나인 도강언(都江堰, Dujiangyan: 두장옌)으로 가는 고속도로가 몇 천 명의 자원봉사자들의 차량으로 꽉 메워졌고, 그것은 엄청난 교통 체증을 유발하여 긴급 차량들이 통과할 수 없게 만들었다(Li, Pang, Xi, Yuen, & Zhang, 2008). 자원봉사는 중국에서 상대적으로 새로운 개념이며, 중국에는 자원봉사자 충원, 훈련과 조정을 위한 시스템이 부족했다. 2008년 5월 26일, 지방 정부는 대응과 복구 활동을 전진시키기 위해 자원봉사자들이 재난 지역으로 오는 것을 막기 시작했다.

비정부 기구에 대한 대응

문천 대지진은 중국 본토의 재난 대응과 복구에 있어 비정부 기구의 역할을 바꾸어 놓았다. 사실 비정부 단체의 개발 지향적인 특성과 가장 가난한 사람들과 가장 취약한 인구와 일하려는 그들의 소망은 재난 대응과 복구 작업에 있어서, 세계적으로 그들을 동등한 선수들로 만들었다(Twigg & Steiner, 2001). 중국에서, 비정부 기구는 자선재단에서 사회복지단체, 예술문화협회, 스포츠 클럽에 이르기까지 모든 유형의 사회단체를 포함하는 막연히 정의된 용어이다. 중국의 법률은 이 조직들을 회원 기반의 사회단체(스포츠 클럽, 동창회 등), 비회원 기반, 민간, 비영리 단체(구호 단체, 사회복지단체 등), 그리고 자선재단을 포함하여 세 그룹으로 분류한다. 중국 정부는 비정부기구를 사회를 위한 압력 방출 밸브로 여기면서, 시민들에게 필요한 서비스를 제공하는 파트너로는 보지 않는다. 모든 비정부 기구는 중국의 법에 의해 민정부(minister of civil affairs)에 등록되어야 한다. 2006년 당시, 등록된 비정부 기구는 168,000개 이상이었다. 그러나 몇몇은 미등록인 풀뿌리 비정부 단체의 수가 이 수보다 4－5배는 더 컸을 것이라고 추정한다(China Youth Daily, 2008). 중국 본토의 비정부 기구 부문은 타이완, 홍콩, 또는 다른 선진국들의 부문에 비해 신생이며 규모가 작다(Gadsden, 2008). 중화전국부녀연맹(All－China Women's Federation: ACWF)과 중국 적십자(the Red Cross Society of China: RCSC)와 같은 몇몇의 공식적으로 조직된 비정부 기구와는 달리, 대부분의 비정부 기구는 지원과 자원을 정부에 의존하고 있다(Lu, 2007). 대부분의 비정부 기구에는 전업의 전문 직원이 없다. 몇몇 거대한 공식 조직된 비정부 기구를 제외하고, 중국의 법률은 비정부 기구가 도시에 기반을 두면서 다른 도시들에는 지사를 세울 수 없도록 요구하고 있다. 이 때문에 그들 조직은 등록된 도시 밖에서 서비스를 제공하는 역량이 제한된다.

재난 구호와 복구는 역사적으로 중국 정부의 한 기능으로 여겨져 왔다. 예를 들어, 2008년 봄의 처참한 눈 폭풍 사태 후에도, 구호와 복구 활동에서 비정부 기구의 참여는 사실상 없었다(Chan et al., 2008). 공산당의 통치 하에, 중국은 매우 중앙집권적 정치와 행정체제를 지니고 있다. 비정부 기구가 재난 구호와 복구에 관여하기 전에, 지방 정부로부터 승인을 받아야 한다. 그러나 문천 대지진은 비정부 기구의 활동에 대한 중국 정부의 통제력을 흔들어 놓았다. 지진 바로 직후, 많은 비정부 기구는 그들의 자원과 역량의 부족을 극복하기 위하여 네트워크를 형성함으로써 재난에 자발적으로 대응하였다(Chan et al., 2008). 재난 대응에 적극 참여하였던 비정부 기구는 스포츠 클럽에서 동창회, 민간 구호 단체, 환경 보호 단체 및 다른 단체들에 이르기까지 다양한 자원을 지니고 있었다. 그 당시 그들의 주된 초점은 재난 지역에 자원봉사자들을 보내는 것, 기금 모금하는 것, 재난 지역에 필요한 물자를 구매하는 것, 기술 및 통신의 지원을 제공하는 것이었다(Chan et al., 2008). 재난 지역의 지방 정부가 제대로 기능을 하지 못했고 성 정부와 중앙정부가 대응과 구조 활동으로 바빴기 때문에, 대부분의 비정부 기구는 정부의 사전 승인 없이 구호 활동에 참여했다. 이러한 상황은 비정부 기구가 참여할 수 있도록 감시되지 않은 공간을 만들었다.

재난 대비와 경감에 대한 비정부 기구의 활동은 다소 무계획적인 경향이 있고(Twigg, Steiner, Meyers, & Benson, 2000), 중국에서 비정부 기구의 작고 한정된 관리 역량은 재난 대응의 효율성에 크게 영향을 미쳤다. 예를 들어, 지진 후 몇몇 비정부 기구는 숙소와 다른 지원에 대한 사전 준비 없이, 재난 지역으로 자원봉사자들을 보냈다. 어떤 자원봉사자들은 아무 작업 할당도 없이 몇 일 동안 재난 지역에서 한가하게 있었다. 다른 봉사자들은 음식과 숙소를 긴급대책팀에게 의존했다. 어떤 비정부 기구는 막대한 금액을 모금하긴 했지만, 그런 거대한 기부금을 관리하는 능력도 없고, 사업을 시행하기 위해 기부금을 활용하는 능력도 없었다. 예를 들어, 사천 자선단체연합(Sichuan Charities Federation)은 문천 대지진 직후 20억 위안(중국 달러, 264,000,000 U.S. 달러) 이상을 모금했으나, 20명도 채 안 되는 직원을 데리고 재난 대응과 재건축 사업에서 이 기부금을 사용할 수 있는 능력이 없었다. 그 돈은 결국 중앙 정부에게로 돌아갔다(China Youth Daily, 2008).

정부는 지진 발생 직후 처음에는 비정부 기구의 관여를 포용하였다. 그러나 다수의 작은 비정부 기구의 출현은 재난 지역을 압도했고, 어쩌면 구호와 재건축 활동을 심지어 방해했는지도 모른다. 2008년 6월 초, 정부는 구호와 재건축 활동에 대한 비정부 기구의 공헌에 감사하는 공식적 발표를 하였으나, 동시에 정부는 비정부 기구가 지방 정부에 의해 요청되거나 정부와 함께 일하지 않는 한 더 이상의 개입을 중지시켰다.

사회복지사의 역할

대책, 경감 및 복구를 포함한 재난관리의 모든 단계에 사회복지사들이 주요 역할을 하는 미국과는 달리(Zakour, 1996) 중국의 경우는 상당히 다르다. 중국 본토에서 사회복지 전문직은 아직 걸음마 단계에 있다. 비록 20세기 초에 중국 본토에서 사회복지교육이 처음 제공되었지만 사회복지 전문직과 사회복지교육 기반시설은 1949년 공산주의 혁명 후 곧 중국 정부에 의해 폐지되었다. 1988년 중국 정부는 학부 수준의 사회복지교육의 재정립을 허락하였다. 북경(北京, Peking: 베이징)대학, 하문(廈門, Xiamen: 샤먼)대학, 길림(吉林, Jilin: 지린)대학, 운남(雲南, Yunnan: 윈난)대학을 포함하여 4개의 대학은 사회복지 학사학위(BSW) 프로그램을 시작하였다. 대학원 수준의 사회복지교육은 중국과 홍콩의 대학들 사이에서의 파트너 관계를 통하여 불과 최근에 시작되었다. 가장 최근에, 중국 정부는 중국 본토의 5개의 대학들 안에 사회복지 학사학위 프로그램의 개설을 승인하였다. 베이징의 중앙정부의 정부 관리들, 지방 정부 관리들, 중국 시민들을 포함하여 중국 본토의 대부분의 사람들은 사회복지 전문직에 관해서 알지 못하고 있다. 그들은 재난 후 복구, 재정착, 재건축 활동에 있어 사회복지사들이 무엇을 할 수 있으며, 어떻게 도움이 될 수 있는지에 관해 전혀 알지 못했다.

재난 후 개입은 아시아의 사회복지사들에게 새로운 것이 아니다. 문천대지진은 최근에 아시아의 사회복지사들이 직면한 두 번째로 처참한 재난이었다. 많은 아시아의 사회복지단체들은 2004년 Indian Ocean 쓰나미 후 대응과 복구 활동에 참여하였다. 타이완의 많은 사회복지사들은 타이완의

912 지진 후 대응과 재건축 활동에 적극 참여하였다. 그러므로 아시아인 사회복지사들 사이에 재난 대응과 복구에 대한 상당한 경험과 지식이 있다. 하지만, 중국 본토의 사회복지사들에게는 처참한 문천 대지진은 중국 본토의 사회복지사들에게 재난 대응과 지역사회 재건에 있어 그들의 사회복지 기술을 활용해야 하는 첫 진짜 과제를 안겨주었다. 지진 직후 상하이, 광주(廣州, Guangzhou: 광저우), 심천(深柏 Shenzhen: 선전), 홍콩과 중국 내 다른 발전된 도시들의 사회복지서비스 조직들은 도움을 주기 위해 재난 지역의 지방 정부 관리들에게 연락을 취했다. 지방 정부 관리들이 사회복지사들이 어떻게 재난에 도움이 될 수 있는지에 대해 전혀 몰랐기 때문에, 그들의 제의는 계속적으로 거절되었다.

중국 본토의 대부분의 사회복지사들은 재난 후 개입에 있어 훈련받지 못하였다. 그 결과, 중국의 사회복지 교육자들을 위해 베이징과 성도의 다양한 재난관련 주제에 대하여 교수자 교육훈련(train－the－trainer－training)을 실시하기 위해 홍콩과 타이완으로부터 사회복지 교육자들이 초청되었다. 특히, 타이완의 912 지진 후, 재난 후 대응과 복구에 참여했던 타이완의 사회복지 교육자들은 이 교수자 교육훈련 워크숍에서 중요한 역할을 하였다. 타이완과 중국 본토의 동료들은 중국 지역사회에서 효과적으로 증명되었던 기술뿐 아니라 912 대응과 재건 활동, 교훈에 대한 서면 보고서를 공유하였다. 그 후, 중국 본토의 사회복지 교육자들은 그들의 도시의 학생들과 사회복지사들을 훈련시키기 위해 그들의 도시로 돌아갔다. 사회복지사들은 또한 재난 대응, 복구, 재건의 과정에서 다양한 역할을 하였다. 그들은 임시주거지역 안에 사회복지서비스센터를 세우기 위하여 사회복지팀을 재난지역으로 이끌었다. 그들은 그들의 학생들과 다른 사회복지사들에게 재난 생존자들과 함께 효과적으로 일하기 위해 필요한 개념과 기술을 가르쳤다. 그들은 해외의 재난 후 관리 문서와 매뉴얼을 중국어로 번역하여, 그들의 중국인 동료들이 그것들을 이용할 수 있도록 만들기 위해 그들의 학생들과 다른 전문가들을 조직하였다. 그들은 또한 중국 바깥에서 발전된 개념과 기술을 중국의 문화적 맥락 속에서 사회복지실천에 통합시켰다.

홍콩에 기반을 둔 비영리기구인, Social Workers Across Borders(SWAB)로부터 첫 번째 전문사회복지팀이 재난정신건강서비스를 제공하기 위해 재난 후 3일 후인, 2008년 5월 15일 재난 지역에 도착하였다. 지진 후 8일 후 2008년 5월 20일, 상하이로부터 중국본토 최초의 사회복지팀이 초기 욕구평가를 위하여 재난지역에 도착하였다(Wang, 2008). 점차 지방 정부는 지진 생존자들을 위해 사회복지서비스를 수용하는데 열광적이 되었다. 임시 재정착 지역에 사회복지 기지(stations)가 세워졌다. 파편적이고 일시적이던 사회복지의 개입은 더욱 조직적이고 장기적인 노력으로 변하였다. 예를 들어, 베이징 사범대학(Beijing Normal University)은 덕앙(德昻, Deyang: 더양)시의 검남(劍南, Jiannan: 지안난) 임시주거 재정착 지역에 사회복지서비스센터를 설립하였다. East China Technological University의 사회복지부서는 도강언(두장옌)시의 청간 인가(淸澗 人家, Qingjian Renjia) 지역사회에 사회복지서비스센터를 세웠다. 중국 중산대학(the Sun Yat Sen University)의 사회복지부서는 문천현의 영수(映秀, Yingxiu: 잉슈)에 사회복지서비스센터를 설립하였다. 일반적으로 이 사회복지서비스센터들은 두세 명의 전업 전문사회복지사들을 채용하고 사회복지전공 학생들과 다른 자원봉사자들에 의해 지원받는다. 이 사회복지서비스센터들은 생존자들이 전적으로 정부에만 의존하기보다 그들이 도움을 받을 수 있도록 필요한 대안을 제공한다. 이 센터들의 대부분의 사회복지사들은 생존자들과 직접적으로 함께 일하고 그들의 삶을 재건하는데 능동적으로 참여하도록 힘을 부여할 수 있는 지역사회 조직 접근법을 사용한다. 어떤 센터들은 또한 정부의 경제 발전에도 관여한다. 예를 들어 중국 중산대학의 한 광주 사회복지사팀은 생존자들을 위해 여성자수그룹(a women's embroidery group)을 결성하였으며, 이것은 치료와 경제적인 목적으로 적합하였다. 그들이 생산한 제품들이 광주와 다른 발전된 도시들에서 팔렸고, 그 자금이 지역사회로 다시 흘러 들어갔다.

문천대지진에서 얻은 교훈

재난이 닥칠 때 그것이 취약한 인구집단에 미치는 영향과 지역사회에 대한 파괴 정도를 최소화하기 위하여 많은 일들이 행해져야 한다는 것은 분명하다. 재난의 복잡성과 파괴성은 고통을 경감시키기 위해 모든 이해당사자들이 지역사회와 협력하여 일치단결하는 것을 요구한다. 다음은 몇 가지 교훈과 미래의 상황을 어떻게 개선할 것인지에 대한 제안이다.

정부: 재난 후 구호, 구조 및 복구 활동이 중앙정부에 지나치게 의존하고 있다. 재난계획과 관리의 어마어마함과 복잡성은 중국 정부가 지방 정부와 함께 재난 관리를 위해 국가정책 지침을 개발하는 것을 요구한다. 더 중요하게도, 지침은 재난 전후와 도중에 정부간과 관계부처간의 서비스의 조정을 강조한다(Danso & Gillespie, 2010, 제6장). 지방당국은 조정 노력과 자원에 관한 논의에 관여되어야 한다. 이렇게 하면 취약인구집단과 지역사회에 대한 재난의 충격이 줄어들 것이 확실할 것이다. 지방수준부터 중앙정부까지, 관리들의 다양한 역할과 기대를 묘사하고 보여주는 구조를 적소에 놓는 것이 정부의 의무이다. 예를 들어, 지방 정부는 첫 번째 대응자의 역할을 하고, 자원봉사활동과 전반적인 조정과정을 감독하기 위해 성(省)의 재난팀을 설립할 수 있다.

그 외에, 문천 대지진 재난에 대한 비정부 기구의 대응을 분석할 때, 비정부 기구, 지역사회 기반의 조직체, 민간 수준에서 취약한 사람들과 함께 일할 수 있는 사회복지사들의 잠재적 기여에 대한 정부의 인식은 재난 경감, 대비, 대응, 복구에 있어 그들의 일을 용이하게 해줄 것이다. 전통적 하향식 접근의 정부서비스와 정책 시행은 충격을 받은 지역사회의 가장 취약한 사람들과 일하는데 있어 덜 효과적이라는 것을 증명하였다. 그러므로 정부와 비정부 기구 모두에 의한 이 지진에 대한 대응은 제도적 접근이나 개입만으로는 재난에서 가장 많이 영향을 받은 사람들을 돕는데 충분하지 않을지도 모른다는 것을 중국 정부가 인식하도록 촉구한다.

비정부 기구: 문천지진은 중국 본토의 비정부 기구의 주의를 촉구했다. 그것은 과거에 정부에 의해 독점되었던 기능에 비정부 기구가 합법적으로 관여하도록 플랫폼을 제공해 주었다. 그러나 그것은 또한, 중국의 비정부 기구가 직면하고 있는 많은 어려운 과제들을 보여주었다. 첫째, 중국의 정치적 환경이 비정구 기구의 성장에 유리하지 않다. 왜냐하면 비정부 기구가 계속적으로 정부에 의해 감시되고 시민들에게 필요한 서비스를 제공하는 동반자로서 여겨지지 않기 때문이다. 사실상, 정부에 대한 비정부 기구의 상호의존이 지나치기 때문에, 중국 정부와 비정부 기구의 관계가 너무 편하고 모호해 보인다고 언급되어 왔다(Leung, 1994).

둘째, 대부분의 비정부 기구는 재난 대응과 복구에서 중요한 역할자가 되기 위한 자원과 역량이 부족하며, 중국은 아직 재난의 대응과 복구를 위해 필요한 지원을 제공하는 시민의 역량이 강하지 못하다. 비정부 기구는 그들 자신의 자원을 조달하고 정부로부터 독립함으로써 자신들의 역량을 키우는 것이 긴급히 필요하다. 비정부 기구의 개발지향적인 특성과 주민수준에서 취약한 사람들과 함께 일하는 그들의 능력은 그들이 재난의 복구와 재건의 과정에 능동적으로 참여하는 데 적합하게 만든다. 재난 주기와 영향을 받은 지역사회들의 궁극적인 발전을 통하여 그들의 역할이 잘 규정되고 활동이 더 잘 조직화되어야 한다. 비정부 기구는 대응, 복구 및 재건 활동을 조정하는 데 있어 지역사회기반의 조직체, 정부, 지방의 지역사회와 함께 일할 필요가 있다. 그런 동반자 관계는 활동의 중복을 피할 뿐 아니라, 효과적인 의사소통과 정보의 공유를 촉진시킬 것이다. 더 나아가서, 정부와 비정부 기구는 재난 대비에 대한 집중적인 교육과 인식에 함께 착수할 수 있다. 확실히 비정부 기구는 재건과정의 시작점으로서 사람들을 이용하는 참여적인 지역사회중심의 접근법을 촉진시키는 촉매제 역할을 할 수 있다. 결과적으로, 이것은 미래의 재난 시 취약성과 충격의 정도를 줄이기 위해 효과적으로 대응하는 그들의 대처기제와 능력을 향상시킬 것이다.

이해당사자간의 적절한 조정

전체적으로, 대비, 경감, 대응 및 복구와 같은 재난의 모든 단계 동안 효과적인 서비스 조정이 긴요하다. 여기에는 정부, 비정부 기구, 자원봉사자들, 지역사회(가족, 교회, 사업체 등)와 같은 이해당사자들이 포함되어야 한다. 정부는 재난 계획과 관리에서 중심적 역할을 할 필요가 있다. 중국 정부는 재난 계획과 관리에서 주요 역할을 할 수 있도록 지방 기관의 역량을 강화하는데 도움을 주어야 한다. 그와 같이, 지방 기관은 재난과 관련된 정책 지침을 개발하고 훈련 프로그램을 시행하는데 더 나은 위치에 있게 될 것이다. 그런 지방 기관들은 정부가 지역사회에 다가가는 데 있어 매개체 역할을 해야 한다. 지방 기관은 비정부 기구의 활동의 낭비와 중복을 피하고 질서를 촉진하기 위해 비정부 기구의 활동을 조정해야 한다.

문천 지진 동안 복구 활동에 기여하기 위해 참여했던 비정부 기구가 준비되지 않았다는 사실을 제외하고도, 그들은 또한 정보, 지식 및 다른 자원들을 잘 조정된 방식으로 공유하지 않았다. 지역사회중심 접근법의 이용은 재난 후 가장 영향을 많이 받은 취약계층을 원조하는 데 있어 매우 중요하다. 이 접근법은 재난의 복구 및 재건 과정에서 지역사회 구성원들의 참여를 촉진시키고 미래의 재난에 대항하여 복원력 있는 지역사회를 건설한다. 사회복지사들은 특히 재난복구와 재건의 단계 동안에, 취약한 사람들의 곤란을 완화시키기 위해 서비스를 조정하는 데 중요한 역할을 할 수 있다. 사회복지사들은 귀중한 인적 자원의 낭비를 줄이기 위하여 자원봉사자들을 관리하고 훈련을 제공할 수 있다. 그러한 기관의 조정을 통해 자원을 효과적으로 사용할 수 있고 복구 활동을 향상시킬 것이다.

자원봉사자들

효과적인 자원봉사자 모집, 훈련 및 관리는 성공적 재난 관리에 지극히 중요하다. 자원봉사자 모집과 훈련은 재난이 닥치기 전에 잘 시작되어야 한다. 훈련된 자원봉사단은 재난이 닥친 직후에 배치될 준비가 되어 있을 것이다. 이 자원봉사자들 활동을 조정하기 위해 전국적인 자원봉사자 등록시스템이 개발되어야 하고, 훈련된 모든 자원봉사자들이 등록되어야 한다. 동원계획 또한 적소에 있어야 한다. 더 나아가, 재난이 닥치기 전에 지휘명령 체계도 수립되어 있어야 한다. 자원봉사자들은 어떤 상황에서 그들이 동원될 것인지, 그리고 얼마동안 배치를 위한 준비를 해야 하는지를 알 필요가 있다. 즉흥적이고 훈련되지 않은 자원봉사자들은 먼저 훈련을 받도록 인도되어야 하고, 재난 지역으로 보내지기 전에 명확한 지휘체계 아래 있어야 한다. 자원봉사자들은 재난 지역의 상태와 얼마나 오래 배치될 것인가에 대한 정확한 예상을 갖고 있어야 한다. 그런 훈련되고 조정된 상비 자원봉사단들은 대비 및 복구 기간 동안 적절한 시기에 기여할 수 있을 것이다. 이것은 잘못된 정보를 최소화하고 원활한 의사소통을 확실하게 하는 데 도움이 될 것이다. 조직화된 자원봉사자 그룹은 할 일 없이 시간을 보내는 것을 줄이기 위한 더 중요하게는 영향을 받은 사람들의 고통을 줄이기 위한 잠재력을 가지고 있다.

지역사회의 참여

재난에 관해 지역사회 구성원들을 교육하는 것은 재난의 충격을 받고 있는 와중과 이후에 취약성을 줄이기 위해 그들의 능력을 높이는데 있어 중요한 단계이다. 그것은 또한 지역사회 안에서 자원의 동원을 돕기도 한다. 그것이 발전을 위한 그들의 복원력을 구축하는 데 도움이 되기 때문에, 지역사회 구성원들은 재난 교육, 계획, 관리에 관여될 필요가 있다. 불행하게도, 문천 대지진의 저항하기 힘든 특성은 희생자들을 능동적으로 참여시키는 것을 어렵게 만들었다. 그러나 그들은 여전히 그들의 가족들이 죽었는지 살았는지 찾으려고 노력했던 최초의 대응자들이었다. 인근의 성과 도시로부터 온 거주자들이 복구에서 도우려고 하는 열망을 나타내었고, 희생자들을 안전한 곳으로 옮기고 재산과 사망자들을 회수하였고, 더 나아가 재난의 대응에 대하여 지역사회 구성원들을 교육하는 것의 중요성과 민간인 지역사회 구성원들을 포함하여 비정부기구와 다른 서비스 제공자의 중요성을 보여주었다.

사회복지 교육과 실천

사회복지 교육은 학생들에게 정규교육을 제공하는 독특한 역할을 한다. 그러한 교육은 재난과 관련된 문제를 다루는 적절한 지식과 기술을 제공할 것이다. 중국의 사회복지 교육과 훈련은 미래의 실천가들이 지역적 문제와 세계적인 문제를 모두 다루는 데 있어 선도적인 역할을 할 수 있도록 재난 관리에서의 유능성을 포함시켜야 한다. 재난의 특성과 정도에 대한 이해를 한층 높이기 위해 적절한 시뮬레이션이 교과과정에 포함될 수 있다. 훈련 중에 고심하고 실천 중에 고려해 볼 필요가 있는 재난 현장(Soliman & Rogge, 2002)과 관련된 윤리적 쟁점들이 있다. 잘 훈련된 사회복지사들은 정부, 비정부 기구, 지역사회 기반의 조직체, 지역사회 구성원을 포함한 재난 관리의 모든 이해당사자들과 일할 수 있다. 사회와 특히 박탈당한 지역사회의 취약자들을 위한 옹호자로서의 역할을 명료하게 설명함으로써 전문적인 인식을 옹호하는 것이 사회복지사들의 책임이다.

사회복지는 중국 본토에서 상당히 새로운 전문직이기 때문에, 많은 정책입안자들이 일반적으로는 사회서비스를 잘 이해하지 못하고 특히 재난 관리에 있어 사회복지의 역할은 더 이해하지 못한다. 그러므로 재난 관리에 종사하는 중국의 사회복지사들은 그들의 목소리를 내서 그들의 존재감을 느끼게 해주어야 한다. 그들은 재난 대비에서 그들이 무엇을 제공해 줄 수 있고, 재난 후 재난 희생자들의 고통을 어떻게 완화시켜 줄 수 있는지에 대하여 정부에게 그들의 입장을 분명히 해야 한다. 사회복지사들은 사회의 취약자들을 위해 서비스를 계획, 조직, 조정하는 기술과 지식을 가지고 있다. 이것은 그들의 권한이다. 정부와 다른 주체들이 이것이 사회복지 전문직의 토대라는 것을 이해할 때, 사회복지에 대한 그들의 인식이 향상될 것이며, 재난 시 사회복지사의 고유한 역할이 가치 있게 여겨지고 활용될 것이다.

참고문헌

Brennan, M. A., Flint, C., & Barnett, R. (2005). Community volunteers: The front line of disaster response. *Journal of Volunteer Administration, 23(4)*, 52–56.

Chan, K. M., Zhu, K. K., Zhang, K., Zhang, H., Zhau, Y., & Wang, C. (2008). Suggestions on the involvement of the general citizens in the reconstruction after Wenchuan earthquake. *In response to the Wenchuan earthquake: Policy recommendations* [in Chinese] p.69–72.

China Youth Daily. (2008, November 28). 2008, Proper development of China's grassroots charity. [in Chinese].

Danso, K., & Gillespie, F. D. (2010). Coordination: A key to social service delivery in disasters. In D. F. Gillespie, & K. Danso (Eds), *Disaster concepts and issues: A guide for social work education and practice.* Alexandria, VA: CSWE Press.

Gadseen, A. (2008). Earthquake rocks China's civil society. *Far East Economic Review.* Retrieved from http://www.feer.com/essays/2008/june/earth–quake–rocks–chinas–civil–society.

Hoyosi, P., Scheuren, J.M., Below, R., & Guha–Sapir, D. (2007). *Annual disaster statistical review: Numbers and trends.* Brussels, Belgium: Presses Universitaires de Louvain.

Leung, C. B. J. (1994). The emergency of non–governmental welfare organizations in China: Problems and issues. *Asian Journal of Public Administration, 16(2)*, 209–223.

Li, H. P., Pang S. L., Xi, Y., Yuen, L., & Zhang, C. W. (2008, June 19). The report of the catastrophic huge earthquake (part 5). *Southern Weekend Post.* Retrieved from http://www.infzm.com/content/13514 [in Chinese].

Li, T. Y. (2008, May 27). Twenty–eight tons of rice and noodles for the disaster survivors. *Beijing News.* Retrieved from http://www.thebeijingnews.

com/news/1111/2008.05-27/018@073822.htm [in Chinese].

Li, S., Zhang, M., Sun, D., Zhang, G., Chen, H., Yan, P., ...& Wen, Z. (2008). General introduction of engineering damage of Wenchuan Ms 8.0 earthquake. *Journal of Earthquake Engineering and Engineering Vibration, 28*, 1-114.

Lu, Y. (2007). NGOs in China: Development dynamics and challenges. *China Policy Institute Discussion Paper 18*. Nottingham, UK: University of Nottingham.

Sanker, S., Nakano, H., & Shiomi, Y. (2007). *Natural disaster data book-2006*. Kobe, Japan: Asian Disaster Reduction Center.

Soliman, H. H., & Rogge, M. E. (2002). Ethical considerations in disaster services: A social work perspective. *Electronic Journal of Social Work, 1(1)*, 1-23.

Twigg, J., & Steiner, D. (2001). Missed opportunities: NGOs and the United Nations International Decade for Natural Disaster Reduction. *Australian Journal of Emergency Management 16(3)*, 2-14.

Twigg, J., Steiner, D., Myers, M., & Bensom, C. (2000). NGO natural disaster mitigation and preparedness projects: A study of international development and relief NGOs based in the UK. London, UK: British Red Cross Society.

UN/ISDR Asia & Pacific. (2008). *About UN/ISDR Asia & Pacific*. Retrieved from http://www.unisdr.org/asiapacific/ap-about/about-isdr-mandate.htm.

U.S. Agency for International Development. (May 29, 2009). Burma cyclone fact sheets. Author.

U.S. Geological Survey. (2008). *Most destructive known earthquakes on record in the world: Earthquakes with 50,000 or more deaths*. Retrieved from http://earthquake.usgs.gov/regional/world/most_destructive.php.

U.S. Geological Survey. (2009). *Earthquake Fatalities High in 2008*. Retrieved from http://www.usgs.gov/newsroom/article.asp?IP=2010&from=rss_home.

Wang, A., & Yu, Z. (2008). *Interpreting Sichuan earthquake-A different picture from what we used to see. Xinhuanet*. Retrieved from http://news.

xinhuanet.com/englist/2008－06－12－content_8353152.htm.

Wang, X. (2008). Functions and roles of social workers during community reconstruction in the earthquake affected area. *In response to Wenchuan earthquake: Policy recommendations.* [in Chinese].

Xie, L. Liao, Z, Wang, Z. et al. (2008). General introduction of engineering damage of Wenchuan Ms 8.0 earthquake. *Journal of Earthquake Engineering and Engineering Vibration, 28* (suppl.).

Xinhua News Agency (2008). *China reports 69,227 deaths from May earthquake.* Retrieved from http://www.reliefweb.int/rw/rwb.nsf/db900sid/KKAA7JQ59U?OpenDocument&rc＝3&emid＝EQ－2008－000062－CHN.

Zakour, M. J. (1996). Disaster research in social work. *Journal of social Service Research, 22*, 7－5.

Zhang, P., Yang, Z., Gupta, K. H., Bhatia, C. S., & Shedlock, M. K. (1999). Global Seismic Hazard Assessment Program (GSHAP) in continental Asia. *Annali Di Geofisica, 42(6)*, 1167－1190.

제3부

사회복지에서 재난 교과과정

제12장 재난의 윤리적 고려사항: 사회복지의 관점에서

HUSSEIN SOLIMAN

자연적, 기술적 재난들은 광범위한 수준의 피해를 일으키며, 개인, 가족, 집단, 지역사회, 조직, 그리고 국가를 포함한 다양한 형태의 사회적 시스템에 손실을 일으킬 수 있다(Tolentino & Amado, 2007; Wilson et al., 2008). 많은 경우, 이러한 사회시스템은 그들이 가진 한정된 자원만으로는 재난의 결과를 다룰 수 없으므로, 외부의 도움과 지원이 필요하다. 재난이 지역사회에 닥치면, 많은 집단, 단체, 공식적·비공식적 조직들이 그들의 지역사회를 돕기 위해 모든 종류의 지원을 제공하는 것은 누구나 알고 있는 사실이다. 그러나 적절히 조정하지 않으면, 그러한 노력은 비효과적일 수 있다(Danso & Gillespie, 2010; Robards, Gillespie, & Murty, 2000). 재난상황에서의 윤리적인 이슈와 법적 권리는 몇몇 연구자(Leitko, Rudy, & Peterson, 1980; Richman, 1997, Soliman & Rogge, 2002; Veuthey, 2003)에 의해 언급되었는데, 그들은 재난관리에서의 윤리와 도덕의 본질에 관해 조사하였다. 그러나 재난에서 윤리와 시민의 권리에 대해 고려해야할 가치에 대한 불확실성은 아직도 일부 남아있다. 그런 이해하기 힘든 상황은 다음 질문들에서 살펴볼 수 있다.

- 정부는 정부의 피난 명령을 무시했던 주민의 구조요청에 대해, 구조팀을 위험에 빠뜨릴지도 모르는 상황에서도 구조팀을 보낼 책임이 있는가?
- 정부는 태풍의 직접적인 영향을 받을 것으로 예상되는 지역에 대해,

사람들의 의사에 반하여 그들을 대피시킬 권리가 있는가?

- 사람들은 재난으로 인해 그들이 받은 서비스의 질이 기대이하이면, 정부를 고소할 수 있는 권리를 가지고 있는가?
- 입법부와 연방정부는 어떤 지역의 중대한 재난 피해를 예방하고자 제방 강화에 예산을 할당하라는 전문가의 경고를 무시할 수 있는가?
- 동일한 재난에 대해, 황폐한 주거지역에 대한 지출은 연기하면서 경제회복을 위해 비즈니스영역에 우선적으로 자금을 할당하는 것이 받아들여질 수 있는 것인가?
- Katrina 재난 후의 New Orleans시의 경우, 과학적인 연구들은 도시가 100년 안에 없어질 수 있다는 것을 보여준다; 우리는 이러한 과학적인 사실을 알고도 도시 재건을 위한 예산을 할당할 수 있는가? (University of New Orleans, 2000)

본 장의 목적은 재난에서 책임을 떠맡는 다양한 독립체들의 결정과 재난의 윤리에 관련된 문제를 탐구하는 것이다. 뿐만 아니라, 윤리가 시민과 정책결정자의 결정에 어떻게 영향을 미치는 가를 아는 것이 필요하다. 왜냐하면 재난 프로세스에서 무엇을 해야 하는 지에 대해서는 그들이 결정을 내려야 하기 때문이다.

지역사회가 재난에 직면했을 때, 많은 조직들은 복구 작업에 참여하도록 요구받는다. 문제는 힘들고 비용이 들것 같은 많은 상황에서 무엇이 재난복구 작업에 그들 조직과 집단들을 참여하게끔 할 것인가이다. 계획, 완화, 대응, 복구를 포함하는 재난 프로세스에 관련된 다양한 시스템을 만들도록 의무를 지우는 동기들에 대한 기본적인 논의는 도덕적 책임과 시민의 권리라는 두 가지 원칙으로 단순화하여 볼 수 있다.

많은 상황들에서 보여줬듯이, 재난프로세스에서 참여 당사자의 목적에 의문을 가지지 않은 행동과 노력은 적합하지 않으며 오히려 기대 이하가 될 수 있다(Cherry & Cherry, 1997; Cooper & Block, 2006: Seaman, 1999). 좋은 의도에도 불구하고, 커뮤니케이션 모델에서의 조직 변화, 신청자 자격, 일정, 그리고 적격 기준은 재난 이후 서비스 제공에 있어 불일치, 갈등, 그리고 조정의 부족이 일어날 가능성을 증가시킨다. 다른 경우로, 응급 관리 및 사회적 서비스 기관은 재난의 여파로 취약계층(예를 들어 어린이, 신체장애인, 정신장애인, 노인)의 욕구를 해결하는 데에 실패할 수 있다. 절차, 지침, 그리고 재난 대응에 관한 규정의 적절성은 어느 국가에서든 재난 정책 수립 및 실행에 있어 도덕적 원칙에 의해 상당한 영향을 받는다. 이런 이유로, 종합적인 대응 정책의 부재는 재난 전후의 활동과 노력에 영향을 줄 수 있다. 결과적으로, 명확한 재난 정책의 부족은 시민 권리의 침해와 정부, 사법부 및 행정부의 책임으로 볼 수 있다.

대부분의 경우에 사람들은 재난 대응을 그들의 보호, 안정, 그리고 회복을 제공하기 위해 실시된 노력이라고 생각한다. 재난의 생존자들은 재난으로 인한 경험이 그들의 삶에 어떤 영향을 미쳤는지 최전선에서 관찰하고 반영할 수 있다. 덧붙여, 재난의 생존자들을 통해 원조의 본질과 그들의 회복에 기여한 원조에 대한 현실적인 관점을 볼 수 있다.

재난에 대한 대응과 복구활동을 계획하고 준비하거나 조직하려는 결정은 일이 어떻게 진행되어야 하는지에 대한 신념에 영향을 받는다. 이런 맥락에서, 활동의 초점은 재난 피해자나 경험자에 대한 최선의 이익이 되어야 한다. 따라서 그러한 결정은 도덕적인 근거에 기초해야 어떤 행동을 결정하는 것에 대해 정당성을 얻게 된다. 재난이 사회적 자본의 감소와 재산, 인명피해 같은 불가항력의 영향력을 발휘할 때, 의사결정자들은 다수의 선택에 따라 결정하도록 압박받고, 그것이 윤리적, 도덕적 딜레마를 일으킬 수 있다. 재난관리에서 만약 우리가 의사결정과정에서의 도덕적 원칙을 배재한다면 계획과 활동의 결과를 예측할 수 없다(McKenna, 1996). 예를 들어, 어떤 지역에서 생명 구호를 위해 주민들이 대피를 하도록 재난관리국이 결정했다. 그런데 생존자들이 어디로, 어떻게 대피할 것인지에 대한 그들의 의견과 선호를 고려하지 않는다면, 우리는 생존자들에 대해 그들의 삶에 있어서의 결정권을 침해할 수 있다.

또, 이 장에서는 재난 대비, 완화, 대응 그리고 회복의 과정을 분석하는 데에 사용될 수 있는 윤리적 틀을 제공한다. 허리케인 카트리나는 실례로 활용되며, 윤리적 틀은 재난 이후, 재난 대응과 복구 노력의 효율성을 측정하는데 사용된다. 비록 과학계는 New Orleans가 강한 폭풍의 영향으로 완전히 파괴될 것으로 예상했지만, 도시가 Katrina로 인해 엄청난 피해를 받는 원인이 되었던 정책적인 문제가 여전히 존재한다. Hinman(2005, p.1)은 "재난대비에 대한 연방정부의 반복된 예산 삭감은, 4등급의 허리케인에 대한 New Orleans 주민들의 취약성을 심화시키는데 중요한 역할을 했다"라고 말했다. 재난은 가난하고 차별경험과 사회적 불평등에 처해있는 사람들에게 취약한 것으로 보인다(Zakour & Harrell, 2003). 우리는 재난 프로세스에 포함된 모든 사람들(응급구조원, 서비스제공자, 시장, 국회의원, 주와 연방 기관의 임원)이 그와 같은 중요한 문제에 대해 많은 대안들 중 한 가지 방안을 선택해야하는 딜레마에 처해있음을 생각해 볼 수 있다. 거의 대부분 그런 결정들은 사람들의 지식, 경험과 전문지식의 수준에 기반하여 이루어지는 경향이 있다. 그러나 우리는 가치와 윤리가 그러한 결정을 하는 것에 포함된다고 가정해야 한다.

미국의 대규모 자연재난 역사

우리는 자연재난에 관해, 재난이 갑작스럽고, 어쩔 수 없이 일어났지만, 대부분의 경우 별문제 없이 관리할 수 있을 것이라고 가정한다. 이것은 미국에서 자연재난으로 인해 대규모의 인명, 재산, 가축의 피해를 겪었던 역사적인 사실들로 보았을 때 비현실적인 생각이다.

Texas, Galveston Island에서의 허리케인으로 인한 재난 : 1900년 9월 12일, 4등급의 허리케인이 Texas, Galveston Island를 강타했다. 38,000명에 가까운 인구에서 약 6,000명에서 8,000명의 주민이 사망하였다. 재산 손실은 대략 3,000만에서 4,000만 달러에 달했다(Boggs, 2000).

San Francisco 지진 : 1906년 4월 18일, 지진이 San Francisco를 뒤흔들어, 가스관이 파괴되고 수십 곳에서 화재가 발생하기 시작했다. 화재는

3일 동안 계속되었고, 5제곱마일 안의 모든 것을 태웠다. 약 28,000개의 빌딩이 파괴되었고 3,000명의 사람들이 사망하였다(Castleman, 2006).

Okeechobee 허리케인 : 1928년 9월 28일, 허리케인이 Florida의 해안을 강타했다. 이로 인해 Okeechobee 호수 주변지역이 침수되어 2,500만 달러의 피해가 발생하고 약 2,500명이 넘는 사람들이 사망하였다(Pfost, 2003).

Great Plains 사건 : 'Dust Bowl'은 1930년대 극심한 이상 가뭄과 대평원 초지에 대한 깊이갈이 농법으로 인해 발생한 재난이다. 아이들은 "먼지로 인한 폐렴"으로 사망했고, 소와 다른 동물들은 질식사 했다. 그리고 250,000명이 넘는 사람들이 그들의 집을 떠나게 되었다(Egan, 2006). Colorado, Kansas, Montana, Nebraska, New Mexico, North Dakota, Oklahoma, South Dakota, Texas, Wyoming 주가 피해를 입었다.

Heat Wave(폭염) 사건 : 1980년 여름, 미국은 충격적인 폭염에 시달렸다. 이로 인해 중서부와 중남부 주들의 수백 마일의 고속도로가 피해를 입었다. Illinois 주에서만 10,000달러 가량의 도로 손실이 발생했고, 영향을 받은 지역의 총 피해액은 그 4~5배에 달했다. 폭염으로 인한 에너지 비용을 포함하여 국가 지출은 200억 달러에 달했고 1,200명이 넘게 사망하게 되었다(Heat Wave Statistics, 1980).

윤리와 도덕철학의 본질

윤리이론, 배려와 시민권의 원리, 인간을 향한 도덕적 책임은 재난 계획과 관리, 그리고 복구를 보는데 있어 중요한 측면이다. Dolgoff, Loewenberg & Harrington(2006)은 "현대적인 사용에서, [윤리]는 어떤 행동이 도덕적으로 옳고 어떻게 해야만 하는지에 관한 문제를 다루는 것이다"(p.7).

이 말은 한 개인, 그룹, 조직이 다른 이에게 빚진 책임을 의미한다. Frankena(1973, p.4)는 "윤리는 철학의 한 분과이다. 이것은 도덕성, 도덕적인 문제, 도덕적인 판단에 관한 철학적인 생각으로 도덕철학이라 한다." 그는 도덕에 관한 생각을 세 가지로 구분했다.

■ 도덕현상을 설명하거나 윤리적 의문에서 시작되는 인간본성이론을

발전시키는 기술적, 경험적 탐구. 이러한 사고의 예는 "우리가 대규모 재난의 생존자를 돕는 데에 어떤 제한을 두어야 하는가?"라는 질문에서 생각해볼 수 있다.

- 특정 상황에서 무엇이 좋은 것인지 옳은 것인지에 대한 논의를 통해 결론적으로 표준화된 판단에 다다르게 하는 규범적인 생각. 이러한 사고의 예는 요양원에 거주하는 무연고 노인을 대피시키기 위해 취해야할 행동의 과정에서 볼 수 있다.
- 발생된 규범적인 사고를 정당화하는 대화에의 도전으로서, 분석적인 사고. 5등급의 허리케인이 강타할 것이 예상되는 지역에서 대피할 것을 거부하는 노인의 피난에 대해 어떻게 할 것인가라는 질문을 예로 들 수 있다. 이와 같은 케이스에서, 논쟁거리는 무엇이 옳고 그르며, 어떤 것이 정당화될 수 있는지에 대한 것이다. 다시 말하면, 대피를 거부하는 노인의 안전이 그의 자기결정권보다 우선하는가이다.

규범윤리학은 의무론과 목적론의 두 가지 주요 이론을 포함하고 있다. 의무론적 사고는 결과에 상관없이 특정행동의 옳고 그름에 초점을 맞추고, 목적론적 사고는 결과에 따라 행동이 옳음을 판단한다(Reamer, 1999). 또한, 이기주의와 공리주의는 목적론적 이론에서 주요한 두 학파이다. 이기주의는 갈등상황에서 자신의 이익을 극대화하고, 증진시키는데 도움이 되는 것을 선택하는 개인이나 단체의 성향을 반영한다. 반면, 공리주의는 개인적인 이익과는 관계없이 전체의 지역사회를 위한 최대선을 생산하는 결정을 지지한다. Frankena(1973)는 도덕적 사고의 세 가지 유형을 비교하여 제시하였다 :

요약하면, 의무론적 이론은 타인을 진지하게 생각하지만, 선의 증진은 충분히 심각하게 생각하지 않는다. 공리주의는 그러한 두 가지 결함을 하나로 해결하는데, 우리의 행동과 규칙을 최대선과 최소악을 위한 결정으로 만든다면, 그것이 공공선을 증진시키는 가장 타당한 방법이기 때문이다.

공리주의이론은 정의 및 평등의 원칙과 관련이 있다. Frankena(1973)는 분배의 정의라는 용어 사용을 선호한다. 그에 따르면, 정의는 특정한 기준에 의해 비교하여 판단할 수 있다. (a) 그들의 가치에 따라 (b) 그들 사이의 선과 악을 동등하게 분배한다는 의미에서 (c) 그들의 요구, 능력에 따라.

재난으로부터 보호 받을 시민의 법적 권리

법률상 의무와 시민권 측면에서, 미 헌법은 재난 상황에서 시민들이 정부의 적절한 지원을 받을 수 있는 권리에 대해 적시하지 않았다. 여러 해전, Reich(1964)는 "공공의 이익"과 관련하여 재산의 개념을 설명했다. 그는 별도의 재산과 자유의 필요성에 관한 일반적인 견해에 동의한다. 다시 말하자면, 헌법은 모든 개인에 대한 자유를 부여하고 있다. 하지만 개인의 재산보호는 타인의 권리에 관여하는 재산의 사용과 같은 여러 가지 사정에 의해 검토될 수 있다. 하지만 헌법에 대한 해석과 판례를 기반으로, 미국의 입법부와 행정부는 재난 시에 시민을 지원하기 위해 법을 발의하고 연방기관을 수립했다. 역사적으로, 많은 기관과 조직이 그와 같은 업무에 다양한 책무를 가진다고 가정한다. 그러나 그들 기관 간의 협조 부족은 성취하고자 하는 목적을 달성하기 위한 그들의 능력에 영향을 미쳤다.

1978년 6월 19일, Jimmy Carter 대통령은 의회에 미국연방재난관리청(FEMA, Federal Emergency Management) 설립을 위한 계획(3차 조직개편안)을 제출했다. 그 제안은 상·하원의 승인 후 1979년 4월 1일 발효되었다(Bea, 2002). 조직개편안과 두 가지의 또 다른 대통령령(E.O. 12127과 E.O. 12148)은 FEMA를 창설했고 FEMA는 다른 연방 기관으로부터 많은 기능들(화재예방, 홍수보험, 긴급방송업무, 민방위, 연방 재난대비 및 지원)을 넘겨받게 되었다(Bea, 2002).

국토안보부(DHS, Department of homeland Security)의 산하기관으로서 FEMA는 다른 연방기관, 주(州), 지역기관들과 자연재난 및 인위적 재난 영향을 줄이고 예방하는 업무를 수행했다(FEMA, 2008). FEMA는 연평균 약 60개의 재난에 대응했다(FEMA, 2008). FEMA의 목적은 "생명과 재산의 손실을 줄이고, 포괄적 위험기반의 응급관리 프로그램을 통해 모든 종류의 위험으로부터 완화, 대비, 대응 및 복구하여 우리의 국가적 중요 인프라를 보호한다"(Bea, 2002, P.46에서 인용).

FEMA는 주(州), 지방의 지역사회, 개인, 일부 비영리 기관에 재난 원조를 제공한다(Bea, 2002). FEMA에는 대략 3－4가지의 대응 유형이 있다: "준비, 대응, 복구, 그리고 완화"(Bea, 2002, p.49). FEMA 전략계획(FEMA Strategic Plan, 2008－2013)은 몇 가지 주요한 목표를 언급하고 있다(FEMA, 2008, p.42－43):

- 재난, 비상사태, 테러 사건을 해결하기 위한 국가의 능력을 강화시키는 조직화된 접근을 이끈다.
- 모든 프로그램에 대한 접근성 강화와 원조의 조정을 제공한다.
- 모든 사용자에 대해 적시에 신뢰성 있는 정보를 제공한다.
- 임무 성공의 보장을 위해 FEMA는 사람에게 투자하고, 사람은 FEMA에 투자한다.
- 성과관리를 통해 대중의 믿음과 신뢰를 형성한다.

DHS의 목적은 "미국을 테러 위협이나 공격으로부터 보호하기 위한 포괄적인 국가전략의 개발과 조정의 수행"이다(Bea, 2002, p.64).

- 인식 : 위험의 식별과 이해, 취약성에 대한 평가, 잠재적인 영향을 파악하고 우리의 국토안보 파트너와 미국 대중에게 적시에 정보를 제공.
- 예방 : 우리 국토에 대한 위협의 탐지, 방지 및 완화
- 보호 : 테러리즘, 자연재난이나 다른 비상사태로부터 우리의 사람들과 그들의 자유, 그리고 주요 인프라, 재산, 그리고 우리 국가의 경제 보호.
- 대응 : 테러리즘, 자연재난이나 다른 비상사태로부터의 리드, 관리 그리고 조정.
- 복구 : 테러리즘, 자연재난이나 다른 비상사태 이후 국가, 주(州), 지방, 그리고 민간부문에 서비스 업무를 재개하고 지역사회 재건.
- 서비스 : 합법적인 무역, 여행, 그리고 이민을 대중에게 효과적으로

제공.

■ 조직우수성 : 우리의 가장 중요한 자원인 사람을 소중하게 생각한다. 효율과 운영상의 시너지효과를 달성하기 위한 공통의 정체성, 혁신, 자연존중, 책임, 그리고 팀워크를 촉진하는 문화를 창조.

재난 상황에서 도움과 지원을 받기 위해 전세계 시민들의 도덕적/윤리적, 법적 권리에 대한 보고서가 쓰여지며, 그 보고서는 재난이라는 흔치 않은 상황을 겪은 사람들의 취약성에 기반하여 쓰여진다. 세계의 기술과 과학이 진보해 옴에 따라, 더 많은 정보들로 이런 재난들을 예측할 수 있게 되었다. 재난 예측에서의 이러한 진보들로 인해 현지, 지역, 국가적 단체 및 기관들이 재난 계획과 운영을 더 잘 할 수 있게 되었으며, 시민의 생명과 재산을 보호할 수 있게 되었다.

허리케인 Katrina : 정부에 저항한 케이스

허리케인 Katrina가 많은 주(州)가 위치해있는 Mexico만으로 올 것이라고 국립허리케인센터가 발표하였다(U.S. Department of commerce, 2006). 2006년 8월 25일, Florida 주를 관통하는 경로에 따라, 방향과 바람의 강도에 관해 추측이 제기되었다. 그런데 아무도 허리케인이 Alabama, Mississippi, Louisiana의 3개 주(州) 해안에 직격탄을 가할 것이라고 예상하지 못했고, 대규모 영향을 받은 지역인 New Orleans도 마찬가지였다. 당국은 이 지역에 경고를 했고, New Orleans 시장은 대피명령을 내렸다고는 하지만, 스스로 대피할 수 있는 사람들만이 자신의 자원을 활용하여 대피했다. 그런 이유로, 2006년 8월 28일, 스스로 대피할 수 없었던 사람들은 5등급의 강풍의 영향에 직면하게 되었다. 재난의 여파로 인한 대혼란은 지역의 많은 공무원, 관리자, 의원에게는 뜻밖의 상황이었고, 압도적인 피해, 인명피해, 그리고 개인적인 고통이 미디어를 통해 전 세계 사람들에게 보내졌다.

위기대처와 관련하여 전후가 맞지 않은 보도와 조치가 보고되었고 재난에 대한 준비가 불충분했다는 것이 재난 첫날부터 명확해졌다(Department of homeland Security, 2006; U.S. House of Representatives, 2006; The White

House, 2006). 고통은 충격적이고 비참했다. 공무원들은 커뮤니케이션의 실패와 상황을 해결하는 데에 일관성이 부족했음을 인정했다. 이후 각 정부 부처 간에 책임공방이 오고 가는 것이 문제가 되었다. 결과와 성과에 관계없이, 위기 이전의, 재난 중의, 그리고 회복기간에 행해진 결정들은 시작 전부터 문제가 되어, 대다수의 개인, 가족, 그리고 지역사회에 광범위하게 고통을 안겨주었다. New Orleans의 Ninth Ward 지역은 가장 황폐화된 지역 중 하나로, 20,000명 이상의 주민이 그들의 집, 직장, 삶이 모두 파괴된 상황에 처했다(Neary, 2005). 허리케인 이전에 지원을 받지 못한 대부분의 주민－어린이, 노인, 병자를 포함한 약 8,000－9,000명의 이재민－은 더위, 습기, 음식부족과 보호를 위해 슈퍼돔으로 피신해야 했다. 다른 사람들은 FEMA가 제공하는 이동주택이나 트레일러로 이동해야 했다. 허리케인 Katrina의 거의 2년 이후, FEMA 거주지의 17,000명이 연방정부와 64개 트레일러 제조 업체에, 트레일러로 인한 건강 피해에 대한 과실책임으로 소송을 제기했다(Hsu, 2008).

예를 들어, 위성기술의 사용은 허리케인, 토네이도 그리고 태풍과 같은 자연적 재난들의 방향과 기상을 캡처하는 중요한 것으로 입증되었다(Campbell, 2006; Donnay & Barnsley, 2001, Global Earth Observation System of Systems[GEOSS], 2008). 이러한 요소들을 고려하면, 이런 타입의 위협들로부터 일반인들의 생명을 안전하게 지키기 위해서, 정부에서 보다 조직적인 노력들이 있어야 한다.

사례를 특별한 관점으로 볼 때, 재난 상황에서 적용된 윤리의 타입을 확인할 수 있으며, 재난 상황에서의 시민의 권리와 윤리의 적절성을 알기 위해 고려되지 못한 점들을 찾을 수 있다.

다가오는 허리케인의 고지

허리케인 카트리나는 NHC(National Hurricane Center)와 다른 기상 협회를 포함한 다수의 정부 권위자들에 의해 잘 발표되었다. 그러나 거주자들은 허리케인의 강도와 방향에 대한 보다 부정확한 정보를 들었다. 어떤 기록들은 허리케인이 힘을 잃었으며 2~3단계 정도로 낮아졌다고 명시했으며, 다른 기록들은 허리케인이 Mexico의 Gulf만을 따라 이동하고 있고, 힘을 모아 시속 200마일 세기의 바람을 가진 5단계에 다다를 것이라고 추측했다. 이러한 혼란은 많은 사람들이 집과 지역사회를 떠나는 것이 필요할지 아니면 집에 머물러야 할지에 대해 확신하지 못하게 만들었다. 유사하게 Mexico 만을 직접적으로 강타할 지역에 대해 지도들이 많은 가능성을 보여주었기 때문에 허리케인의 방향에 대한 추측은 모호했다. 도덕적·법적으로 사람들은 그들의 생명에 대한 위험정도를 제시하고 그들 스스로를 보호하기 위해 무엇을 해야 할지 결정하기 위한 충분한 정보를 제공받을 수 있는 상황에 대해 알권리를 가진다. 허리케인 레벨에 대한 일관성 없는 추정 때문에 많은 사람들이 다가오는 허리케인의 금방이라도 닥칠 듯 한 위험에 대한 정확하거나 명확한 정보를 제공받지 못하고 있을 것이다. 반면, 어떠한 정보도 제공받을 수 있는 수단이 부족한 사람들은 어떠한 행동 방향에 대해서도 생각할 시간이 없거나 희박할 것이다. 다시 말해서, 법률상 견지에서, 지역, 주, 연방정부 부서가 적시 상황에 제시된 위험과 그들의 생명의 위험에 대해 사람들에게 알려주는 것에 과실이 있다는 것이다.

사람들이 다가오는 위험에 대해 정보 제공을 받을 권리를 가지고 있고 스스로를 보호하기 위해 무엇을 할 수 있는지 신뢰할 수 있는 정보를 얻을 수 있어야 한다는 것은 명백하다. 인권 관점으로부터, 사람들은 그들 생명에 대하여 현명한 결정을 도울 수 있게 정보로의 접근을 제공받아야만 한다.

재난 이전의 조치

상기 경우에, 허리케인 카트리나는 개인들과 기관들의 역할, 사고, 그리고 가치 시스템 본질에 관한 종합적인 시각에 이의를 제기해왔다. 자연재해에 대비하기 위한 New Orleans의 원조 예산을 삭감하는 것과 같은 결정들을 지역사회는 위험으로 인지하였다. 재난 후, 많은 기관들의 연구는 시, 국가, 주 그리고 연방정부에서 실패의 증거를 찾았다. 기초철학과 인명보호의 방향을 생각해볼 때, 우리는 재난으로 도덕적, 윤리적, 법적 정당성에 대해 괴로워 할 때 취해야할 행동을 추측할 수 있다.

그러한 경험을 의무론적 사고에 적용해보면, New Orleans의 제방시스템 강화를 위한 펀드를 할당하기 위한 목적은 아마도 확실한 타당성을 가질 것이지만, 펀드를 줄이기 위한 논쟁은 기술적 사고에 기반했을지도 모른다. 이 사고의 본질은 제방구멍으로 인한 홍수의 결과를 우리는 예측하거나 계산할 수 없기 때문에 현장에 기반해 있고, 우리는 프로젝트에 대한 자금 할당을 할 의무가 없다.

이 판단은 적은 비용으로 제방의 질이 향상될 수 있으며, 홍수를 견디는 재방의 능력을 긍정적으로 본 것이며, 본질적으로는 옳은 판단이다.

허리케인이 오기 전에 해야 했었던, DHS의 조치로도, DHS의 목표에 반영되어 있는 시민들의 법적권리와 시민권은 충분히 보호하지 못하였다. 적절한 예방법이 고려되지 않았기 때문에 사람들은 취약할 수밖에 없으며, 이러한 것은 허리케인 Katrina 이후 실시된 수많은 조사에서도 명백히 보고되었다.

재난 중에 취해진 조치

예시에서 나타난 정보들은 Mexico만 연안을 강타한 허리케인으로 인해 3개 주(Alabama, Mississippi, Louisiana) 지역민 수천만이 엄청난 고통을 겪었다는 증거를 보여준다. 전 세계는 열악한 지역사회에 살고 있는 수천만의 사람들이 조난 받지 못하며 집을 떠나 안전한 장소로 이전할 수 없는 심각한 고통의 상황을 지켜보았다. 낡고 부서진 건물 지붕에서 헬기가 노인을 구조하고 있는 장면은 그곳의 흔한 고통에 대한 역력한 증거였다. 게다가 New Orleans 내 열악한 지역사회 주민들은 Superdome에 피난처를 마련하려고 애쓰고 있었는데, 그곳에서도 어린이와 노인들이 국내외 취재진 앞에서 “HELP ME” 사인을 들고 있었다. 수천만의 사람들은 필요한 서비스가 부족한 돔 안에 며칠 동안 남겨졌다. 그곳은 기온과 습도가 높았고 사람들은 굶주림, 갈증, 탈수 증세를 겪었으며 많은 노인들은 치료약 없이 방치되어 있었다. 음식이나 피난처와 같은 필수적인 서비스를 지급하겠다는 결정은 명확한 이유 없이 극도로 지연되었다.

언론은 생존자를 범법자로 그려 넣은 강탈사건을 몇 건 방송했지만, 건강에 위협을 받는 특수 상황에서 아무런 자원 없이 살아야 하는 생존자들은 극한 상황을 견디기 위해 상점에서 물건들을 찾아낼 수밖에 없었다. 따라서 단지 몇몇의 강탈행위에만 초점을 맞춘 언론은, 대중에게 생존자들의 행동을 범죄로, 그들을 범죄자로 일반화하여 묘사함으로써 생존자들의 권리를 침해했다고 할 수 있다.

실용주의의 생각에서 본다면, 생존자들에게 제공된 서비스는 보통의 지역사회를 위한 최상의 선을 생산하고자 한 것이었으나, 서비스의 지연과 부적절한 재난관리 때문에 시민과 인간의 권리가 침해받는 사례가 되었다. 허리케인 카트리나 기간 동안 의사결정자들은 고통의 심각성과 규모를 이해하지 못했다. 한동안 그들은 이 사건에 충격 받고 압도당해 사고를 제대로 할 수 없었다.

개인이 가지는 시민으로서의 법적 권리를 생각해볼 때, Katrina 생존자들에게 서비스 제공이 지연된 것은 법적으로 서비스와 안전조치를 제공하게 되어있는 공식기관으로서 FEMA의 실패와 부적절성을 드러낸다고 할 수 있다.

엄청난 고통과 손실은 재난 당시와 그 이후에 나타나는 비효율적인 회복과정, 계획, 활동을 보여주는 증거이다. DHS는 그들의 "Response" 목표가 테러리즘, 자연재해, 그 외 비상상황에 대한 국가적인 반응을 선도하고 관리하고 조율하는 것이 말한다. 허리케인 카트리나 기간 동안 이러한 목표는 실현되지 않았다는데 이(異)견이 없다. Katrina 사건에 대한 청문회 보고는 시장으로 대변되는 지방정부와 Louisiana주 공무원, FEMA 행정관 간의 갈등과 혼란이 있었음을 보여준다. 어찌되었든 정부조직 세 계층 간의 소통부재, 책임 떠넘기기, 비난이 계속됨에 따라 재난생존자들의 고통은 장기화되었다.

복구단계 동안의 조치

재난에 대한 연구는 자신의 집을 다시 세우고 재난이전의 삶으로 돌아가기 위하여 사람들에게 복원단계(reconstruction phase)가 중요하다는 것을 보여준다. 그러나 그 단계에서 광범위한 노력과 충분한 자원이 필요하다. 재난 평가에 따르면 어떤 지역이나 어떤 활동이 먼저 시작되어야 하는지, 무엇이 우선시 되어야 할 조치인지에 따라 몇몇 의사결정들이 행해진다. 따라서 복구에 대한 계획을 결정하기 위하여, 우선순위 목록에서 사람들의 필요와 피해의 정도, 전문가 연구의 유효성을 고려하게 될 것이다. 뿐만 아니라 복구단계의 계획과 시행 시 각각의 기관이 맡을 역할배분을 결정하는데 있어, 세부 기관 및 관계자들 간의 적절한 소통은 필수이다. 허리케인 Katrina의 경우, 도시 거주자들은 그들 지역의 복구단계에 대한 시기와 방법에 대한 정보를 얻기 위해서 많은 복잡한 과정과 절차를 거쳐야 했다. 과정 지연에 대한 불만을 토로하기 위한 지역, 정부당국과의 마을회의가 수없이 개최되었던 것이 그 증거이다.

이러한 단계를 도덕적이고 윤리적인 관점에서 보면, 누군가가 재난 이후에 언제 가정과 지역사회를 떠날지 결정할 수 있다. 지역사회를 떠난다는 것은 가족 유대, 개인의 역사, 일상 기능의 원천을 잃어버린다는 것을 의미한다. 이것은 그 자체로 개인이 그의 일상을 재개할 수 없게 되는 것이라고 볼 수 있다. 덧붙이자면 개인의 삶이 언제, 어떻게 재개 될지에 대한 불확실성은 개인의 권리에 대한 또 다른 시련을 의미한다. 도시민의 법적인 관점에서 보면, 재난 생존자들은 개인의 삶을 재개토록 하는 적절한 서비스를 받을 권리를 가진다. DHS recovery의 목표 중 하나는 “테러리즘, 자연재앙이나 그 외 비상상황 이후 지역사회를 재건하고 서비스를 구축하도록 국가, 주, 지역, 민간 차원의 노력을 이끌어 내는 것”이다.

따라서 사람들이 지연, 선택에 대한 혼란과 의사결정 과정에의 참여기회 결여에 직면하게 되면 이 특정 목표는 어느 정도 훼손될 것이다. 아직도 많은 지역사회가 복원단계를 시작하지 못했다는 뉴스보도를 보고 누군가는 삶(생활)에 대한 영향을 생각할 수도 있다. 사람들은 그들의 가정으로 돌아갈 것인지, 다소 부족하지만 복구를 목표로 한 서비스를 받을 것인지를 결정해야만 한다. 이런 맥락에서, 복구로 이어지는 결정에 대한 투명성이 결여된다는 것은 시민들이 그들을 위해 무엇이 결정되는지를 알 수 있는 기회로부터 배제되기 때문에 시민의 기본권을 훼손하는 것으로 간주할 수 있다.

공리주의의 생각에 따르면, 복구단계와 관련한 결정들은 악을 넘어서는 선에 대한 최대한 균형을 생산하고자 하는 필요에 근거하여 결정되어야만 한다. 그러나 이 제안은 때때로 명확하지 않다. 예를 들어 의회가 New Orleans의 복구를 위한 이미디어트 펀드에 12억 달러를 할당하는 법안을 승인한다면 이런 고민이 생길 것이다. 이 돈이 New Orleans의 빈곤지역의 집을 복구하여 사람들이 그간 지내온 장소로부터 집으로 돌아갈 수 있도록 하는 데에 쓰여야할 것인가, 아니면 이 돈이 경제구역을 복구하여 사람들로 하여금 직업을 갖고 안정적인 수입을 가질 기회를 제공하도록 도시 회복에 사용되어야 할 것인가. 각각의 입장에 따른 해석차가 있기 때문에 이 최대한의 선에 대한 개념은 도움이 되지 않을 수도 있다.

우리가 시민과 도시의 장기적인 이익이나 선 "good"에 대해 생각한다면, 시민의 법적 권리와 윤리적, 도덕적인 결심은 유용할 수도 있다. 예를 들면 이렇다. 많은 연구가 Mexico만 해안도시들 중에서도 특히 New Orleans가 해수면 상승으로 사라지게 될 것이라는 것을 보여준다. 만일 이 연구결과에 동의한다면, 과학자들과 의사결정자들은 조만간 일어날 상황을 예상할 수 있기 때문에 도시복구를 위한 자금 할당에 대한 가치에 대하여 고민을 하게 된다. 미래에 사라지게 될 도시를 대상으로 자금을 쓰는 것이 과연 최대의 선이 될 수 있는가? 최대의 선과 선-악 사이에서의 균형은 위 경우에서 지켜질 수 없다. 다시 말하면, 도시가 100년 안에 사라질 것이라는 연구결과에도 불구하고, 시민들은 공식적, 비공식적 지원을 사용해서 그들의 도시가 복구되는 것을 원한다는 것이다.

이와 같은 문제는 교내총기사고와 같은 인재의 경우에도 마찬가지이다. 캠퍼스 무차별 총기난사를 의도로 한 범행자가 총기를 소지한 채 건물로 들어가는 것을 막기 위해서 교내 모든 출구를 닫기로 결정한다면, 우리는 어떻게 선과 악의 균형을 맞출 수 있겠는가?

우리가 캠퍼스 출입을 통제하고 모든 사람을 수색한다면, 어떤 이들은 우리가 총기사고 노출로부터 사람들을 보호하고 이동을 제한함으로써 선을 증가시킨다고 생각할 것이다. 한편, 어떤 이들은 캠퍼스 출입제한과 수색이 우리의 이동의 자유를 제한함으로써 악을 증가시킨다고 생각할 것이다.

재난관리를 위한 윤리적 도덕적 체계 제안

자연재해와 그것이 사회에 미치는 영향에 대한 연구를 바탕으로, <표 12-1>에서 재난관리와 도덕적, 법적 사항 간의 연계를 밝히는 체계를 제안코자 한다. 이 체계는 기본적인 인간의 권리와 우리가 기대할 수 있는 인간에 대한 사회의 도덕적 책임에 기초하고 있다. 헌법에서는 명확히 언급되어 있지 않지만, 재난에 대한 시민의 법적 권리는 사회로부터 보호되고 지지받아야만 한다. 그리고 몇몇 법규질서의 해석과 정책은 이러한 권리가 존재함을 가정한다. 따라서 재난에 대한 문헌 검토는 재난의 계획, 완화, 극복의 과정과 관련한 많은 개념을 보여준다. 이 개념은 윤리적이고 도적적인 책임과 시민의 법적인 권리로 대표된다.

〈표 12.1〉 도덕 및 윤리적 재난관리의 구성

개념	윤리 및 도덕적 관점	법률 및 시민의 권리
의무	구성원들은 의사결정자들이 공공 감독과 조사 공개를 할 수 있다고 생각한다. 예시질문: 사람들은 예견된 재난으로부터 그들을 보호하려고 했던 의도나 결정에 대한 합법성을 검토할 수 있나?	타인을 보살필 책임이 있는 사람은 합법성과 능력에 대한 증거를 제공할 수 있고, 그들의 행동이 어려움을 겪는 사람들을 보호하기 위한 의도적 행동이었음을 보장할 수 있어야 한다. 예시질문 : 확실한 증거에 의한 결정은 피해 또는 재산손실로부터 보호되나?

책임	재난 중 사람들의 안전을 보호하기 위하여 충분한 자격과 지식을 갖춘 사람 예시질문 : 계획은 모든 목표 그룹에게 긍정적인 결과를 줄 수 있나?	선임이든 지명이든, 계획 혹은 재난관리를 수행하는 사람은 적합한 대응서비스를 제공하고 존엄성유지와 사회통합을 위한 인간의 권리를 고려해야 한다. 예시질문 : 절차는 인간을 존중하고 그들의 존엄성을 유지하는데 초점을 두고 설계되었나?
정의	생존자들의 요구를 충족시키기에 자원이 제한적일 경우에의 서비스 분배는 이성적 범주 내에서 제공되어야 한다. 예시질문 : 지침과 행동은 모든 이에게 공평해야 한다는 원칙을 충족시키나?	생존자간의 분배의 이익은 모든 인간은 재난 시 동등한 서비스를 요청하고 획득할 수 있는 평등한 기회를 가진다는 정의의 원칙을 인지해야 한다. 예시질문 : 지침과 계획은 모든 인간을 위한 동등한 권리에 대한 원칙을 반영하고 있는가?
투명성	공공에게 영향을 끼치는 결정을 정함에 있어 결정의 공정함을 검토하고 정확함을 밝히는데 참여하고 의견을 반영할 수 있는 권리가 있다. 이것은 인간의 알권리에서 근거한다. 예시질문 : 의사결정 과정에서 사람들이 의사참여가 반영되었으며 그들의 의견이 반영되었나?	재난의 배경에서 의사결정자와 재난서비스 제공자들은 공공투명성을 적기에 공유하고 정확한 정보를 제공해야 한다. 예시질문: 사람들 적시에 충분한 정보를 제공받는가?
결정력	결정은 그 사회의 구성원이 참여하고 의견이 반영되며 타당성이 검증되어 실행되어지는 것이어야 한다. 이는 인간의 알권리에서 근거한다. 예시질문 : 사람들은 의사결정 과정에서 참여할 권리를 가지는가?	결정은 명확한 재검토, 분석 그리고 결과뿐 아니라, 그러한 행동의 모든 과정을 증명하고 결정의 유효성을 재검토할 수 있는 문서를 근거로 해야 한다. 예시질문 : 사람들은 자신의 환경에 관련되어 의사결정을 접근, 검토, 호소할 수 있는 권리가 있나?
위험과 이익	재난 시 책임자는 위험을 적당하게 계산하고 이득을 결정하며 필요한 서비스를 제공해야 한다. 예시질문 : 사람들의 고통의 정도를 판	재난관리자는 상황 악화에서 초래되는 위험과 사람들의 고통을 고려할 수 있어야 한다. 예시질문 : 그 과정은 사람들에게 안전

	단하는 명확한 과정에 기초하여 결정이 이루어지는가?	을 보장할 권리에서 개발되었나?
비밀	계획과 수행단계에서 의사결정자와 재난서비스 제공자들은 인간의 개인정보 보호를 유지해야 함을 인지해야 한다. 예시질문 : 서비스 전달 체계에게 사람들이 페널티 없이 그들의 감정, 의견, 개인적 관점을 표현할 수 있게 보장해 주었나?	서비스 전달 종사자들은 그들의 개인 정보를 보호하는 특권을 행사하는데 세심해야함을 인지해야 한다.

결론

지난 30년 동안 세상은 자연재난의 엄청난 규모와 격렬함이 꾸준하게 증가해 왔음을 증명해왔다. 다수의 과학자들은 지역, 국가 그리고 범세계적인 노력의 조합과 철저한 계획에 따라 이 같은 자연 재난이 감소될 수 있다고 믿는다. 이와 관련하여, 재난관리는 재난 대비, 완화, 회복을 용이하게 하고 향상시키기 위하여 과학의 사용을 필요로 할 것이다. 이러한 과정은 재난으로부터 인적 물적 손실로부터 보호하는 높은 결과를 성취할 수 있도록 업그레이드할 것이다.

재난 관리 다수 결정은(재난 관리에서 많은 결정들은) 위기와 생존자의 필요에 대응하여 만들어질 것이다. 하지만, 이러한 결정은 또한 인간의 평등함, 공정성 그리고 정의를 보호하기 위하여 도덕적 윤리적 관점에서 만들어져야 한다는 것이다. 이러한 원칙들을 재조명하는 것은 국민, 관리자, 입법자들에게 지침과 방향이 필요하다는 것을 인지시키는데 도움을 주기 때문에 중요하다. 또한 이러한 가이드라인은 정부의 예방적 평가와 재난에 따른 조치, 행동, 서비스에 만족하지 못한 사람들에게서 흔히 보이는 논쟁을 막아줄 수 있다. 마지막으로, 이 장이 시사해주는 가장 중요한 점은 이러한 재난관리는 모든 이에게 윤리적인 관점에서 접근하며 이는 개인, 단체, 기관, 그리고 사회 등의 모든 노력이 기반 되어져야 한다는 것이다.

참고문헌

Bea, K. (2002). FEMA's mission: Policy directives for the Federal Emergency Management Agency. In C. V. Anderson (Ed.), *The Federal Emergency Agency (FEMA)* (pp.44–68). New York, NY: Nova Science.

Boggs, J. K. (2000, September–October). Darkness is overwhelming us: Stories of courage and heartbreak from the disastrous Galveston Hurricane of 1900. *Weatherwise, 53(5)*, 12.

Campbell, J. B. (@006). *Introduction to remote sensin*g. New York, NY: Guilford Press.

Castleman, M. (2006). Grace under fire: As a massive blaze consumed San Francisco following the great earthquake 100 years ago this month, a few dozen brave men fought to save the mint–and the U.S. economy. *Smithsonian, 37(I)*, 56.

Cherry, A., & Cherry, M. (1997). A middle class response to disaster: FEMA's politics and problems. *Journal of Social Service Research, 23(I)*, 71–87.

Cooper, C., & Block, R. (2006). *Disaster: Hurricane Katrina and the failure of Homeland Security*. New York, NY: Times Books.

Danso, K., & Gillespie, D. F. (2010). Coordination: A key to social service delivery in disasters. In D. F. Gillespie, & K. Danso (Eds.), *Disaster concepts and issues: A guide for social work education and practice.* Alexandria, VA: CSWE Press.

Department of Homeland Security. (2006). A performance review of FEMA's disaster management activities in response to Hurricane Katrina (DHS Publication No, OIG–06–32). Washington, DC: Government Printing

Office.

Dolgoff, R., Loewenberg, F., & Harrington, D. (2006). *Ethical decisions for social work practice* (8th ed.). Belmont, CA: Thomson Brooks/Cole.

Donnay, J. P., & Barnsley, M. J. (2001). Remote sensing and urban analysis. Philadelphia, PA: Taylor & Francis.

Egan, T. (2006). *The worst hard time: The untold story of those who survived the great American Dust Bowl.* New York, NY: Houghton Mifflin.

Federal Emergency Management Agency. (2008). FEMA strategic plan: Fiscal Years 2008–13. FEMA P–422, January. Retrieved from http://www.fema.gov/pdf/about/fy08_fema_sp.pdf.

Federal Emergency Management Agency. (2010). *About FEMA*. Retrieved from *www.fema.gov/about/index.shtm.*

Frankena, W. K. (1973). *Ethics* (2nd ed.). Englewood Cliffs, NJ: Prentice Hall.

Global Earth Observation System of System. (2008). New global satellite system could cut disaster losses. *National Hazards Observer, 32(4)*, 10.

Heat Wave Statistics. (1980, December 6). *Science News*, 118, 360.

Hinman, M. L. (2005, September 8). Hurricane Katrina: A "natural" disaster? *San Diego Union Tribune.* Retrieved from http://ethics.sandiege.edu/LMH/oped/Katrina/index.asp.

Hsu, S. (2008, May 25). Safety lapses raised risks in trailers for Katrina victims; formaldehyde found in high levels; 17,000 say homes caused illnesses. *Washington Post*, p. A01.

Leitko, T., Rudy, D., & Peterson, S. (1980). Loss not need: The ethics of relief giving in disaster. *Journal of Sociology and Social Welfare, 7*, 730–741.

McKenna, R. (1996). Explaining amoral decision making: An external view of human disaster. *Journal of Business Ethics, 15*, 681–694.

Neary, L. (Anchor). (2005, October 4). *Talk of the nation.* [Radio news program]. Retrieved from http://www.npr.org/templates/story/story.php?story ID=4944960.

Pfost, R. L. (2003). Reassessing the impact of two historical Florida hurricanes.

Bulletin of the American Meteorological Society, 84, 1367.

Reamer, F. G. (1999). Social work values and ethics (2nd ed.). New York, NY: Columbia University Press.

Reich, C. (1964). The new property. *Yale Law Journal, 73*, 733–787.

Richman, N. (1997). Ethical issues in disaster and other extreme situations. In D. Black, M. Newman, & J. Harris–Hendricks, & C. Mezey (Eds.), *Psychological trauma: A developmental approach*. London, UK: Gaskell/Royal College of Psychiatrists.

Robards, K., Gillespie, D., & Murty, S. (2000). Clarifying coordination for disaster planning. In M. J. Zakour (ED.), *Tulane Studies in Social Welfare, 21–22*, 41–60.

Seaman, J. (1999). Malnutrition in emergencies: How can we do better and where do the responsibilities lie? *Disasters, 23*, 406–315.

Soliman, H., & Pogge, M. (2002). Ethical considerations in disaster services: A social work perspective. *Electronic Journal of Social Work, 1(1)*, 1–23.

Tolentino, J., & Amado, S. (2007). The challenges of Tsunami disaster response, planning and management. *International Review for Environmental Strategies, 7(1)*, 147–154.

University of New Orleans. (2000, January 21). New Orleans ... The New Atlantis? *Science Daily*. Retrieved from http://www.sciencedaily.com/releases/2000/01/000121071306.ht.

U.S. Department of Commerce. (2006, June). *Service assessment: Hurricane Katrina August 23–31*, 2005. Retrieved from http://www.nws.noaa.gov/om/assessments/pdfs/Katrina.pdf.

U.S. House of Representatives. (2006). *A failure of initiative: Final report of the select bipartisan committee to investigate the preparation for the response to Hurricane Katrina* (Report Publication No. 190–377). Washington, DC: Government Printing Office.

Veuthey, M. (2003). Humanitarian ethical and legal standards. In K. M. Cahill (Ed.), *Basics of international humanitarian missions* (pp.113–141). New

York, NY: Fordham University Press.

White House. (2006). *The federal response to Hurricane Katrina: Lessons learned*. Washington, DC: Government Printing Office.

Wilson, A., Temple, J., Milliron, E., Vazquez, C., Packard, D. & Rudy, B. (2008). The lack of disaster preparedness by the public and its affect on communities. *Internal Journal of Rescue and Disaster Medicine, 7(2)*, 1–12.

Zakour, M., Harrell, E. (2003). Access to disaster services: Social work interventions for vulnerable populations. *Journal of Social Services Research, 30(2)*, 55–66.

제13장 재난복구 사례관리: 사회복지와 다문화교육

MARTELL TEASLEY AND JAMES A. MOORE

취약계층에 대한 옹호와 임파워먼트를 강조하는 사회복지전문영역은 취약계층에 재난구호교육 및 훈련을 제공할 필요성이 있다. 이 장에서는 재난사회복지교육프로그램을 통해 학생들이 다양한 지역사회 내에서 문화적 민감성을 고려할 수 있는 재난복구사례관리를 위한 실천가로서 성장할 수 있다는 것을 입증한다. 우리는 재난에 처한 일부 개인들과 집단들이 취약성으로 인해 어떻게 열악한 결과에 처하게 되는지를 예시를 통해 살펴볼 것이며, 이러한 상황에서 종교단체들의 역할을 상세히 기술할 것이다. 또한 재난사례관리와 문화적으로 유능한 사례관리에 대한 정의와 토론을 제공한다. 마지막으로 사회복지교육과 재난극복교육 및 훈련에 있어서 최고의 실천방법과 연구를 명확히 한다.

재난복구와 위기개입에 있어서 당면하는 중요한 도전과제 중 하나는 시골의 소수주민, 이주가족, 장애인, 저소득가족, 노숙자, 노인 등과 같은 취약인구에 대한 장기적인 서비스제공이나 본질적인 접근을 위한 방법을 개발하는 것이다. 재난 발생시 지리적인 지역성으로 당면하는 일반적인 위험보다도, 이러한 대부분의 지역사회와 개인들은 공적자원에 대한 적절한 접근이 어렵기 때문에 발생하는 더 큰 위험에 직면하고 있다.

이와 같은 문제와 결부되는 것은 이들에게 응급관리 및 기타 재난구호를 제공해야 하는 주류사회의 전문가들이 비주류지역사회의 문화적 차이에서 발생하는 응급교육과 훈련에 대한 준비가 부족하다는 점이다. 이러한 전문가들은 언어장벽과 원조관계를 방해하는 문화적인 요인들 때문에 가장 취약한 인구집단에 대한 장기적인 사례관리를 함에 있어서 고군분투한다.

또한 노인집단이나 도움이 필요한 장애인들의 재난구호 및 복구능력에 대한 여러 이슈들이 존재한다. 일반적으로 이와 같은 영역의 연구문헌들은 재난구호기관 종사자들의 문제 중심적 접근과 문제행동들, 공무원들에 의한 부적절한 의사결정의 예시를 보여주는 내용들로 가득 차있다. 이러한 행동들은 가장 취약한 집단에 대한 무시, 차별, 편견, 최적의 재난계획 및 경감노력을 하지 않는 것을 포함한다. 최근의 높은 재난 발생률, 세계의 다양성 증가, 재난구호와 복구에서의 차이 등을 감안했을 때, 가장 취약한 집단들의 욕구를 다루는 변화들이 생긴다 하더라도 그 결과는 불 보듯 뻔할 것이다.

지난 장에서 언급한 것처럼 사회복지전문가들은 재난구호교육 및 훈련을 제공한다. 이 장에서는 사회복지교육프로그램들을 통해 다양성과 다문화 특성을 가진 지역사회 내에서 학생들을 문화적인 특성에 민감한 재난구호 사례관리를 위한 실천가로 어떻게 성장시킬 수 있는지를 제시한다. 특정지역에 맞춘 재난개입을 위한 재난구호사례관리자와 자원봉사자로 성장시키기 위해 의미 있는 교육과 훈련이 되기 위하여 이러한 프로그램들이 종교단체와 비영리기관의 협업을 통해 어떻게 운영될 수 있는지를 논의한다. 중요한 것은 다양성이 재난구호사례관리에 어떻게 영향을 미치는지를 이해할 필요가 있다는 것이다. 우리는 재난경감, 계획, 구호, 복구과정에서 다양한 특성을 가진 취약한 인구집단을 대상으로 실천하는 사회복지실천가들을 준비시키기 위한 사회복지교육과 훈련 모델을 설명할 것이다.

다문화 재난구호교육이 왜 중요한가?

재난관련 학자들의 연구에서 반복적으로 결론짓는 최근의 재난 특성들은 다음과 같다: 지난 재난경험을 통해 살펴볼 때, 재난구호, 회복, 예방에 대하여 문화적으로 유능한 접근법에 대한 필요성이 더욱 명료해져 왔다.

Puig와 Glynn(2003, p.57)은 "효과적인 구호노력은 지방의 공무원들과 풍습, 규범들에 익숙한, 자연적 지지네트워크를 강화하고 지속시킬 수 있는 능력이 있는 응급의료종사자를 구축하는 것"도 포함한고 말했다. 문화적으로 유능한 재난구호 및 복구 실천가들이란 다양한 문화들이 마주치는 상황에서 효과적인 실천을 위한 의식, 지식, 기술을 획득하고 이해하기 위해 인종/토속적인 문화적 역사, 신념, 가치, 편견들에 대한 구체적인 지식을 갖고 있는 자들을 말한다. 이러한 기술의 총체는 특히 미국뿐만 아니라 전 세계적으로 다양성이 증대되고 있는 상황에서 더욱 중요해지고 있다.

사회복지전문가들에 대한 악평이 늘어남에 따라 이들은 재난복구서비스와 사례관리의 역할을 강력하게 부여받았으며, 재난구호전문가들의 문화적 민감성 개발에 대한 개념이 잘 정립되었다. 이 장의 뒷 부분에서 취약집단에 대한 예방과 개입차원에서 왜 문화적 유능성을 갖춘 재난구호교육과 훈련이 중요한지를 예시를 통해 보여줄 것이다.

재난의 빈도

연방긴급사태관리청(재해대책기구, FEMA)의 웹사이트를 살펴보면 미국의 재난 발생은 1953년 평균 13~14건이었으며 2007년 54건, 2009년 59건으로, 지역사회에 영향을 미치는 재난들이 최근 많이 증가해왔다는 것을 알 수 있다(FEMA, 2010). 선형회귀분석결과, 통계적으로 거의 386%의 증가가 나타났다($F(1.54)=71.566$, $p<.001$, $R^2=.57$) (<그림 13.1> 참고). 이러한 증가는 취약한 지역의 경우 더 쉽게 재난을 경험한다는 측면에서 취약계층에 대한 영향을 보여준다.

〈그림 13.1〉 각 년도 재난 발생의 수: 1950-2010

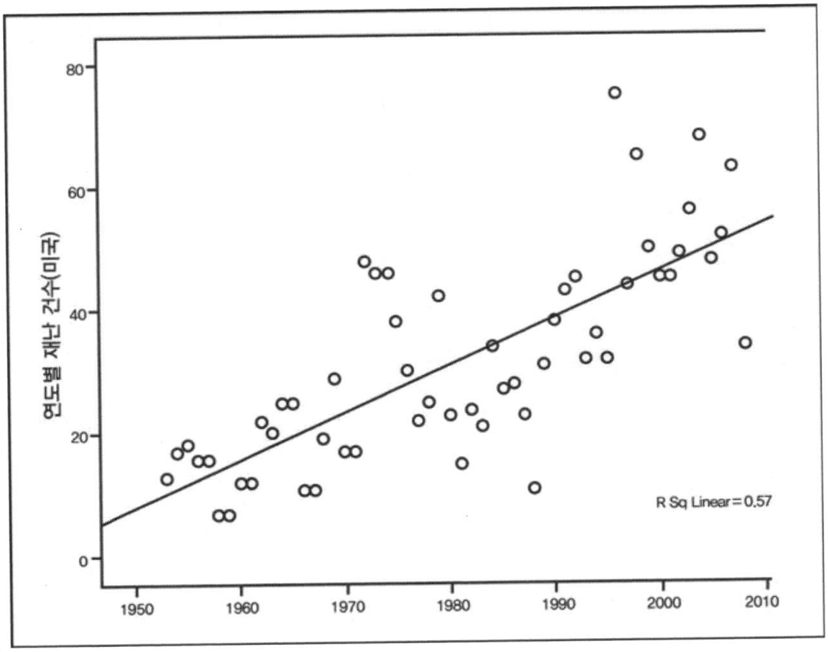

마찬가지로, 미국 연방에서 지역에 따라 지정한 재해들을 지역에 따라 나누어 보았을 때 이와 같은 급속한 재난의 증가는 분명하게 나타난다. 재해대책기구는 미국의 주들을 묶어서 총 10개의 지역으로 나누었다(일부는 준주임; FEMA, 2008). 비상관리자들은 재해대책기구가 발표한 각 지역의 재난 발생 수에 대한 다중회귀분석을 실시한 결과, 1953년부터 이러한 10개의 지역에서 지정된 재난의 수가 증가해왔다는 것을 알아냈다. 이는 미국 전역이 더욱 심각한 재난의 위험에 놓여있으며, 사회경제적 지위, 인종, 장애 또는 다른 요인들로 인해 더욱 취약한 사람들의 경우에도 미국의 어느 곳에 거주하든 항상 위험에 처해있다는 것을 보여준다. 그러나 재해대책기구가 발표한 재난의 수에 근거해 볼 때, 가장 빈도가 높은 17개 주들은 미국의 남반부에 걸친 세 지역에 놓여있다. 여기에는 앨러배마, 조지아, 플로리다, 켄터키, 미시시피, 노스캐롤라이나, 사우스캐롤라이나, 테네시주를 포함하는 Ⅳ 지역($F(1.54)=31.431$, $p<.001$, $R^2=.368$), 아칸사스, 루이지애나, 텍사스,

오클라호마, 뉴멕시코를 포함하는 Ⅵ지역($F(1.54)=25.079$, $p<.001$, $R^2=.317$), 애리조나, 캘리포니아, 네바다, 하와이, 괌과 사모아주를 포함한 태평양 연안 영토를 포함하는 Ⅸ지역($F(1.54)=42.643$, $p<.001$, $R^2=.44$)이다(FEMA, 2010).

취약성의 증가

재난이 야기한 결과에 있어서 최근의 추세를 살펴보면 위험에 처한 취약집단들을 위한 경감, 계획, 구호, 회복 단계에서 상당한 관심을 기울일 필요가 있다는 점을 알 수 있다. 열악한 환경에 놓인 대다수의 취약집단은 계획과정에서 필요한 수준의 적절한 관심을 받지 못한다. 국제 적십자사·적신월사연맹(IFRC)의 세계재난보고서(2007)에서는 상당수의 토착민과 비주류인구집단들은 재난경감 및 계획과정에서 획득할 수 있는 구분된 정보부족으로 인해 상태가 악화된다는 점을 지적하였다. 예를 들어 2005년 카트리나 허리케인이 발생하기 전, 미시시피 주 걸프포트에서는 국가경보방송시스템이 작동되었다. 그러나 이 방송시스템은 새우잡이 공장에서 일하는 영어를 구사 못하는 많은 베트남 노동자들을 포함시키지 못했기 때문에, 메시지를 받지 못한 사람들은 허리케인이 발생하기 전에 미리 대피하지 못하였다.

<u>인식의 차이들</u> : 재난구호와 회복에 대한 민족 및 인종적 차별에 대한 인식들과 태도들은 재난 이후 표출되는 집합적인 공감들에도 불구하고, 재난기간 이전에 발견되었던 것과 많은 측면에서 닮아있었다. 대서양 쓰나미 사건을 보면, 카스트제도의 최하층인 달리트계층은 “다른 카스트계층에 의해 유니세프에서 제공하는 물탱크에 접근하지 못하게 되어 있었는데, 이는 달리트계층과 물을 공유하는 것은 그들의 관점에서는 그것을 오염시킨다고 보았기 때문이다”(IFRC, 2007, p.47). 유사하게 타밀나두주정부는 달리트계층에 대해 수용소와 이용시설을 분리해서 두었다. 그러나 일부 달리트들은 다른 상위계층에게 공격받을 것을 두려워하였기 때문에 분리를 원하기도 하였다.

인종, 정책, 문화에 대한 연구를 하는 시카고대학의 센터의 연구

(Dawson, Lacewell & Cohen, 2005)에 따르면 허리케인 카트리나에서 얻은 교훈을 되돌아 볼 때, 아프리카계 미국인과 백인들 사이에서 인식과 의견 상에 차이가 벌어지고 있음을 발견하였다. 703명의 백인과 487명의 아프리카계 미국인을 랜덤으로 추출하여 설문조사를 실시하였다. Dawson과 그의 동료는 아프리카계 미국인들의 경우 카트리나에 대하여 백인들과는 다른 인식을 갖고 있다는 것을 발견했다. 예를 들어, "카트리나로 인해 집을 잃은 사람들의 복구를 위해 연방정부가 지출해야만 한다고 생각하십니까?"라는 질문에 79%의 아프리카계 미국인은 그렇다고 응답한 반면 백인은 33%만 이에 동의하였다. "수용된 사람들은 옮길 자원이 없다"라는 질문에 89%의 아프리카계 미국인이 그렇다고 응답한 반면, 57%의 백인만이 동의하였다. 방송(아프리카계 미국인들은 "쫓겨난 난민"으로, 백인들은 쫓겨난 미국인들로 보도됨)에서도 이러한 인식 상에서 유사한 불균형이 나타났으며, 재난의 원인에 대한 태도와 이들 의견 상의 유사한 차이를 보여주었다.

<u>노인차별</u> : 종종 재난의 취약성은 편견적인 태도로 인해 노인들에서 높게 나타난다. 60세 이상 인구의 증가에도 불구하고, 재난이 발생했을 때, 많은 수의 인도주의 단체들은 노인집단에 접근하기 위한 명료한 계획을 가지지 못했다. "2005년에서 2050년 사이, 세계 노령인구는 673만 명에서 2,000만 명까지 3배로 늘어날 것인 반면, 14세 이하의 아이들은 1,800만 명 수준에 계속 머물 것으로 보인다"(Dawson, Lacewell, & Cohen, 2005; p.67). 이재민은 노인계층에서 더 많이 나타나며, 재난계획, 구호, 회복단계에서 노인들에 대한 낙인과 잘못된 인식들이 존재한다.

세계재난보고서(The World Disasters Report, IFRC, 2007)는 응급상황에서 노인에 대한 잘못된 6가지 인식을 밝혔다: (1) 대가족과 지역사회는 항상 그들을 돕고 보호할 것이다. (2) 기관들은 그들을 돌볼 것이다. (3) 그들의 필요사항은 일반적인 구호배분에 의해 충족될 것이다. (4) 그들은 단지 자기만 걱정하면 된다. (5) 그들은 도움을 받기 위해 계속 기다리고 있는 중이다. (6) 그들은 일하기에 너무 늙었다(p.69).

<u>장애편견</u> : 장애가 있는 사람들은 재난구호와 회복노력이 미흡해서 발

생하는 더 큰 위기상황에 민감한 또 다른 집단이다. "장애는 물리적 장애물이나 사회참여를 막는 지배적인 태도와 같은 방해물들과 사람들의 장애 간의 상호작용을 통한 결과이며 발전하는 개념이다"(IFRC, 2007, p.91). 전 세계에서, 장애를 겪는 사람들은 가난, 장애물, 차별, 소외와 연관되기 때문에 재난 발생이 야기하는 위험에 더 많이 노출된다.

사회복지와 다문화 교육 : 사회복지에서 증거기반 다문화교육과 실천에 대한 최근의 접근법들

사회복지교육에서의 문화역량은 다문화 상황에서 문화교류를 위해 개인이 효과적으로 일할 수 있게 도와주는 인식, 행동, 접근, 기술의 증대과정이다(Fong&Futuro, 2001). 일반적으로, 사회복지교육을 받는 학생들은 문화역량을 Reynolds의 5단계 모델을 통해 학습한다(Hendricks, 2003; Reynolds, 1942). 이 모델의 5단계는 문화적 자기인식 단계, 문화적 민감성 단계, 문화적 유능성 시작단계, 문화역량의 상대적 우세 단계, 문화역량의 교사/학습자 단계를 포함한다(Hendricks, 2003; Reynolds, 1942). Reynolds 모델의 문화역량학습은 일반적으로 집단의 세부적인 특성을 가르치는 것을 선호하는 교사들에 의해 활용된다(Colvin-Burque, Zugazaga, & Davis-Maye, 2007; Hendricks, 2003). 이 모델을 활용하여, 학생들은 그들이 누구인지에 대해 배우고, 그 지식을 통해 다른 문화와 집단들에 대해 학습한다(Carter-Balck, 2007; Colvin-Burque et al., 2007; Hendricks, 2003). 문화적인 역량을 갖춘 사회복지실천은 응용지식발전, 경험, 기술에 기반하며, 실제 환경에서 효과적인 방법으로 적용된다.

1970년대 이후 다문화 사회복지교육은 사회복지교육협의회(Council on Social Work education, CSWE)가 점차 교육프로그램의 분화역량을 요구하면서 더욱 강조되었다(Hall & Theriot, 2007). 비록 Reynolds 모델의 문화역량이 역사적으로 문화역량을 갖춘 사회복지교육과 실천을 위한 토대를 마련했다

할지라도, 최근에는 증거기반프로그램과 서비스에 대한 요구가 증대하고 있기 때문에, 새로운 모델이 개발되고 있다(Hall & Theriot, 2007; Krentzman & Townsend, 2008). 불행하게도, 사회복지에서 문화역량에 대한 연구는 제한적이며 미완성 수준이다(Hall & Theriot, 2007). 사회복지전문가들은 문화역량과 관련된 연구결과가 부족함을 계속적으로 밝히고 있다. 예를 들어 Hall과 Theriot는 온라인 저널, 다문화 현장감사보고서, 독후감, 현장감사에 대한 구두발표를 포함하는 다문화사회복지교육모델을 개발해오고 있다. 이 모델에 기반하여, 다문화 교육을 통한 지식 및 인식 획득 정도를 파악하기 위해 탐색적 연구방법인 자기보고식 설문조사를 활용한 사전·사후검사가 실시되었다(D'Andrea, Daniels, & Heck, 1991). 그 결과 사전검사에 비해 사후에서 상당한 수준의 점수향상이 관찰되었다. 저자는 비록 모델이 일부 가망성이 있어 보이지만, 여전히 해답이 필요한 질문들이 남아있다고 결론지었다(Hall & Theriot, 2007).

재난사례관리란 무엇인가?

재난 발생가능성이 증가함에 따라, 인증자문위원회(the Council on Accreditation, 2008)는 재난에 관심 있는 국가자원봉사단체들과 학자, 지역사회와 함께 재난사례관리의 정의를 개발하였다.

사례관리서비스는 기관 및 직원들이 통일된 목적과 서비스를 제공하기 위해 개인과 가족들의 협력을 통해 수행하는 계획, 획득(secure), 조정, 감시, 옹호활동이다. 재난회복사례관리서비스는 주요사고와 응급상황의 여파가 남아있는 상황에서 서비스를 제공할 때 독특성을 가지는 실천활동을 포함한다. 이와 같은 서비스들은 사회기반시설의 손실, 기능붕괴, 커뮤니케이션, 기록관리, 효율성의 어려움이 존재하는 환경 속에서 제공될 것이다. 서비스 제공과정에서 당면하는 도전과제들은 재난이 발생한 지역에서 공적/사적, 지역, 주, 연방 차원의 지원들이 갑작스럽고 동시적으로 전개되는 것과 연결된다. 서비스들은 다양한 서비스기관에 의해 제공된다.

게다가, 사례관리자들은 클라이언트에게 제공가능한 선택지와 서비스들을 감시하고 평가한다. 그들은 어지럽고 혼란스러운 상황에 빠져있는 재난 희생자들과 비정부기관 및 정부가 제공하는 자원들과 연결되어 있다. 재난사례관리에서는 사례관리자와 클라이언트 사이의 신뢰관계가 구축되어야만 한다. 이상적으로, 자원에 대한 선택권이 제공되고 클라이언트의 삶을 향상시킬 때, 클라이언트와 파트너십이 형성된다. 사례관리자들이 클라이언트의 이야기를 유의 깊게 듣고 난 후 의견이나 조언을 해줄 때, 재난 희생자들은 더욱 임파워되는 기분을 느낄 것이다.

문화적으로 민감한 재난사례관리는 문화적으로 수용할 수 있고 효과적인 방법으로 개입하는 것을 목적으로 하여, 교육, 훈련, 지식, 기술개발을 통한 개입을 위해 문화적으로 받아들여지는 접근법들을 수립하는 과정이다. 한편으로는 특정한 행동이나 사회실천의 기존 의미를 적절한 행동과 실천으로 새롭게 주입시키기 위한 변형을 포함한다. 반면에, 구체적인 목적과 임무명령들을 개발하는 것에 참여시키는 것을 목적으로, 특수한 클라이언트 집단에 문화적으로 수용적인 서비스를 통해 직원, 프로그램, 실천활동의 개발에 관여하는 조직들, 기관들, 관리구조를 변형하는 것을 포함한다. 이것은 National Human Services Assembly(n.d)가 발표한 성명인 "효과적인 사례관리자는 잘 작동하는 전달체계의 톱니바퀴라기보다는 클라이언트를 대신하는 사업가에 더 가깝다"에 일치한다(p.1).

문화적으로 유능한 재난사례관리를 위한 사회복지사 교육

문화적으로 민감한 재난구호와 회복개입에 필요한 지식, 기술, 전략의 어려움을 보았을 때, 사회복지학생들이나 전문적 실천가들은 문화역량개입에서 도전에 의해 눌리고 압도감을 느낄 것이다. 이렇게, 사회복지전문직은 문화적으로 역량을 갖춘 재난구호사례관리를 하는 사회복지사들을 양성하기 위한 체계적인 접근법들을 개발하는데 어려움을 겪는다. 이러한 방법들은 문화적으로 역량을 갖춘 재난구호 및 회복개입을 위해 필요한 지식의 폭과 깊이에 "부합하는" 방법들을 포함시켜야 한다. 이러한 도전과제들을 보았을 때, 아래의 방법들은 사회복지교육프로그램과 실천에 있어서 교수와 학습을 촉진시키기 위해 활용될 수 있다.

1998년 온두라스에 허리케인 밋치가 발생했을 때, 재난구호서비스를 제공했던 사회복지 대학원 학생들의 국제적인 경험들이 적힌 자료를 통해 한 예시를 살펴보자. Puig와 Glynn(2003)은 질적 연구를 통해 다문화 국제사회복지실천을 위한 지식개발과 관련된 몇몇 접근법들을 언급했다: (a) 개인적인 편견, 태도, 신념과 이것들이 개인적인 전문적 상호작용에 어떻게 영향을 미치는지를 이해하는 것 (b) 사회경제적, 정치적 요소들과 이들이 국제적 관계들에 선입견을 갖게 하는지를 인식하고 이해하는 것 (c) 특정 국가 내에서 함께 일하는 사람들의 집단이나 개인에 대한 인식과 이해 (d) 다른 사람들을 돕기 위한 토착민들의 고유한 방법을 가치있게 생각하는가와 지역적인 원조실천에 대한 개인적 관점의 인식 (e) 지역사회 특성에 영향을 미치는 문화적으로 구체화된 가족구조, 사회위계, 신념, 가치에 대한 지식 (f) 현지국가/지역사회 내의 사회·정치적 구조에 의한 차별적이고 억압적인 실천에 대한 인식 (g) 재난구호 및 회복 서비스를 제공하는 데 있어서 개인적인 한계, 기술, 능숙함에 대한 인식 등이다.

중범위·거시체계를 고려해볼 때, 우리의 접근은 Burgess에 의해 1925년에 개발된 동심원이론(concentric zone theory)에 일부 기반한다(Park, Burgess, & McKenzic, 1925). 동심원이론은 원래 도시들이 개발하는 경향이 있는 자연적인 경제조직을 묘사하기 위한 수단으로 개발되었다(Haggerty, 1971; Park et al., 1925; Quinn, 1940; Uitto, 1998).

여기서 제안하는 방법은 "영역분석(zone analysis)"으로 불리며, 재난응급관리기관을 위한 주요 서비스지역이 되는 주요 영역을 포함한, 세 군데 영역을 포함한다. 두 가지 다른 영역은 기관의 주요 서비스지역을 넘어선 더 큰 지역에 분산되어 있다. 첫 번째, 혹은 주요 영역은 지역 서비스지역을 아우르며, 일반적으로 다른 지역사회들이나 인근의 재난응급관리기관의 서비스영역과 겹치지 않는다. 그러나 관할권 내의 다른 종류의 구호 및 회복서비스들과 조정되고 협력한다(즉, 중부사령부, 법집행기관, 병원, 학교 등). 첫 번째 영역의 크기는 지역사회와 기관들과 관련 된다; 이는 특정기관의 임무와 미리 규정된 경계에 의존하는 지역사회, 군구, 자치구, 지역일 수 있다. 예를 들어, 미국 플로리다의 탤러해시와 같은 작은 지역사회에서의 주영역은 함께 위치한 몇몇 주를 포함한 것인 반면, 캘리포니아의 샌프란시스코 같은 경우, 주영역이 도시 경계에서 끝날 것이다. 두 번째 영역은 직접서비스 제공지역으로부터 멀리 떨어진 영역을 포함할 것이다. 이 영역에서 기관들 간의 서비스지역은 겹치기 시작할 것이다. 만약 다른 기관들이 재난과 원조수요에 압도당한다면, 어떠한 기관이 두 번째 영역에서 발생한 응급상황에 대처할 것이다. 세 번째 영역은 기관들의 거점 지역사회에서 더 멀리 위치해 있으며, 전체 주나, 더 많은 주들을 포함할 것이다.

각각의 영역 내에서, 기관은 열악한 재난의 결과에 아주 취약한 인구집단을 규명해야 한다. 기관은 취약집단에 대해 접근하고 서비스를 보급하기 위한 최고의 실천과 전략적 계획을 명료화하기 위해 직업교육과 훈련을 실시해야 한다. 유사하게 기관들은 두 번째 영역의 기관들과의 협력을 통해 그 지역의 잠재서비스 필요인구를 발굴해야 한다. 이를 통해 재난구호와 회복개입을 위한 최고의 실천 및 전략적 계획을 명료화하는데 교육과 훈련이 진행되어야 한다(비록, 주영역에 비해 적은 수준이라도). 기관의 세 번째 영역을 고려했을 때, 고취약 집단의 명료화와 일반화는 재난구호, 회복을 위한 서비스계획 및 사전조정과 더불어 필요하다.

재난회복사례관리 방법이나 접근이 사회복지교육프로그램에 의해 활용될 수 있다. 이러한 접근법의 한 부분으로 대학원 사회복지교육프로그램은 재난취약성이나 위험수준을 결정하는 것이 요구될 것이다.

"영역분석"은 넓은 지역의 취약계층에 대한 이해를 촉진시킴으로써 응급관리실천과 관련된 접근을 조직하는 이점을 갖고 있다. Puig와 Glynn (2003)이 언급한 것처럼, 미시적인 접근들과 함께 인식, 지식, 기술개발 및 전략사업에 대해 익숙해져야만 한다. 이 경우에, 사회복지사와 기관은 재난이 발생했을 경우, 이러한 집단들 각각에 적절히 대응하기 위하여 각 영역의 인구통계학적 구조에 특별한 관심을 가져야 한다. 평범한 임무와 계획과정을 따라 수행되다보면, 이 방법은 취약한 인구집단들이 간과되는 것을 예방할 수 있도록 도와준다.

종교단체들과의 협력

재난복구사례관리에서 사회복지전문영역의 성공과 인정은 여러 측면에서 종교단체와의 협력과 관련된다(FBOs). 부시행정부의 두 번째 임기에 열린, 백악관의 종교 및 사회봉사(Faith－Based and Community Initiatives, FBCI)에 대한 회의로 알려진 수 차례의 지역회의에서 이는 분명하게 드러났다. 2008년 6월 뉴올리언스회의의 한 발표자는 종교단체들이 지역사회 기반의 사회서비스에 더 많이 참여하게 되는 "상당한 혁명"이 발생하고 있다고 밝혔다. 회의 의장은 법적책임과 최근 과제들 같은 주제들에 대한 기본적인 정보를 제공하는 반면, 보조금과 계약을 통한 재정지원에서부터 주정부기관의 파트너십 및 정부서비스에 이르는 기회들과 함께, 주정부의 파트너십을 위한 기회를 특히 강조하였다.

연방긴급사태관리청(FEMA)은 재난공표지역의 재난사례관리서비스를 지원하는 권한을 부여받았다. 연방정부가 인식해왔던 것은 특히 재난회복기간 동안에 아주 취약하고 소외되었던 집단들에 대해서, 종교단체들이 사회서비스관점에서 지속적으로 해왔던 근본적인 역할에 대한 것이다. 예를 들어, 텍사스 주의 휴스턴지역이 허리케인 카트리나의 휴유증을 앓던 기간에 대략 10,000명의 베트남계 미국인들이 그곳에 거주하고 있었다. 라틴계 미국인들이 그랬던 것처럼, 언어적인 문제와 문화적인 차이로 인해 아시아계 미국인들은 연방긴급사례관리청과 적십자의 도움을 받는데 어려움을 겪었다: 그들은 자신들이 서비스를 받을 자격이 있으며, 부당하게 거절당했다는 사실을 몰랐다(Dyson, 2006). 그들의 전문지식과 기존 관계들로 말미암아, 종교단체들은 장단기 사례관리서비스를 제공하면서 아시아계 미국인의 욕구에 응답해왔다.

허리케인 카트리나와 리타의 여파에 대항하는 종교단체들의 핵심역할은 "The Federal Response to Hurricane Katrina: Lessons Learned"와 같은 최근 연방정부보고서에 상세히 기술되어 있다(Townsend, 2006). 게다가, 이 문서는 미국 국토안보부(Department of Homeland Security, DHS)가 재난구호와 회복개입을 위한 종교단체 및 기관들의 책임성을 높일 것을 권고하였다. 이와 같이, 국토안보부는 종교단체들과의 협력과 파트너십을 증진시키기 위해 회의를 개최해왔다. 아마도 이와 같은 파트너십의 가장 가시적인 성과는 2008년 3월에 종료된, 연합감리교(United Methodist Committee on Relief)를 비롯한 10개 사회서비스기관들의 컨소시엄인 "Katrina Aid today"였다. 이 단체는 장기사례관리서비스를 위해 66만 달러를 종교단체들로부터 지원받았을 뿐만 아니라 국제적인 재정지원도 받았다. "Katrina Aid today"는 활동하는 기간 중 10,000명이 넘는 클라이언트에게 서비스를 제공하였다.

여기서 중요한 점은 연방정부와 종교단체 사이의 관계, 탄력성, 동반자 관계의 증가를 사회복지 전문영역에서 무시할 수 없다는 것이다. 다수의 사회복지사들은 종교단체에 근무하며 재난구호와 회복노력에 있어서 중요한 역할을 맡아왔으며 이와 같은 활동은 지속될 것이다. 종교단체들은 재난구호와 회복을 위해 계속적으로 자원봉사요원을 모집, 교육, 훈련한다.

뿐만 아니라 그들은 아주 취약한 집단을 위한 재난구호와 회복노력들을 명료화하고 촉진시키며, 재난회복노력을 옹호하기 위한 조직을 함에 있어서 중요한 역할을 한다. 사회복지교육기관에서는 이들의 네트워크를 활용할 수 있게 조직해야 하는데, 이는 (a) 재난회복사례관리에 흥미 있는 학생들을 관련 집단에 사회서비스 개입하는 것을 경험할 수 있도록 배치 (b) 제외된 집단을 명료화하는 강사 주도적 전략들 및 문화적 유능성을 갖춘 커리큘럼을 개발하기 위해 종교단체들과 파트너십을 맺는 것 (c) 고위험집단에 대한 서비스와 접근을 강화하는 최고의 실천방법들을 명료화하는 것 (d) 아주 취약한 집단에 대한 재난회복사례관리의 사회서비스 개입방법 및 결과를 사정하기 위한 평가방법을 개발하는 것 (e) 종교단체와의 협력을 통한 사적, 주차원, 연방차원의 재정지원을 통해 훈련 및 연구를 위한 보조금을 지향하는 것으로 정리될 수 있다.

결론

재난구호 및 회복결과를 논의하는 데 있어서 가장 중요한 이슈 중 하나는 지난 경험들로부터 "얻은 교훈"에 대한 것이다. 왜냐하면 사회복지전문가들은 전통적으로 억압되고 서비스를 받지 못하는 집단을 위해 옹호, 사례관리, 임파워먼트 활동을 해왔는데, 그 결과로 전문가들이 재난구호 및 회복서비스결과의 차이를 제거하는데 어려움을 겪을 수밖에 없었다. 몇 가지 제안을 결론적으로 제시한다.

세계의 다양화와 재난 발생의 증가는 사회복지교육프로그램을 통해 학생들이 문화적으로 유능한 참여 및 리더십을 재난회복사례관리에서 발휘할 수 있도록 준비시키도록 한다. 비록 많은 프로그램들이 그렇게 운영되고 있지만, 사회복지전문가들은 최고의 실천이 무엇인지에 대한 더 많은 연구를 필요로 한다.

최소한의 수준에서, 학생들이 문화적으로 유능한 재난회복사례관리를 할 수 있게 준비시킬 수 있는 좀 더 사전적인 방법들이 요구된다.

아주 취약한 집단을 위한 공정하고도 적당한 재난회복서비스 및 접근을 확정함에 있어서 장기적인 어려움들은 사회복지교육프로그램들이 학생들의 지식과 훈련을 통해 그러한 유능성을 개발시킬 때 완화된다.

많은 종교단체들은 지속적으로 특수한 지형학적인 지역성으로 인해 제외된 집단들과 선교활동이나 국제봉사활동을 통해 상호작용하기 때문에 재난구호 및 회복기관뿐만 아니라 사회복지교육프로그램들이 종교단체들과 서비스를 조정하고 협력한다.

사회복지전문직을 통해 재난회복사례관리영역에서 인정과 존중을 받기 위해서는 아주 취약한 집단에 개입하는 실천가들의 유능성을 향상시키려는 노력이 동반되어야만 가능하다.

참고문헌

Carter-Black, J. (2007). Teaching cultural competence: An innovative strategy grounded in the universality of storytelling as depicted in African and African American storytelling traditions. *Journal of Social Work Education, 43*, 31-50.

Colvin-Burque, A., Zugazaga, C. B., & Davis-Maye, D. (2007). Can cultural competence be taught? Evaluating the impact of the SOAP model. *Journal of Social Work Education, 43*, 223-242.

Council on Accreditation. (2008). D*isaster recovery case management services.* Retrieved from http://www.coastandards.org/standards.php?navView=private & section_id=114.

D'Andrea, M., Daniels, J., & Heck, R. (1991). Evaluation the impact of multi-cultural counseling training. *Journal of Counseling and Development, 70*, 143-150.

Dawson, M., Lacewell, M. H., & Cohen, C. (2005). 2005 Racial attitude and the Katrina disaster study. *University of Chicago Center for the Study of Race Politics and Culture, Initial Report January 2006.* Retrieved from http://melissaharrislacewell.com/docs/Katrina_Initial_Report.doc.

Dyson, M. E. (2006). *Come hell or high water: Hurricane Katrina and the color of disaster.* New York, NY: Basic Civitas Books.

Federal Emergency Management Agency (FEMA). (2010). Declared disasters by year or state. Retrieved from http://www.fema.gov/news/disaster _totals_ annual.fema.

Fong, R., & Futuro, S. (Eds.). (2001). *Culturally competent practice: Skills, interventions, and evaluations.* Needham Heights, MA: Allyn & Bacon.

Haggerty, L. J. (1971). Another look at the Burgess hypothesis: Time as an important variable. *American Journal of Sociology, 76*, 1084-1093.

Hall, J. C., & Theriot, M. T. (2007). An exploratory study evaluating the effectiveness of an innovative model for teaching multicultural social work education. *Journal of Teaching in Social Work, 27(3/4)*, 259–271.

Hendricks, C. O. (2003). Learning and teaching cultural competence in the practice of social work. *Journal of Teaching in Social Work, 23(1/2)*, 73–86.

International Federation of Red Cross and Red Crescent Societies (IFRC). (2007). *World disaster report: Focus on discrimination.* Retrieved from http://www.ifrc.org/Docs/pubs/disasters/wdr2007/WDR2007–English.pdf.

Krentzman, A., & Townsend, A. (2008). Review of multidisciplinary measures of cultural competence for use in social work education. *Journal of Social Work Education, 44(2)*, 7–31.

National Human Services Assembly. (n.d.). *Re–establishing normalcy: Helping families address the long–range effects of disaster through case management.* Retrieved from http://www.nationalassembly.org/Knowledge/SearchKnowledge.aspx? Keyword s=Re–establishing%20normalcy.

Park, R. E., Burgess, E. W., & McKenzie, R. D. (1925). *The city.* Chicago, IL: University of Chicago Press.

Puig, M. E., & Glynn, J. B. (2003). Disaster responders: A cross–cultural approach to recovery and relief work. *Journal of Social Service Research, 30(2)*, 55–66.

Quinn, J. A. (1940). The Burgess zonal hypothesis and its critics. *American Sociological Review, 5(2)*, 201–218.

Reynolds, B. C. (1942). *Learning and teaching in the practice of social work.* New York, NY: J. J. Little & Ives.

Townsens, F. F. (2006). *The federal response to Hurricane Katrina: Lessons learned.* Retrieved from http://www.whitehouse.gov/reports/katrina–lessons–learned.pdf.

Uitto, J. I. (1998). The geography of disaster vulnerability in megacities: A theoretical framework. *Applied Geography, 18(1)*, 7–16.

제14장

대비하라 : 세계화와 기후변화 시대에 맞는 재난내용의 개발과 수용

REBECCA L. THOMAS AND LYNNE M. HEALY

사회복지는 "인간이 환경과 상호작용하는 시점에 개입하는" 전문직이다(IFSW/IASSW, 2000). 인간환경은 주기적인 자연재해이거나 인재(人災)일 수 있다. 최근 환경사를 보면 자연재해가 기후변화의 결과로 더욱 빈번히 발생한다는 점을 알 수 있다. 대규모의 재산피해, 인명피해, 이주의 원인이 되는 허리케인, 지진, 홍수, 산불이 전 세계 곳곳에서 발생해왔다. 더 작은 규모의 지역화된 재난들은 심지어 더 많은 사람들에게 자주 영향을 미친다. 게다가 테러공격, 전쟁, 대규모의 산업재해와 같이 인간의 의도적이고 돌발적인 행동으로 인해 발생하는 재난도 있다.

이 책의 다른 장에서 논의했듯이, 사회복지사들이 효과적인 실천을 할 수 있도록 준비가 갖춰져 있는지 여부와는 관계없이 재난대응의 다양한 측면에서 활동하고 있다. 사회복지라는 전문직이 재난관련 업무에 기여하고 있는 잠재력은 상당하다. 사회복지사들은 전체론적이고 인간중심의 접근법으로 다른 전문가들이 간과하고 있는 필요사항들을 파악한다. 사회복지사들은 재난계획에서 취약계층이 특별히 무엇을 필요로 하는지 파악하고 있으며, 비상대피소 관리 측면에서 아동복지와 노인돌봄에 대한 사안들을 고려해야 한다는 점도 잘 알고 있고, 간병인과 재난 현장에 출동하는 대응자들 역시 보살핌을 받아야 한다는 사실 등을 인지하고 있다. 사회복지 분야는 강점기반의 접근법과 역량강화 접근법이 재난 개입방법으로 널리 사용되기 오래 전부터 이들의 가치를 알고 있었다. 따라서, 사회복지사들이 재난관련 업무를 전문적 책임성과 실천이 필요한 분야로 받아들이도록 장려해야 한다.

전 세계의 많은 저자들은 사회복지사들이 재난대응 및 복구 작업에 참여해서 중요한 역할을 하지만, 대부분이 이 역할을 수행하는데 제대로 준비되어 있지 않다는 점을 인정했다. 1995년 Webster는, "사회복지교육 프로그램들은 재난 프로그래밍에 특별히 초점이 맞춰져 있지는 않다. 그럼에도, 사회복지사들은 재난대비 및 대응이 필요한 지역공동체에서 중요한 역할을 하고 있다"고 언급한 바 있다(p.768). 앞서 다른 장에 언급된 것처럼, 국가 전문직 종사자 윤리강령(미국사회복지사협회: National Association of Social Workers [NASW], 1996)의 사회복지사의 더 넓은 사회에 대한 윤리적 책임을 다룬 장(6.03)에서는 "사회복지사들은 공공 비상사태에서 적절하게 전문적인 서비스를 최대한 많이 제공해야 한다"라고 명시되어 있으나, 미국의 사회복지 커리큘럼에서 재난교육은 실상 찾아보기 어렵다. Rock과 Corbin(2007)이 카리브해 지역에 관해 쓴 글에서 "사회복지사들에게 효과적인 개입방법을 위한 필수 지식 및 기술을 제공하는 부분에 있어, 재난관리 분야는 카리브해 지역의 사회복지사 교육에서 그다지 관심을 받지 못했다"고 밝혔다. 또한, 바베이도스에서는 정부가 사회복지사들에게 재난관리에서 역할을 수행하도록 권한을 주었으나 정작 사회복지교육계는 재난관리 현장에서 필요한 새로운 요건들을 따라가지 못하고 있다"(p.384)고 지적하고 있다. Chou (2003)는 1999년 대지진이 대만을 강타해 2,300명이 숨지고 600,000 명이 보금자리를 잃어버린 당시의 상황 속에서 사회복지사들이 위기 및 복구 대응에 참여해 적극적으로 임했다고 밝힌 바 있다. 그리고 대만은 상습지진 지역임에도 불구하고 "유감스럽게도, 대부분 대만의 사회복지사들은 재난 구호 훈련을 충분히 받지 못했지만 구조 및 구급활동에 참여했다. 즉, 현재 커리큘럼에 재난 시 사회복지 실천이 포함되어 있지 않은 것이다"(p.14)라고 말했다. 실제로 Chou의 연구와 관련해 설문조사에 참여한 사회복지사들 중 겨우 6.4%만이 재난관련 업무에 대한 훈련을 받은 것으로 드러났다. 따라서, 사회복지사들이 재난경감 또는 대응에 준비할 수 있도록 전문교육이 적절히 뒷받침 되어야 하는데 현실은 그렇지 않다는 것을 알 수 있다.

이번 장에서는, 전 세계적으로 사회복지교육과 관련성이 있는 지식 및 기술에 대해 논의하기로 한다. 재난교육에 포함되어야 할 주요 분야를 살펴보기로 한다. 사회복지 커리큘럼에 새로운 내용을 추가하려 했던 노력들, 특히 사회복지교육을 국제화하기 위해 쏟은 노력에서 얻은 교훈이 있다면 바로 이러한 노력을 쏟는 과정에 수많은 장벽이 존재한다는 점이다. 커리큘럼 정책을 촉진하는 기능과 저해하는 기능에 초점을 두고 이러한 현실을 탐구해보기로 한다. 본 장은 앞으로 나아갈 방향을 권장하는 것으로 마무리하고, 사회복지 실천을 위한 지식 및 기술을 가르칠 때 국제적/지역적 이분법을 축소시키는 데 있어 자연재해와 인재가 유용한 예로 쓰일 수 있다고 주장하면서, 어떻게 하면 재난 관련 교육으로 국제적 내용을 강화시킬 수 있을지를 탐구해보기로 한다.

재난과 국제사회복지: 재난 내용의 교육이 어떻게 국제사회복지를 강화시킬 수 있는가

앞서 언급하였듯, 사회복지교육에서 국제적 관점과 내용을 확대하는 일과 재난과 관련된 지식 및 기술을 다루는 일 사이에는 잠재적인 시너지가 발생한다. 재난의 영향권을 벗어난 국가는 거의 없다고 보며, 대규모 재난은 지역적이거나 세계적인 결과를 초래하므로 그에 맞게 대응해야 한다. 재난은 갑자기 발생하거나 계속 진행 중일 수도 있다. 지진, 허리케인, 홍수뿐만 아니라, 무력분쟁으로 인해 수천 명의 사망자가 발생하고 지역공동체와 삶의 방식이 엉망이 되기도 한다. 사하라 사막 이남의 아프리카에서 데일리 쓰나미라고 불리우는 에이즈(AIDS)도 분명 재난이다. 2007년도만 보더라도 이 지역에서 에이즈로 인한 사망자 수는 150만 명, HIV 감염자 수는 2,200만 명에 달했다(UNAIDS, 2008). 전 세계적으로는 지금까지 2,500만 명 이상이 사망했으며, 대규모의 분쟁 또는 자연재해와 맞먹는 수준으로 지속가능한 발전에 위협을 가하고 있다. 심각한 재난들은 모두 지역공동체를 불안정하게 만들고, 인명피해를 야기하며, 삶의 방식을 파괴하고, 사람들에게 정신적 외상을 입힌다는 공통점이 있다. 그리고 허리케인 카트리나 또는 이라크 분쟁 같은 재난이 발생하면 빈곤 심화, 실향민 대거 발생, 이주 등의 부차적인(이차적인) 현상이 나타난다. 세계화 시대에서 재난으로 인한 파급효과는 국경을 초월한다. 대규모 재난이 발생하면 그 지역 또는 심지어 전 세계까지 영향을 미친다. 2004년 아시아 쓰나미가 발생하자 인도네시아부터 소말리아까지 두 나라는 직접적인 영향을 받았으며 수십만 명의 사람들이 사망하는 등 해당 지역공동체가 완전히 파괴되었다. 세계은행은 2011년 뉴욕 세계무역센터 9.11 테러 사건으로 인해 전 세계적으로 약 1,000만 명이 빈곤층으로 내몰렸고 여행관광산업의 일자리 수백만 개가 사라진 것으로 추정했다(국제사회복지협의회: International Council on Social Welfare, 2007). 생태학적 재난도 국경을 넘어 다국적화 되고 있으며, 우크라이나의 체르노빌 원전 사고를 그 전형적인 예로 들 수 있다(Lyons, Manion, &Carlsen, 2006).

Ife(2007)는 가까운 미래에 전 세계가 직면할 가장 심각한 인권 문제 중 하나로 기후변화를 꼽았고, "기후난민"(climate refugees)이 증가할 것으로 바라봤다. 해수면 상승의 원인이 되는 기후변화가 지속되면 결국 해안가 주변 지역의 거주민들은 대이동 및 이주를 해야 할 것이다. 그러나 방글라데시 같이 인구밀집도가 높은 빈국의 경우, 대거 밀려오는 인구를 수용할 능력이 없다. 몰디브제도 같은 다른 나라들은 해수면 상승으로 인해 바다에 잠겨 사라질 가능성도 있다(Maldives; On the Beach, 1999). 지구온난화로 인해 가뭄발생 빈도와 기근현상이 증가하고, 결국 새로운 지역적, 세계적 규모의 위기가 일어나게 된다.

국제사회복지는 자연재해와 인재를 굉장히 중요한 부분으로 포괄하고 있다. Lyons와 연구원들(2006)은 재난으로 인한 손실(loss)을 국제사회복지의 보편적인 주제 중 하나로 여기고 있다. 그리고 이들이 2006년 발간한 책에서 자연재해를 손실과 연관 지어 설명하고 있으며, 허리케인 밋치와 카트리나, 인도/파키스탄에서 발생한 지진, 오클라호마시티의 폭탄테러 사건, 도쿄 지하철 가스테러 사건 등을 재난으로 인한 손실의 예로 제시하고 있다. 그리고 "손실은 모든 환경과 사회복지 대상자에게 나타나므로, 사회복지 전문가들은 손실이 세계적으로 미치는 영향력을 인지하고 사회복지를 실천해야 한다"고 기술하고 있다(p.78). 하지만, 손실이 보편적인 주제이긴 하나 이를 문화적으로 적절히 다루는 방법은 상황과 대상자에 맞게 정해야 한다고 강조한다. 즉, "세계화되는 상황에서 손실에 대한 지식을 지속적인 개념으로 이해하면, 이질적이고 다양한 실천 환경에서 사회복지사들의 지역적, 국제적인 기여도는 높아질 것이다."(p.84) 세계화와 손실이라는 개념을 통해, 작가들은 자연재해와 인재를 분쟁, 세계적인 전염병, 이주 등과 같은 국제사회복지 상에 관련된 주제들과 관련시키고 있다.

국제적인 사회복지에서 경력을 쌓는 사회복지사들은 필연적으로 재난 관련 업무에 개입하게 된다. 2004년 발생한 쓰나미, 그레나다 섬을 강타한 허리케인 이반, 몬트세라트 섬 인구 절반 이상을 외국으로 이주하게 만든 화산 등과 같은 대규모 재난들로 인해 국제적인 재난대응팀이 필요해졌고 사회복지사들이 이러한 팀의 일원으로 활동하고 있다. Webster(1995)는 "사회복지사들은 전 세계적으로 재난이 발생하면 국제적인 인도적 지원을 제공할 수 있는 잠재력을 갖추고 있다. 사회복지사들이 가진 기술은 국제적으로 분쟁을 해소하는데 특히나 중요하다"(p.769)고 말했다. 재난 개입방법 기술이 국제적인 사회복지를 실천하는데 중요한 반면, 재난은 세계적으로 관련성이 있는 주제이고, 이것으로 모든 학생들을 위한 사회복지교육을 강화시킬 수 있고, 국가적인 측면과 국제적인 측면의 차이를 줄일 수 있다. 재난은 "전문가들이 우려하는 문제에 대해 상호간 협력해서 작업하기 위한, 국제적으로 관련성이 있고 유용한 개념적 창구"의 또 다른 예이다(Asamoah, Healy, Mayadas, 1997: p.399). 그러므로 다음 섹션에서는 모든 사회복지 프로그램을 위한 재난 내용에 대해 논의하기로 한다.

사회복지사의 재난대응능력 준비를 위해 포함시켜야 할 교육내용

학생들이 자연재해 및 인재 등 계속되는 재난에 개입할 수 있도록 사회복지교육과 실천을 통해 대비시켜야 한다. 앞서 논의하였듯, 사회복지사들이 특화된 훈련을 받지 않은 채로 재난구조, 평가, 복구, 그리고 가장 취약계층을 위한 정책수립 등에서 도움을 주는 경우가 자주 있다. 최근에 재난발생 빈도수가 점점 높아지자, 사회복지 학자들, 미국사회복지교육협의회(Council on Social Work Education, CSWE), 미국사회복지사협회(NASW)에서는 위기 발생시 학생들이 즉각적으로 다양한 클라이언트 체계에 반응할 수 있도록 학교에서 지도를 받아야 한다는데 인식을 같이 하고 있다(Gelman & Mirabito, 2005: Graziano 2001: Mathbor, 2007: Miller, 2002). 환경 속의 인간(person-in-environment) 이론과 실천에서는 학생들이 즉각적이고, 직접적이면서 집중된 방식으로 모든 규모의 체계에 개입하도록 하고 있다(Gelman & Mirabito, 2005). 마찬가지로, 사회복지현장 교육에서도 국가적, 국제적 차원으로 개인, 가족, 지역공동체, 정책 측면에서 필요로 하는 다양한 부분을 해결하기 위해 학생들이 대비해야 한다는데 동의하고 있다(Javadian, 2007).

재난 관련 작업 준비에 필수적인 부분은 현장에서 정신적 외상을 잘 다룰 수 있도록 훈련을 받아야 하는 것이다. 사회복지 학생들을 자연재해 또는 인재로 인해 발생하는 대대적인 파괴 및 손실에 대비시키면 재난 환경에서 일하는 동안 겪게 될 수 있는 부정적인 반응들을 완화하는데 도움이 된다(Gibson & Iwaniec, 2003). 고도의 스트레스성 업무를 오랜 기간 하게 되면 결국 심신이 지치게 되는데, 이는 이차적 외상 스트레스(traumatic stress) 및 동정 피로증(compassion fatigue)으로 잘 알려져 있다(Figley, 1993). 전문가로서 책임을 다하려면, 학생들은 스스로를 보호하기 위한 방법으로 전략을 잘 세워야 한다. 그렇지 않으면, 도움이 절실한 사람들이 이용해야 할 한정된 자원을 학생들이 사용해버리게 된다. 즉, 재난 구조를 위해 적절한 훈련을 받지 않았거나, 현실적 기대치 또는 체계적인 접근법이 없는 자원봉사자들의 경우, 이미 재난으로 황폐화된 현장에서 혼란만 가중시킬 뿐이며, 이로 인해 결국 사회복지사들에게 정신적 외상을 안겨다 줄 수 있고 위험에 처한 사람들에게 사회복지서비스를 제대로 제공하지 못하게 된다.

재난 발생 동안 대응 및 사정, 취약계층의 이동을 위한 준비

사회복지교육 및 실천에서는 자신이 처한 환경에서 "사람들의 취약성 경감, 인간 및 생태계의 지속가능성 증진, 지역공동체의 복원력 강화"의 개념을 중심에 두고 있다(Gill et al., 2007,. P.789). 사회복지 커리큘럼을 약간 수정하고 재난 내용을 추가하면, 학생들이 습득한 기술을 스스로 재난 상황과 관리측면에서 어떻게 접목시켜 활용할 수 있을지에 도움이 된다. 예를 들면, 자원연계, 욕구사정, 취약계층 탐색, 지원제공, 재난 후 상담제공과 같은 일상적인 개입방법들은 사회복지사들이 서비스를 제공하기 위해 사용하는 기술이다(Javadian, 2007). 게다가, 사회복지 학생들은 다양한 정보와 사정을 통해 취약계층들이 겪고 있는 문제와 어려움을 파악할 수 있도록 훈련을 받는다. 학생들은 본인의 조직력 또는 사례관리 기술들을 재난구호과정에 접목시킬 수 있다(Gillespie, 1991). 이러한 지식은 경제적, 사회적, 문화적 맥락을 고려하면서 재난 상황에 맞춰 쉽게 적용할 수 있다. Chou(2003)는 재난과 관련된 사례관리 활동으로 지방정부 개입방법과 자원봉사단체를 연계, 사회서비스 제공 및 사람들이 필요로 하는 부분에 맞게 연결, 취약계층 파악, 기부금 걷기, 식량과 물품 운반 및 분배, 피해자에게 필요한 부분을 중앙정부 담당자에게 신청하는 등을 제시하고 있다.

노인계층, 빈곤계층, 여성, 장애를 앓고 있는 사람들이 재난의 영향력을 더 크게 느낀다. 게다가, 여성과 여아가 제대로 존중 받지 못하는 나라에서는 이들의 고충과 근심을 간과하는 경향이 있고 결국 더욱 힘든 삶을 살게 된다. 사회복지사들은 대응 기간 동안 임시 대피처에서 생활하는 사람들을 비롯해 취약계층이 특별히 요구하는 부분과 구호적 측면에서 필요로 하는 부분을 해결해줄 수 있도록 책임을 다해야 한다(Webster, 1995: Zakour, 1996). 재난관리 상황에 있는 사회복지사들은 취약계층을 지원할 수 있도록 훈련을 받아야 한다. 그리고 학생들이 깊이 있고 비판적인 사고를 하며, 창의적으로 문제를 해결할 수 있도록 대비시키고, 재난 발생 동안, 그리고 발생 후 소외계층을 반영하여 해결책 모색하는데 도움이 되는 방향으로 커리큘럼을 구성해야 한다. 더불어, 융통성 있고 임기응변에 능하면 지역적이거나 세계적인 재난구호 및 관리 활동에 도움이 된다(Puig& Glynn, 2003).

Pyles와 Lewis(2007)는 연구를 통해 허리케인 카트리나가 발생했을 때, 그리고 그 후에도 여성이 중요한 역할을 했다고 결론 내렸다. 여성들은 지역공동체를 조직하고 지원하여 회복능력과 저항력을 보여준 바 있다. 예를 들면, Katrina Krewe는 뉴올리언스 도시에서 지역공동체를 기반으로 쓰레기와 잔해를 치우는 작업을 위해 조직적으로 노력을 했다. 이들의 목표는 지방정부 기관들과 연방정부 도급업자들간에 격차를 메우는 것이었다. 위기는 개인, 기관, 지역공동체를 탈바꿈시킬 수 있는 또 다른 기회가 될 수 있다(Pyles& Lewis, 2008). 학생들은 사회복지 커리큘럼을 통해 재난 동안 시민조직력과 비공식 네트워크의 힘을 총동원하여 사용하는데 필요한 지식, 능력, 기술을 발전시킬 수 있다. 재난으로 인한 막대한 손실, 정신적 외상, 소외에도 불구하고, 스스로 변화를 일궈내려는 사람들의 힘을 결코 과소평가해서는 안 된다. 정부, 사회서비스, 비정부기구(NGO), 공식 기관네트워크와 같은 공식 제도적 구조들은 현지 사람들이 기여할 수 있는 중요 자산을 이용하지 못할 수도 있다. 재난에 가장 많은 피해를 입은 사람들은 시민의 참여를 장려하는 환경을 조성하는데 유용한 파트너로서 역할을 할 수 있다. 특히, 재난 대응 및 복구에서 고립되거나 소외된 지역공동체의 사람들이 이 역할을 해줄 수 있다. 이러한 참여는 사회복지 원칙, 역량강화 및 자기 결정의 가치를 근간으로 두고 있다. 또한, 이러한 과정은 재난상황에 있는 사람들이 재건 작업에 집중할 수 있도록 도와주는 정상화 과정을 촉진한다.

재난 발생 이후 계획과 재건 노력을 위한 준비

자연재해 또는 인재 등 어떤 형태든지 간에 재난 발생 후 너무 오랜 시간이 지나게 되면 그 지역공동체의 서비스와 사회네트워크가 방해를 받고, 이로 인해 많은 사람들이 또 다른 재난이 일어나기 전에 재건 작업을 하지 못하는 현상이 발생한다. 결과적으로 사회복지사들은 구호활동을 촉진시키고, 손실 문제를 해결하고, 정서적 및 심리적 외상을 완화시키고, 재건 및 재개발을 위한 계획을 수립, 조정을 동시에 할 수 있도록 기획, 행정적 지식, 기술을 사용하기 위해 학제간 팀과의 협력을 위한 훈련을 받아야 한다. 지역공동체 조직화에 적용할 수 있는 기술과 더불어, 계획에 대한 지식과 지식관리규약에 대한 정책 개발에 맞춰진 지식이 필요하다. 이러한 규약에는 대비, 대응, 복구, 완화 계획들을 만들고 실행하는 것이 포함된다(Dodds & Nuehring, 1996; Banerjee & Gillespie, 1994; Webster, 1995). 사회복지사들은 지역공동체 복구를 조직하는 일부터 가족들에게 이득을 주는 프로그램 식별, 보조금 신청, 정부 프로그램 지원에 이르기까지 모든 단계에서 재난 복구 계획에 참여한다(Dodds & Nuehrign, 1996; Sundet & Mermelstein, 1996).

최근 몇 년간 발생한 재난의 심각성과 빈도수를 고려해볼 때, 학생들이 이러한 도전에 정면으로 맞서려면 사회복지 커리큘럼을 통해 준비자세를 갖춰야 하며, 특히 전 세계 개발도상국에서 근무하는 학생들이라면 이 부분을 더욱 진지하게 받아들여야 한다. 지방 당국, 관습, 규범에 친숙하고 자연적이고 지지적인 네트워크를 유지하고 강화시킬 수 있는 인력들이 계획 및 재개발 과정을 돕게 될 것이다. 이러한 네트워크는 장기적일 필요는 없다. 사회복지교육은 학생들이 솔선수범하고, 사회 규범 및 문화적 기대치에 대한 지식을 갖추고, 자원을 접근할 수 있는 곳을 파악하고, 비전통적 개입방법을 창의적으로 사용할 수 있도록 가르치고 있다. 이것이 효력을 발휘하기 위해서는, 반드시 비용 효율적이고, 지역공동체를 기반으로 한 대규모의 재건 및 재개발 계획을 세워야 한다. 취약계층이 처한 환경을 빠르게 해결하기 위해서는 개입방법을 “규모적인 측면에서 확대”해야 한다.

재해 경감 과정에서 지속가능성과 장기투자를 위한 준비

사회복지사는 지역공동체가 자연재해 및 인재에 대비할 수 있도록 돕는데 중요한 역할을 할 수 있다. 지역공동체가 문화적으로, 사회적으로, 심리적으로 훈련이 잘 되어 있을 경우 재난의 후유증에 더 효과적으로 대응한다(Mathbor, 2007). Matthews(2006)는 Miller의 말을 인용하여 “재난은 정치적, 역사적, 문화적 배경 안에서 발생한다.” 그러므로 지속가능한 개발과 장기투자를 위해 계획을 세우려면 문화적인 맥락을 반드시 이해해야 한다고 말했다(p.54). 재건 과정에서는 지속가능성과 장기투자 문제를 최우선으로 두어야 한다. 환경과 에너지 문제, 재건품 이용, 적절한 기술 및 현지 자원 이용을 고려해야만 황폐화된 경제를 활성화시킬 수 있으며, 더 나아가 지속가능한 발전을 도울 수 있다.

문헌을 살펴보면 재난 이후 단계에서 재건 및 지역공동체 발전에 사회복지의 참여도가 낮았다는 것을 알 수 있다(Pyles& Lewis, 2007). 즉, 학생들이 재난 이후 개발을 다룰 수 있는 준비가 되어 있지 않다는 의미이기도 하다. 교과과정은 인도주의와 관리 원칙을 넘어서 개발과정, 취약성에 대한 이해, 사회정치적, 지리학적 맥락의 역학관계 내에서의 작용 등에 특히 중점을 두어야 한다(Pereira, 2000). 이러한 훈련을 받아야만 사회복지사들이 지속가능한 개발, 장기투자정책, 효과적으로 재난 결과를 예방하고 완화하기 위해서 비상 실천을 위한 노력을 할 때 가장 효과적일 수 있다.

재난지역에 대한 연구를 통해, 사회복지사들은 비극적인 재난의 결과를 이해하는데 인적요소를 활용한다. 사회복지연구는 앞장서서 피해자들에게 미치는 재난의 사회적 영향력을 이해하고, 다시 마련한 기준점으로 시작하고, 시간에 걸쳐 지속적으로 결과를 평가할 수 있다. 재난에 대한 새로운 지식을 구축하면 개입방법을 최고로 실천할 수 있게 될 것이다. 참여연구와 응용연구를 통해 대학교 및 지역공동체를 기반으로 파트너십을 맺으면 현지 상황에 유연하고 민감한 정보를 확보할 수 있다. 그동안 배운 교훈을 도구로 삼아 다른 재난을 비교하고 분석할 수 있다. 사회복지사들은 특히 대규모의 피해가 발생한 곳에서 증거에 기반한 개입방법을 제공할 수 있도록 책임을 다해야 한다. Dodds와 Nuehring(2006)은 사회복지대학에 개념적 틀을 제공하고 있으며, 미시적, 중간적, 거시적 수준에서 자연재해 및 기술적 재난에 대응하여 연구할 수 있게 맞춰진 구체적인 전략들도 제시하고 있다. 재난 피해자에 미치는 장기적인 영향력을 종단적 연구로 시행하면 가장 피해를 많이 입은 사람이 필요로 하는 부분을 계속해서 지켜보게 될 것이다.

앞서 언급했듯이, 사회복지 학생들은 21세기의 세계화 및 기후변화 시대에 빠르게 대응하기 위해 대비해야 한다. 지식, 내용, 기술을 습득한 학생들은 피해자들의 고난을 최소화하고 장기 예방적 노력을 발전시키기 위해 미시적, 중간적, 거시적 수준으로 영향을 미칠 수 있다. 복잡한 물리적, 지정학적, 문화적, 사회적 환경을 이해함으로써, 사회복지사들은 재난 발생 시 또는 발생 후에 취약계층이 필요로 하는 부분을 파악해서 충족시킬 수 있다. 그들은 계획 및 재건하려는 노력으로 지역공동체를 도울 수 있으며, 지역공동체가 강점기반모형을 활용하여 스스로 이익을 추구할 수 있도록 지원해 줄 수 있다. 마지막으로, 학생들이 개인적, 지역적, 조직적, 국가적, 국제적 수준으로 사용될 수 있는 재난관리 전략 및 규약을 개발할 수 있도록 훈련 및 교육을 시켜야 한다. 이렇게 대비를 하면 재난으로 인한 충격적인 결과를 완화할 수 있다.

촉진적이고 구속적인 교육정책

그렇다면, 이러한 내용이 어떻게 기존의 커리큘럼 정책에 추가될 수 있을까? 교육과정 정책과 인가기준 및 지침은 교육자들이 결정 내린 커리큘럼에 대한 결론을 뒷받침해준다. 또한 촉진적이고 구속적인 기능을 모두 수행한다. 사회복지 커리큘럼에서 재난과 관련된 내용을 다루도록 제안할 때, 어떤 "지원"이 기준에 존재하는지를 찾아보면 유용하다. 우리는 분석을 하기 위해 국가적 및 세계적 정책 문서를 선택했다: 미국에서 사용하는 교육정책 및 인가기준(educational policy and accreditation standards: EPAS, CSWE, 2008)과 사회복지 전문직의 교육과 훈련을 위한 국제기준(Global standards for social work education and training) (국제사회복지교육협의회[IASSW]/국제사회사업가연맹[IFSW], 2004) (이하"국제기준"이라고 함).

사회복지교육협의회(CSWE): 미국 기준

미국의 사회복지 프로그램들은 사회복지교육협의회(CSWE)의 교육정책 및 인가기준(EPAS)의 통제를 받는다. 일부 분석을 위해 이 문건을 선택한 이유는 최근에 채택되었기 때문이다. 즉, 입안자들이 허리케인 카트리나와 같은 극심한 재난의 심각성과 발생 빈도에 대해 이미 알고 있었다. 또한, 이 문서는 국가적 차원에서 종합적인 기준이 되는 예시이다. CSWE(2008)에서는 자연재해 또는 인재를 하나의 주제 영역으로 직접 언급하고 있지는 않다. 이 기준에 실천분야 또는 전문분야가 언급되어 있지 않다는 점은 눈 여겨 봐야 한다. 그러므로 그 기준이 정신보건, 아동복지, 또는 사회복지실천에서 더욱 흔하게 다뤄지는 다른 분야를 직접적으로 언급하지 않는다고 평가할 수 있다. EPAS(CSWE 2008)는 재난 내용 추가를 전적으로 지지하는 목적과 교육적 기준에 대한 내용을 포함하고 있다.

환경 속의 인간(Person－in－environment)－핵심개념: 사회복지 이론과 실천은 환경 속의 인간과 사회적, 물리적 환경과 상호작용하는 인간의 핵심개념을 기반으로 두고 있다. 홍수, 허리케인, 싸이클론, 지진, 산불, 화산이 발생하면, 환경과 조화를 이루며 살기 위한 인간의 능력이 즉각적이고 장기적으로 저해되는데 이는 환경에 내재되어 있는 부분이다.

EPAS(CSWE 2008)는 사회복지의 목적이 "인간과 지역공동체의 행복을 증진시키는 것"이라는 문장으로 시작한다(p.1). 그 다음, 사회복지는 "인간과 환경의 구성, 국제적 시각으로 방향이 설정되고", "모든 인간의 삶의 질을 향상"을 비롯해 몇 가지 다른 원칙들이 수반된다는 주장으로 두 번째 문장을 시작한다(p.1). 이 문장들이 재난 내용을 개발하고 포함시켜야만 하는 근거이자 조직화된 원칙으로 역할을 할 수 있다. 기준(Standard) 1.2에서는 프로그램의 임무를 "환경과 관련성이 있는 기회 및 욕구" 등 그 맥락과 일관되어야 한다고 기술하고 있다(p.2). 자연재해 고위험 지역의 사회복지 프로그램들은 재해경감, 예방, 반응에 대한 교육에 특히 빠르게 반응해야 한다. 그리고 실천 기준(2.1.9)에서 바로 이점을 강조하고 있으며, 실천기준에는 사회복지사들이 "실천의 모든 단계에서 서서히 발전하는 조직적이고, 지역공동체적이며, 사회적인 맥락에 반응할 때 정보를 잘 알고 있어야 하고, 임기응변에 능해야 하며, 적극적"이어야 한다고 명시하고 있다(p.6). 발전하는 지역사회와 사회적 맥락에는 재난에 대한 취약성이 계속되고 있고 점점 커져가고 있다는 내용이 포함되어 있다. 결국, 인간행동과 사회환경에 대해 자세히 설명하고 있는 기준들을 보면 사회복지사들이 "인간과 환경을 이해하려면 지식을 활용해야 한다"고 권고하고 있다(p.6). 그 기준들은 종종 단순하게 환경이라고 하지 않고 사회적 환경이라는 용어를 사용하는 점이 어쩌면 특이하게 보여진다. 의식적으로 물리적인 환경을 배제하려는 의도가 있는 것이 아니라, 오히려 사람들이 자신의 환경에 반응하는 방식이 중요 하다는 점을 강조하려는데 목적이 있다고 추측해본다.

국제기준(Global Standards)

2004년, IFSW/IASSW에서 커리큘럼을 포함하여 사회복지교육의 모든 측면에 대한 종합적인 원칙 및 권고사항을 담은 국제기준을 승인하였다. 국제적인 인가 시스템은 없으며, 자발적으로 그 기준을 준수하면 된다. 그러므로 국제기준은 적절한 지침서라고 할 수 있다. 그럼에도, 전 세계적으로 많은 곳에서 교육 프로그램을 만들고 업그레이드할 때 국제기준을 널리 사용하고 있다.

이 문서는 사회복지에 대한 정의를 내리는 것으로 시작한다. 이 중, "사회복지는 인간이 환경과 상호작용하는 시점에 개입한다"는 대목이 중요하다(IASSW & IFSW, 2000). 그리고 이 대목이 재난 내용을 명백히 지지하고 있다. 하지만, 핵심 커리큘럼의 기준에서는 인간행동을 형성하는 힘 중에 물리적 환경이 빠져있다. 이 기준은 사회적 환경을 강조하고 있는데, 좀 더 자세히 설명하자면, "특히 환경 속 인간의 거래, 전 생애적 발달, 인간개발 및 행동을 형성하는 데 생물학적, 심리적, 사회구조적, 경제적, 정치적, 문화적, 영적인 요소들 간의 상호작용"을 강조하고 있는 셈이다(4.2.1, p.19). 환경 속 인간이라는 토대가 사회복지사들의 재난 교육에 도움이 되지만, 이에 관련된 교육자들이 사회환경뿐만 아니라 물리적 환경과 물리적 환경, 사회환경과 인간행동 사이에서의 상호작용에 대한 인식에도 더 많은 관심을 기울여야 한다. Ring과 Carmichael(2006)은 사회복지교육자들이 "자연환경의 중요성을 사회의 심리적 및 사회적 기능에 두어야 한다고 강력히 강조하고 있는데 그 이유는 이 부분이 사회복지교육 및 실천에서 때론 덜 중시되고 있는 부분이기 때문이다."(p.23)

국제기준에서는 사회복지를 다음과 같이 정의하고 있다: "사회복지는 전 세계 다양한 곳에서 사회적 지지를 위한 개입방법, 그리고 발전적, 보호적, 예방적 또는 치료적인 목적을 위한 개입방법의 대상이 된다(IASSW & IFSW, 2004 p.15). 이러한 핵심 목적들은 실천 방법을 규정하는 섹션에서 다시 등장한다: "사회적 지지, 발전적, 보호적, 예방적 또는 치료적 개입방법을 목적으로 프로그램의 목표를 달성하기 위해 평가, 관계형성, 원조과정에서의 충분한 실천 기술과 지식."(4.2.3, p.20) 재난에서 사회복지의 역할에는 다음의 4가지 목적이 포함되어 있다.－재난대비에서 예방, 즉각적인 대응단계에서 보호, 복구 단계에서 발전 그리고 치료가 이에 해당된다. 따라서 국제기준은 재난 내용과 지침이 사회복지역할의 규모를 개념화할 때 포함될 수 있도록 은연중에 장려하고 있다.

새로운 내용을 도입하기 위해 과거 노력에서 교훈 얻기: 사회복지교육의 세계화

사회복지 커리큘럼에 새로운 내용을 도입하는 일은 도전이라 할 수 있으며, 커리큘럼을 수정하는 과정에도 장애 요소가 굉장히 많다. 최근에 변화를 일으키기 위해 노력한 점을 꼽자면 남미 및 다른 지역에서 사회복지교육을 세계화하기 위해 지속적으로 노력해오고 있다는 점을 들 수 있다. 이를 통해 배운 교훈을 재난내용을 도입하는 노력에 적용할 수 있다. 사회복지 대학들이 커리큘럼에 국제적인 내용을 선뜻 추가하지 못하는 이유를 설문지를 통해 조사해봤더니, 다음과 같은 장애요소들이 있는 것으로 나타났다 (Healy, 1988):

- 교수진, 학생, 행정직원들의 태도
- 교수진의 역량 부족
- 자료(서적, 기사, 등) 부족
- 사회복지에서 이 내용을 가르치기 위한 모형 부족
- 관련분야로의 취업의 기회 부족
- 복잡한 커리큘럼
- 커리큘럼 정책에서 해당 내용에 대한 인식 또는 필요조건이 부족

재난 내용을 추가하려는 움직임에서, 몇 가지 동일한 장애요소들이 나타날 가능성이 있다. 특히, 커리큘럼 정책 및 필요조건에서 재난 내용에 대한 확실한 인식이 부족하다는 점, 사회복지 커리큘럼이 "너무 복잡하다"는 인식, 재난관련 자료를 가르쳐야 할 교수진의 역량 부족 등이 가장 두드러진다. 어떤 내용은 "덜 중요하다" 또는 "중요치 않다"는 등의 시각으로 바라보는 교수진, 학생, 행정직들의 태도를 극복하려면 시간이 걸린다. 아마도 최근에 재난으로 피해를 입은 지역에서는 이러한 태도가 쉽게 변할 것이다. 하지만 세계화와 이주현상이 심각해지고 있는 상황이 명백한데도 불구하고 국제적 내용을 추가하지 않으려는 사회복지 프로그램들도 존재한다.

인구학적으로 설득력 있는 증거가 있음에도 고령화에 대한 내용을 무시하고 있는 프로그램들도 있다. 그러므로 경험을 통해 항상 태도를 바꿀 수 있는 것은 아니다.

공식 커리큘럼 정책은 앞서 논의한 바 있다. 그리고 언급했듯이, 미국이나 세계기준 그 어느 쪽도 재난내용을 터놓고 언급하지는 않는다. 그러나 EPAS와 세계기준은 이 내용이 인간행동과 사회환경 같이 선택된 분야에 도입하는 것을 암묵적으로 지지하고 있다.

사회복지 커리큘럼에는 가르칠 내용이 많고, 새로운 내용도 너무 자주 등장한다는 말들이 있다. 커리큘럼이 이미 다른 필수교목들로 꽉 채워져 구성되어 있다는 인식으로 인해 교수진들이 새로운 내용을 추가하려 들지 않는 것이다. 새로운 내용을 추가할 여지가 없을 만큼 꽉 찬 상태라는 것을 다른 방식으로 해석해볼 수 있다. 선택과목으로 개설할 수 있도록 허용해주면, 재난 개입방법에 대한 새로운 과정을 신설할 수 있다. 하지만 단점이 있다면, 본 과정을 선택한 학생들만을 대상으로 교육을 해야 한다는 점이다. 만약 모든 사회복지학과 학생들을 대상으로 하고 싶다면, 재난 내용을 필수선택과목에 통합시키거나 포함시키는 방법을 추천한다. MSW 교육자들을 대상으로 국제적 내용을 도입할 때 어떤 방법을 선호하는지에 대해 설문조사를 실시했더니, 82.7%가 전문화하거나 특정과목으로 개설하는 것 보다는 필수과목에 추가하는 것이 "가장 효과적이고 실현 가능한 구조적 방식"이라고 응답했다(Healy, 1988, p.225). Chou(2003)도 비슷한 의견을 표명하였는데 바로, 사례별 사회복지작업, 집단별 사회복지작업, 지역공동체 조직, 아동 및 가족 관리, 노인, 장애 등에 관한 과목에 재난구호실천 내용을 통합할 것을 권장한 것이다. 교과목이 복잡할 경우 현재 커리큘럼을 보완하고 강화할 수 있도록 교육 목적과 내용을 신중히 선택해야 한다. 본 챕터의 앞부분에서 논의하였듯, 지식과 기술의 적용을 강조하면 이러한 접근법이 힘을 받게 될 것이다.

교수진의 역량 부분은 더욱 극복하기 힘든 장애요소이다. 대부분의 프로그램을 보면 재난 관리에 전문적 지식을 가진 교수진을 찾아보기 어렵다.

강사들도 본인이 스스로 이 분야에 대해 지식이 부족하다고 느끼면 강의 내용으로 도입할 가능성이 적다. 먼저 교수진이 스스로 전문 지식을 넓혀 재난관리에 관련된 부분을 강의에 포함시킬 수 있도록 장려하는 것을 첫 전략으로 삼는다. 예를 들면, 외상후 스트레스에 대한 전문 지식을 갖춘 임상분야 강사가 재난의 생존자를 예로 들어 강의할 수 있도록 장려하고, 노인학 전문가가 재난상황에서 노인을 보호할 수 있는 내용을 도입할 수 있도록 하고, 사회복지관리 강사는 학생들이 재난현장 기관에 존재하는 재난대비 및 보호책을 탐구해보고, 개선책을 마련할 수 있도록 하는 방법 등이 있다. 이러한 방법을 활용한다면, 교육자들이 재난내용 도입에 발생하는 어려움들로 인해 그렇게 힘겨워하지 않을 것으로 예상된다.

국제적 내용에 관해 앞서 설문조사에서 확인한 나머지 장애요소들은 21세기에 재난내용을 가르치는데 크게 문제가 되지 않을 것 같다. 사회복지 및 다른 분야의 강의 자료들은 인쇄물 형태 또는 온라인상으로 이용할 수 있다. 이 분야의 전문가가 되기 위한 취업의 기회도 존재한다. 대부분 사회복지사의 경우, 안타깝게도 자연재해나 인재가 발생하여 그 지역 환경과 사람들에게 영향을 미칠 때 실천 과정에서 재난관련 지식과 기술을 비로소 활용할 수 있게 된다.

결론과 과제

사회복지는 "인간이 환경과 상호작용하는 시점에 개입하는" 전문직이다(IFSW/IASSW, 2000). 재난이 발생하고 이로 인해 사람들의 삶이 방해를 받게 되면서 이들의 환경이 격변을 겪게 된다. 사회복지사들이 사용할 수 있는 전체적이고 강점기반의 접근법들은 재난순환고리의 모든 단계에서 긴급히 필요하다. 환경 속 인간이라는 이론적 틀을 활용하는 사회복지사들은 사회복지 전문직의 교육과 훈련을 위한 국제기준(Global standards for social work education and training)에서 인정한 보호적, 개발적, 치료적 기능을 이행하기 위해 미시적, 중간적, 거시적 수준으로 중재를 하여 재난의 피해자들을 도울 수 있다. 잠재적으로, 사회복지사들은 재해 이전 계획 및 환경관리를 통해 향후 재난의 영향력을 감소시킬 수 있는 정책과 행동계획들을 만들어 재난경감에서 예방적 기능을 수행할 수 있다. 지금까지 사회복지사들은 재난경감 과정에서 중추적 역할을 하지 못했다. 이 부분은 미시적, 중간적, 거시적 차원에서 영향을 미치는 예시들과 함께 재난내용을 커리큘럼에 포함시키는 방법으로 개선할 수 있다. 그리고 학생들이 기후변화, 세계화, 상호의존으로 인해 취약한 환경 속에서 사회복지를 실현하려면 이러한 지식 및 기술이 필수적이다. 원인, 결과, 계획, 그리고 경감을 이해하는데 초점을 맞춘 특별 과정을 통해 학생들은 관리전략과 개입방법 규약을 개발하는데 도움을 받을 수 있다.

21세기의 지역적 국제적 재난 위기를 극복하려면, 사회복지사들이 재난에 특화된 내용에 대한 교육과 훈련을 많이 받아야 한다. 그러므로 사회복지 교육자들이 사회환경을 가르칠 때 재난내용을 포함시키고, 재난에 직면했을 때 인간이 필요로 하는 부분, 반응, 대처 전략들을 인간행동 과정의 일부분으로 다뤄야 함이 마땅하다. 또한, 새로운 분야를 사회복지 커리큘럼에 도입하려 할 때 드러나는 다수의 장애요소들을 인지함과 동시에, 심사숙고하여 목적을 개발하고, 현재 프로그램에 잘 들어맞고 심지어 더 개선시킬 수 있는 재난관련 내용을 선정해야 한다. 사회복지 프로그램에서 선택한 재난내용 접근법은 그 프로그램의 미션과 목표에 잘 부합되어야 하고, 학생들의 실천을 대비시키는 커리큘럼의 일부분으로 일관성 있게 적절히 들어맞아야 한다.

위에서 설명한 도전과제들을 성공적으로 극복하게 되면 사회복지라는 전문직에 많은 이득을 안겨 줄 것이다. 재난 개입방법에 관한 교육을 향상시키면, 사회복지사들이 국제 지역공동체에서 현장 대응자로서 자신들의 입지를 더욱 확고히 할 수 있게 되고, 재난이 발생할 경우 피해자들에게 더욱 효과적으로 서비스를 지원할 수 있을 것이다. 세계화와 기후변화의 시대에 자연재해와 인재를 이해하고 있는 사회복지사들은 지역적, 국제적 위기에 잘 대처할 수 있도록 더욱 준비된 자세를 갖춰나갈 수 있을 것이다. 그리고 지역적 규모로 발생한 재난이 파급효과로 인해 국경을 초월하여 영향을 미치는 부분도 이해하게 될 것이다. 사회복지사들이 실천을 수행하는 곳이 국내든지 외국이든지 재난 내용을 통해서 국제적인 사회복지에 더욱 철저히 대비할 수 있을 것이다.

참고문헌

Asamoah, Y., Healy, L., & Mayadas, N. (1997). Ending the international-domestic dichotomy: New approaches to a global curriculum for the millennium. *Journal of Social Work Education, 33*, 389-401.

Banerjee, M., & Gillespie, D. (1994). Linking disaster preparedness and organizational response effectiveness. *Journal of Community Practice, 1(3)*, 129-1423.

Chou, Y.-C. (2003). Social workers involvement in Taiwan's 1999 earthquake disaster aid: Implications for social work education. *Online Journal of Social Work and Society, 1(1)*, 7-25.

Council on Social Work Education. (2008). *Educational policy and accreditation standards.* Retrieved from http://www.cswe.org/Accreditation/40200.aspx.

Dodds, S., & Nuehring, E. (1996). A primer for social work research on disaster. *Journal of Social Service Research, 22(1/2)*, 27-56.

Figley, C. R. (1993). *Trauma and its wake traumatic stress theory, research and intervention: Vol. 2.* New York, NY: Brunner/Mazel.

Gelman, C., & Mirabito, D. (2005). Practicing what we teach: Using case studies from 9/11 to teach crisis intervention from a generalist perspective. *Journal of Social Work Education, 41*, 479-494.

Gibson, M., & Iwaniec, D. (2003). An empirical study into the psychosocial reactions of staff working as helpers to those affected in the aftermath of two traumatic incidents. *British Journal of Social Work, 33*, 851−870.

Gill, D., Clarke, L., Cohen, M., Ritchie, L., Ladd, A., Meinhold, S., & Marshall, B. (2007). Post−Katrina guiding principles of disaster social science research. *Sociological Spectrum, 27*, 789−792.

Gillespie, D. (1991). Coordinating community resources. In T. E. Drabek & G. J. Hoetmer (Eds.), *Emergency management: Principles and practice for local government* (pp.55−78). Washington, DC: International City Management Association.

Graziano, R. (2001). Teaching trauma: A true story. *Journal of Teaching in Social Work, 21(3/4)*, 177−185.

Healy, L. M. (1988). Curriculum building in international social work: Toward preparing professionals for the global age. *Journal of Social Work Education, 24*, 221−228.

International Association of Schools of Social Work/International Federation of Social Workers (IASSW/IFSW). (2004). Global standards for social work education and training. *Supplement of International Social Work* (pp.12−41). Newbury Park, CA: Sage.

International Federation of Social Workers (IFSW/IASSW). (2000). *Definition of social work*. Retrieved from http://www.ifsw.org/f38000138.html.

Ife, J. (2007). Hokenstad lecture. Paper presented at the Council on Social Work Education Annual Program Meeting. San Francisco, CA.

International Council on Social Welfare. (2007). *Promoting full employment and decent work for all*. Unabridged version of the Statement to the United Nations Commission for Social Development 45th session, February 7−16, 2007. Utrecht, The Netherlands: Author.

Javadian, R. (2007). Social work responses to earthquake disasters: A social work intervention in Bam, Iran. *International Social Work, 50*, 334−346.

Lyons, K., Manion, K., % Carlsen, M. (2006). *International perspectives on social work: Global conditions and local practice*. Basingstoke, Hampshire, U.K.: Palgrave Macmillan.

Maldives: On the beach. (1999, January 9). *The Economist*, 39.

Mathbor, G. (2007). Enhancement of community preparedness for natural disasters: The role of social work in building social capital for sustainable disaster relief and management. *International Social Work, 50*, 357–369.

Matthews, L. (2006). Caribbean natural disasters: Coping with personal loss and recovery among flood victims in Guyana. *Caribbean Journal of Social Work, 5*, 40–60.

Miller, J. (2002). September Ⅱ, 2001: Implications for social work practice and education. *Professional Development, 4(2)*, 5–14.

National Association of Social Workers (NASW). (1996). *Code of ethics.* Washington, DC: NASW

Pereira, M. S. (2000). Teaching disaster management: Addressing complexities of social work practice. *Indian Journal of Social Work 61(4)*, 693–701.

Puig, M. E., & Glynn, J. B. (2003). Disaster responders: A cross–cultural approach to recovery and relief work. *Journal of Social Service Research, 30(2)*, 55–66.

Pyles, L., & Lewis, J. (2007). Women of the storm: Advocacy and organizing in post–Katrina New Orleans. *Journal of Women and Social Work, 22*, 385–389.

Ring, K., & Carmichael, S. (2006). Montserrat: A study of Caribbean resilience. *Caribbean Journal of Social Work, 5*, 9–28.

Rock, L. F., & Corbin, C. A. (2007). Social work students' and practitioners' views on the need for training Caribbean social workers in disaster management. *International Social Work, 50*, 383–394.

Sundet, P., & Mermelstein, J. (1996). Predictors of rural community survival after natural disaster: Implications for social work practice. *Research on Social Work and Disasters, 22(1/2)*, 57–70.

UNAIDS. (2008). Global facts and figures, August 2008. Retrieved from http://data.unaids.org/pub/globalreport/2008/20080715_fs_global_3n.pdf.

Webster, S. A. (1995). Disasters and disaster aid. In R. Edwards (Ed.), *Encyclopedia of social work*, 19th edition (pp.761−771). Washington, DC: NASW.

Zakour, M. (1996). Geographic and social distance during emergencies: A path model of interorganizational links. *Social Work Research, 20(1)*, 19−30.

본 **QR코드**를 스캔하시면, '재난의 개념과 이슈'의 **참고문헌**을 참고하실 수 있습니다.

국문색인

ㅂ

ㅅ

ㅈ

ㅊ

ㅋ

영문색인

D

E

I

J

K

L

M

N

O

P

Q

R

S

T

U

V

W

X

Z

역자 명단 및 연구분야

〈교수〉

최송식 – 부산대학교 사회복지학과 교수, 부산대학교 사회복지학과 박사학위취득: 정신보건사회복지, 지역사회정신보건, 사회복지실천, 재난사례관리실천, 위기개입
박병현 – 부산대학교 사회복지학과 교수, University of Pennsylvania, School of Social Work에서 박사학위취득: 사회복지정책, 사회보장론, 복지국가론, 다문화사회복지
이기영 – 부산대학교 사회복지학과 교수, Ohio State University 사회복지학박사 취득: 사회복지조사, 프로그램 개발과 평가, 다문화사회복지
이성은 – 부산대학교 사회복지학과 부교수, University of Pennsylvania, School of Social Work에서 박사학위취득: 사회복지실천기술론, 위기개입, 노인복지실천론
김진현 – 부산대학교 사회복지학과 조교수, Ohio State University 사회복지학박사 취득: 가족복지, 국제사회복지, 사회 불평등과 사회복지

〈박사과정〉

권신정 – 부산대학교 대학원 사회복지학과 박사과정 재학/사회복지법제
김강민 – 부산대학교 대학원 사회복지학과 박사과정 재학/노인복지
김수영 – 부산대학교 대학원 사회복지학과 박사과정 재학/사회복지정책(노인, 빈곤)
박상미 – 부산대학교 대학원 사회복지학과 박사과정 수료/사회복지정책(빈곤, 자립지원)
배한나 – 부산대학교 대학원 사회복지학과 박사과정 재학/아동, 장애인복지
유은경 – 부산대학교 대학원 사회복지학과 박사과정 수료/사회복지정책(빈곤, 노인돌봄)
이연숙 – 부산대학교 대학원 사회복지학과 박사과정 재학/노인복지정책
이연주 – 부산대학교 대학원 사회복지학과 박사과정 재학/노인복지, 사회복지조사방법론
조선영 – 부산대학교 대학원 사회복지학과 박사과정 재학/정신보건
조향숙 – 부산대학교 대학원 사회복지학과 박사과정 수료/지역복지
최은미 – 부산대학교 대학원 사회복지학과 박사과정 수료/사회보장, 교육복지정책
최혜경 – 부산대학교 대학원 사회복지학과 박사과정 수료/사회복지행정, 다문화복지

재난의 개념과 이슈

초판인쇄 2015년 8월 21일
초판발행 2015년 8월 31일

지은이 David F. Gillespie · Kofi Danso
옮긴이 최송식 · 박병현 · 이기영 · 이성은 · 김진현 외
펴낸이 안종만

편 집 한두희
기획/마케팅 최준규
표지디자인 김문정
제 작 우인도 · 고철민

펴낸곳 (주) 박영사
서울특별시 종로구 새문안로3길 36, 1601
등록 1959. 3. 11. 제300-1959-1호(倫)

전 화 02)733-6771
f a x 02)736-4818
e-mail pys@pybook.co.kr
homepage www.pybook.co.kr
ISBN 979-11-303-0224-9 93330

* 잘못된 책은 바꿔드립니다.
* 지은이와 협의하여 인지첩부를 생략합니다.

정 가 24,000원